Jens Dallmeyer

Beweisführung im Strengbeweisverfahren

Die Beweisbefugnisse als Voraussetzungen der Wahrheitserforschung im Strafprozess

2. Auflage

Bibliografische Information der Deutschen Nationalbibliothek

Die Deutsche Nationalbibliothek verzeichnet diese Publikation in der Deutschen Nationalbibliografie; detaillierte bibliografische Daten sind im Internet über http://dnb.d-nb.de abrufbar.

Herstellung und Verlag: Books on Demand GmbH, Norderstedt

ISBN 9783837012002

Vorwort zur 2. Auflage

Vor ungefähr fünf bis sechs Jahren erschien die erste Auflage, der nun eine zweite folgt. Anlass für die Neuauflage ist der Umstand, dass der Deutsche Juristentag 2008 die Beweisverbote zum Thema der strafrechtlichen Abteilung erhoben hat. Mit dem Gutachten von Professor *Matthias Jahn* verbinde ich die Hoffnung, dass die dort, in diesem Werk und bei *Matthias Jahn* und *mir* in NStZ 2005, S. 297 ff. vorgetragene Kritik an der mangelnden Gesetzlichkeit der herkömmlichen Beweisverbotsdogmatik Beachtung finden möge. Seit dem Erscheinen der ersten Auflage hat sich in der Beweisverbotsdogmatik nichts bewegt, sowohl was die Rechtspraxis, als auch was die literarische Befassung mit dem Thema angeht. Die in der ersten Auflage vorgetragene Kritik hat wenig Beachtung gefunden, woran auch ihre freundliche Aufnahme in Rezensionen von *Sabine Gleß* (GA 2004, S. 252 ff.); *Rainer Hamm* (NJW 2003, S. 194), *Bernd von Heintschel-Heinegg* (JA 2003, 243 ff.) und *Hans-Heiner Kühne* (StV 2003, 422) nichts geändert hat.

Inhaltlich weist die zweite gegenüber der ersten Auflage keine Veränderungen auf. Nachdem weder beachtliche Neuerungen in der Beweisverbotsdogmatik, noch beachtliche Kritik an der ersten Auflage zu verzeichnen waren, erschien mir dies nicht notwendig. Notwendig erschien mir indes die Perpetuierung der Kritik an der herkömmlichen Beweisverbotsdogmatik, die in der ihr eigenen extremen Ergebnisorientierung verharrt. Insofern sei beispielhaft verwiesen auf einen jüngst von *Claus Roxin*, *Gerhard Schäfer* und *Gunther Widmaier* veröffentlichten Aufsatz (StV 2006, S. 655 ff.). Gegen diesen gibt es aus der Perspektive der Gesetzlichkeit manches zu erinnern (s. vor allem unten V.3.d.). Wenn die Verfasser ihre These als „Mühlenteichtheorie" bezeichnen, so passt dies zu dem Zitat eines anderen ehemaligen BGH-Richters, mit dem ich das Anliegen dieser Arbeit gleichnishaft umschrieben habe (s. unten I.1.).

Noch eine abschließende Bemerkung zur Veröffentlichung dieses Werkes - der ersten und der zweiten Auflage - über *Books on Demand.* Diese Art der Veröffentlichung hatte in Bezug auf die erste Auflage gewisse Irritationen hervorgerufen (vgl. z.B. *Hamm* NJW 2003, 194) und ist auch heute im rechtswissenschaftlichen Bereich noch relativ unbekannt. Ich habe diesen Weg zum einen deshalb gewählt, weil er den herkömmlichen Vertriebswegen technisch deutlich überlegen ist. So ließ sich in der ersten Auflage eine hochwertige Ausstattung mit einem vergleichsweise günstigen Verkaufspreis verbinden und es lässt sich die zweite Auflage als Paperback zu einem außergewöhnlich günstigen Preis vertreiben. Angesichts der finanziellen Misere der juristischen Bibliotheken ist dies ein wichtiger Punkt. Hinzu kommt, dass mit dem Erscheinen eines Werkes in einer der herkömmlichen rechtswissenschaftlichen Reihen gewisse Selbst- und Fremdzuschreibungen verbunden sind, die ich von vorneherein vermeiden wollte.

Frankfurt am Main, zu Beginn des Jahres 2008 *Dr. Jens Dallmeyer*

Inhaltsverzeichnis

„Gesetze, die man nicht befolgt, sind so gut wie gar keine.“

Saavedra Der scharfsinnige Ritter Don Quixote von der Mancha, Kap. 51.

I. Einführung

1. Über Windmühlen und Holzwege

Im Jahre 1903 veröffentlichte *Ernst Beling* die erste systematische Analyse von Beweisverboten: „Die Beweisverbote als Grenzen der Wahrheitserforschung im Strafprozeß“. Seine 1902 in Tübingen gehaltene Antrittsvorlesung. *Beling* wird deshalb mitunter als „Vater der Beweisverbote“[1], „Entdecker der Beweisverbote“[2] und „Pionier auf dem Gebiete des Beweisverbotsrechts“[3] bezeichnet. Das somit anstehende Jubiläum „100 Jahre Beweisverbote“ reicht freilich nicht hin, zu rechtfertigen, der bereits vor Jahrzehnten „unübersehbaren“[4] Flut einschlägiger Schriften eine weitere hinzuzufügen. Wie aber, wenn das *Beling*`sche Erbe über die Jahrzehnte verloren gegangen wäre? Wäre es dann nicht berechtigt, nach dem Erbe zu forschen?

Das Anliegen dieser Arbeit soll mit einem Gleichnis umschrieben werden. *Gerhard Herdegen* stellte 1989 die Frage, ob die Lehre von den Beweisverboten nicht „einer jener Holzwege ist, die, von klappernden Windmühlen umsäumt, im Nebulosen enden.“[5] Es geht dieser Arbeit nicht darum, eine neue klappernde Windmühle zu errichten. Es geht auch nicht darum, in eine bereits vorhandene Windmühle einzuziehen, vielleicht an ihr einige Veränderungen vorzunehmen und sodann aus ihr heraus mit den anderen Windmühlen um die Wette zu klappern. Es geht schließlich nicht darum, nach Art eines Don Quixote de la Mancha, des Ritters von der traurigen Gestalt, gegen die vorhandenen Windmühlen anzurennen. Es geht schlicht darum, plausibel zu machen, warum man den in Abkehr von *Beling* errichteten Holzweg nicht betreten sollte. Mag dieser Weg auch, anders als die Frage *Herdegens* nahe legt, zum gewünschten Ziele führen. Das Anliegen dieser Arbeit ist insofern gleichgerichtet zum Anliegen der Beweisverbote, wie es schon *Beling* formulierte: „Das Beweisverbot sperrt einen Weg, der trefflich gangbar sein und sicher zum Ziele führen kann, es sperrt ihn, weil er nicht begangen werden soll...“[6] Die Sperrung eines Weges mag an sich wenig originell sein. Manchmal ist sie aber notwendig und auch das will begründet sein.

Die Arbeit nimmt ihren Ausgang in der Strafprozessrechtsgeschichte - dort, wo die Beweisverbote und der Strengbeweis entstanden (s. Teil II). Der Beschreibung ihrer Genese folgt eine Revision des Begriffs des Strengbeweises, in der unter der Ägide positiver Gesetzlichkeit Prinzipien für einen konsequenten Umgang mit den Ge- und Verboten des strafprozessualen Beweisrechts entwickelt werden (sieben Regeln des

---

1 *Rogall* Grundsatzfragen, S. 138; *ders.* NStZ 1988, 385, 386.
2 *Dencker* Verwertungsverbote im Strafprozeß, S. 14.
3 *Petry* Beweisverbote, S. 77.
4 *Dencker* Verwertungsverbote im Strafprozeß, S. 1.
5 Bemerkungen, S. 103.
6 Beweisverbote, S. 4.

Strengbeweises, s. Teil III). Die an verbindlicher Gesetzlichkeit orientierte Konzeption des Strengbeweises wird sodann im vierten Teil der Arbeit mit Gedanken konfrontiert, die der herkömmlichen Beweisverbotsdogmatik zugrundeliegen. Dabei handelt es sich gewissermaßen um Betrachtungen zum „Allgemeinen Teil“ der herkömmlichen Beweisverbotsdogmatik. Wiewohl ihre Anhänger nicht selten sich untereinander befehden (man denke nur an die seit einigen Jahren stattfindende *Rogall-Amelung*-Kontroverse[7]), überwiegen doch aus einer externen Perspektive die Gemeinsamkeiten - weshalb nicht verwundern sollte, wenn die herkömmlichen Beweisverbotslehren in den weitaus meisten Fällen zu identischen Ergebnissen gelangen. Schließlich erfolgt im fünften Teil eine Kritik der herrschenden Beweisverbotslehren, soweit ihre Thesen theoriespezifisch sind - es handelt sich also gleichsam um Betrachtungen zum „Besonderen Teil“ der herkömmlichen Beweisverbotsdogmatik. Die Betrachtungen gehen von der Grundanschauung aus, dass ein Holzweg nicht dadurch zur Prachtstraße wird, dass die an ihm errichteten Windmühlen mit Zierrat ausgebaut werden. Mag die Bautätigkeit auch schon 100 Jahre währen, Bestandsschutz für an Holzwegen errichtete Windmühlen gibt es nicht.

2. Wissenschaft und Beweisrecht

Wer eine Dissertation verfasst, betreibt Wissenschaft, er muss „wissenschaftlichen Ansprüchen genügen und einen Beitrag zum Fortschritt der rechtswissenschaftlichen Erkenntnis liefern“.[8] Wer in seiner Dissertation sich mit Beweisrecht beschäftigt, das nicht zuletzt der Aufklärung von Sachverhalten dient, muss einen Begriff von Wahrheit haben. Wer im Beweisrecht richtige Prämissen entwickeln und falsche kritisieren möchte, muss über eine Methode verfügen, die ihn zur Wahrheit führt. Insofern ist einerseits in einer Arbeit wie dieser eine Auseinandersetzung mit Wissenschaft, Wahrheit und Methode unumgänglich. Andererseits ist schwer auszumachen, wie eine seriöse Befassung mit diesen überaus komplexen Fragen vonstatten gehen soll, ohne zu einer Arbeit zu führen, in der die „kleinen“ juristischen Probleme des Beweisrechts - um die es doch eigentlich gehen sollte - nur noch den Anhang darstellen zu den „großen“ Problemen der Wissenschaftstheorie. Diese Arbeit versucht, einen Mittelweg zu gehen - im Bewusstsein der Gefahr, von Seiten der Rechtphilosophie und -theorie des Dilettantismus geziehen zu werden. Es ist im Folgenden eine Auseinandersetzung mit dem gewaltigen diesbezüglichen Forschungsspektrum nicht einmal im Ansatz beabsichtigt, wohl aber soll, bevor sich diese Arbeit ganz ihrem Gegenstande - der Gesetzlichkeit des Beweisrechts - zuwendet, der Versuch unternommen werden, das Verständnis des *Verfassers* von Wissenschaft, Wahrheit und Methode offenzulegen.

a. Wahrheit, Methode und Wirklichkeit

Wissenschaft ist laut *Bundesverfassungsgericht* „alles, was nach Inhalt und Form als

---

7 S. nur *Amelung* Streit und *Rogall* Lehre, sowie V.1.d. u. 2.b. (m.w.N.).

8 § 2 II der Promotionsordnung des Fachbereichs Rechtswissenschaft der Johann Wolfgang Goethe - Universität Frankfurt.

ernsthafter Versuch zur Ermittlung von Wahrheit anzusehen ist".[9] *Methode* und *Wahrheit* sind danach die zentralen Kriterien für Wissenschaftlichkeit. Diese zu Art. 5 III 1 GG entwickelte Definition wird hier deshalb als Anknüpfungspunkt genommen, weil sie in ihrer Weite garantiert, dass man nicht vorschnell relevante Aspekte aus dem Blick verliert und die Fragestellung gegenüber Fortentwicklungen abschottet: „Art. 5 Abs. 3 S. 1 GG schützt ... nicht eine bestimmte Auffassung von Wissenschaft oder eine bestimmte Wissenschaftstheorie. Das wäre mit der prinzipiellen Unvollständigkeit und Unabgeschlossenheit unvereinbar, die der Wissenschaft trotz des für sie konstitutiven Wahrheitsbezuges eignet."[10]

Die Schwierigkeiten, die mit der Beurteilung dessen verbunden sind, was man unter Methode und Wahrheit zu verstehen hat, sind freilich fundamental. Das gilt schon für die Frage, welche Qualität eine Arbeitsweise besitzen muss, um als (wissenschaftliche) Methode gelten zu können. Das *BVerfG* stellt hier kaum Anforderungen: Auf die Richtigkeit der Methoden und Ergebnisse soll es nicht ankommen, auch nicht auf die Stichhaltigkeit der Argumentation und Beweisführung oder die Vollständigkeit der Gesichtspunkte und Belege, die dem Werk zugrunde liegen.[11] Hält man es für angezeigt, einen engeren Methoden- und damit Wissenschaftsbegriff zu vertreten, stellt sich die Frage, wie die einschränkenden Kriterien aussehen könnten. Man könnte erwägen, die prinzipielle Offenheit des Ergebnisses als Mindestbedingung herauszustellen - wie etwa das *BVerfG* nicht als Wissenschaft ansieht, wenn „vorgefaßten Meinungen oder Ergebnissen lediglich der Anschein wissenschaftlicher Gewinnung oder Nachweisbarkeit" verliehen wird.[12] Doch wie verhält es sich mit Arbeiten, deren Ausgangspunkt vorgefasste Ergebnisse sind, deren Richtigkeit sich im Verlaufe seriöser, systematischer Forschungstätigkeit bestätigt? Im Angesichte dessen spricht einiges dafür, letztlich auf die Überprüfbarkeit der Ergebnisse abzustellen. Damit aber stellt sich die Frage: *Was sind die Kriterien für Überprüfbarkeit?*

Auf den Wirklichkeitsbezug jedenfalls wird man nicht verzichten können, wenn die Tätigkeit noch irgendeinen praktischen Sinn machen und völliger Beliebigkeit enthoben sein soll. Doch auch mit dieser Feststellung fangen die Schwierigkeiten erst an, ist es doch schlechterdings unmöglich, jemals unmittelbaren Zugriff auf die Wirklichkeit zu erlangen: „Was wir als wahr oder nicht-wahr, ein wenig oder kaum wahr beurteilen, ist immer ein Bild, welches in mehr oder weniger verschlungenen, langwierigen Prozessen zustande gekommen sein mag, nicht das »Ding an sich«."[13] Zwar können wir Wirklichkeit - die Realität, die Gegenstände, das „Ding an sich" - häufig sinnlich wahrnehmen, doch vermitteln sich die Wahrnehmungen dem Verstand stets über geistige Bilder. Es verbleibt aufgrund der unumgänglichen Vermittlungsprozesse immer ein Spannungsverhältnis zwischen der Wirklichkeit und den auf sie bezogenen Vor-

---

9 BVerfGE 35, 79, 113; 47, 327, 367; 90, 1, 12.

10 BVerfGE 90, 1, 12; s. auch BVerfGE 35, 79, 113; 47, 327, 367 f.

11 BVerfGE 90, 1, 12.

12 BVerfGE 90, 1, 13. Dies beobachtete schon *v.Kirchmann* (Wertlosigkeit, S. 21 ff.) in der juristischen Tätigkeit, deren Kritik er überwiegend jedoch auf andere Gesichtspunkte stützte (Differenz zwischen Naturrecht und positivem Recht, Zufälligkeit des Erkenntnisobjekts - des positiven Rechts).

13 *Fabricius* Selbst-Gerechtigkeit, S. 173.

stellungen. Das gilt schon für das wahrnehmende Individuum. Noch mehr gilt es für Vorstellungen, die wir lediglich aufgrund von Mitteilungen anderer herstellen. In letzterer Hinsicht geht es um die Frage, „wie die Annahme einer von unseren Beschreibungen unabhängigen, für alle Beobachter identischen Welt mit der sprachphilosophischen Einsicht zu vereinbaren ist, daß uns ein direkter, sprachlich unvermittelter Zugriff auf die »nackte« Realität versagt ist."[14]

Versuchen wir, uns *wahrnehmend* der Wirklichkeit anzunähern, so sind es nach alledem zwei Ebenen, mit denen wir es zu tun haben: Die der Vorstellungen und die der Gegenstände. Versuchen wir, uns *sprachlich* der Wirklichkeit anzunähern, so tritt eine weitere Ebene hinzu: Die Ebene der Sprache tritt neben die Vorstellungen und die Gegenstände.[15] Die entscheidenden Prozesse finden nun ersichtlich auf der Ebene der Vorstellungen statt. Was aber sind Vorstellungen, wie entstehen sie? Unsere Vorstellungen von der Wirklichkeit sind letztlich - mögen sie auch teilweise mehr oder minder sprachlich vermittelt worden sein - Folgerungen aus Wahrnehmungen. Aus dem, was wir beobachten, schließen wir - mit Hilfe der Erfahrung - *induktiv* auf die Wirklichkeit. Das was wir wahrnehmen, verarbeiten wir so zu Informationen. Die relevanten Informationen werden von den irrelevanten getrennt und strukturiert, schließlich entstehen komplexe Strukturen, Bilder, Vorstellungen von der Wirklichkeit. Anders ausgedrückt: Wir haben aufgrund sinnlicher Wahrnehmung eine (vorsprachliche) Vorstellung von den Gegenständen, die wir an der Wirklichkeit überprüfen können. Noch einmal anders gewendet: Mit den Gegenständen verbinden wir Bedeutungen, die wir strukturieren, so dass im Verlaufe der Zeit Bedeutungsstrukturen entstehen, die uns den Umgang mit der Wirklichkeit erlauben. Diesen Umgang erleichtert uns, insbesondere in der Kommunikation mit anderen, die sprachliche Klassifizierung der Bedeutungsstrukturen. Die Strukturen sind nun zwar selbst nicht sinnlich wahrnehmbar, aber doch mit ihrer Herstellung Teil der Wirklichkeit und insofern wiederum als Erkenntnisgegenstände der Forschung zugänglich. Aussagen über Bedeutungsstrukturen sind entsprechend ihrerseits prinzipiell wahrheitsfähig.

Die Bedeutungen, mit denen die strafprozessuale Beweisführung es zu tun hat, werden in moderner strafverfahrensrechtlicher Terminologie bezeichnet als die *Informationen* (s. III.1.b., 2.c. u. 6.b.). Die Bedeutungsstrukturen, mit denen es die juristische Tätigkeit zu tun hat, sind die *Rechtssätze.*

b. Wahrheitserforschung

Das zentrale Problem der Wahrheit ist die Schwierigkeit, die Entsprechung von Vorstellung und Wirklichkeit festzustellen angesichts der Unmöglichkeit, unmittelbaren Zugriff auf die Wirklichkeit nehmen zu können. Mit den Schwierigkeiten der Erkenntnis von Wahrheit hat jeder Mensch ständig zu tun. Sie werden, so scheint es, ebenso häufig überschätzt wie unterschätzt.

Überschätzt wird insbesondere häufig die Relevanz der Sprache. Es ist zwar rich-

---

14 *Habermas* Wahrheit, S. 8.

15 *Quine* (Standpunkt, S. 16) verdeutlicht dies am Beispiel jenes Objekts, das wir je nach der Bedeutung, die wir ihm zuschreiben, als „Abendstern" oder als „Morgenstern" bezeichnen. Ähnlich *Habermas* (Wahrheit, S. 9) unter Bezugnahme auf *Peirce.*

tig, dass sich mit Worten die Gegenstände nie vollständig erfassen lassen. Wer versucht, sprachlich die Wirklichkeit in ihrer Ganzheit zu erfassen, muss scheitern. Nicht aber derjenige, der - von einem praktischen Interesse geleitet - nur einen bestimmten Ausschnitt aus der Wirklichkeit und aus diesem nur bestimmte Gegenstände erforschen möchte. Streng genommen ist die Sprache ohnehin irrelevant für die ontologische Frage: „Wir dürfen ... nicht zu dem Schluß eilen, daß es von Wörtern abhängt, was es gibt. Die Übersetzbarkeit eines Problems in semantische Begriffe deutet nicht darauf, daß das Problem selbst ein sprachliches ist. Wer oder was auch immer Neapel sieht, hat den einen oder anderen Namen; und wenn wir diesen Namen den Worten »sieht Neapel« voranstellen, erhalten wir einen wahren Satz; trotzdem ist nichts Sprachliches daran, daß jemand Neapel sieht."[16] Letztlich geht es nur darum und kann es nur darum gehen, so zu sprechen, dass von den Informationen, um die es uns geht, möglichst wenig Relevantes verloren geht.

Überschätzt wird daneben gelegentlich die Relevanz subjektiver Momente. Die Schwierigkeiten mit der Wahrheit liegen zwar ohne Zweifel nicht zuletzt in den subjektiven Momenten, die den Prozess der Wahrheitserforschung in allen Stadien begleiten.[17] Schon die Motivation, die uns zu einer Untersuchung veranlaßt, damit zusammenhängend die Perspektive, die wir zum Erkenntnisobjekt einnehmen, sind affektiv aufgeladen. Die Untersuchung selbst kann ohne eine Interaktion zwischen Beobachter und Objekt nicht stattfinden, „emotionslos" kann der Forscher seinen Forschungsgegenstand nicht adäquat wahrnehmen. Bei der Konstruktion der Bilder von der Wirklichkeit stützen wir uns auf unsere Vorverständnisse. Wir sind beeinflusst von gesellschaftlichen, kulturellen, politischen Prozessen. Angesichts dieser Prozesse, die Wahrheitsdiskussionen notwendig begleiten, ist auch nichts dagegen einzuwenden, zu sagen: „Letztendlich kämpfen wir ... für andere Regeln zur Bestimmung des Wahren und andere Regeln zur Trennung des Wahren vom Falschen."[18] Das Entscheidende aber bleibt bei der Betonung diskursiver und konsensualer Prozesse leicht offen, nämlich warum wir davon ausgehen - und begründet davon ausgehen können - dass bestimmte Behauptungen wahr und andere falsch sind. Das hängt nun ersichtlich damit zusammen, dass wir unsere Vorstellungen von der Wahrheit anhand einer subjektunabhängig vorhandenen Wirklichkeit überprüfen können: Wir treffen auf den Widerstand von Objekten, an denen wir uns in der Lebenswelt abarbeiten.[19] Neben dem Streit über die Wahrheit, dessen Teilnehmer ihre Aussagen mit Wahrheitsansprüchen verbinden, steht die Wirklichkeit als permanentes Bezugsobjekt:

> „Der praktische wie der semantische Bezug zu Gegenständen konfrontiert uns mit »der« Welt, während uns der Wahrheitsanspruch, den wir für Aussagen über Gegenstände erheben, mit dem Widerspruch »der anderen« konfrontiert. Die vertikale Blickrichtung auf

---

[16] *Quine* Standpunkt, S. 19 u. 23.

[17] Grundlegend *Fabricius* Selbst-Gerechtigkeit, S. 163 ff., insb. S. 175 f.; *ders.* Lehrbuch, S. 17 ff. (zur juristischen Tätigkeit); allg. zu den Sozialwissenschaften *Devereux* Angst.

[18] *Müller-Tuckfeld* Wahrheitspolitik, S. 489.

[19] *Habermas* Wahrheit, S. 56. Grundlegend zu Möglichkeiten der Verbesserung der Bedingungen, unter denen das erkennende Subjekt sich dem Erkenntnisgegenstand unbefangen annähern kann: *Fabricius* Selbst-Gerechtigkeit, S. 171 ff. (zum juristischen Bereich); *Devereux* Angst, Teil IV (allg. zu den Verhaltenswissenschaften).

die objektive Welt verschränkt sich mit der horizontalen Beziehung zu den Angehörigen einer intersubjektiv geteilten Lebenswelt. Objektivität der Welt und Intersubjektivität der Verständigung verweisen reziprok aufeinander."[20]

Wer das unvermeidlich zwischen der Wirklichkeit und unseren Vorstellungen verbleibende Spannungsverhältnis überschätzt, lebt in dem Widerspruch, permanent praktisch sorglos mit einer Wirklichkeit zu hantieren, deren Erkenntnismöglichkeit er theoretisch überaus skeptisch gegenübersteht. Das gilt für einfache Gegenstände (Türklinken, Treppen, Messer und Gabel) ebenso wie für komplexe Gegenstände (Straßenverkehr, Computertechnik - aber auch psychische Sachverhalte, wie z.B. Misstrauen, Sympathie, Eitelkeit). Kurz: Übermäßige Skepsis im Hinblick auf die Möglichkeiten der Erkenntnis der Wirklichkeit lässt sich in der Praxis nicht durchhalten.[21] Vor allem aber läuft der Wahrheitsskeptiker Gefahr, wie man es in der literarischen Jurisprudenz gelegentlich beobachten kann (man denke nur an die strafrechtliche „Schuld"-Problematik), Fragen zu „normativen" Fragen zu erklären - und dies vorschnell als Begründung dafür zu nehmen, vorhandene Möglichkeiten der Annäherung an die Wirklichkeit zu vernachlässigen.[22] Wer demgegenüber die Bedeutung der Schwierigkeiten unterschätzt, läuft Gefahr, vorschnell auf eine vermeintlich in Vorstellungen enthaltene Wahrheit zuzugreifen - und so die subjektiven Anteile seines Handelns unbewusst zu halten, wodurch sie (eigener und fremder) Kontrolle unzugänglich sind. Die Gefahr ist von beiden Seiten demnach die gleiche: Dass nämlich subjektive Gesichtspunkte die Wahrheitserforschung beeinträchtigen.

Trotz all der Schwierigkeiten sollte man also eines nicht aus den Augen verlieren: Geistig hergestellt wird allein das Bild von der Wirklichkeit, nicht die Wirklichkeit selbst.[23] Wahr ist das Bild, wenn es der Wirklichkeit entspricht. Entsprechend ist, um den Weg zurück zum Thema dieser Arbeit zu finden, Urteilsgrundlage für den Tatrichter gem. der §§ 261, 264 I StPO das Bild, das er sich von der Wirklichkeit gemacht hat und für wahr hält: „Das geltende Strafprozeßrecht geht, mag dies auch erkenntnistheoretisch naiv erscheinen, davon aus, daß es prinzipiell möglich ist, durch eine nachforschende Tätigkeit eines Subjekts eine Erkenntnis von einem außerhalb dieses Subjekts liegenden Geschehen, also von einer Realität zu gewinnen, die mit dieser Erkenntnis übereinstimmen kann. Es bezeichnet diese Übereinstimmung, so etwa in § 244 Abs. 2 StPO, als Wahrheit, und es kennzeichnet den Grad der Gewißheit, der zu einer solchen Annahme berechtigt, in § 261 StPO als Überzeugung."[24]

---

20 *Habermas* Wahrheit, S. 25.

21 S. auch *Habermas* Wahrheit, insb. S. 50 ff. u. 248 f.: „Wir betreten keine Brücke, an deren Statik wir zweifeln." (aaO., S. 50) und *Gössel* Pflicht, S. 200 f.

22 S. auch die Kritik *Bertrand Russells* (Philosophie, S. 681) an *Hume*: „In gewissem Sinne ist sein Skeptizismus unehrlich, da er ihn in der Praxis nicht aufrechterhalten kann. Er hatte jedoch eine peinliche Konsequenz: Er lähmt jedes Bemühen um Beweise dafür, daß eine bestimmte Handlungsart besser sei als eine andere."

23 Zur Existenz einer subjektunabhängig vorhandenen Wirklichkeit, der wir uns prinzipiell annähern können, s. nunmehr auch *Alexy* (Theorie, S. 403) und nachdrücklich *Habermas* (Wahrheit, S. 7 ff., 230 ff. u. 271 ff. - insb. S. 50 ff.). Vgl. auch von juristischer Seite *Gössel* Ermittlung, S. 9 ff., insb. S. 19; *ders.* Pflicht, S. 199 ff. Einschr. aber *Volk* Wahrheiten, S. 412 ff.

24 *Rieß* in: LR, StPO, Einl. G, Rn. 44; ausf. und diff. *Stamp* Wahrheit; s. auch *Gössel* Ermittlung, S. 9 u. 15; *ders.* Pflicht, S. 200; *Weider* Vom Dealen, S. 7 f.

c. Jurisprudenz als Wissenschaft?

Die Frage nach der Wissenschaftlichkeit juristischer Tätigkeit dürfte kaum allgemein beantwortbar sein.[25]

aa. Jurisprudenz und Wertfreiheit

Wenig ergiebig dürfte es sein, in diesem Bereich Wissenschaftlichkeit mit „Wertfreiheit" zu assoziieren.[26]

Wird „Wertfreiheit" verstanden im Sinne einer tatsächlichen Freiheit des Vorgehens von subjektiven Einflüssen, so verfehlt dieser Definitionsansatz schon deshalb seinen Gegenstand, weil Forschung stets und unvermeidlich von subjektiven Momenten begleitet ist und Forschung subjektiver Momente notwendig bedarf, um Erkenntnisse zu erzielen (s. im vorigen Abschnitt).

Wird „Wertfreiheit" verstanden im Sinne eines Vorgehens, welches jenseits der Erkenntnis auf Wertung und Abwägung verzichtet, ist auf einen für juristische Tätigkeit spezifischen Umstand hinzuweisen, der wertfreies Vorgehen illusorisch macht: Jurisprudenz ist interessengeleitet, denn es ist ihre Aufgabe, sich mit der rechtlichen Regelung von Wirklichkeit zu beschäftigen.[27] Recht knüpft in seinen Voraussetzungen an eine vorhandene Wirklichkeit an und dient in seinen Rechtsfolgen der Veränderung oder Stabilisierung dieser Wirklichkeit. Entsprechend lassen sich rechtliche Regelungen ohne Berücksichtigung der auf diese Wirklichkeit bezogenen Interessen, zu deren Verwirklichung sie beitragen sollen, nicht entwickeln. Es mag zwar die Möglichkeit geben, insofern interessenneutrale Jurisprudenz zu betreiben, als schlicht (sämtliche) Regelungsmöglichkeiten aufgezeigt werden. Verständlicherweise aber betreibt kaum jemand eine in diesem Sinne „wertfreie" Rechtswissenschaft. Eine Antwort auf diejenigen Fragen, auf die es ankommt, könnte eine derart „wertfreie" Jurisprudenz nicht geben.

Die *richterliche Tätigkeit* zwar sollte, soweit sie gesetzlich determiniert ist, frei von eigenständig wertenden Elementen sein (s. auch I.2.c.dd.). „Wertfrei" ist sie deshalb noch lange nicht, gibt es doch erhebliche Spielräume, die das Gesetz den Richtern einräumt. Der *Gesetzgeber* muss den Blick ein ums andere Mal auf die gesellschaftlichen Wirkungen der Regelungen richten, setzt doch jeder staatliche - auch gesetzliche - Eingriff in Rechte der Bürger an erster Stelle die Verfolgung eines legitimen Zweckes voraus: „Eingriffe in die Freiheitssphäre sind danach nur dann und insoweit zulässig, als sie zum Schutz öffentlicher Interessen unerläßlich sind..."[28] Bei der Ent-

---

[25] Im Ansatz ähnlich *Arthur Kaufmann* Bemerkungen, S. 68. Vgl. zum Selbstbild der herrschenden Strafrechtswissenschaft *Burkhardt* Strafrechtsdogmatik, S. 112 ff.; *Schünemann* Strafrechtsdogmatik (jew. m. vielf. Nachw.). Der eingangs genannten Wissenschaftsdefinition folgend *Hassemer* (Selbstverständnis, S. 25 u. 32 unter Berufung auf BVerfGE 35, 79, 113).

[26] So aber z.B. *Hilgendorf* Problem, insb. S. 20 u. 24 ff.

[27] Vgl. zu den Funktionen von Strafrechtswissenschaft, die in der gegenwärtigen Diskussion eine Rolle spielen: *Burkhardt* Strafrechtsdogmatik, S. 117 ff.; *Schünemann* GA 2001, 205, 213 ff.; *ders.* GA 1995, 201, 221 ff.; *U.Neumann* Strafrechtsdogmatik, S. 125 ff.

[28] BVerfGE 76, 1, 51; s. auch BVerfGE 19, 342, 348 f.; *Stächelin* Strafgesetzgebung, S. 119 ff.; *Wohlers* Deliktstypen, S. 54 ff.; *Prittwitz* StV 1991, 435, 437 ff.; *Ossenbühl* Jura 1997, 617, 618.

scheidung, welche Zwecke verfolgt werden sollen, obliegt dem Gesetzgeber weithin, widerstreitende Interessen durch Wertung, Abwägung zum Ausgleich zu bringen. Was die *Universitätsjuristen* angeht, mit deren juristischer Tätigkeit man gewöhnlich am ehesten Wissenschaftlichkeit assoziiert, scheitert das „Wertfreiheits"-Postulat daran, dass Werte zwar nicht beliebig konstruierbar, aber doch auch nicht in Gänze der Erkenntnis zugänglich sind - so wird es jedenfalls hier gesehen (s. zu den Grenzen wertender Tätigkeit die nächsten drei Abschnitte).

bb. Jurisprudenz und Wirklichkeit

Auf der Suche nach Kriterien für die Überprüfbarkeit von Ergebnissen juristischer Tätigkeit (s. I.2.a.) sollte man - wie gesagt - den Blick nicht vorschnell von der Wirklichkeit abwenden. Vielmehr lässt sich sagen: Strafjuristische Tätigkeit ist - wie jede andere Disziplin auch - Wissenschaft zunächst insoweit, wie sie ihre (interessengeleiteten) Studien methodengeleitet an der Realität orientiert. Anders ausgedrückt: Wie sie die Qualität des Systems Strafrecht anhand systemexterner Faktoren evaluiert. Die Sprache des Strafrechts bezieht sich auf Bedeutungsstrukturen (auf Rechtssätze), die wiederum sich auf eine bestimmte gegenständliche Realität beziehen. Je mehr man diese Realität ausblendet, desto mehr verlieren die Rechtssätze ihren Sinn gegenüber den Menschen, von denen sie erschaffen wurden und deren Realität sie ordnen sollen.[29]

Es bleibt freilich ein Unterschied zwischen der Rechtswissenschaft und etwa den Naturwissenschaften: Während die Naturwissenschaften sich um die Erkenntnis der gegenständlichen Realität bemühen, geht es der Rechtswissenschaft insofern nur darum, die - von anderen Wissenschaften erkannte - Wirklichkeit bei der Gestaltung der Rechtsordnung zu berücksichtigen. *Die Wirklichkeit beschränkt gewissermaßen den juristischen Möglichkeitsraum.* Wie weit diese Beschränkungen reichen, lässt sich allgemein nicht sagen. Die Bezüge juristischer Tätigkeit zur Wirklichkeit sind teils fundamental (z.B. bei der Schuld-Problematik: „Sollen setzt Können voraus."[30]), teils aber auch eher marginal (z.B. bei der in dieser Arbeit behandelten Frage nach den Folgen der Verletzung von Beweisrecht). Man kann die Überprüfung des Strafrechts an der gegenständlichen Realität als Grundbedingung eines *vernunftgemäßen* Umgangs mit Kriminalität bezeichnen. Ein rationaler Umgang mit Kriminalität kommt ohne eine *verstandesmäßige* Orientierung an der Wirklichkeit nicht aus; die Alternative wäre ein Umgang mit Kriminalität, der sich in der Proklamation religiöser oder anderweit metaphysischer Glaubenssätze erschöpft.[31] Es wird hier demnach nicht die These vertreten, dass sich der Natur deduktiv bindende Vorgaben für die Gestaltung und Auslegung des positiven Rechts entnehmen lassen. Vielmehr wird es so gesehen, dass der

---

[29] Schlecht bestellt ist es insofern um den jüngst sich ausbreitenden extremen (empiriefreien) Normativismus. S. nur *Jakobs* Zurechnung; *Maultzsch* Jura 2001, 85 ff., insb. 92. Zur Kritik vgl. *Fabricius* Lehrbuch; *Schünemann* Strafrechtsdogmatik, S. 13 ff; *ders.* GA 1995, 201, 217 ff.; *ders.* GA 2001, 205, 210 ff.; zu den Entstehungsbedingungen des Normativismus vgl. *R.Keller* ZStW 1995, 457 ff.

[30] *Schünemann* Strafrechtsdogmatik, S. 25.

[31] S. auch *K.Peters* Strafprozeß, S. 47: Es könne „der Strafjurist ohne hinreichende Kenntnis der Kriminologie kein richtiges und gerechtes Urteil finden." Zur „notwendigen Empirie der Strafrechtsfolgen" vgl. *Hassemer* Das Symbolische, S. 1018; zu den verfassungsrechtlichen Anforderungen an den gesetzgeberischen Umgang mit Empirie s. ausf. *Stächelin* Strafgesetzgebung, S. 167 ff.

gründliche, empirische (induktive) Blick auf die Realität den Juristen vielfältige Erkenntnisse zu liefern vermag, die den Spielraum der Rechtsgestaltung und -anwendung eingrenzen.

cc. Jurisprudenz und Gerechtigkeit

Noch in einem weiteren Sinne lässt sich sagen, dass juristische Interessenverfolgung der Überprüfung an Hand einer - jenseits des einfachen Rechts und der Verfassung gelegenen - Metaebene zugänglich ist. Das Metainteresse, an dem die von den Juristen verfolgten Interessen gemessen werden können, kann man formulieren als *das Interesse der Menschen, möglichst wenig Leid zu erleben.*[32]

In den Jahrtausenden menschlicher Geschichte wurden unzählige Versuche unternommen, mittels rechtlicher Regelungen diesem Ziel näher zu kommen, ungeachtet der unzähligen Versuche, Recht für die Verwirklichung von Partikularinteressen zu missbrauchen. Die Erfahrungen, die dabei gemacht wurden, stehen uns zur Verfügung und es lässt sich durchaus sagen, dass einzelne Ideen sich im Laufe der Zeit als geeigneter als andere erwiesen haben, den Menschen das Leben erträglicher zu gestalten, kurz: das „Gemeinwohl“ zu befördern.

Gesetzgebung zaubert demnach Gesetze nicht wie das Kaninchen aus dem Zylinder, sondern ist in mehrfacher Hinsicht vom Erleben der Realität geprägt. Der letzte Schritt, die Frage der rechtlichen Grenzziehung, bleibt zwar ein normativer Schritt. Es ist aber je nach zu regelndem Lebensbereich und je nachdem, wie gründlich dieser Bereich und die Möglichkeiten seiner rechtlichen Regelung evaluiert wurden, wenig Spielraum für „Wertung“ und „Abwägung“. Der Spielraum wird begrenzt durch die gegenständliche Realität (s. im vorigen Abschnitt) und im Rahmen des dann noch verbleibenden Spielraumes sind es Anforderungen der Gerechtigkeit - die wiederum (was ist „Leid“, was ist „Gemeinwohl“?) untrennbar mit der Wirklichkeit verbunden ist - die richtige von falschen Rechtssätzen zu scheiden helfen. Anders ausgedrückt: Die Wirklichkeit und die Gerechtigkeit beschränken die Induktionsbasis für Normgebung - und auch die Auslegungsspielräume der Normanwender.

Nach alledem besteht zwar ein Unterschied zwischen der Falsifikation von Wahrheitsbehauptungen und Gerechtigkeitsbehauptungen. Ein fundamentaler Unterschied ist es gleichwohl nicht. Ein Beispiel: Die Behauptung, dass Jugendstrafen erzieherisch wirken, ist primär eine Aussage über die psychische Realität von jugendlichen Strafgefangenen, deren Wahrheit oder Unwahrheit Wissenschaft prinzipiell feststellen kann - ungeachtet etwa der kulturellen Momente, die schon die Frage betreffen, was überhaupt Erziehung ist. Die Behauptung, dass Jugendstrafen nur unter dem Erziehungsgedanken gerecht sind, ist demgegenüber primär eine normative Aussage, also ein Versuch der Etablierung rechtlicher Grenzen. Ihre Richtigkeit ist gleichwohl in nicht geringem Maße einer Überprüfung an der Realität zugänglich: Sie ist jedenfalls sinnlos, wenn sich herausstellt, dass Jugendstrafen nicht erzieherisch wirksam sind. Vor allem aber sind unsere Vorstellungen über die Gerechtigkeit von Jugendstrafen abhängig von unseren Erinnerungen an die eigene Jugendzeit, von unseren Beobachtungen an-

[32] In dieser Richtung auch *Arthur Kaufmann* Rechtsphilosophie, S. 50 f.

derer Jugendlicher, von unserem Wissen über die Zustände im Jugendstrafvollzug usw.

Insofern lässt sich nicht sagen: „Moralischen Geltungsansprüchen fehlt der für Wahrheitsansprüche charakteristische Bezug zur objektiven Welt. Damit sind sie eines rechtfertigungstranszendenten Bezugspunktes beraubt."[33] Es sind, wie gesagt, in erster Linie die nichtjuristischen Wissenschaften, die zur Objektivierung des Rechts beitragen können, indem sie den Juristen tiefer gehende Erkenntnisse - etwa über die psychische Realität der in Kriminalität verwickelten jungen Menschen - vermitteln.

dd. Jurisprudenz und Gesetzlichkeit

Soweit die Juristen durch Gesetze und die Verfassung gebunden sind, engt auch dies den Spielraum für juristische Tätigkeit ein, indem es sie auf deduktives Vorgehen beschränkt. Ihre Ergebnisse werden überprüfbar und gewinnen an Wissenschaftlichkeit, insoweit sie sich methodengeleitet bemühen, wahre Aussagen über Rechtssätze - die als Bedeutungsstrukturen an der Realität teilhaben - zu treffen.

Die Richtigkeit eines juristischen Satzes lässt sich vor allem anhand seiner Vereinbarkeit mit dem *Gesetz* beurteilen (einfaches nationales Recht und Verfassungsrecht, zunehmend auch internationales Recht, außerdem wohl: Prinzipien). Die Deduktion kann naturgemäß keine Ergebnisse liefern, die nicht schon in der Prämisse enthalten sind; sie kann also im Bereich der Auslegung von Gesetzen nur innerhalb der gesetzlichen Grenzen stattfinden. Das (abduktive) Erlebnis der Unzufriedenheit mit der jeweiligen Norm im Einzelfalle darf nicht zur - induktiven - Modifikation des Rechtssatzes führen.

Eine Begrenzung auf deduktives Vorgehen kennt die universitäre Jurisprudenz nicht. Es ist aber im Hinblick auf die Frage der Überprüfbarkeit ihrer Studien unabdingbar, dass sie offenlegt, ob sie die Deduktion gesetzlicher Vorgaben oder die induktive Entwicklung von Rechtssätzen betreibt. Letzterenfalls ist - wenn der Rechtswissenschaftler die Verbindlichkeit der von ihm entwickelten Rechtssätze behauptet - unumgänglich, die Legitimationsbasis der Rechtssätze anzugeben, kommt doch in der parlamentarischen Demokratie zunächst einmal nur dem Parlament die Gesetzgebungskompetenz zu.

d. Wissenschaftlichkeit im Recht der Beweisführung

Nach alledem wird für den Bereich juristischer Tätigkeit auf die für Wissenschaft fundamentale Frage nach der Überprüfbarkeit der Ergebnisse hier folgende Antwort gegeben: Die Wissenschaftlichkeit juristischer Sätze hängt ab von ihrer Überprüfbarkeit anhand der gleichsam als Metaebenen zu betrachtenden Wirklichkeit, Gerechtigkeit und - soweit eine Bindung besteht - Gesetzlichkeit. Wie steht es nun um die Wissenschaftlichkeit dieser Arbeit? Darüber mögen letztlich andere urteilen; der Anspruch des Verfassers soll Ihnen aber immerhin nicht vorenthalten werden:

Wie nahezu alle Jurisprudenz interessengeleitet ist, wird freilich auch in dieser Ar-

---

[33] So *Habermas* Wahrheit, S. 55 ff. u. 271 ff. (Zitat aaO., S. 296).

beit keine Wertfreiheit angestrebt. Es soll offen gesagt werden: Die folgenden Studien sind motiviert von einer (auch) staatlicher Machtausübung kritisch gegenüberstehenden Anschauung, wie sie von manchen als typisch für die gelegentlich so genannte „Frankfurter Schule“[34] des Strafrechts angesehen wird (s. insb. IV.6. u. VI.2.). Vor diesem Hintergrund werden in dieser Arbeit Prinzipien für den Umgang mit rechtswidrig gewonnenen Beweisen entworfen, die dazu dienen sollen, die Rechtssicherheit im Beweisrecht der Strafprozessordnung wieder heimisch zu machen.[35] Hierfür verbindliche Maßstäbe zu finden, fällt an sich nicht schwer: Für die Bewertung der herkömmlichen - richterlichen und literarischen - Beweisverbotsdogmatik stehen zwei Maßstäbe *höheren Ranges* zur Verfügung, deren Verbindlichkeit ausdrücklich niemand ernsthaft bestreitet: Das einfache Gesetz und die Verfassung.

Wer allerdings in dieser Arbeit ein ausdrückliches Plädoyer für die Idee des Rechts sucht, wird enttäuscht werden. Die Ideen des Rechts und der Rechtsstaatlichkeit, also vor allem der Verfassungs- und Gesetzesbindung staatlicher Machtausübung werden als Prämissen letztlich unkritisch vorausgesetzt. Wie es scheint, besteht ein ubiquitärer Konsens dahingehend, dass der Versuch, soziales Leben rechtlich zu regeln und staatliche Macht durch Recht zu begrenzen, in modernen Gesellschaften notwendig und zugleich konkurrenzlos ist. Auch der Verfasser dieser Zeilen sieht keinen Anlass, diesen Konsens zu hinterfragen. Es wird lediglich im Verlaufe der Arbeit die Triftigkeit dieses Konsenses - gleichsam rekursiv - mit einigen Argumenten unterfüttert (s. insbesondere VI.2.). Zentrales Anliegen dieses Werkes ist aufzuzeigen, wie juristische Tätigkeit im Beweisrecht aussehen müsste, um als das Ergebnis konsequenter *Deduktion* gesetzlicher und verfassungsrechtlicher Vorgaben gelten zu können.[36] Insoweit derartige Aussagen über Rechtssätze wahrheitsfähig sind, ist in dieser Arbeit Wahrheitsfindung ein Anliegen. Überprüfbar sind die Erörterungen und Ergebnisse der Arbeit demnach in erster Linie anhand der Metaebene der Gesetzlichkeit.

Daneben möchte diese Arbeit *aufklären*.[37] Wenn es den Juristen kennzeichnet, dass er bestimmte Zwecke verfolgt, so kann mit dem Recht nur umgehen, wer die Zwecke kennt, die die Juristen verfolgen. Es ist nun aber leider Kennzeichen der herkömmlichen Beweisverbotsdogmatik, dass diese Zwecke nur selten offen ausgesprochen werden. Inkonsistenzen in der herkömmlichen Beweisverbotsdogmatik lassen sich verstehen als Indizien für eine Interessenverfolgung, die die Erreichung bestimmter materieller Ziele höher bewertet als die deduktiv folgerichtige Anwendung des Gesetzes. Sie öffnen so den Zugang zum Bereich des Verschwiegenen, vielleicht Unbewussten. Es geht also *insoweit* um Aufklärung nicht in dem Sinne, dass Wahrheit und Unwahrheit

---

34 Z.B. *Schünemann* GA 1995, 201 ff.; *ders.* ZStW 2002, 1, 18. Viel gesagt ist damit allerdings nicht. Zum einen treten in Frankfurter Binnenperspektive häufig eher Unterschiede denn Gemeinsamkeiten in den Blick, so dass die Etikettierung als „Schule“ ihren Gegenstand verfehlen dürfte. Zum anderen erweist sich *Schünemann* mit seinen Erörterungen in ZStW 2002, S. 1 ff. als würdiger Vertreter der Geisteshaltung, die als im Frankfurter Institut für Kriminalwissenschaften vorherrschend bezeichnet werden darf.

35 *Burkhardt* (Strafrechtsdogmatik, S. 118) würde dies die „rechtsstaatliche“ Funktion von Dogmatik nennen.

36 Dies überschneidet sich mit der im *Burkhardt*'schen Sinne (Strafrechtsdogmatik, S. 118 f.) „konstitutiven“ Funktion und vor allem „Kontrollfunktion“ von Dogmatik.

37 Das deckt sich teilweise mit der „technischen oder didaktischen“ Funktion von Dogmatik im Sinne *Burkhardts* (Strafrechtsdogmatik, S. 119).

juristischer Figuren unterscheidbar werden. Sondern derart, dass induktiv die der herkömmlichen Dogmatik zugrundeliegenden Motive herausgearbeitet und die zu ihrer Verwirklichung ersonnenen juristischen Mechanismen in ihrer Zweckgebundenheit offengelegt werden. Dabei wird notwendig sein, das kriminalpolitische Umfeld, in dem sich die Beweisverbotsdogmatik entwickelt, zumindest kursorisch auszuleuchten (s. insb. IV.6.). Das führt nur scheinbar über das Thema der Arbeit hinaus. Seine Darstellung ist notwendig, um den größeren kriminalpolitischen Zusammenhang herauszustellen, dem sich die herkömmliche Beweisverbotsdogmatik, wie jede andere herrschende Dogmatik, nicht nur nicht entziehen kann, sondern an dessen Ausformung sie teilhat. Das Recht der Beweisverbote ist - wie jedes andere Recht auch - bezogen auf eine bestimmte Realität, die Realität der Strafverfolgung. Es knüpft in seinen Tatbestandsvoraussetzungen an diese Realität an und dient in seinen Rechtsfolgen dazu, in dieser Realität Wirkungen hervorzurufen. Auch die Realität der Strafverfolgung wird in dieser Arbeit daher immer wieder zur Sprache kommen (s. insb. IV.4.). Was die Überprüfbarkeit der Erörterungen hinsichtlich der Kriminalpolitik und der Realität der Strafverfolgung angeht, so stehen eben diese Realitäten als Maßstab zur Verfügung.

Es wird sich herausstellen, dass die herkömmliche Beweisverbotsdogmatik weithin Bedürfnisse der Strafverfolgung bloß behauptet und zudem lediglich vorgibt, gesetzliche und verfassungsrechtliche Vorgaben umzusetzen, also deduktiv zu arbeiten. Tatsächlich ähnelt ihre Tätigkeit eher der eines Experimentierfeldes. Anders ausgedrückt: Weitgehend freihändige Verfahrensweisen bestimmen das Bild, wobei unklar bleibt, woher die Beweisverbotslehren angesichts einer notwendigen und ins Einzelne gehenden gesetzlichen Determinierung des Beweisrechts die Legitimation dafür nehmen.

Nach alledem dürfte klar geworden sein, dass dieser Arbeit eine Funktion nicht zukommen soll - bezeichnenderweise ausgerechnet jene Funktion, von der *Burkhardt* sagt, dass es die einzige sei, die die herkömmliche Strafrechtsdogmatik ohne Einschränkung erfüllt: Die Anpassungsleistung von Dogmatik, also die permanente Anpassung des Rechts an sich wandelnde soziale Gegebenheiten durch Steigerung der Freiheit im Umgang mit der Erfahrung und mit juristischen Texten.[38] Im Gegenteil: Strafrechtswissenschaft kann und sollte mit der systematischen Durchdringung des Rechtsstoffes eine Anleitungs- und Kontrollfunktion gegenüber den Kontrolleuren der Exekutive - den Gerichten - ausüben.[39] Wenn bei diesen, wie es in der Rechtsprechung zu den Beweisverboten überdeutlich ist, die Folgerichtigkeit (insbesondere die folgerichtige Orientierung am Gesetz) verloren geht, sollte Strafrechtswissenschaft ihre Kontrollfunktion ausüben und nicht versuchen, im Sinne einer pragmatischen „Nachzeichnungsdogmatik" das Recht mit vermeintlichen Bedürfnissen der Praxis in Einklang zu bringen.

3. Vom Nutzen und Nachteil begrifflicher Vorklärungen

Ein Eindämmen dogmatischer Exzesse bedeutet immer auch ein Eindämmen begrifflicher Exzesse. Anliegen dieser Arbeit ist es daher auch, zentrale Begriffe des strafpro-

---

38 Strafrechtsdogmatik, S. 119 u. 151.

39 *Schünemann* Strafrechtsdogmatik, insb. S. 8.

zessualen Beweisrechts wieder auf bestimmte Funktionen beweisrechtlicher Normen in ihrer gesetzlichen Ausgestaltung zurückzuführen und dabei zugleich vor dem Hintergrund der heutigen Strafverfahrensrealität zu sehen, kurz: Sprache, Bedeutung und Gegenstand (s.I.2.a.) in ein möglichst harmonisches Verhältnis zu bringen. Es sollen Charakteristika des strafprozessualen Beweisrechts herausgearbeitet und die gebotenen Konsequenzen insbesondere für die Frage der Verwertbarkeit rechtswidrig gewonnener Beweise gezogen werden. Für die den nachfolgenden Erwägungen zugrundeliegende Methode der Darstellung bedeutet dies, dass es untunlich wäre, mehr als zum Verständnis unbedingt nötig, den Inhalt bestimmter Begriffe vorneweg zu definieren. Damit wäre nicht nur die Gefahr verbunden, dem Leser gewisse sachliche Konsequenzen zu suggerieren. Es würde auch die Begriffe aus dem jeweiligen Sachzusammenhang reißen. Dadurch würde ihnen unvermeidlich eine Bedeutung zuwachsen, die sie angesichts ihrer Gegenstände nicht haben. Insbesondere den beiden zentralen Begriffen des Beweisrechts der Strafprozessordnung, dem Strengbeweis und der freien Beweiswürdigung, kommt lediglich die Funktion zu, solche Charakteristika zu veranschaulichen.

Konsequenzen für die Beweisverbote folgen also nicht etwa daraus, dass das strafprozessuale Beweisrecht „ein Strengbeweisrecht ist“. Vielmehr kann es für die Beweisverbote nicht ohne Konsequenz bleiben, sondern muss gerade Ausgangspunkt juristischer Tätigkeit in diesem Bereich sein, dass das strafverfahrensrechtliche Beweisrecht vorwiegend streng formalisiert und zwingendes gesetzliches Recht ist. Das strafprozessuale *Beweis*recht kennt nur wenige Kann- bzw. Soll-Vorschriften, also Vorschriften, die Ermessen einräumen. Es lässt nur wenig Raum für Billigkeitserwägungen, Generalklauseln sind - mit Ausnahme vielleicht der modernen Ermittlungsmethoden - die Ausnahme. Nachgiebiges, dispositives Recht ist ihm in weiten Teilen fremd. Vielmehr sind die beweisrechtlichen Normen in ihrer ganz überwiegenden Zahl Muss-Vorschriften, also Vorschriften, bei denen die Entscheidung rechtlich gebunden ist, sobald der Tatbestand erfüllt ist. Dessen Tatbestandsvoraussetzungen sind regelmäßig streng geregelt. Vor allem aber: Die Beweisgesetze sind überwiegend zwingender Natur, ihre Einhaltung steht zumeist zu niemandes Disposition, jedenfalls nicht zur Disposition der Strafverfolgungsbehörden.

Um dem Leser die Orientierung zu erleichtern sei allerdings schon an dieser Stelle darauf hingewiesen, dass sich die ihm vorliegende Arbeit, soweit sie sich mit der herkömmlichen Beweisverbotsdogmatik auseinandersetzt, an der herkömmlichen begrifflichen Unterscheidung der Beweisverbote in Beweiserhebungs- und Beweisverwertungsverbote orientiert und bei letzteren (wie die herkömmlichen Lehren) noch einmal zwischen selbständigen und unselbständigen Beweisverwertungsverboten unterscheidet. „Beweisverbot“ ist also Oberbegriff für Verbote im Bereich der Beweiserhebung und der Beweisverwertung. Unselbständig ist ein Verwertungsverbot, wenn es - in herkömmlicher Terminologie ausgedrückt - Folge der Verletzung eines Beweiserhebungsverbotes ist. Die (eher seltenen) selbständigen Verwertungsverbote hängen von der Verletzung eines Erhebungsverbotes nicht ab - deshalb nennt man sie selbständig.

Zudem ist zum Verständnis der nachfolgenden Lektüre unabdingbar, schon jetzt zu erläutern, in welchem Sinne einige weitere Begriffe aus der Beweisverbotsdogmatik

Verwendung finden.[40] Den Begriffen könnte oftmals auch eine andere Bedeutung als im Folgenden beigemessen werden. Es sollte daher nicht verwundern, wenn innerhalb der herkömmlichen Beweisverbotsdogmatik derselbe Begriff von unterschiedlichen Autoren unterschiedlich verwendet wird. Innerhalb der Grenzen, die der zu beschreibende Gegenstandsbereich setzt, gibt es kein richtig oder falsch. Freilich muss sich die Begriffsbestimmung an den tatsächlichen Gegebenheiten orientieren und insofern gibt es treffendere und weniger treffende Begriffsbestimmungen.

Im Umgang mit Beweisen begegnen Akte der Beweiserhebung und der Beweisverwertung. Beweis*erhebung im engeren Sinne* ist die erstmalige Verschaffung eines Beweises zu strafverfahrensrechtlichen Zwecken. Beweis*verwertung im engeren Sinne* ist demgegenüber die Verwendung des Beweises zu Entscheidungszwecken, also der Vorgang, der einen Beweisgegenstand zur Entscheidungsgrundlage werden lässt. Handelt es sich bei der Entscheidung um das das Erkenntnisverfahren beschließende Urteil, so ist die Beweisverwertung i.e.S. die freie Beweiswürdigung im Sinne des § 261 StPO.

Es bedarf einer weiteren Differenzierung. Denn einerseits existiert das Phänomen einer oft mehrmaligen Heranschaffung eines Beweises; Verfahrensverstöße können bei jedem dieser Akte stattfinden.[41] Andererseits bedarf es genauerer Begrifflichkeit, um der Vielzahl tatsächlicher Perpetuierungsakte gerecht zu werden.[42] Unter Beweis*erhebung im weiteren Sinne* wird jede Heranschaffung von Beweisen im Rahmen eines Strafverfahrens verstanden (einschließlich der Beweiserhebung i.e.S). Gleichbedeutend kann man von Beweis*führung* sprechen.[43] Beweis*verwertung im weiteren Sinne* ist jede Perpetuierung des einmal erhobenen Beweises (einschließlich der Beweisverwertung i.e.S). Gleichbedeutend kann man von Beweis*verwendung* sprechen. Beweiserhebung i.w.S. und Beweisverwertung i.w.S. stellen danach sich überschneidende Kreise dar. Lediglich im Bereich der Beweiserhebung und -verwertung i.e.S. überschneiden sie sich nicht. Anders ausgedrückt: Die weitaus meisten Akte des Umgangs mit Beweisen im Strafverfahren sind - deutlich etwa bei der Einführung eines bereits im Ermittlungsverfahren herbeigeschafften Beweises in die Hauptverhandlung - zugleich Erhebungs- und Verwertungsakte. Wenn hier der Einfachheit halber bloß von Beweiserhebung oder Beweisverwertung gesprochen wird, so meint dies immer die Beweiserhebung und -verwertung i.w.S. *Sie sind die zentralen Begriffe des Beweisverbotsrechts, denn* - dies wird in dieser Arbeit begründet - *die Beweiserhebungsverbote umfassen den gesamten Bereich der Beweiserhebung i.w.S. und die Beweisverwertungsverbote sperren die Beweisverwertung i.w.S.*

Für die häufigen Fälle, in denen personenbezogene Informationen Gegenstand des

---

40 Zur vielfältig unterschiedlichen Verwendung der Begriffe „Verwertung" und „Verwertungsverbot" bzw. „Beweisverwertung" und „Beweisverwertungsverbot" in Rechtsprechung und Literatur vgl. die umfassende Untersuchung von *Nagel* Verwertung, S. 57 ff.

41 Vgl. *Rupp* (Beweisverbote, S. 175), der darauf hinweist, „daß der Vorgang der Beweiserlangung ein langer Prozeß sein kann, in welchem an vielen Stellen sich ein Unrechtsakt einschleichen kann."

42 Wer den Verwertungsbegriff auf die Würdigung des Beweises beschränkt, kann eine weiterreichende Wirkung der Verwertungsverbote nur schwerlich beschreiben und gerät so fast zwangsläufig in heillose Verwirrung. Deutlich etwa bei *Gössel* Unterscheidung, S. 277 ff., insb. 282 f.

43 Vgl. *K.Peters* Strafprozeß, S. 286: „Den Weg zur Feststellung der Tatsachen nennt man Beweisführung. Die Aufgabe der Beweisführung ist die Gewinnung der Unterlagen für die Urteilsfindung."

Beweisverfahrens sind, lässt sich dies einigermaßen mühelos mit der dann ebenfalls einschlägigen datenschutzrechtlichen Begrifflichkeit in Einklang bringen (vgl. §§ 1 I, II, 3 IV, V, VI BDSG).[44] Die Datenschutzgesetze erfassen jeden Umgang mit personenbezogenen Daten; das betrifft die Erhebung und Verwendung der Daten. Erheben ist das Beschaffen, Verwenden das Verarbeiten und Nutzen der Daten, wobei hier nicht jeder Einzelheit nachgegangen werden muss (s. ausführlicher III.1.b., 2.c. u. 6.b.). Beweisverwertungsverbote sind somit, soweit es um personenbezogene Informationen geht, Verarbeitungs- und Nutzungs- bzw. Verwendungsverbote.[45]

---

44 Vgl. *Macht* Verwertungsverbote, S. 25; zum Begriff der personenbezogenen Daten s. aaO., S. 192 ff.

45 Überblick über die nicht immer klare Genese des Verhältnisses der Begriffe „Verwertungsverbot“ und „Verwendungsverbot“ in herkömmlicher Perspektive bei *Dencker* Verwertungsverbote und Verwendungsverbote.

II. Der Ursprung der Beweisverbote und des Strengbeweises

1. Die „Entdeckung" der Beweisverbote

Die Beweisverbote haben bei *Beling*, dem „Entdecker der Beweisverbote" (s. I.1.), folgende Wirkung:

> „Sie schaffen vor dem Auge der Strafverfolgungsorgane einen geheiligten Raum, der Anspruch darauf hat, verborgen zu bleiben. Staatsanwalt, Polizei und Richter dürfen die verschlossene Tür nicht erbrechen. Die prozessualische Wirkung der Beweisverbote im Einzelnen aber ist folgende: a) Das verbotene Beweismittel darf gar nicht ausgeschüttelt werden ... b) Sollte das doch geschehen sein ... so darf, wenn der Fehler noch rechtzeitig bemerkt wird, das solchergestalt an den Tag gekommene im Urteil nicht berücksichtigt, muss vielmehr ignoriert werden, der Richter muss die erfolgte Beweisaufnahme als nicht geschehen betrachten. c) Sollte der Fehler vor dem Urteil nicht bemerkt worden sein, so wäre das Urteil wegen jenes Fehlers anfechtbar."[46]

Für *Beling* war es eine geradezu selbstverständliche Feststellung, dass ein Beweisobjekt, das auf rechtswidrige Weise erlangt wurde, unverwertbar ist.[47] Das hatte er bereits in seiner ursprünglichen Systematik unter b) festgestellt. Er präzisierte es in den folgenden Jahren:

> „Nur die ordnungsmäßig erlangten Beweismittel dürfen für die Bildung der Urteilsgrundlagen benutzt werden."[48]

> „Die *Unzulässigkeit der Verwertung* jener contra jus erlangten Kenntnisse ergibt sich unmittelbar aus dem Zweck der Beweisverbote ... Verbietet das Gesetz dem Gericht die Heranziehung eines Beweismittels für ein bestimmtes Beweisthema (oder schlechthin), so verschließt es eben diesen Wahrheitsermittlungsweg, und es wäre seltsam, wollte es gleichwohl die *Verwertung* der verbotswidrig herangezogenen Beweismittel gestatten. Dann würden alle Beweisverbote zu bloßen „Soll"-Vorschriften hinabgedrückt, wofür auch nicht der geringste Anhalt besteht."[49]

Das Bestehen von Beweisverboten bedeutet also:

a) Es darf keine unter ein solches Verbot fallende Beweis*erhebung* stattfinden.
b) Sollte das dennoch - verbotswidrig - geschehen sein, besteht ein *Verwertungs*verbot.
c) Findet dennoch eine Verwertung im Urteil statt, begründet der Fehler bei der Beweis*erhebung* die Revision.

Damit benannte *Beling* erstmals die drei Ebenen, die für die Frage, ob ein Beweis ein Urteil tatsächlich und rechtlich tragen kann, im modernen kontinentaleuropäischen

---

[46] Beweisverbote, S. 30 f.
[47] *Beling* zust. jüngst *Bernsmann* StraFo 1998, 73.
[48] ZStW 1904, 265.
[49] JW 1924, 1721 (Hervorh. vom *Verf.*).

Strafverfahren entscheidend sind: Das Verfahren von Beweiserhebung und -verwertung und seine Kontrolle in der Revision.[50]

Die von *Beling* unter a) festgestellte Wirkung ist an sich trivial und auch heute noch unumstritten. Zu beachten ist aber der fundamentale Unterschied, dass seinerzeit die Beweiserhebungsverbote die Ausnahme waren, während unter der Geltung des Vorbehalts des Gesetzes heute weithin das Umgekehrte der Fall ist: Nur wo das Gesetz zur Beweiserhebung ermächtigt, ist diese statthaft (s. ausführlich III.1.a.).

Die von *Beling* unter c) benannte revisionsrechtliche Wirkung der Verletzung eines Beweiserhebungsverbots war ebenfalls nicht ungewöhnlich und im Grundsatz noch bis in die zweite Hälfte des 20. Jahrhunderts hinein vielfach vertretene Meinung: Verwertet der Richter einen verfahrensfehlerhaft gewonnenen Beweis, so beruht das Urteil - im Sinne von § 337 StPO - auf der Gesetzesverletzung bei der Beweiserhebung (s. II.5. u. ausführlich IV.2.).

Neu allerdings war die von *Beling* unter b) benannte Wirkung des Beweisverbots, die man heute als „unselbständiges Beweisverwertungsverbot" beschreiben würde und hinsichtlich der auch *Beling* schon von der „Unzulässigkeit der Verwertung" sprach. Neu war auch, dass *Beling* sich nicht darauf beschränkte, das Verwertungsverbot gleichsam als Vorwirkung der unter c) festgestellten revisionsrechtlichen Wirkung der Beweisverbote anzusehen. Vielmehr lieferte er erstmals eine eigenständige Begründung des Verwertungsverbots: *Das gesetzliche Verbot der Erhebung eines Beweises verschließe einen bestimmten Weg der Beweisführung und beinhalte somit das Verbot der Berücksichtigung eines Beweises, der verbotswidrig gewonnen wurde.* Für Abwägungen sah *Beling* nur de lege ferenda Raum.[51]

2. Die Rechtsprechung des *Reichsgerichts*

Der *Beling*'sche Umgang mit den Beweisverboten entspricht im Grundsatz dem des *Reichsgerichts*.

Einen Beweisgegenstand, der auf rechtswidrige Weise erlangt wurde, erachtete das *RG* als „unstatthaftes" bzw. „gesetzlich unzulässiges" Beweismittel.[52] Die Verwendung eines solchen Beweisobjektes für die Urteilsfindung war ausgeschlossen und zwar nicht nur hinsichtlich der Beweiswürdigung. Schon bei richterlichen Beweiserhebungen durfte das Beweisobjekt keine Berücksichtigung finden, wenn es zuvor - etwa im Vorverfahren - fehlerhaft erhoben wurde: „Dieses auf gesetzwidrige Weise erlangte Beweismittel durfte in der Hauptverhandlung nicht produziert, bei der Urteilsfällung nicht verwertet werden."[53] Hinsichtlich des Beweiserhebungsverbots des § 97

---

50 Zur vergleichbaren Situation im italienischen Strafverfahren vgl. *Orlandi* Ermittlungsmethoden, S. 70 f.

51 Beweisverbote, S. 33 ff. Darauf verweist zutr. *Rogall* Grundsatzfragen, S. 138 f.; *ders.* Lehre, S. 525. Unverständlich die Zweifel *Denckers* (Verwertungsverbote im Strafprozeß, S. 14 ff.) an *Belings* eindeutiger Haltung. Wie hier auch *Koriath* Beweisverbote, S. 11 ff. u. 31; *Grünwald* JZ 1966, 489; *Vollhardt* Einschränkung, S. 60.

52 Vgl. z.B. RGSt 8, 122, 123 f.; 20, 186, 187; 30, 70, 72.

53 RGSt 20, 91, 92. Zust. *Beling* Reichsstrafprozeßrecht, S. 290 f., dort Fn. 2. Ebenso RGSt 8, 122, 124; 20, 186, 187. Lediglich in einem obiter dictum des *Feriensenats* des *RG* (JW 1924, 1722) finden sich anderslautende Überlegungen, was sogleich die ablehnende Anmerkung *Belings* aaO. nach sich zog. Vgl. zum Verwertungsbegriff des *RG* im Einzelnen *Nagel* Verwertung, S. 61 ff.

StPO folgert das *RG* unter Verweis auf diese Entscheidung: „Das Verbot einer Beschlagnahme enthält allerdings das Verbot einer Benutzung als Beweismittel."[54]

Die Behandlung der Beweisverbote ist Teil der strengen Beachtung der Justizförmigkeit des Strafverfahrens, deren Notwendigkeit das *RG* im Zusammenhang der Beweisverbote wiederholt betonte: „Daß das Strafverfahren ein dem Gesetze gemäßes sein muß, beherrscht die Strafrechtspflege so allgemein, daß weder Verzichte hierauf zulässig sind, noch auch Unkenntnis von den thatsächlichen Voraussetzungen für die Rechtsbeständigkeit des Verfahrens die Gesetzesverletzung beseitigen kann."[55] Kurzum: „Der Angeklagte hat das Recht zu verlangen, daß gegen ihn prozeßordnungsgemäß verfahren wird."[56]

Insofern ist nicht ganz richtig, zu sagen: „Das RG bedurfte keiner Beweisverbote."[57] Das *RG* kannte - ganz im Sinne *Belings* - Beweisverbote dergestalt, dass rechtswidrig erhobene Beweisgegenstände grundsätzlich als unzulässige Beweismittel von jeglicher richterlichen Verwendung ausgeschlossen waren; die Nichtbeachtung dessen begründete die Revision. Gewisse Einschränkungen des Rügerechts des Angeklagten, diskutiert unter den Stichworten „Rechtskreis" und „Ordnungsvorschrift", kannte das *RG* nur auf revisionsrechtlicher Ebene (s. ausführlicher zu diesen Figuren II.5., IV.2.d. u. V.1.a.).[58]

3. Vorläufer der Reichsstrafprozessordnung

Im gemeinrechtlichen Inquisitionsprozeß entwickelte sich - in der Zeit seines Bestehens vom Erlaß der Carolina bis zur Mitte des 19. Jahrhunderts - bekanntlich ein detailliertes System gesetzlicher Regeln, die die richterliche Beweis*würdigung* beschränkten, die wenig präzise so genannten gesetzlichen Beweisregeln.[59] Diese sog. gesetzliche Beweistheorie prägt etwa noch die preußische Criminalordnung von 1805.[60]

Demgegenüber war der die Strafprozessordnung kennzeichnende Dualismus von freier Beweiswürdigung und gesetzlich geregelter Beweis*aufnahme* seit Mitte des 19. Jahrhunderts in den Vorläufern der Reichsstrafprozessordnung von 1877 enthalten.[61] Die Mitte des 19. Jahrhunderts markiert den Übergang vom gemeinen zum reformierten Strafprozess.[62] Es ist alles andere als verwunderlich, dass derart umwälzende Änderungen der Staatsverfassung, wie sie die Ereignisse des Jahres 1848 initiierten, um-

---

54 RGSt 47, 196.

55 RGSt 32, 157, 158.

56 RGSt 57, 63, 64. Vgl. *Koriath* Beweisverbote, S. 31. Zu einer entsprechenden Argumentation aus dem Schrifttum gegen die sog. Rechtskreistheorie s. V.1.a.

57 *Strate* JZ 1989, 176, 177.

58 Vgl. *Vollhardt* Einschränkung, S. 57 f.; *R.Frank* Strafverfahrensnormen, S. 5 ff.

59 Vgl. *G.Walter* Beweiswürdigung, S. 60 ff.; *Küper* Richteridee, S. 125 ff.

60 Vgl. *K.Peters* Strafprozeß, S. 68 f.

61 Vgl. *Ziegler* Zweckmäßigkeitstendenzen, S. 17 ff. Das Institut der freien Beweiswürdigung ist auch älteren Rechten nicht unbekannt (s. *G.Walter* Beweiswürdigung, S. 7 ff., insb. S. 21 für den römischen Prozess), vielmehr ist die geschichtliche Entwicklung durch ein „Auf und Ab" gekennzeichnet (*G.Walter* aaO., S. 84).

62 *G.Walter* Beweiswürdigung, S. 74 f.; *K.Peters* Strafprozeß, S. 69; *Roxin* Strafverfahrensrecht, § 70 Rn. 7 f.; zur Entwicklung des Beweisrechts in dieser Zeit vgl. *Küper* Richteridee, S. 214 ff.

wälzende Änderungen des Strafverfahrens nach sich zogen, die sich freilich zuvor schon abgezeichnet hatten: „Ohne revolutionäre Entwicklung konnte im politisch umkämpften Strafprozeß eine Neuorientierung nicht erfolgen.“[63] Das Strafverfahrensrecht ist „Seismograph der Staatsverfassung“.[64]

Besondere Bedeutung hatte die im Eindruck der Revolution von 1848 erlassene preußische „Verordnung vom 3. Januar 1849 über die Einführung des mündlichen und öffentlichen Verfahrens mit Geschworenen in Untersuchungssachen“, denn der erste Entwurf zur Reichsstrafprozessordnung entstand im preußischen Justizministerium.[65] Sie bestätigte die bereits 1846 für das Kammergericht und das Kriminalgericht Berlin eingeführte freie Beweis*würdigung* (§ 22 S. 3 PrVO) und ließ die Abschnitte der Preußischen Criminalordnung von 1805 über die gesetzlichen Beweisregeln außer Kraft treten (§ 22 S. 2 PrVO). Hinsichtlich der Beweis*aufnahme* aber galt § 22 S. 1 PrVO, der sich ebenfalls auf die Preußische Criminalordnung bezog. Danach blieben die „bestehenden gesetzlichen Vorschriften über das Verfahren bei Aufnahme der Beweise ... maassgebend“. Fehlerhaftes Verfahren bei der Beweisaufnahme machte das Urteil anfechtbar: Der Richter hatte vor der „Fällung des Urtheils ... bei Strafe der Nichtigkeit“ ein Verfahren einschließlich Beweisaufnahme durchzuführen (§ 14 PrVO). Gem. § 139 Nr. 1 PrVO fand die Nichtigkeitsbeschwerde statt „wegen Verletzung von Förmlichkeiten im Verfahren, deren Beachtung bei Strafe der Nichtigkeit vorgeschrieben ist“.[66] Kurzum: Der Richter durfte Beweisergebnisse nur verwerten, nachdem das Beweisaufnahmeverfahren unter Beachtung aller Beweiserhebungsregeln richtig und vollständig durchschritten war.[67]

Es sollte nicht verwundern, dass sich die grundlegenden Änderungen des Strafverfahrensrechts nicht ohne weiteres in die Praxis umsetzen ließen. Die Gerichte begehrten auf gegen vielfältige gesetzliche Restriktionen der Beweisaufnahme, die - wie die ehemaligen gesetzlichen Beweisregeln - dem Interesse an zuverlässigen Beweismitteln dienten. Konnten die Gerichte früher bei Beweisnot auf die poena extraordinaria und die absolutio ab instantia zurückgreifen, so waren diese Institute nunmehr abge-

---

63 *Ziegler* Zweckmäßigkeitstendenzen, S. 16.

64 *Roxin* Strafverfahrensrecht § 2 Rn. 1; *Niemöller/Schuppert* AöR 1982, 387, 389 ff. u. 406 f.; *Hettinger* Entwicklungen, S. 44; *G.Pfeiffer* in: KK, StPO, Einl. Rn. 23; s. auch *Eb. Schmidt* Lehrkomm. Teil I, Rn. 329; *K.Peters* Strafprozeß, S. 55 ff.; *F.Herzog* Krise, S. 23 ff.; zum Revisionsrecht grundlegend *Braum* Geschichte. Schon *Zachariae* (Gebrechen, S. 2) spricht von der „geschichtlichen Wahrheit, daß die Form des gerichtlichen Verfahrens mit der Staats=Verfassung und dem Werthe, welchen das Volk selbst auf eine freie Verfassung und den Schutz seiner verfassungsmäßigen Rechte legt, in der innigsten Verbindung steht.“

65 *Ziegler* Zweckmäßigkeitstendenzen, S. 18 u. 22; *Braum* Geschichte, S. 25. Die preußische Gesetzgebung war erheblich beeinflusst von der französischen Reformgesetzgebung, vgl. *G.Walter* Beweiswürdigung, S. 67 ff.

66 Die preußische Nichtigkeitsbeschwerde ist das Vorbild der heutigen revisionsrechtlichen Verfahrensrüge, vgl. *Ziegler* Zweckmäßigkeitstendenzen, S. 39; ausf. *Braum* Geschichte, S. 19 u. 22 ff.; s. auch *Vollhardt* Einschränkung, S. 7 ff.; *R.Frank* Strafverfahrensnormen, S. 31 ff. Ein ähnlich strukturiertes Rechtsmittel mit gleichem Namen existiert noch heute im österreichischen Recht, vgl. *Löschnig-Gspandl/Puntigam* Österreich, S. 392 u. 400 f.

67 *Meurer* Beweis, S. 369 f.; *Sydow* Kritik, S. 52 f.; *Ziegler* Zweckmäßigkeitstendenzen, S. 19; s. schon *v.Kries* Lehrbuch, S. 343.

schafft.[68] Das juristische Mittel, mit dem die Gerichte gegen den ausdrücklichen Gesetzeswortlaut und den erklärten Willen des Gesetzgebers das Strafverfahrensrecht entformalisierten, nennt man die „Überzeugungstheorie".[69] Aus dem Institut der freien Beweiswürdigung wurde gefolgert, dass die Förmlichkeiten der Beweisaufnahme nur den *Verfahrens*gang an sich beschränken sollten, nicht aber den *beweis*rechtlichen Weg zur Überzeugung des Richters.

Überhaupt befand sich die Diskussion über das notwendige Maß an Gesetzlichkeit im Strafprozessrecht erheblich im Fluß. Die Zeichen deuteten aber bereits im Vorfeld des Inkrafttretens der Reichsstrafprozessordnung darauf, dass die Richter zumindest bei der Beweisaufnahme weiterhin ins Einzelne gehenden gesetzlichen Vorschriften unterworfen würden. So äußerte der ehemalige preußische Minister für Gesetzgebung *Friedrich Karl von Savigny*, der schon den Wortlaut des § 22 PrVO v. 3.1.1849 maßgeblich beeinflusst hatte, in einer Denkschrift im Jahre 1846:

> „Nach allem diesen geht also der Vorschlag dahin, das richterliche Ermessen bei der Beurtheilung der Kraft der ihm vorgeführten, zulässigen Beweismittel nicht durch spezielle bindende, gesetzliche Beweisregeln zu Beschränken; er darf seiner Entscheidung kein gesetzlich unzulässiges Beweismittel zum Grunde legen; allein die Kraft dieser gesetzlich anerkannten Beweismittel, das Maaß der Überzeugung welches das eine oder andere Beweismittel gewähren soll, wird dem Richter in dem Gesetze nicht vorgeschrieben."[70]

Erst die StPO von 1877 löste den in der Praxis bestehenden Konflikt. Sie tat dies, indem sie die Einschränkungen der Beweisaufnahme auf ein für die Praxis erträgliches Maß reduzierte; der Dualismus von gesetzlich determinierter Beweisaufnahme und freier Beweiswürdigung wurde aber übernommen.[71] Es galt also weiterhin, was auch vorher schon geltendes Recht war, nämlich dass das der freien Beweiswürdigung zu Grunde liegende Verfahren der Beweisaufnahme „ein streng formgerechtes sein" musste.[72] Verletzungen der Gesetze bei der Beweisaufnahme machten das Urteil anfechtbar.[73] Die „Überzeugungstheorie" der Strafgerichte war überwunden.[74]

---

68 *Sydow* Kritik, S. 52 ff.; *Ziegler* Zweckmäßigkeitstendenzen, S. 19 f.; s. zu diesen Instituten auch *G.Walter* Beweiswürdigung, S. 61 ff.; *Dallmeyer* Vermögenssanktionen, S. 311.

69 S. *Ziegler* Zweckmäßigkeitsstendenzen, S. 20 f.

70 Die Denkschrift wurde erst 1858 auszugsweise veröffentlicht: *v.Savigny* Schwurgerichte, S. 491. Zur Bedeutung *v.Savignys* bei der Reform des Strafprozesses vgl. *Küper* Richteridee, S. 235 ff.; *Ziegler* Zweckmäßigkeitstendenzen, S. 18; *G.Walter* Beweiswürdigung, S. 73 f.

71 *Ziegler* Zweckmäßigkeitstendenzen, S. 23 f.; *Küper* Richteridee, S. 292 ff.; *Sydow* Kritik, S. 54; *Meurer* Beweis, S. 370.

72 *Glaser* Handbuch, S. 357; s. auch *Ullmann* Lehrbuch, S. 325 f.; *Rosenfeld* Reichs-Strafprozeß, S. 58; *v.Kries* Lehrbuch, S. 343; *zu Dohna* Strafverfahren, S. 115; sowie *Beling* (Beweisverbote, S. 3 f.) zum Fortbestand der von ihm so genannten „Beweisverbote" nach Einführung der freien Beweiswürdigung.

73 *Ullmann* Lehrbuch, S. 326 u. 602; *v.Kries* Lehrbuch, S. 671.

74 *Ziegler* Zweckmäßigkeitstendenzen, S. 23; ausf. u. mit der gebotenen Deutlichkeit *G.Walter* Beweiswürdigung, S. 286 ff.

4. Die „Entdeckung" des Strengbeweises

Der Begriff des Strengbeweises entstand wesentlich später, er geht zurück auf eine Schrift des früheren Reichsgerichtsrates *Wihelm Ditzen* aus dem Jahre 1926.[75] Er verwendete ihn zur Bezeichnung einer streng gesetzlich geregelten Beweisform des Strafprozessrechts, die er von zwei anderen Beweisformen abgrenzte, die er als Freibeweis und Glaubhaftmachung bezeichnete. Als Charakteristika des Strengbeweises nannte *Ditzen*:

a) Er betrifft die Beweisführung hinsichtlich der *Schuld- und Straffrage.*
b) Diese Beweisführung findet in der *Hauptverhandlung* statt.
c) Die Beweisführung in der Hauptverhandlung ist insbesondere in den *§§ 244 ff. StPO* streng geregelt.

In der Schrift von *Ditzen* fehlen Ausführungen zu Verwertungsverboten. Allerdings schreibt er zur Aufklärungspflicht des Gerichts:

> „Es versteht sich, daß dieser Befehl sich nicht bezieht auf solche Beweisobjekte, deren Erhebung verboten ist. Die Erhebung verbotener Beweisobjekte steht wieder unter Androhung der Nichtigkeit".[76]

Nichtigkeit meint Revisibilität, die Erhebung verbotenen Beweismaterials begründet also die Revision. Dies entspricht der damals allgemein vorwiegend auf das Revisionsrecht bezogenen Behandlung von Verfahrensfehlern bei der Beweisaufnahme.

Ditzen ging es darum, den verschiedenen Beweisarten der StPO passende Begriffe zuzuordnen, seine Ausführungen zum Beweisverfahren sind deskriptiv zu verstehen. Während er sich ausgiebig mit dem Freibeweis beschäftigte, finden sich in seiner Schrift keine näheren Begründungen für die genannten Charakteristika des Strengbeweises. Untersuchungen oder auch nur Erläuterungen, was man unter „Strengbeweis" zu verstehen habe, fehlten und fehlen bis heute völlig.[77] Gleichwohl wird auch heute noch allerorten davon ausgegangen, dass der Strengbeweis nur die Beweisführung hinsichtlich der Schuld- und Straffrage betrifft, nur in der Hauptverhandlung gilt und sich entsprechend auf das in den §§ 244 ff. StPO geregelte Beweisverfahren beschränkt.[78]

5. Kontinuität in den Anfangsjahren der Bundesrepublik

Die ursprüngliche Sichtweise der Beweisverbote und des Strengbeweises kennt demnach nur in rudimentären Ansätzen einen eigenständigen, beweisrechtlichen Charakter der Verwertungsverbote. Man sieht sie in erster Linie als Funktion der Revision da-

---

75 Beweis. S. hierzu die Bespr. v. *Beling* KritV 1929, 118 ff.

76 Beweis, S. 16.

77 Etwas ausführlicher immerhin *Dencker* Verwertungsverbote im Strafprozeß, S. 46.

78 *Kleinknecht/Meyer-Goßner* StPO, § 244 Rn. 6; *Eisenberg* Beweisrecht, Rn. 35; *Roxin* Strafverfahrensrecht, § 24 Rn. 2; *Fezer* Strafprozeßrecht, 12/3 f.; *Beulke* Strafprozeßrecht, Rn. 180; *Stamp* Wahrheit, S. 85.

hingehend, dass ein Richter vermeiden wird, sein Urteil anfechtbar zu machen, indem er es durch Verwertung des fehlerhaft Erlangten auf eine Gesetzesverletzung stützt.

Eine solche revisionsrechtliche Sichtweise der Verwertungsverbote lag auch der anfänglichen Rechtsprechung des *BGH* zugrunde.[79] Aus den frühesten Bemühungen des *BGH,* die Auswirkungen von Verfahrensfehlern im Revisionsrecht (und nicht im Beweisrecht) zu begrenzen, sticht eine Entscheidung heraus, die manchen als grundlegend für eine angeblich vom *BGH* seit diesem Zeitpunkt vertretenene „Rechtskreistheorie“ und als paradigmatisch für die Argumentation mit „bloßen Ordnungsvorschriften“ gilt: Die Entscheidung des *Großen Senats für Strafsachen* zum Auskunftsverweigerungsrecht des § 55 II StPO aus dem Jahr 1958.[80] Der *BGH* konstatierte, es könne ein allgemeines Recht der Verfahrensbeteiligten, jeden Verfahrensverstoß in der Revision zu rügen, nicht anerkannt werden. Dies ergebe sich aus einer natürlichen Stufung der Verfahrensvorschriften. Entscheidend sei, ob die Verletzung der Norm den Rechtskreis des Beschwerdeführers wesentlich berühre.

Auf die Einzelheiten der Entscheidung, die insbesondere unter den Schlagworten „Ordnungsvorschriften“ und „Rechtskreis“ diskutiert werden, wird später ausführlicher eingegangen (s. IV.2.d. u. V.1.a.). Hier genügt es, die anfängliche Kontinuität der Rechtsprechung aufzuzeigen, vor deren Hintergrund die heutige Dogmatik der Verwertungsverbote deutlich kontrastiert. Die Kontinuität liegt einerseits darin, dass die Betrachtung eine *revisionsrechtliche* ist: Ein Verbot der Verwertung eines Beweisgegenstandes besteht im Allgemeinen dann, wenn die „Verletzung des Gesetzes“ im Rahmen des § 337 StPO gerügt werden kann. Andererseits kannte auch das *RG* bereits *Einschränkungen der Revisionsrügebefugnis* im Hinblick auf angeblich minder bedeutsame Normen und angeblich nicht betroffene Rechtskreise der Beschwerdeführer (s. bereits II.2.).[81] Die dahinterstehenden Gedanken haben sich in der Rechtsprechung bis heute erhalten. Verschoben hat sich allerdings die Ebene. Diskutiert wird nun primär auf gleichsam vorgelagerter, beweisrechtlicher Ebene, ob der Revisionsführer mit Erfolg ein Beweisverwertungsverbot geltend machen kann. Dabei wiederum spielt die Erwägung eine Rolle, welche Bedeutung der verletzten Vorschrift zukommt und ob sie (auch) dazu bestimmt ist, seinen Rechtskreis zu schützen. Vor wenigen Jahren erst erklärte der *BGH* die Rechtskreiserwägungen, die er für das Verhältnis des Zeugen zum Beschuldigten vom *RG* übernommen hatte, für auch auf das Verhältnis von Mitangeklagten anwendbar.[82]

Die Kontinuität vom *RG* zum *BGH* war bewusst herbeigeführt worden. Dies zeigt sich deutlich schon an den äußeren Bedingungen, unter denen *RG* und *BGH* Recht sprachen.[83] Personell war man bemüht, auf Richter des *RG* zurückzugreifen; dies war

---

79 Überblick bei *Nagel* Verwertung, S. 66 ff.; zu den methodischen Schwierigkeiten der Feststellung von Kontinuitäten angesichts tiefgreifender historischer Brüche s. *Pauli* Rechtsprechung, S. 3 ff.

80 BGHSt (GrS) 11, 213 ff.

81 Z.B. RGSt 42, 168 ff. (Ordnungsvorschriften); 48, 38 (Rechtskreise bei § 53 StPO - dagegen jedoch BGHSt 33, 148, 152 ff.). Zum revisionsrechtlichen Zusammenhang von Beweisverboten, Rechtskreisen und Ordnungsvorschriften vgl. *Vollhardt* Einschränkung, insb. S. 1 ff. u.63; *Weber-Petras* Ordnungs- und Sollvorschriften, S. 1 ff.

82 *BGH* StV 1995, 231 f.

83 S. zur Kontinuität nach der Neugründung des *BGH* im Jahre 1950 *Pauli* Rechtsprechung, S. 24 ff. und zur Kontinuität bereits nach 1933 aaO., S. 13 ff.

der Schlüssel zur Fortführung der Tradition des *RG*.[84] Auch die innere Organisation des *BGH* entsprach derjenigen des *RG*.[85] So verwundert nicht, wenn von der Rechtsprechung gesagt wird: „Der Atem des RG umwehte auch die frühe Judikatur des BGH."[86] Das bedeutete freilich keine gänzlich unkritische Fortführung der Rechtsprechung des *RG*. In einzelnen Judikaten beschritten die Bundesrichter frühzeitig neue Wege.[87] Bei der Frage nach der Verwertbarkeit rechtswidrig gewonnener Beweise jedoch hielt sich die revisionsrechtliche Perspektive über viele Jahre.

Auch die Literatur näherte sich nach 1945 der immer noch neuen Frage der Verwertungsverbote aus revisionsrechtlicher Perspektive. So etwa *Eb. Schmidt*, wiewohl er die „Rechtskreistheorie" heftigst kritisierte.[88] Erst seit Mitte der sechziger Jahre - nachdem die Problematik auf dem 46. DJT 1966 diskutiert worden war und insbesondere im Gefolge eines Aufsatzes von *Grünwald* - lässt sich eine zunehmende Abwendung vom Revisionsrecht und Hinwendung zum Beweisrecht beobachten.[89] Rein revisionsrechtliche Ansätze[90] haben sich aber in der Literatur ebenso erhalten, wie Rechtskreiserwägungen.[91]

---

84 *Stolleis* Rechtsordnung, S. 383, 398; *Schubert/Glöckner* NJW 2000, 2971, 2974; *I.Müller* Juristen, S. 211 f.; *Pauli* Rechtsprechung, S. 25 ff.

85 *Schubert/Glöckner* NJW 2000, 2971, 2975.

86 *Schubert/Glöckner* NJW 2000, 2971, 2975; vgl. auch *Roxin* Rechtsprechung, S. 71.

87 *Meurer* NJW 2000, 2936, 2941; *Roxin* Rechtsprechung, S. 75.

88 *Eb. Schmidt* JZ 1958, 596 ff.; ähnlich *Gossrau* MDR 1958, 468 ff.

89 Vgl. *Ständige Deputation* Verhandlungen des 46. DJT, Bd. 1, Teil 3A und Bd. 2 Teil F; *Grünwald* JZ 1966, 489 ff.

90 Noch heute *Grüner* Revisibilität, insb. 31 ff.; *Kühne* Strafprozeßrecht, Rn. 909 ff. (allerdings angereichert durch hypothetische Überlegungen im Rahmen der Beruhensfrage). Aus der älteren Literatur etwa *Rudolphi* MDR 1970, 93 ff; *Sydow* Kritik; *Haffke* GA 1973, 65, 75 ff.; *Schöneborn* GA 1975, 33 ff.; *Vollhardt* Einschränkung, insb. S. 66 f.

91 Kürzlich etwa *Müssig* GA 1999, 119, 135 f., dort Fn. 61.; *Dencker* Verwertungsverbote und Verwendungsverbote, S. 247.

III. Das Strengbeweisrecht und die Gesetzlichkeit der Beweisführung

Die Feststellung der tatsächlichen Umstände, die für die Schuld- und Straffrage von Bedeutung sind, unterliegt - das wird auch heute noch allgemein so gesehen - den Regeln des Strengbeweises.[92] Der Begriff des Strengbeweises entstammt Zeiten, die die rechtsstaatlichen Garantien des Grundgesetzes - mit seinen im Hinblick auf den Schutz der Rechtssphäre der Bürger gegenüber früheren Zeiten *erhöhten* Anforderungen (Art. 1 III, 20 III GG) - noch nicht kannten (s. II.4.). Gleichwohl: Die „schützenden Formen" des Strafverfahrensrechts, seine „Justizförmigkeit", sind Themen, die die Strafverfahrensrechtler nicht erst seit Inkrafttreten des Grundgesetzes beschäftigen.[93] Dabei geht es seit jeher im Wesentlichen um zwei Gesichtspunkte: Die Gewährleistung materiell richtiger Urteile und zugleich den Schutz der Verfahrensbeteiligten - durch gesetzliche Regeln. Mit dem Inkrafttreten des Grundgesetzes erhielten diese Zwecke und erhielt der Begriff des Strengbeweises gleichsam einen verfassungsrechtlichen Unterbau. Was einstmals Justizförmigkeit hieß, lässt sich nunmehr als durch den Vorbehalt und den Vorrang des Gesetzes determinierte Gesetzlichkeit bezeichnen.[94] Was man einstmals als schützende Formen beschrieb, diskutieren (nicht nur) die Verfassungsrechtler heute unter dem Topos des „Grundrechtsschutzes durch Verfahren".[95]

1. Strengbeweis I: Die Justizförmigkeit der Beweiserhebung

a. Der Vorbehalt des Gesetzes

Historisch besehen ist der Gesetzesvorbehalt in erster Linie ein Ergebnis der Entwicklung von Rechtsstaatlichkeit und Demokratie im 19. Jahrhundert.[96] Es ging von Beginn an um die rechtsstaatliche Forderung nach der *Herrschaft des Gesetzes* und die demokratische Forderung nach der *Herrschaft des Parlaments*.[97] Der Vorbehalt des Gesetzes eröffnete in demokratisch-partizipatorischer Hinsicht dem Bürgertum Mitwirkungsrechte an den Staatsgeschäften über die Teilhabe an der Gesetzgebung und er diente in rechtsstaatlich-gewaltenteilender Hinsicht der Abgrenzung der Machtsphären von Volksvertretung und Fürstensouveränität, von Parlament und Exekutive. Bedingt durch diese Fixierung auf die Legislative stieg seine Bedeutung mit dem Ausbau der Rechte der Parlamente, wobei die Umwälzungen des Jahres 1848 einen entscheidenden Entwicklungsschub bewirkten. Zugleich sicherte der Vorbehalt des Gesetzes die bürgerliche Individualsphäre gegenüber der monarchischen Verwaltung ab, zunächst allerdings nur vor Eingriffen in Freiheit und Eigentum.

---

92 Vgl. nur *Roxin* Strafverfahrensrecht, § 24 Rn. 2; *Fezer* Strafprozeßrecht, 12/3 f.; *Rieß* in: LR, StPO, Einl. G, Rn. 53; *Kleinknecht/Meyer-Goßner* StPO, § 244 Rn. 6; *Dallmeyer* JAR 1999, 24.

93 Zu den „schützenden Formen" s. schon *Zachariae* Gebrechen, S. 85; *ders.* Handbuch, S. 146.

94 In dieser Richtung auch *Rieß* in: LR, StPO, Einl. G, Rn. 21.

95 *Niemöller/Schuppert* (AöR 1982, 387, 402 f.) sprechen von einer „Renaissance" der schützenden Formen.

96 Vgl. *Sobota* Prinzip, S. 108 ff.; *Rogall* Informationseingriff, S. 12 ff.; *Ossenbühl* Vorrang, Rn. 13 f.; *Kloepfer* JZ 1984, 685 ff.; *Listl* DVBl 1978, 10, 12 ff.; zu den geistesgeschichtlichen Vorbedingungen *Seiler* Parlamentsvorbehalt, S. 40 ff.

97 *Kloepfer* JZ 1984, 685; *Seiler* Parlamentsvorbehalt, S. 44 ff.

Das Rechtsstaats- und das Demokratieprinzip werden auch heute noch allgemein als Grundlagen des Vorbehalts des Gesetzes angesehen.[98] Eine mehr formelle Herleitung ergibt sich aus dem Rechtsstaatsprinzip: Es gilt das Gebot, dass diejenigen, an die sich das Gesetz wendet, vorhersehen können müssen, welche rechtlichen Anforderungen an ihr Handeln gestellt werden. Das funktioniert nur, wenn Gesetze vorhanden und hinreichend klar sind. Hier fällt der Vorbehalt des Gesetzes mit dem Bestimmtheitsgebot zusammen.[99] Eine mehr materielle Herleitung folgt aus dem Demokratieprinzip. Staatliche Eingriffe in ihre Rechte müssen die Bürger - die in der Demokratie nicht nur Rechtsunterworfene, sondern auch Autoren des Rechts sind[100] - nur hinnehmen, wenn die Vertretung der Bürger - das Parlament - im demokratischen Gesetzgebungsverfahren darüber befunden hat: „Wenn das Grundgesetz die Einschränkung von grundrechtlichen Freiheiten und den Ausgleich zwischen kollidierenden Grundrechten dem Parlament vorbehält, so will es damit sichern, daß Entscheidungen von solcher Tragweite aus einem Verfahren hervorgehen, das der Öffentlichkeit Gelegenheit bietet, ihre Auffassungen auszubilden und zu vertreten, und die Volksvertretung anhält, Notwendigkeit und Ausmaß von Grundrechtseingriffen in öffentlicher Debatte zu klären."[101] Nur das parlamentarische Gesetzgebungsverfahren verschafft den Grundrechtseingriffen eine hinreichende Legitimation. Insofern hat der Gesetzesvorbehalt auch eine Bedeutung, die über die abwehrrechtliche Dimension der Grundrechte hinausreicht: Er gewährleistet „Grundrechtsschutz durch Verfahren" (s. ausführlicher III.3.a.) dergestalt, dass die Entscheidung über Eingriffe in Grundrechte nicht in Gänze der Verwaltung oder den Gerichten überlassen werden darf.

Der heute konsentierte, *rechtsstaatliche* Gehalt des Gesetzesvorbehalts geht aus von den grundrechtlichen Gewährleistungen des Grundgesetzes und lässt sich wie folgt beschreiben: Die Grundrechte sind in erster Linie Abwehrrechte des Einzelnen gegen staatliche Übergriffe.[102] Zu Eingriffen in Grundrechte ist der Staat nur auf gesetzlicher Grundlage befugt.[103] Teilweise unterliegen die Grundrechte eigens in diesen normierten Schranken, die Eingriffe aufgrund formellen Gesetzes zulassen. Sind Grundrechte schrankenlos gewährleistet, kommen Eingriffe in sie nur in Betracht, wenn sie mit anderen Verfassungswerten kollidieren. Die dann erforderliche Herstel-

---

98 Siehe z.B. BVerfGE 45, 400, 417 f.; *VerfGH NW* JZ 1999, 1109 ff.; *Ossenbühl* Vorrang, Rn. 32 ff.; *Seiler* Parlamentsvorbehalt, insb. S. 66 u. 73 ff.; *Ibler* Grundrechtseingriff, S. 155; *Gusy* NJW 2000, 977, 982; *Rogall* Informationseingriff, S. 19. Das gilt in gleicher Weise für den strafrechtlichen Gesetzesvorbehalt des Art. 103 II GG als einem Ausschnitt aus dem allgemeinen öffentlichrechtlichen Gesetzesvorbehalt, vgl. *Krey* Studien, S. 206 ff. u. 243 f. Zum rechtsstaatlichen Fundament des Gesetzesvorbehalts s. auch *Kunig* Rechtsstaatsprinzip, S. 143 f., 176 ff. u. 316 ff.

99 Vgl. BVerfGE 58, 257, 278; *Seiler* Parlamentsvorbehalt, insb. S. 69, 75 f. u. 115 f. Zum Bestimmtheitsgebot allg. s. *Kunig* Rechtsstaatsprinzip, S. 396 ff.

100 *Fabricius/Dallmeyer* Rechtsverhältnisse, S. 60.

101 BVerfGE 85, 386, 403 f.; diff. *Seiler* Parlamentsvorbehalt, S. 85 ff.; s. auch *G.Müller* Rechtssetzung, S. 228.

102 BVerfGE 7, 198, 204 f.; *Jarass/Pieroth* GG, Vorb. vor Art. 1 Rn 2 u. 6 f.; *Jarass* AöR 1995, 345, 347 ff. u. 354 ff.; *Hassemer* Sicherheit, S. 265; *Rzepka* Fairneß, S. 293 f.; *Seiler* Parlamentsvorbehalt, S. 91; *Weichert* Selbstbestimmung, S. 36; *Götting* Beweisverwertungsverbote, S. 117 u. 120.

103 *BVerfG* NJW 1996, 3146; *Schulze-Fielitz* in: Dreier, GG, Art. 20 Rn. 97; *Jarass/Pieroth* GG, Vorb. vor Art. 1 Rn. 37 f.; *VerfGH NW* JZ 1999, 1109; *Gusy* NJW 2000, 977, 982; *Götting* Beweisverwertungsverbote, S. 128; *Maier* Garantiefunktion, S. 11 f.; *Dallmeyer* JA 2001, 636; *ders.* JAR 2001, 136.

lung praktischer Konkordanz zwischen den Verfassungswerten darf aber wiederum nur auf gesetzlicher Grundlage stattfinden.[104] Es besteht also für Grundrechts*eingriffe* stets der Vorbehalt, dass ein den Eingriff rechtfertigendes Gesetz vorhanden sein muss. Mit den Worten des *BVerfG*: Grundrechtseingriffe bedürfen „von Verfassungs wegen einer Begründung, die ihre Rechtfertigung unzweideutig, verlässlich und sicher in dem erklärten, objektivierten Willen des Gesetzgebers findet."[105]

Wiewohl der Gesetzesvorbehalt seit jeher seine zentrale Bedeutung im Bereich der Grundrechte hat, darf doch nicht verkannt werden, dass seine Bedeutung - angesichts seiner *demokratischen* Grundlegung - darüber hinaus reicht: Der allgemeine Vorbehalt des Gesetzes stärkt die Macht des Gesetzgebers (gegenüber den anderen Staatsgewalten), die grundrechtlichen Gesetzesvorbehalte hingegen beschränken (auch) seine Handlungsfreiheit.[106] Die Bedeutung der demokratischen Grundlegung des Gesetzesvorbehalts wuchs und wächst naturgemäß mit dem Ausbau der demokratischen Mitwirkungsrechte der Bürger. Der Gedanke, dass in der Demokratie das Parlament die maßgebliche Institution ist, drängt zu einer Erweiterung des Gesetzesvorbehalts über den engen Bereich der Grundrechtseingriffe hinaus. Denn von zentraler Bedeutung für die Bürger wie das Staatsleben überhaupt können natürlich auch staatliche Akte sein, die nicht im engeren Sinne in Grundrechte eingreifen. Konsequenz: *Der Gesetzgeber hat in der Demokratie alle wesentlichen Entscheidungen selbst zu treffen.*[107] Insofern ist der Gesetzesvorbehalt ein Parlamentsvorbehalt. Der Gesetzesvorbehalt als Parlamentsvorbehalt wirkt als Delegationsverbot.[108] Eine Delegation der wesentlichen Fragen auf die nur mittelbar demokratisch legitimierte Verwaltung oder die Gerichte ist - ebenso wie eine Usurpation dieser Fragen durch diese Gewalten - unzulässig. Das bedeutet weder einen Totalvorbehalt in dem Sinne, dass alle staatlichen Handlungen parlamentsgesetzlich determiniert sein müssen, noch eine Ausweitung des Eingriffsbegriffes.[109] Es bedeutet schlicht, dass die Bürger - über ihre Vertreter im Parlament - alle besonders bedeutsamen Fragen selbst regeln. Bedroht wird die Entscheidungskompetenz des Parlaments in den wesentlichen Fragen freilich nicht nur durch die Exekutive. Gleiches gilt für die Judikative, deren Bindung durch den Gesetzesvorbehalt erst allmählich in den Blick geraten ist.[110]

---

[104] Vgl. BVerfGE 59, 231, 261 ff.; *Sobota* Prinzip, S. 119; *Seiler* Parlamentsvorbehalt, S. 89 ff.; *Makrutzki* Ermittlungen, S. 123 f.; *Jarass/Pieroth* GG, Vorb. vor Art. 1 Rn. 48; ausf. *Winkler* Kollisionen, S. 344 ff. m.w.N.

[105] *BVerfG* NJW 2000, 2660, 2661 zur (fehlenden) gesetzlichen Grundlage für die Ausschließung eines Rechtsanwalts als Zeugenbeistand.

[106] *Kloepfer* JZ 1984, 685, 687; *Hölscheidt* JA 2001, 409, 410.

[107] Sog. Wesentlichkeitstheorie. Vgl. BVerfGE 40, 237, 249; 49, 89, 126; 61, 260, 275; 77, 170, 230 f.; 88, 103, 116; 98, 218, 251; *VerfGH NW* JZ 1999, 1109; *Ossenbühl* Vorrang, Rn. 42; *Listl* DVBl 1978, 10, 14 f.; *Böckenförde* NJW 1999, 1235; *v.Dücker* Richter, S. 52; *M.Jahn* Konfliktverteidigung, S. 194; *Rogall* Informationseingriff, S. 18 ff.; *Duttge* JZ 1996, 556, 558; *Martensen* JuS 1999, 433, 434 f.; *Hölscheidt* JA 2001, 409, 410 u. 412; ausf. *Seiler* Parlamentsvorbehalt, S. 64 ff. Einschränkend *Kloepfer* JZ 1984, 685, 689 ff.; *J.Isensee* JZ 1999, 1114 ff.; *Wieland* DVBl 1999, 722. Weiter gehend *Sobota* (Prinzip, insb. S. 114 ff.), die ein umfassendes Prinzip der Gesetzmäßigkeit staatlichen Handelns entwirft.

[108] *VerfGH NW* JZ 1999, 1109; *Ossenbühl* Vorrang, Rn. 9 u. 42; *Kloepfer* JZ 1984, 685, 690; *Böckenförde* NJW 1999, 1235; *Hölscheidt* JA 2001, 409, 411.

[109] S. hierzu *Rogall* Informationseingriff, S. 16 f.

[110] *Ossenbühl* Vorrang, Rn. 48; s. auch *Rupp* Beweisverbote, S. 207; *Seiler* Parlamentsvorbehalt, S. 81 f. u. 89.

Wie weit der Regelungsbereich reicht, der dem Gesetzgeber vorbehalten ist, ist freilich schwer zu sagen. Vieles ist hier umstritten. Zumal ihm auf der anderen Seite, eingedenk der rechtsstaatlich-gewaltenteilenden Grundlegung des Gesetzesvorbehalts, ein Bereich exekutivischer Eigenverantwortung gegenübersteht, der der Usurpation durch den Gesetzgeber widersteht.[111] Anders ausgedrückt: Der Gesetzesvorbehalt verlangt nicht nach einem Parlamentsmonismus.[112] Ein Kriterium für die Wesentlichkeit einer Frage ist ihre Grundrechtsrelevanz. Wesentlich sind danach alle Fragen, die Grundrechtseingriffe betreffen. Insoweit überschneiden sich die rechtsstaatliche und die demokratische Grundlegung des Gesetzesvorbehalts. Das Vorliegen eines Eingriffs ist aber lediglich hinreichende, nicht notwendige Bedingung der Wesentlichkeit.[113] Wesentlich sind grundrechtsrelevante Fragen auch dann, wenn sie - jenseits von Grundrechtseingriffen - für die Grundrechtsausübung bzw. -verwirklichung von Bedeutung sind. Der Gesetzgeber ist verpflichtet „*in grundlegenden normativen Bereichen, zumal im Bereich der Grundrechtsausübung*, soweit diese staatlicher Regelung zugänglich ist, alle wesentlichen Entscheidungen selbst zu treffen“.[114]

Allerdings ist es - das wird in der zitierten Formulierung des *BVerfG* schon angedeutet - angesichts des demokratischen Fundaments des Gesetzesvorbehalts unzureichend, ihn nur vor dem Hintergrund der Grundrechte zu sehen. Wie auch immer man bedeutende Fragen von unbedeutenden zu trennen hat - es gibt Anliegen, die für das demokratisch organisierte Gemeinwesen bedeutsam sind, ohne in unmittelbarem Zusammenhang mit der Ausübung von Grundrechten zu stehen und die als derart wesentliche Fragen nach gesetzlicher Regelung verlangen.[115] Damit stellt sich die Problematik der Ausbalancierung der staatlichen Gewalten, die dem allgemeinen Vorbehalt des Gesetzes a priori innewohnt. Sie wurde besonders heftig diskutiert anlässlich einer kürzlich vom *VerfGH NW* getroffenen Entscheidung. Der *Gerichtshof* hatte ausgeführt: „Der Vorbehalt des Gesetzes erfaßt *darüber hinaus* auch andere *für das Gemeinwesen grundlegende* Entscheidungen ... Auf diese Weise soll sichergestellt werden, daß derartige Entscheidungen aus einem Verfahren hervorgehen, das sich durch Transparenz auszeichnet, die Beteiligung der parlamentarischen Opposition gewährleistet, den Betroffenen und dem Publikum Gelegenheit bietet, ihre Auffassungen auszubilden und zu vertreten, und das Parlament anhält, Notwendigkeit und Ausmaß der Regelung in öffentlicher Debatte zu klären.“[116] Die Frage der Zusammenlegung von Justiz- und Innenministerium, also eine Organisationsentscheidung aus dem Innenbereich des Staates, um die es in der Entscheidung ging, hielt der *VerfGH NW* für eine derart grundlegende Entscheidung. Kritiker der Entscheidung verweisen insbesondere darauf, dass differenzierte verfassungsrechtliche Kompetenzregelungen zu Lasten der Exekutive ausgehebelt werden, wenn dem Parlament eine Regelungskompetenz nur

---

111 *VerfGH NW* JZ 1999, 1109 ff.; *Seiler* Parlamentsvorbehalt, S. 74 u. 122 ff.; *Rogall* Informationseingriff, S. 22 ff.; *Böckenförde* NJW 1999, 1236.

112 Vgl. z.B. BVerfGE 49, 89, 124 ff.; *Rogall* Informationseingriff, S. 22.

113 *Seiler* Parlamentsvorbehalt, insb. S. 69 f.

114 BVerfGE 49, 89, 126 (Hervorh. v. *Verf.*); s. auch *VerfGH NW* JZ 1999, 1111; *Seiler* Parlamentsvorbehalt, insb. S. 67; *Rogall* Informationseingriff, S. 20; *Böckenförde* NJW 1999, 1235; *Hilger* Probleme, S. 322. Das *BVerfG* (E 98, 218, 251 ff.) hat dies jüngst z.B. verneint für die Rechtschreibreform.

115 Vgl. *Seiler* Parlamentsvorbehalt, insb. S. 97 u. 120 ff.

116 *VerfGH NW* JZ 1999, 1109 (Hervorh. vom *Verf.*).

deshalb zuwächst, weil die Frage von herausgehobener Bedeutung ist.[117] Hier wird besonders deutlich, wie die demokratische Grundlegung des Gesetzesvorbehalts - die nach einer Regelungskompetenz des Parlaments für alle wichtigen Fragen verlangt - und die rechtsstaatliche Grundlegung - die nach einer strengen Achtung der Gewaltenteilung verlangt - miteinander kollidieren. Eine klare Antwort in Einzelfragen ist, wie bei der Zusammenlegung von Justiz- und Innenministerium, oft nicht möglich, weil die Verfassung nur wenige eindeutige Kompetenzregelungen enthält. Hier wird es so gesehen, dass der Legislative in der repräsentativen Demokratie eine herausgehobene Bedeutung zukommt in dem Sinne, dass sie in *allen* Fragen von besonderer Bedeutung gegenüber den anderen Gewalten eine *Leit- und Begrenzungsfunktion* innehat, die sie über die Gesetze ausübt.[118] Das ist mehr als nur ein Zugriffsrecht des Parlaments, bei dessen Nichtausübung die Exekutive regelnd tätig werden kann.[119] Es ist - wie auch sonst bei Fragen, die einem (etwa grundrechtlichen) Parlamentsvorbehalt unterliegen - der Vorbehalt, dass diese Fragen *nur* durch Parlamentsgesetz einer Regelung zugeführt werden dürfen. Der Bereich des allgemeinen Gesetzesvorbehalts ist nach alledem prinzipiell unbegrenzt, dazu gehören auch Fragen von herausragender staatsorganisationsrechtlicher Bedeutung.[120] Das Grundgesetz selbst kennt eine ganze Reihe organisationsrechtlicher Gesetzesvorbehalte (z.B. Art. 24, 59 II, 101 II, 110 II, 115 II GG). Man kann sie aber - folgt man der Vorstellung von der demokratischen Leitfunktion des Parlaments in allen gesellschaftlich wichtigen Fragen - ebensowenig als Ausnahmevorschriften ansehen, wie die grundrechtlichen Gesetzesvorbehalte.

Im Übrigen lässt auch die Feststellung, dass eine Sachfrage von solcher Bedeutung ist, dass sie gesetzlicher Regelung bedarf, einen gewissen Spielraum: Je bedeutsamer eine Frage ist, desto detaillierter muss die gesetzliche Regelung ausfallen. Insofern enthält der Gesetzesvorbehalt einerseits ein Gebot größerer Regelungsdichte, das bei besonders wichtigen Fragen in Generalklauseln versteckte Delegationen verhindert.[121] Andererseits ermöglicht er, die abgestufte Bedeutung unterschiedlichster Fragen gesetzgebungstechnisch zu berücksichtigen.

Schließlich folgt aus dem Gesetzesvorbehalt ein „Gesetzesänderungsvorbehalt" in dem Sinne, dass Fragen, die der Gesetzgeber geregelt hat, nur von ihm - und nur mittels eines zumindest gleichrangigen Staatsaktes - geändert werden dürfen.[122] Hat der Gesetzgeber etwa qua Parlamentsgesetz bestimmte Sachbereiche normiert, dürfen Änderungen nur aufgrund (neueren) Parlamentsgesetzes erfolgen. Das sehen auch diejenigen so, die lediglich ein vorrangiges, also kein ausschließliches Zugriffsrecht des

---

[117] So *J.Isensee* JZ 1999, 1114 ff.; *Böckenförde* NJW 1999, 1235 f.; *Wieland* DVBl 1999, 719 ff.; diff. *Erbguth* NWVBl 1999, 365, 366 ff.; *Brinktrine* Jura 2000, 123, 127 ff.

[118] In dieser Richtung auch *VerfGH NW* JZ 1999, 1111; *Hassemer* Analogieverbot, S. 15. Vgl. auch *Kloepfer* JZ 1984, 685, 686 („Suprematie des Parlaments"); *Sobota* Prinzip, insb. S. 104 ff.; *Steiner* NJW 2001, 2919, 2922 („zentralem staatsleitenden Organ"); *Seiler* Parlamentsvorbehalt, S. 81 u. 84 („Erstadressat der Verfassung"). Abl. *Böckenförde* NJW 1999, 1236.

[119] In diesem Sinne aber *Böckenförde* NJW 1999, 1235 f.; unklar *Seiler* Parlamentsvorbehalt, S. 64 u. 85 einerseits und S. 103 andererseits.

[120] S. auch *Listl* (DVBl 1978, 10, 14 f.) der zwischen dem institutionell-organisatorischen und dem demokratischen Gesetzesvorbehalt differenziert.

[121] *Ossenbühl* Vorrang, Rn. 23 u. 42; *Rogall* Informationseingriff, S. 20; krit. *Kloepfer* JZ 1984, 685, 691.

[122] *Kloepfer* JZ 1984, 685, 689; *Sobota* Prinzip, S. 115.

Gesetzgebers für die wichtigen Fragen annehmen.[123]

Im Strafverfahren fordert der allgemeine öffentlich-rechtliche Vorbehalt des Gesetzes, dass für Beweiserhebungen, die in Grundrechte eingreifen, gesetzliche Ermächtigungsgrundlagen vorhanden sind, deren Grenzen eingehalten werden.[124]

> „Könnte der Staat sich ohne Eingriffsgrundlage gesetzwidrig Beweismittel verschaffen, wäre der Gesetzesvorbehalt außer Kraft gesetzt und die StPO wertlos."[125]

Sprachliche Genauigkeit erfordert es, hier von „Grundrechtseingriffen" statt - in herkömmlicher strafverfahrensrechtlicher Terminologie - von „Zwangsmaßnahmen" zu sprechen.[126] Viele prozessuale Grundrechtseingriffe gehen heute nicht mehr mit Zwang einher. Für den Vorbehalt des Gesetzes kommt es darauf prinzipiell auch nicht an. Entscheidend ist - wie gesagt - der Grundrechtseingriff. Beweiserhebungen greifen regelmäßig in Grundrechte ein und vielfältige Normen rechtfertigen dies, sei es in Ausfüllung grundrechtlicher Gesetzesvorbehalte, sei es im Ausgleich kollidierenden Verfassungsrechts.[127]

Auch wenn strafprozessuale Beweiserhebung ausnahmsweise einmal nicht in Grundrechte eingreift - für die Grundrechtsausübung der von der Beweiserhebung Betroffenen ist sie allemal von zentraler Bedeutung (s. ausführlich III.2.d. u. 3.).

Und die Gewährleistung einer effizienten Strafrechtspflege, die mit effektiver Beweisbeschaffung steht und fällt, ist im modernen demokratischen Rechtsstaat, der die Bewältigung schwerer sozialer Konflikte den Einzelnen aus der Hand nimmt, ein bedeutsames staatsorganisationsrechtliches Anliegen (s. ausführlicher III.3., IV.3.c. u. e.). Daher erfasst der Vorbehalt des Gesetzes nicht nur Beweiserhebungen, die in Grundrechte eingreifen, sondern auch den - allerdings praktisch recht schmalen - Bereich, in dem Beweiserhebung nicht mit Grundrechtseingriffen verbunden ist. Man kann dem *Europäischen Gerichtshof für Menschenrechte (EGMR)* nur zustimmen, wenn er die Bedeutung der Ordnungsgemäßheit der Strafrechtspflege auch vor dem Hintergrund auf Demokratieerwägungen beruhender Gesetzlichkeit thematisiert: Es „nimmt in einer demokratischen Gesellschaft ... das Recht auf eine ordnungsgemäße Rechtspflege einen so herausragenden Platz ein ... daß es Zweckmäßigkeitserwägungen nicht geopfert werden darf."[128]

---

123 *Böckenförde* NJW 1999, 1235 f.

124 *Sydow* Kritik, S. 5 ff.; *Prittwitz* Der Mitbeschuldigte, S. 185; *Nagel* Verwertung, S. 18 f., 32 u. 296; *Rupp* Beweisverbote, S. 176; *Krey* Studien, S. 20, 42 u. 240; *Rogall* Informationseingriff, S. 1; *Roxin* Strafverfahrensrecht, § 10 Rn. 17; *G.Pfeiffer* in: KK, StPO, Einl. Rn. 36; *P.-A.Albrecht* StV 2001, 416; *Niemöller/Schuppert* AöR 1982, 387, 393 u. 489; *Maier* Garantiefunktion, S. 131 (der allerdings noch der überholten Begrenzung des Gesetzesvorbehalts auf den Bereich von Eingriffen in „Freiheit und Eigentum" anhängt). Den Gesetzesvorbehalt ignoriert völlig *Dedes* (Beweisverfahren, insb. S. 14, 32 ff. u. 89 ff.), der infolgedessen eine "Freiheit der Beweisführung" als Ausprägung der freien Beweiswürdigung annimmt. Zu dieser ebenfalls überholten Ansicht s. II.3., IV.2.a.

125 *Roxin* Rechtsprechung, S. 81.

126 *Amelung* JZ 1987, 737 u. 745; *Kühne* Strafprozeßrecht, Rn. 395.

127 Kurzer Überblick bei *Roxin* Strafverfahrensrecht, § 29 Rn. 3; zur Grundrechtsrelevanz heimlicher Ermittlungen vgl. *Götting* Beweisverwertungsverbote, S. 139 ff.

128 *EGMR* EuGRZ 1999, 660, 663 (Teixeira de Castro). Zu dieser Entscheidung s. ausführlicher III.5.b.aa.

Die StPO gewährleistet das notwendige Maß an Gesetzlichkeit im Beweisverfahren durch ein differenziert geregeltes Beweisverfahrensrecht. Die strenge gesetzliche Determinierung der Beweisführung kompensiert die fehlende Gesetzlichkeit der Beweiswürdigung (s. ausführlich IV.2.a.). Angesichts der Bedeutung des strafprozessualen Beweisverfahrens sind so von Seiten des Gesetzes alle Voraussetzungen dafür gegeben, dass das Verfahren sich nicht insgesamt der gebotenen Gesetzlichkeit entzieht, dass also die Gestaltung des Beweisverfahrens nicht gänzlich vom Gesetzgeber an die Strafverfolgungsbehörden delegiert bzw. von diesen usurpiert wird. Ansichten, die aus der Freiheit der Beweiswürdigung eine Freiheit der Beweisaufnahme herleiteten („Überzeugungstheorie“, s. II.3.), stammen überwiegend aus vorgrundgesetzlicher Zeit, berücksichtigten den Vorbehalt des Gesetzes nicht und können heute als überwunden gelten.[129] § 261 StPO bezieht sich daher auch in herkömmlicher Sichtweise nur auf diejenigen Beweise, die ordnungsgemäß in der Hauptverhandlung aufgenommen wurden, die also keinem Beweisverwertungsverbot unterliegen.[130]

Noch zu Beginn des zwanzigsten Jahrhunderts verhielten sich Ermittlungsbefugnisse und -verbote prinzipiell umgekehrt zueinander (s. bereits II.1.). Man kannte keinen umfassenden Vorbehalt des Gesetzes für Grundrechtseingriffe und so waren denn auch die Beweisverbote Ausnahmen von der an sich unbeschränkten Wahrheitsermittlungsbefugnis der Strafverfolgungsbehörden. So heißt es bei *Beling*: „Nach *jeder* erheblichen *Thatsache* darf und zwar mit *allen* zu Gebote stehenden *Mitteln* geforscht werden.“[131] Und: „Alles wird von der strafprozessualen Wahrheitserforschung unbarmherzig zertreten.“[132] Es galt also im Grundsatz: Was nicht ausdrücklich verboten ist, ist erlaubt. Daraus erklärt sich eine Ungenauigkeit, die man der herkömmlichen Terminologie der Beweisverbote im Hinblick auf die heutige Rechtslage vorwerfen muss. Der Begriff „Beweiserhebungsverbot“ legt nahe, die Erhebung der Beweisobjekte sei grundsätzlich zulässig, nur nicht im Bereich ausdrücklicher Verbote. Es ist - wie gesagt - unter der Geltung des Grundgesetzes das Gegenteil der Fall: Was nicht ausdrücklich erlaubt ist, ist verboten.[133] Beweiserhebung darf nur aufgrund und im Rahmen der bestehenden Gesetze stattfinden.[134] Das Prinzip der Gesetzmäßigkeit bindet insofern alle öffentliche Gewalt.[135] *„Beweiserhebungsverbot“ ist heute mithin*

---

129 Ausführlich *Prittwitz* Der Mitbeschuldigte, S. 172 ff. Anders jedoch im schwedischen und finnischen Recht, vgl. *Cornils* Schweden, S. 451 und *Välimaa* Evidence, S. 94 u. 96 f.: „...the strong emphasis on the principle of free presentation of evidence is one of the reasons for a restrictive interpretation of admissibility rules: ordinarily, the basic principle has been followed that even where the evidence has been obtained illegally, it has in any case been admissible before the court.” (aaO., S. 94).

130 *Engelhardt* in: KK, StPO, § 261 Rn. 6 u. 21 ff.; *Kleinknecht/Meyer-Goßner* StPO, § 261 Rn. 6; s. auch *Prittwitz* Der Mitbeschuldigte, S. 177 f.

131 Beweisverbote, S. 2 (Hervorh. im Original). Dazu *Sydow* Kritik, S. 5 ff.

132 Beweisverbote, S. 28. Dazu *Stamp* Wahrheit, S. 89; *Jescheck* Beweisverbote, S. 4.

133 Vgl. auch *Prittwitz* Der Mitbeschuldigte, S. 186 zur Vernehmung des Mitangeklagten; *Koriath* Beweisverbote, S. 53 ff.; *R.Hamm* Unmöglichkeit, S. 34: „...bei der Prozedur der Aufklärung von Straftaten sind Verfahrensweisen, die nicht ausdrücklich erlaubt sind, stets verboten.“

134 Vgl. auch *Strate* JZ 1989, 176: „Die Bedeutung der prozessualen Form nicht als Barriere, sondern als Basis der Wahrheitsfindung gab dem reformierten Strafprozeß sein Gepräge“, wobei anzumerken ist, dass dieser Bemerkung nur für den Zeitraum seit 1949 uneingeschränkt zugestimmt werden kann.

135 Grundlegend *Sydow* Kritik, S. 3 f., 6, 23 und 120. S. auch *Strate* JZ 1989, 176, 178 und *Grünwald* Beweisrecht, S. 142.

nichts anderes als ein Oberbegriff für sämtliche Wege der Beweisgewinnung, für die keine Ermächtigung besteht. Anders ausgedrückt: *Die Beweiserhebungsbefugnis, nicht das Beweiserhebungsverbot, ist das Entscheidende.*

Wenn in dieser Arbeit gleichwohl gelegentlich die herkömmliche Terminologie Verwendung findet, so deshalb, weil es sich in der Auseinandersetzung mit der herkömmlichen Dogmatik nicht immer vermeiden lässt. Es ist auch solange unschädlich, wie man weiß, dass mit den Formulierungen „Verletzung eines Beweiserhebungsverbotes“ und „Rechtswidrigkeit der Beweiserhebung“ identisches gemeint ist, nämlich: Beweiserhebung jenseits des Beweisrechts. Ein Beispiel mag dies verdeutlichen: Die Entnahme einer Blutprobe im Rahmen eines Strafverfahrens durch einen Medizinalassistenten. Dies lässt sich kennzeichnen als Verletzung des Arztvorbehalts in § 81a StPO, also als Verletzung eines in § 81a StPO enthaltenen Beweiserhebungsverbots. Wer so formuliert, sagt nichts Falsches. Er sollte sich aber bewusst sein, dass er ungenau spricht und unter der Hand ein veraltetes Bild von Gesetzlichkeit im Strafverfahrensrecht perpetuiert. Denn § 81a StPO sagt weder im positiven, noch im negativen Sinne etwas über Blutentnahmen durch Medizinalassistenten. Entscheidend ist unter der Geltung des Gesetzesvorbehalts nur eines: Das Strafprozessgesetz ermächtigt Medizinalassistenten nicht zur Entnahme von Blutproben. Ob ein § 81a StPO überhaupt existiert, ob er die Entnahme von Blutproben Ärzten vorbehält, ob er im Eilfall auch Krankenschwestern oder gar Polizeibeamten eine entsprechende Befugnis einräumt, ist vollkommen gleichgültig - solange nur eine Befugnis für den Medizinalassistenten fehlt.

Es gibt einen Bereich, in dem der Gesetzesvorbehalt von der herrschenden beweisrechtlichen Dogmatik schon auf der Ebene der Beweiserhebung neutralisiert wird: Die modernen, heimlichen Ermittlungen.[136] Zur Durchführung heimlicher Ermittlungsmethoden ermächtigen nur einzelne StPO-Normen, die auch erst nach und nach im Verlauf der letzten Jahre erstellt wurden. Regelmäßig entwickelt sich der Erfindungsreichtum heimlicher Ermittler schneller, als der Gesetzgeber mit der Absegnung dieser Praxis nachkommt. Justiz und Schrifttum haben für die Übergangszeiten vielfältige Strategien entwickelt, solche Ermittlungsmethoden - auch wenn sie unbestritten einer speziellen gesetzlichen Ermächtigungsgrundlage entbehren - das Etikett juristischer Zulässigkeit anzuheften. Sei es durch Gewährung langjähriger Übergangsfristen[137], sei es durch Umdeutung von Aufgaben- in Befugnisnormen[138], sei es durch Rückgriff auf Notstandsrechte (§ 34 StGB)[139], sei es durch Rückgriff auf vorkonstitutionelles Gewohnheitsrecht[140], sei es durch unmittelbaren Zugriff auf kollidierendes Verfassungsrecht[141]. Das Ergebnis der Anwendung dieser juristischen Techniken ist die Zulässig-

---

136 S. auch *Kempf* Übermacht, S. 148 ff.; *Hassemer* Strafrecht, S. 159 f.; *Weider* Vom Dealen, S. 47 ff.

137 So z.B. *Rogall* Informationseingriff, S. 102 f. u. 25; s. hierzu auch *Makrutzki* Ermittlungen, S. 119 (m.w.N.); *Riepl* Selbstbestimmung, S. 214 f.; *Gusy* StV 1991, 499 f.

138 So z.B. *Rogall* Informationseingriff, S. 72 ff.; *Benfer* Rechtseingriffe, Rn. 162 ff. (für Rechtseingriffe ohne Zwangscharakter); abl. *Riepl* Selbstbestimmung, S. 193 ff. (allg.) u. 215 f. (V-Leute); *Makrutzki* Ermittlungen, S. 115 ff. (m.w.N.); *Hefendehl* StV 2001, 700, 701 ff.

139 S. hierzu *Makrutzki* Ermittlungen, S. 119 ff. (m.w.N.).

140 S. hierzu *Makrutzki* Ermittlungen, S. 122 (m.w.N.).

141 S. hierzu *Makrutzki* Ermittlungen, S. 123 f. (m.w.N.).

keit der für zweckmäßig gehaltenen Ermittlungsmethoden *jenseits des Beweisrechts*.[142] Für die herkömmliche Beweisverbotsdogmatik ergibt sich zudem ein Entlastungseffekt: Mangels rechtswidriger Ermittlung bedarf es keiner weiteren juristischen Anstrengungen, um die Verwertbarkeit der erhobenen Beweise zu begründen.

Der Gesetzesvorbehalt ist dadurch, was die modernen Ermittlungsmethoden angeht, weithin außer Kraft gesetzt. Eine *rechtsstaatlich-begrenzende* Wirkung kann er angesichts des Tatendrangs von Exekutive und Judikative nicht entfalten. Das bedeutet nicht zuletzt Beeinträchtigungen der für die *demokratische* Legitimation des Gesetzesvorbehalts konstitutiven demokratischen Diskussionskultur: „Die öffentlichen Auseinandersetzungen halten zumeist nicht das, was sie versprechen, daß nämlich von ihrem Ausgang abhängt, was in der Praxis geschieht; in der Praxis geschieht häufig schon das, über dessen Einführung man sich öffentlich streitet, und das entwertet den Streit ein bißchen, vornehm ausgedrückt."[143] In einem obiter dictum hat kürzlich das *BVerfG* immerhin angekündigt, dass es die staatlich gelenkte Ausforschungstätigkeit von V-Leuten gegenüber zeugnisverweigerungsberechtigten Aussagepersonen nur aufgrund speziellen Gesetzes für zulässig hält.[144] Dass man insofern von einem „schon berühmten obiter dictum"[145] spricht, zeigt nur, wie selten derartige Konsequenz von den Gerichten noch erwartet werden darf. Es zeigt sich aber immerhin auch, dass die kürzliche Installierung von Ermittlungsgeneralklauseln (s. im folgenden Abschnitt), von der sich mancher einen Freifahrtschein für moderne Ermittlungsmethoden erhofft haben mag, diese Hoffnungen nicht erfüllen kann: Sobald eine Maßnahme mit einigem Gewicht in Grundrechte eingreift, bedarf es einer speziellen, differenzierten Ermächtigungsgrundlage.

b. Das Recht auf informationelle Selbstbestimmung

Das Recht auf informationelle Selbstbestimmung - als Ausprägung des allgemeinen Persönlichkeitsrechts (Art. 2 I i.V.m. 1 I GG) - gewährleistet „die Befugnis des Einzelnen, grundsätzlich selbst über die Preisgabe und Verwendung seiner persönlichen Daten zu bestimmen".[146] Für die Rechtfertigung von Eingriffen in dieses Recht gilt der Vorbehalt des Gesetzes in qualifizierter Form: Ein Gesetz muss die Datenerhebung und -verwendung für einen spezifischen Bereich präzise regeln.[147] Denn entscheidend

---

142 Vgl. *Makrutzki* Ermittlungen, S. 48: Es hat die Rechtsprechung die Zulässigkeit des Einsatzes von V-Leuten „quasi aus dem Nichts geschöpft."

143 *Hassemer* StV 1994, 333, 334; vgl. auch *Krauß* StV 1989, 315, 319; *P.-A.Albrecht* StV 2001, 416 (zum StVÄG 1999): „Was sich im positiven Recht nun finden und ableiten läßt, hatte sich in der Praxis des Ermittlungsverfahrens längst als informelle polizeiliche und staatsanwaltschaftliche Strategie etabliert."

144 *BVerfG* StV 2000, 466 f; zust. *Wolter* Beweisverbote, S. 970.

145 *R.Hamm* StV 2001, 81, 83. Zu einem anderen „berühmten" obiter dictum des *BVerfG* aus jüngster Zeit (zur zwangsweisen Verabreichung von Brechmitteln) vgl. *Dallmeyer* KritV 2000, 252 ff.

146 BVerfGE 65, 1 (Volkszählung). S. auch *Riepl* Selbstbestimmung, insb. S. 6 ff.; *Weichert* Selbstbestimmung, S. 11 ff.; *Hassemer* StV 1988, 267 f. Zur aktuellen Entwicklung vgl. *Rudolf* Datenschutz und zu den Grundlagen *Rogall* (Informationseingriff, S. 29 ff.), der allerdings die Entwicklung eines eigenständigen Rechts auf informationelle Selbstbestimmung als „bedauerliche Fehlleistung des Bundesverfassungsgerichts" ansieht, die ihn „bitter" stimmt, vgl. aaO., S. 43 f. u. 57 f.

147 BVerfGE 65, 1, 46; *R.Hamm* StV 2001, 81, 82; ausf. *Riepl* Selbstbestimmung, S. 11 ff. u. *Weichert* Selbstbestimmung, S. 22 ff.

ist für die persönlichkeitsrechtliche Bedeutung von Informationen, für welchen Zweck sie erhoben wurden und Verwendung finden sollen.[148]

Das Recht auf informationelle Selbstbestimmung steht in engem Zusammenhang mit den übrigen „Kommunikationsgrundrechten" des Grundgesetzes (insb. Art. 5, 8, 9 und 10).[149] Ungestörte Kommunikation ist eine praktisch wichtige Voraussetzung für informationelle Selbstbestimmung und diese wiederum ist „elementare Funktionsbedingung eines auf Handlungs- und Mitwirkungsfähigkeit seiner Bürger begründeten freiheitlichen demokratischen Gemeinwesens."[150] Über die strikte Geltung des Gesetzesvorbehalts ist gewährleistet, dass Eingriffe in das somit für die demokratische Mitwirkung der Bürger grundlegende Kommunikationsgrundrecht nur aufgrund einer Legitimation derjenigen Instanz vonstatten gehen können, die unmittelbar durch die Bürger demokratisch legitimiert ist: Dem Parlament. Es kommt also beim Recht auf informationelle Selbstbestimmung der demokratischen Begründung des Gesetzesvorbehalts besondere Bedeutung zu.

Soweit strafverfahrensrechtliche Normen zur Beweiserhebung berechtigen, zielt dies seit jeher und letztlich immer auf die Gewinnung der in einem bestimmten Gegenstand enthaltenen Information zum Zwecke ihrer Verwendung im Beweisverfahren, gleich ob es sich um personenbezogene oder unpersönliche Informationen handelt (s. auch III.2.c.). Das strafprozessuale Beweisrecht ist auf die Gewinnung von Informationen bezogen, die zur Herstellung eines subsumtionsfähigen Sachverhaltes dienen (s. ausführlicher III.6.b.), mag es auch in seiner an Beweisgegenstände anknüpfenden Begrifflichkeit eher „sachenrechtlichem" als „informationsrechtlichem" Denken verhaftet sein.[151] Es ist im Prinzip schon seit langem darauf eingerichtet, im Sinne der Vorgaben des *BVerfG* im Volkszählungsurteil, Informationsverwendung zu regulieren: Strengbeweisnormen sind bereichsspezifische Befugnisnormen für die *Erhebung* von personenbezogenen Informationen.[152]

Besonderheiten ergeben sich nur dort, wo personenbezogene Informationen im Strafverfahren *jenseits* der herkömmlichen beweisrechtlichen Normen gehandelt werden sollen. Das ist vor allem einerseits der Bereich der Übermittlung von Daten, die in anderen Verfahren - insbesondere nach Polizeirecht - erhoben wurden und andererseits der Bereich des Abrufes gespeicherter Daten aus Datenbanken. Beides betrifft die hier zu erörternden Fragen nur am Rande und wird daher in der Darstellung ausgespart.

Von Interesse ist aber ein dritter Bereich von strafverfahrensrechtlicher Ermittlung, der sich mit den herkömmlichen Rechtsgrundlagen nicht hinreichend beschreiben lässt, nämlich derjenige moderner Ermittlungsmethoden (s. bereits im vorigen Abschnitt). Diesbezüglich hat der Gesetzgeber mit dem Strafverfahrensänderungsgesetz (StVÄG) 1999 reagiert und für den Bereich des Strafverfahrensrechts generalklauselartige Ermächtigungsgrundlagen geschaffen. Die §§ 161, 163 StPO wurden in Teilen von bloßen Aufgabennormen in Ermittlungsgeneralklauseln für Staatsanwaltschaft und

---

148 BVerfGE 65, 1, 45 f.; *Riepl* Selbstbestimmung, S. 8 u. 15 ff.; *Weichert* Selbstbestimmung, S. 23 u. 47 ff.

149 Vgl. *Riepl* Selbstbestimmung, S. 19 f.

150 BVerfGE 65, 1, 43; *Weichert* Selbstbestimmung, S. 18.

151 *Amelung* StV 2001, 131, 132.

152 S. auch *Rieß* in: LR, StPO, Einl. B, Rn. 12.

Polizei umgewandelt. Die §§ 161 I 1 und 2, 163 I 2 StPO sind nun Befugnisnormen für Strafverfolgungsmaßnahmen, die „weniger tief" in die Grundrechte der Betroffenen eingreifen.[153] Für „tiefer" eingreifende Maßnahmen bedarf es wie bisher spezieller Ermächtigungsgrundlagen. Mit dieser Differenzierung entspricht der Gesetzgeber der dem Gesetzesvorbehalt immanenten Abstufung nach der Bedeutung der zu regelnden Sachfrage: Je bedeutsamer eine Frage ist, desto differenzierter müssen die gesetzlichen Regelungen sein (s. III.1.a.). Nur weniger bedeutsame Fragen können auch in Generalklauseln geregelt werden.[154] Wo die Grenze der Anwendbarkeit der neuen Ermittlungsgeneralklauseln liegt, ist natürlich noch nicht im Einzelnen ausgemacht. Vergegenwärtigt man sich die Entstehungsgeschichte des StVÄG und seinen Zweck, den vom *BVerfG* im Volkszählungsurteil im Hinblick auf das Recht auf informationelle Selbstbestimmung aufgestellten Anforderungen gerecht zu werden, so wird man zum einen nur Eingriffe in das informationelle Selbstbestimmungsrecht oder ähnliche Emanationen des allgemeinen Persönlichkeitsrechts oder der allgemeinen Handlungsfreiheit als von diesen Normen gerechtfertigt ansehen können. Zum anderen bedarf es auch bei Eingriffen in diese Rechte einer speziellen Rechtsgrundlage, wenn die Eingriffe von besonderem Gewicht sind, wie es z.B. bei der Ausforschungstätigkeit von V-Leuten gegenüber zeugnisverweigerungsberechtigten Personen (s. im vorigen Abschnitt) und bei längerfristigen Observationen der Fall ist.[155] Jedenfalls sobald spezifische Grundrechte betroffen sind, reichen die neuen Ermittlungsgeneralklauseln nicht hin.

Für die Frage der Beweiserhebung ergibt sich demnach unter der Geltung des Grundrechts auf informationelle Selbstbestimmung grundsätzlich nichts Neues: Wenn und soweit eine Befugnisnorm fehlt, ist die Beweisgewinnung untersagt.[156]

c. Der Vorrang des Gesetzes

Die Exekutive und die Judikative sind an Gesetz und Recht gebunden (Art. 20 III GG). Das bedeutet einerseits die soeben geschilderte Determination des in Grundrechte eingreifenden wie jedes besonders bedeutsamen staatlichen Handelns durch Gesetze, also der Vorbehalt eines Gesetzes. Der Vorrang des Gesetzes beinhaltet darüber hinaus für die Exekutive und die Judikative das zwingende Gebot, die Gesetze anzuwenden (Anwendungsgebot) und das Verbot, gegen Gesetze zu verstoßen (Abweichungsverbot).[157] Im Grunde ist es eine Banalität: Das staatliche Handeln muss mit allen Rechtsnormen in Einklang stehen. Das schließt freilich eine Rechtsfortbildung durch die Ge-

---

[153] BT-Drs. 14/1484, S. 23; *Hefendehl* StV 2001, 700; *Hilger* NStZ 2000, 561, 563 f.; *ders.* Probleme, S. 335; *Kleinknecht/Meyer-Goßner* StPO, § 161 Rn. 1; *Beulke* Strafprozeßrecht, Rn. 104; krit. *P.-A.Albrecht* StV 2001, 416, 419; s. auch *Gusy* StV 2002, 153, 156.

[154] Vgl. auch *Riepl* Selbstbestimmung, S. 195.

[155] Vgl. im Einzelnen *Hefendehl* StV 2001, 700, 703 ff. Zur Zulässigkeit längerfristiger Observationen vgl. § 163f StPO - der ebenfalls mit dem StVÄG 1999 in die StPO eingefügt wurde - und BGHSt 46, 266 ff. m. Bespr. *Dallmeyer* JA 2001, 635 ff.

[156] Ebenso *Weichert* Selbstbestimmung, S. 216.

[157] *Ossenbühl* Vorrang, Rn. 4 f.; *Sobota* Prinzip, S. 105. *Sydow* (Kritik, S. 15) spricht insofern von der Gesetzesgebundenheit „schlichten" - nicht in Grundrechte eingreifenden - Verhaltens der Strafverfolgungsorgane.

richte nicht aus. Eine solche kommt aber nur in Betracht, wenn das Gesetz eine Lücke enthält und die zur Schließung dieser Lücke vorgenommene Rechtsfortbildung nicht den staatlichen Handlungsspielraum auf Gebiete ausdehnt, die - wegen des Vorbehalts des Gesetzes - nur auf gesetzlicher Grundlage betreten werden dürfen.

Der Vorrang des Gesetzes besagt für die strafverfolgende Staatstätigkeit, dass sämtliche Normen, die im Verlaufe eines Strafverfahrens tangiert werden, beachtet werden müssen.[158] Das ist offensichtlich bei jenen Normen, die ausdrücklich bestimmte Vorgehensweisen vorschreiben bzw. untersagen. Letztlich ist aber vollkommen unerheblich, ob das Gesetz überhaupt keine Rechtsgrundlage vorsieht, oder bloß bestimmte Beweisgegenstände zulässt, oder ein bestimmtes Verfahren zur Beweisgewinnung vorschreibt. Welche Gesetzestechnik, welche Sprache oder welche Institute und Regeln die Wege zulässiger Beweisführung begrenzen, hat in dieser Hinsicht keine Bedeutung.[159] Grundlegendes findet man auch insofern bei *Beling*: „Es wäre pedantisch, wollte man verlangen, dass allenthalben im Gesetz die Berichtsform durch die umständlichen und schwerfälligen Wendungen der Anordnungsform ersetzt würde.“[160] Entscheidend ist: *Wenn und soweit* eine Befugnisnorm fehlt oder sonstiges Gesetzesrecht entgegensteht, ist die Beweisgewinnung untersagt. Der Bereich der Beweiserhebungsverbote ist demnach der gesamte Bereich dessen, wo strafprozessuale Beweisführung nicht ausdrücklich erlaubt oder ausdrücklich verboten ist. Nicht mehr - aber auch nicht weniger. Unerheblich ist auch jede Differenzierung der Erhebungsverbote in Beweisverfahrens-, -mittel-, -themen-, -methodenverbote o.ä.[161] Einer solchen Differenzierung bedarf nur, wer den Vorbehalt des Gesetzes nicht hinreichend berücksichtigt.[162] Für die Frage nach der Rechtswidrigkeit der Beweiserhebung, also den Beweiserhebungsverboten ist (immer und nur) entscheidend, ob rechtswidrig ermittelt wurde. *Insofern* ist zutreffend, wenn gesagt wird, dass es einen „prinzipiell klar umgrenzbaren numerus clausus“ von Beweiserhebungs*verboten* nicht gibt.[163] Vielmehr gibt es einen prinzipiell klar umgrenzbaren numerus clausus von Beweiserhebungs*befugnissen.*

d. Fazit: Die erste Regel des Strengbeweises

Um das Ergebnis dieses Abschnittes zur Beweiserhebung - gewissermaßen die „erste Regel des Strengbeweises“ - festzuhalten: Die Strafverfolgungsbehörden bedürfen zur Beweiserhebung Befugnisnormen. *Die Beweiserhebungsbefugnisse sind in der Strafprozessordnung abschließend geregelt; eine Beweiserhebung jenseits des Gesetzes ist*

---

158 Überblick über die Quellen des Strafverfahrensrechts bei *Rieß* in: LR, StPO, Einl. C.

159 Entbehrlich daher die Differenzierung von direkten und indirekten Verbotsverstößen sowie Rechtsgrundlagenmangel bei *Rogall* Grundsatzfragen, S. 126.

160 Grenzlinien, S. 6 f. Vgl. auch *Grünwald* Beweisrecht, S. 142; *Gössel* NJW 1981, 2217; *ders.* Beweisverbote, S. 809: „Jede Regel über die Sachverhaltsermittlung beschränkt diese zugleich auf die je regelrechte Sachverhaltsermittlung: von der Regel abweichende Sachverhaltsermittlung ist regelmäßig verboten, unzulässig.“

161 S. hierzu *Strate* JZ 1989, 176: „Der Begriffshimmel hängt voller Geigen.“

162 *Sydow* Kritik, S. 39.

163 *Dencker* Verwertungsverbote im Strafprozeß, S. 145 f.; *Rogall* ZStW 1979, 1, 11.

wegen des Vorbehalts und des Vorrangs des Gesetzes unzulässig. Insoweit bestehen Beweiserhebungsverbote.

2. Strengbeweis II: Die Justizförmigkeit der Beweisverwertung

Für die Frage der Zulässigkeit der Beweiserhebung bedeutete das Inkrafttreten des Grundgesetzes, wie in den vorherigen Abschnitten beschrieben, gegenüber früheren Zeiten einen Paradigmenwechsel ersten Ranges. Angesichts des umfassenden Vorbehalts und des Vorrangs des Gesetzes lassen sich seitdem die Befugnisse der Strafverfolgungsbehörden zu Beweiserhebungen klar umgrenzen. Die Lage stellt sich bei den Beweisverwertungsverboten nun aber insofern anders dar, als die Beweisverwertung - im Gegensatz zur Beweiserhebung - nicht so häufig in Grundrechte eingreift, sich also häufiger jenseits des Kernbereichs des Gesetzesvorbehalts vollzieht. Dass die Lage bei der Beweisverwertung verfassungsrechtlich eine andere ist, als bei der Beweiserhebung, verdeutlichte jüngst der Misserfolg einiger Verfassungsbeschwerden.[164]

a. Das *BVerfG* und die Beweisverwertungsverbote

Nach mehrjähriger Odyssee durch die Fachgerichte waren Rechtsfragen vor die Schranken des höchsten Gerichts gelangt, die auch in der strafprozessualen Literatur reges Interesse gefunden hatten. Es ging um heimliche Ermittlungsmethoden im sog. Hörfallen- bzw. Zweithörer-Fall und im sog. Sedlmayr-Fall. Von Interesse sind hier nur die allgemeinen Ausführungen des *BVerfG* zum Verhältnis von Verwertungsverboten und Grundgesetz: „Aus der bloßen Unzulässigkeit oder Rechtswidrigkeit einer Beweiserhebung folgt nicht ohne weiteres ein Beweisverwertungsverbot." Zwar sei die Beurteilung des der Beweisverwertung zugrundeliegenden Vorgangs der Beweisgewinnung als rechtmäßig, als einfach-rechtlicher Verstoß gegen strafverfahrensrechtliche Vorschriften oder sogar als Eingriff in verfassungsrechtlich geschützte Rechtspositionen „für die Annahme eines Beweisverwertungsverbots von ausschlaggebender Bedeutung". Damit stehe aber nicht fest, ob die Ablehnung eines Verwertungsverbots Verfassungsrecht verletzt, zumal „es feste verfassungsrechtliche Maßstäbe für die Frage, ob und unter welchen Voraussetzungen von Verfassungs wegen ein Beweisverbot im Strafverfahren in Betracht kommt, in der verfassungsgerichtlichen Rspr. noch nicht gibt ...".[165]

Soweit das *BVerfG* feststellt, es folge aus der Unzulässigkeit der Beweiserhebung nicht ohne weiteres ein Beweisverwertungsverbot, handelt es sich ersichtlich um eine Frage der Auslegung des einfachen Rechts und damit bei der verfassungsgerichtlichen Stellungnahme um ein „obiter dictum". Die strafprozessrechtliche „ganz h.M." wird damit freilich zutreffend wiedergegeben. Dass es sich um eine rein einfachrechtliche Frage handelt, wird deutlich, wenn man sich vor Augen führt, dass selbst dann, wenn die Verletzung eines Beweiserhebungsverbots zwingend ein Verwertungsverbot zur Folge hätte, daraus für die Frage der Verfassungsverletzung nichts zwingend folgt. Im

---

164 Überblick über die übrige Rechtsprechung des *BVerfG* zu Verwertungsverboten bei *Macht* Verwertungsverbote, S. 27 ff.

165 *BVerfG* StV 2000, 466 f. und 467 f.; ähnl. *BVerfG* StV 2002, 113 f.

Grunde sieht es das *BVerfG* ebenso, wenn es im weiteren feststellt, dass der Umstand, ob strafprozessrechtlich ein Verwertungsverbot eingreife, noch nichts darüber besage, ob die gleichwohl erfolgende Ablehnung des Verwertungsverbots durch den Tatrichter Verfassungsrecht verletze. In der Tat: Nicht jede einfachrechtswidrige Verwertung muss auch grundrechtswidrig sein. Warum sollte die Verwertung auch zwingend Grundrechte verletzen, wenn die Beweiserhebung bloß einfachrechtswidrig war? Im Übrigen: Selbst wenn die Beweiserhebung bestimmte Grundrechte verletzt, ist dies bei der nachfolgenden Verwertung ersichtlich oft nicht der Fall.[166] Ein Beispiel: Eine Entnahme von Blutproben durch einen Medizinalassistenten im Rahmen eines Strafverfahrens ist ein *Eingriff* in die körperliche Unversehrtheit (Art. 2 II GG). Für die verfassungsrechtliche Rechtfertigung des Eingriffs benötigt man zunächst einmal ein Gesetz. Ein solches fehlt jedoch: Die StPO - einschließlich § 81a - ermächtigt Medizinalassistenten nicht zur Entnahme von Blutproben. Es liegt daher eine *Verletzung* der körperlichen Unversehrtheit vor. Das *BVerfG* prüft allerdings Anordnung oder Durchführung des Eingriffs nur, wenn dabei die grundrechtlichen Verbürgungen des Art. 2 II GG verkannt wurden, wenn also spezifisches Verfassungsrecht verletzt ist, denn es ist keine „Superrevisions"-Instanz für einfachrechtliche Fragen.[167] Eine Verfassungsbeschwerde gegen die Anordnung oder Durchführung des Eingriffs - also die Beweis*erhebung* - ist bei Vorliegen all dieser Voraussetzungen erfolgreich. Die *Verwertung* (der Blutprobe o.ä.) im Urteil greift nun aber ersichtlich nicht in die körperliche Unversehrtheit ein.[168] Vielmehr bedarf es zusätzlicher rechtlicher Gesichtspunkte, um sagen zu können, dass auch die Verwertung Verfassungsrecht verletzt.

Solche Gesichtspunkte gibt es viele. Man kann nachdenken über eine Verletzung des Rechts auf ein faires Verfahren. Man kann erwägen, ob der rechtswidrige Eingriff eine rechtswidrige Lage geschaffen hat, die durch Verwertung im Urteil perpetuiert oder gar vertieft wird. Letzteres kommt insbesondere in Betracht im Hinblick auf das Recht auf informationelle Selbstbestimmung, sollten sich die verwerteten Beweise auf personenbezogene Informationen beziehen (s. ausführlich III.1.b. u. 2.c.).[169] Schließlich kann man es so sehen, dass die Verwertung rechtswidrig erlangter Beweise zwar nicht notwendig Grundrechte, wohl aber in jedem Falle den Vorbehalt des Gesetzes - dessen Geltungsbereich weiter ist als die Summe der Schutzbereiche sämtlicher Grundrechte - verletzt (s. ausführlich III.2.d. u. III.3.b.). Viele dieser Gedanken sind strukturell ähnlich zu Erwägungen, die die herkömmliche Strafprozessrechtsdogmatik bei den Verwertungsverboten anstellt. Nur: Dort können sich die Beweisverbotslehren am einfachen Recht orientieren, das verletzt wurde, um über die Verwertungsfrage zu entscheiden und im Ansatz tun sie dies häufig auch, ob sie nun die Schutzzwecke einer verletzten Norm für maßgeblich halten oder zusätzliche Abwägungsparameter einführen (s. V.1. u. 2.a.). Das *Verfassungsgericht* kann das nicht. Es reagiert auch nicht auf

---

166 Anders *Weßlau* StV 2000, 471: Es sei „nicht ersichtlich, warum sich die Qualität der Rechtswidrigkeit durch Eintritt in das Stadium der Verwertung verändert haben könnte." Ähnlich *S.Schröder* (Beweisverwertungsverbote, S. 34), nach der die Verwertung von Beweisen, die durch Verletzung von Individualrechten gewonnen wurden, eine erneute Verletzung dieser Rechte bedeute.

167 BVerfGE 7, 198, 207; s. auch BVerfGE 1, 418, 420; 65, 317, 322; ausf. und krit. *Starck* JZ 1996, 1033 ff.

168 Ebenso *Dencker* Verwertungsverbote im Strafprozeß, S. 6; *Götting* Beweisverwertungsverbote, S. 118.

169 So *Weßlau* StV 2000, 471.

die mit der Verletzung einfachen Rechts stets verbundene Verletzung des Vorbehalts des Gesetzes, sondern allein auf Grundrechtsverletzungen (vgl. Art. 93 I Nr. 4a GG). Es müsste über genuin grundrechtliche Aspekte der Verwertungsfrage nachdenken. Diese Rechtsfindung den Rechtssuchenden aufzubürden, wie es das *BVerfG* in den Beschwerdeverfahren mit der Folge der Zurückweisung der Beschwerden als un*zulässig* getan hat, lässt sich freilich verfassungs(prozess)rechtlich nicht überzeugend begründen.[170]

b. Bewusste Selbstbeschränkung des Staates?

Aus den Grundrechten lässt sich die Frage der Verwertbarkeit rechtswidrig gewonnener Beweise demnach nicht ohne weiteres beantworten. Vieles wäre einfacher, wenn man immerhin annehmen könnte, dass der Gesetzgeber sich *bewusst* dieser Frage - in der einen oder in der anderen Richtung - angenommen hätte.

aa. Die Beweisverbotslehre *Fezers*

Erwägungen in dieser Richtung, die im Zusammenhang der Beweisverwertungsverbote das Gebot der Gesetzlichkeit betonen, äußerte vor wenigen Jahren *Gerhard Fezer*[171]*:* Der Staat regele die Wege, auf denen Beweismittel erlangt werden können. Werden diese Wege nicht beschritten, so wolle der Staat nicht, dass das Beweismittel zur Verfügung steht: „Durch die jeweilige Entscheidung des Gesetzgebers ... wird festgelegt, daß die Wahrheitsfindung sich innerhalb dieser normativen Grenzen zu bewegen hat."[172] Danach bringen die unselbständigen Beweisverwertungsverbote eine bewusste Selbstbeschränkung des Staates zum Ausdruck. Diese bewusste Selbstbeschränkung sei Norminhalt der strafverfahrensrechtlichen Normen über die Beweisgewinnung.

bb. Gesetzliche Regelungen über Beweisverwertungsverbote

Diese Erwägungen leiden zum einen daran, dass die Haltung des Gesetzgebers - insbesondere des aktuellen Strafprozessgesetzgebers - zur Frage der Verwertung gesetzwidrig gewonnener Beweise nicht sicher beurteilt werden kann. Es kann nicht sicher behauptet werden, dass er sich mit der Erstellung strafverfahrensrechtlicher Normen im Hinblick auf die Verwertbarkeit rechtswidrig erlangter Beweisgegenstände *bewusst* selbst beschränken wollte und will. Das verwundert auch nicht weiter, bedenkt man, dass in der herkömmlichen Beweisverbotsdogmatik seit jeher Unklarheit herrscht. Lediglich über die Annahme, dass die Erhebungs- und die Verwertungsverbote unterschiedlichen Regeln folgen, hat man in Schrifttum und Rechtsprechung der vergangenen Jahrzehnte Einigkeit erzielen können.

Gleichwohl kann dem Gesetz auch nicht sicher entnommen werden, dass der Ge-

---

170 *Weßlau* StV 2000, 472.

171 Grundfragen; vgl. auch *ders.* Strafprozeßrecht, 16/29 ff.; *ders.* StV 1989, 295.

172 *Fezer* Strafprozeßrecht, 16/29.

setzgeber diese herkömmliche Ansicht aufgreift.[173] Insbesondere ist § 136a III 2 StPO kein Indiz für eine von Seiten des Gesetzgebers gewollte derartige Differenzierung. Die Norm besagt bloß, dass auch *mit* Zustimmung des Beschuldigten eine Heranziehung der Beweisgegenstände ausscheidet.[174] Insofern taugt sie weder zum argumentum e contrario, noch zur Analogie. Sie leistete mit der erstmaligen Statuierung eines ausdrücklichen Verwertungsverbots im Jahre 1950 allerdings der Frage Vorschub, ob es Verletzungen von Normen bei der Beweiserhebung gibt, die die Verwertbarkeit des erhobenen Beweismaterials nicht beeinträchtigen.[175]

Auch neuere Gesetze über die Verwertung/Verwendung bereits erhobener Beweisergebnisse beantworten diese Frage nicht. Sie betreffen ersichtlich den Fall, dass rechtmäßig ermittelt wurde, stellen also selbständige Verwertungsverbote auf (z.B. §§ 81a III, 81c III 5, 100b V, 100f, 108 II, 110e StPO und Art. 13 V 2 GG, der sogar ausdrücklich verlangt, dass vor der Verwertung die Rechtmäßigkeit der Erhebung richterlich festgestellt werden muss), *zu den Konsequenzen rechtswidriger Beweiserhebung sagen sie ausdrücklich nichts*.[176]

Viele dieser Vorschriften - und einige der Vorschriften, die erst mit dem StVÄG 1999 Eingang in die Strafprozessordnung gefunden haben - stellen im Hinblick auf das Recht auf informationelle Selbstbestimmung besondere Verwendungsregeln für personenbezogene Informationen auf (s. auch III.2.c.). Im Zentrum steht bei diesen Normen die - datenschutzrechtlich unter dem Gesichtspunkt der Zweckbindung bedeutsame - Frage der Verwendung von personenbezogenen Informationen für andere Strafverfahren oder aber den Informationsübergang von polizeirechtlichen in strafrechtliche Verfahren und umgekehrt. Der Datenschutz stellt insofern *zusätzliche* Anforderungen (s. III.1.b.). Mit der Frage unselbständiger Verwertungsverbote beschäftigt sich keine der Normen. Lediglich die verschlungenen Regeln des § 100d III StPO könnten dahingehend gedeutet werden, dass der Gesetzgeber Erhebungs- und Verwertungsverbote unterschiedlichen Regeln folgen lässt, auch diese Norm besagt aber nichts über die Folgen rechtswidriger Beweiserhebung.

cc. Die gesetzlichen Wege der Beweisführung

Dass der Strafprozessgesetzgeber sich mit den Folgen der Verletzung von Beweisrecht nicht bewusst und umfassend befasst (hat), muss freilich nicht bedeuten, dass das Beweisrecht ganz unverbindlich wäre. Darauf laufen die herkömmlichen Beweisverbotslehren aber immer dann hinaus, wenn sie die Verwendung von Beweisen gestatten, die nicht auf gesetzlichem Wege gewonnen wurden.[177] Es würde den herkömmlichen Leh-

---

173 Überblick über in der StPO ausdrücklich geregelte Verwertungsverbote bei *Nagel* Verwertung, S. 185 ff., 204 ff.

174 *Kleinknecht/Meyer-Goßner* StPO, § 136a Rn. 27; *Fezer* Grundfragen, S. 27, dort Fn. 38; *Beulke* Strafprozeßrecht, Rn. 142; *Volk* Strafprozeßrecht, § 9 Rn. 18; ausf. *Sydow* Kritik, S. 77 ff.

175 Darauf verweist eindrucksvoll *Strate* JZ 1989, 176, 177: „Das Verwertungsverbot des § 136a Abs. 3 S. 2 StPO sollte ein Danaergeschenk werden."

176 Vgl. auch *Dencker* Verwertungsverbote und Verwendungsverbote, S. 246.

177 Ebenso *Rzepka* Fairneß, S. 435: „Entgegen der Rechtsprechung muß der Verstoß gegen ein Beweiserhebungsverbot stets ein Beweisverwertungsverbot nach sich ziehen. Ansonsten würde dem Gesetz seine unbedingte Geltung zur Begrenzung staatlicher Freiheitsbeschränkungen abgesprochen."

ren zur Ehre gereichen, würden sie die ebenso knappen wie zutreffenden - und an *Ernst Beling* erinnernden (s. II.1.) - Feststellungen *Fezers* zur Kenntnis nehmen, dass die Wege, auf denen Beweismittel erlangt werden dürfen, in der StPO streng geregelt sind und dass dem entscheidende Bedeutung für die Frage der Verwertbarkeit rechtswidrig gewonnener Beweise zukommt.

In einem unterscheidet sich das strafprozessuale Beweisrecht allerdings ganz entscheidend von früheren Zeiten und das ist der zweite Aspekt, der gegen die Beweisverbotslehre *Fezers* spricht: Seit Inkrafttreten des Grundgesetzes verhalten sich in Bereichen, in denen der Vorbehalt des Gesetzes gilt, die Wahrheitserforschungsbefugnisse und -verbote umgekehrt zueinander, als zuvor (s. III.1.a.). *Beling* konnte noch sagen: „In dieser Freiheit der Forschung bei Ausübung seiner Strafverfolgungsthätigkeit ist der Staat solange unbeschränkt, als er sich nicht selbst beschränkt."[178] Heute ist eine *bewusste Selbstbeschränkung* des einfachen Gesetzgebers in diesem Sinne im Grunde nicht erforderlich, denn die „Selbstbeschränkung" des Staates ist eine doppelte: Zum einen seitens des Verfassungsgebers, der Vorrang und Vorbehalt des Gesetzes im Grundgesetz verankerte, zum anderen seitens des einfachen Gesetzgebers, der nur in begrenztem Maße Wahrheitserforschungsbefugnisse normiert und so den ungeregelten Bereich dem Verbot überlässt.

Insoweit immerhin dürfte die Frage der Sache nach noch unumstritten sein. Die umstrittene Frage ist die nach der Reichweite, nach dem Geltungsbereich des Vorbehalts des Gesetzes, konkret: Nach seiner Geltung im Bereich der Verwertung von Beweisen.

c. Das Recht auf informationelle Selbstbestimmung

Die Beweisverwertung im Strafverfahren ist stets Informationsverwertung (s. ausführlicher III.6.b.). Und diese ist weithin die Verwertung personenbezogener Informationen, häufig des Beschuldigten, nicht selten aber auch von Dritten. Da auch die Verwertung personenbezogener Informationen in das Recht auf informationelle Selbstbestimmung eingreift, bedarf es hierfür gesetzlicher Grundlagen.[179]

Strengbeweisnormen sind bereichsspezifische Befugnisnormen für die *Erhebung* von personenbezogenen Informationen (s. III.1.b.). Wie aber steht es mit der Beweis*verwertung*? Nun: Das Strengbeweisrecht regelt auch die Wege der Beweisverwertung (s. auch im nächsten Abschnitt). Es verfährt dabei in unterschiedlicher Weise. Zumeist umfassen die beweisrechtlichen Normen die Fragen der Erhebung *und* Verwertung von Beweisen bereits dadurch, dass sie zur Erhebung eines Beweises gerade *zum Zwecke seiner Verwendung im Strafverfahren* ermächtigen.[180] In einigen beweisrechtlichen Normen wird darauf ausdrücklich hingewiesen (z.B. §§ 81a I 1, 94 I StPO). In den üb-

---

[178] Beweisverbote, S. 3.

[179] S. *Macht* Verwertungsverbote, S. 195 ff. u. 215 ff.; *Weichert* Selbstbestimmung, S. 12 u. 22 ff.; *Dallmeyer* JA 2001, 636; zum Eingriff durch Informationsverwendung s. auch *Wolter* Kriminalpolitik, S. 1145 u. 1147.

[180] Vgl. *Macht* Verwertungsverbote, S. 39 u. 43; *Weichert* Selbstbestimmung, S. 217; *Götting* Beweisverwertungsverbote, S. 112 u. 135 f.; *Dallmeyer* JA 2001, 637; s. auch *Rogall* Beweisverbote, S. 146 f.; *ders.* StV 1996, 513, 516.

rigen Normen liegt es insofern auf der Hand, als eine zwecklose Erhebung nicht nur sinnlos wäre, sondern auch verfassungsrechtlich keinen Bestand haben könnte: Jeder Eingriff setzt zunächst einmal die Verfolgung eines legitimen Zweckes voraus (s. I.2.c.aa.). So findet die Erhebung von Beweisen statt, um die Verwertung zu ermöglichen.[181] Man kann sogar sagen: Die Verwertung ist das Entscheidende, das „Primäre".[182] Insofern sind diejenigen Normen, die bei oberflächlicher Betrachtung bloß die Erhebung von Beweisen zu regeln scheinen, auch bereichsspezifische gesetzliche Grundlagen für die Verwertung der normgemäß erhobenen personenbezogenen Information.

In ihrer Regelungstechnik sind die herkömmlichen strafprozessual-beweisrechtlichen Normen zwar weniger differenziert als moderne datenschutzrechtlich inspirierte Beweisnormen, die regelmäßig die Fragen der Erhebung und Verwertung/Verwendung von Informationen in separaten Vorschriften normieren.[183] Verwunderlich ist das jedoch nicht angesichts des jungen Alters des Datenschutzes. Und davon, dass die herkömmliche Regelungstechnik den neuen verfassungsrechtlichen Anforderungen nicht stand hält, wird man auch nicht ausgehen können. Daneben gibt es im Übrigen eine ganze Reihe herkömmlicher strafprozessual-beweisrechtlicher Normen, die den weiten Bereich normieren, in dem sich Beweiserhebung und Beweisverwertung überschneiden (s. I.3.) - etwa indem sie die Möglichkeiten der Einführung und Präsentation bestimmter Beweise in der Hauptverhandlung regeln (s. III.2.e.). Die gesetzlichen Verwendungsregeln, wie sie etwa mit dem StVÄG 1999 in die StPO eingefügt wurden, beschäftigen sich hingegen vorwiegend mit Fragen, die darüber hinaus reichen (s. bereits III.2.b.bb.). Letztlich ergeben sich daher auch bei der Frage der Beweisverwertung, wie schon bei der Frage der Beweiserhebung, keine grundsätzlichen Besonderheiten, wenn es sich nicht bloß um unpersönliche, sondern um personenbezogene Informationen handelt: Werden die in den Strengbeweisnormen enthaltenen Vorschriften eingehalten, können die Informationen im Strafverfahren Verwendung finden. Wurden die personenbezogenen Informationen hingegen rechtswidrig erhoben, fehlen Befugnisnormen auch für die Beweisverwendung. In herkömmlicher Terminologie: Es greifen insofern Verwertungsverbote ein.

Demnach empfiehlt es sich zwar, wenn der Strafverfahrensrechtler in all jenen Fällen strafprozessualer Ermittlungen, in denen es um personenbezogene Informationen geht, gleichsam ein „sachgedankliches Mitbewusstsein" für das Recht auf informationelle Selbstbestimmung entwickelt. Die Erkenntnis, dass es im Strafverfahren letztlich häufig um die Gewinnung personenbezogener Informationen geht, zwingt aber nicht zu grundlegenden Änderungen strafprozessjuristischer Tätigkeit. Gänzlich fehl am Platze sind panikartige Reaktionen, wie etwa das Bestreiten der Daseinsberechtigung eines Rechts auf informationelle Selbstbestimmung[184] oder seiner Geltung im Strafver-

---

181 So auch *Wolter* Kriminalpolitik, S. 1142.

182 *Gleß* Verhältnis, insb. S. 198. In dieser Richtung auch *Hassemer* Strafrecht, S. 158 f. (zu Eingriffen in das Post- und Fernmeldegeheimnis).

183 Vgl. z.B. die Regelung der §§ 2, 3 DNA-IFG (dazu *Dallmeyer* JA 2001, 926 ff.).

184 So *Rogall* Informationseingriff, S. 43 f. u. 57 f.

fahren.[185] Unangebracht ist freilich auch, das Recht auf informationelle Selbstbestimmung wegen der vermeintlichen Unklarheiten seiner Anwendung im Strafverfahrensrecht vorläufig „außer Betracht“ zu lassen.[186] Wie groß der Anteil an Beweisverwertungen ist, der sich auf personenbezogene Informationen bezieht, ist schwer zu sagen, bedarf allerdings auch keiner genaueren abstrakten Bestimmung. Es ist schlicht in jedem Einzelfalle, der personenbezogene Informationen betrifft, zu berücksichtigen, dass Erhebung und Verwertung Grundrechtseingriffe darstellen.

Daraus ergeben sich - nebenbei bemerkt - Auswirkungen auf die Frage des Rechtsschutzes gegen (erledigte) strafverfahrensrechtliche Grundrechtseingriffe. In das Recht auf informationelle Selbstbestimmung wird auch durch die Speicherung, Verarbeitung und Übermittlung personenbezogener Informationen eingegriffen. Werden solche Informationen bei einer Durchsuchung erhoben, so ist der Eingriff in *dieses* Recht also mit dem Ende der Durchsuchung nicht erledigt. Sind die Informationen in einem beschlagnahmten Gegenstand verkörpert, ist auch der diesbezügliche Eingriff in das Eigentumsgrundrecht nicht mit dem Ende der Durchsuchung erledigt, wie sich die Beschlagnahme überhaupt erst mit Rückgabe der beschlagnahmten Gegenstände erledigt. Erledigt ist mit dem Ende der Durchsuchung lediglich der Eingriff in die durch Art. 13 GG geschützte „räumliche Privatsphäre“.[187] Es stellt schlicht eine Vermischung des Rechts auf informationelle Selbstbestimmung und des Wohnungsgrundrechts dar, wenn Art. 13 GG als Spezialfall des Rechts auf informationelle Selbstbestimmung angesehen wird, dessen Schutzwirkung sich auch auf den Informationsverarbeitungsprozess hinsichtlich von Informationen erstrecke, die durch Eingriff in das Wohnungsgrundrecht gewonnen wurden.[188] Etwas anderes mag bei Art. 10 GG gelten, den man durchaus als Ausprägung des Rechts auf informationelle Selbstbestimmung für den Bereich der Telekommunikation ansehen kann (s. bereits III.1.b.).[189]

d. Der Vorbehalt des Gesetzes und die Beweisverwertungsverbote

Während der Gesetzesvorbehalt im Bereich der Beweiserhebung fast einhellige Anerkennung findet (s. III.1.a.), wird er bislang im Bereich der Beweisverwertung ignoriert. Nun mag es zwar sein, dass die Beweisverwertung nicht so häufig in Grundrechte eingreift, wie die Beweiserhebung, dass also der Kernbereich des Vorbehalts des Gesetzes nicht so häufig betroffen ist. Doch lässt sich dies eben nur für einen Teil aller Beweisverwertungen behaupten.

---

185 So *Lesch* JA 2000, 725, 727 f., indem er annimmt, der Schutzbereich des Rechts auf informationelle Selbstbestimmung sei im Strafverfahren von vornherein durch das Legalitätsprinzip und die Inquisitionsmaxime beschränkt.

186 So *Götting* Beweisverwertungsverbote, S. 118.

187 Ebenso *Götting* Beweisverwertungsverbote, S. 118. Zum Schutzbereich von Art. 13 GG vgl. BVerfGE 103, 142, 150 f.

188 So *Amelung* Entwicklung, S. 930; *ders.* StV 2001, 131, 132. Wobei *Amelung* allerdings „Informationsbeherrschungsrechte“ annimmt, die über das Recht auf informationelle Selbstbestimmung hinausreichen; s. dazu ausf. unten V.1.d. Unter dem Gesichtspunkt des Rechts auf informationelle Selbstbestimmung ebenso *Macht* Verwertungsverbote, S. 208 f.

189 Vgl. BVerfGE 85, 386, insb. 397 f.; 100, 313, 358; *BFH* NJW 2001, 2118, 2119; *Amelung* StV 2001, 131, 132 m.w.N.; *ders.* Entwicklung, S. 929 ff.; *ders.* Streit, S. 1265 f.; *Macht* Verwertungsverbote, S. 204 f.

Soweit etwa der Beweisgegenstand im Eigentum einer Privatperson steht, ist ihr Eigentumsrecht tangiert. Auch wird nicht selten die Beweisverwertung in Persönlichkeitsrechte oder die allgemeine Handlungsfreiheit Verfahrensbeteiligter eingreifen. Vor allem aber: Bezieht sich die Beweisverwertung - wie häufig - auf personenbezogene Informationen, ist das Grundrecht auf informationelle Selbstbestimmung betroffen (s. im vorherigen Abschnitt). Es ist nicht so, dass das Recht auf informationelle Selbstbestimmung im Bereich der Beweisverwertung etwas qualitativ neues bewirkt. Es wirkt sich lediglich quantitativ insofern aus, als man heute bei einer ungleich größeren Zahl von Verwertungsakten von einem Grundrechtseingriff ausgehen muss, als vor „Inkrafttreten" des Rechts auf informationelle Selbstbestimmung.

Zum zweiten ist der Gesetzesvorbehalt nicht auf den engen Bereich der Grundrechtseingriffe beschränkt. Einem Gesetz vorbehalten ist auch die Regelung von Fragen, die zwar nicht Grundrechtseingriffe betreffen, die aber für die Grundrechtsausübung von zentraler Bedeutung sind (s. III.1.a.). Dass dies im strafprozessualen Beweisrecht der Fall ist, dürfte nicht ernstlich bestritten werden können. Neben den genannten Grundrechten berührt die strafprozessuale Beweisverwertung regelmäßig das Grundrecht auf wirksame Verteidigung, die Selbstbelastungsfreiheit und den Anspruch auf ein faires Verfahrens.[190] Kaum ein Grundrecht entzieht sich dem strafprozessualen Beweisverfahren schlechthin. Situationen, in denen die Freiheit der Person, Ehe und Familie, die Weltanschauungsfreiheit, die Meinungs- und Versammlungsfreiheit betroffen sind, sind im Strafverfahren alltäglich. Wohlgemerkt: Auch die Beweis*verwertung* im Strengbeweisverfahren tangiert diese Rechte - ungeachtet der Grundrechtseingriffe, die mit der vorherigen Beweiserhebung und dem nachfolgenden Urteil verbunden sind (s. zur Grundrechtsrelevanz des strafprozessualen Beweisrechts ausführlich III.3.). Es geht hier nicht darum, aus der Betroffenheit der genannten Grundrechte Verwertungsverbote herzuleiten. Vielmehr soll nur gezeigt werden, dass auch mit der strafprozessualen Beweisverwertung Fragen verbunden sind, die für die Verwirklichung der Grundrechte der Verfahrensbeteiligten derart wesentlich sind, dass es für ihre Entscheidung stets eines förmlichen Gesetzes bedarf.[191]

Schließlich ist noch der dritte Gesichtspunkt, der unter der Ägide des Demokratieprinzips eine gesetzliche Regelung fordert, anzusprechen: Die gewissermaßen allgemein-staatliche Bedeutung der strafverfahrensrechtlichen Beweisführung. Für moderne Rechtsstaaten wird es gemeinhin als elementar angesehen, dass der Staat die Regelung schwerer sozialer Konflikte den Einzelnen aus der Hand nimmt und in einem primär öffentlichen Interessen dienenden Strafverfahren aufarbeitet (s. auch III.1.a. u. IV.3.c.). Dass dies effizient zu geschehen hat, versteht sich von selbst. Damit ist die Frage nach der Gewährleistung einer effizienten Strafrechtspflege angesprochen. Die Anhänger eines restriktiven Umgangs mit den Beweisverwertungsverboten werden nicht müde, die außerordentliche Bedeutung wirksamer Strafrechtspflege zu betonen (s. IV.3.a.). Dabei entgeht ihnen offenbar eines völlig: Je größer der Stellenwert ist, der der Beweisführung der Strafrechtspflege in unserer Rechtsordnung zukommt, des-

---

190 Das Recht auf ein faires Verfahren wird (nicht nur) von der Rechtsprechung als allgemeines Prozessgrundrecht angesehen, vgl. *Rzepka* Fairneß, S. 116 ff. m. Nachw.

191 Für Beweisverbotsfragen ausdrücklich a.A. *Rogall* (Beweisverbote, S. 140), wiewohl auch er diese Fragen für wesentlich hält, vgl. *ders.* Informationseingriff, S. 21 f.

to dringlicher bedarf es hierfür gesetzlicher Grundlagen. Wer will nun aber behaupten, dass die Bedeutung des strafprozessualen Beweisrechts eine geringere ist, als diejenige der Rechtsgebiete, in denen die Geltung des Gesetzesvorbehalts jenseits von Grundrechtseingriffen bei bestimmten Fragen anerkannt ist: Dem Schulrecht, dem Steuerrecht, dem Atomrecht, dem Rundfunkrecht?[192]

Und in der Tat: Die Beweisverwertung bedarf gesetzlicher Grundlagen - weil sie häufig in Grundrechte eingreift (insbesondere in das Recht auf informationelle Selbstbestimmung) *und* weil sie auch jenseits von Grundrechtseingriffen für die Grundrechtsausübung der Verfahrensbeteiligten wesentlich ist *und* weil eine effiziente Beweisführung im Strafverfahren ein bedeutsames staatliches Anliegen ist.

Sieht man auch die Frage der Beweisverwertung als im Beweisrecht der StPO umfassend geregelt, so sind entsprechende Gesetze vorhanden. Das jedoch bestreiten die herkömmlichen Beweisverbotslehren - aus verständlichen Gründen: Auf die beweisrechtlichen Normen könnten sie die Verwertung *rechtswidrig* gewonnener Beweise nicht stützen, weil die Voraussetzungen der Normen nicht vorliegen: Die Missachtung des Beweisrechts ist immer schon festgestellt, wenn es um unselbständige Verwertungsverbote geht. Man kann es auch anders ausdrücken: Die herkömmliche Beweisverbotsdogmatik setzt mit ihren Bemühungen um eine Ausweitung der Wege der Beweisführung nahtlos an der Stelle an, an der sich das Fehlen gesetzlicher Grundlagen für entsprechendes Verfahren nicht mehr mit juristischer Auslegungskunst eskamotieren lässt, kurz: Wo eindeutig gesetzeswidrig verfahren wurde.

Nun könnte man das Beweisverbotsproblem rechtstechnisch auch als Analogieproblem formulieren. Ob man etwa sagt, man verwerte durch Medizinalassistenten - unter Verstoß gegen § 81a StPO, also *rechtswidrig* gewonnene - Beweise oder ob man sagt, man wende § 81a StPO auf Medizinalassistenten analog an, so dass die entsprechende Beweiserhebung *rechtmäßig* ist: Das macht für die Zwecke der herkömmlichen Beweisverbotsdogmatik letztlich keinen Unterschied. Es sind nur mehr oder weniger aufwändige Techniken, die Beweisführung jenseits des Beweisrechts ermöglichen. Wie man etwa auch auf die Idee kommen könnte, die Blutentnahme durch Medizinalassistenten unter Rückgriff auf Aufgabennormen, Notstandsrechte, vorkonstitutionelles Gewohnheitsrecht oder kollidierendes Verfassungsrecht zu billigen, oder den Strafverfolgungsbehörden „Übergangsfristen" zu gewähren, bis der Gesetzgeber vielleicht in einigen Jahrzehnten den § 81a StPO aufweicht (s. zur Anwendung entsprechender juristischer Techniken im Bereich heimlicher Ermittlungsmethoden III.1.a.).

Den Weg über die Analogie kann man im einfachen Recht nur dann nicht beschreiten, wenn ein verfassungsrechtliches Analogieverbot besteht. Und in der Tat: Wie auch immer man im Allgemeinen die Geltung des Analogieverbotes im Strafverfahrensrecht beurteilen mag - eine Erweiterung von Ermächtigungsgrundlagen im Wege der Analogie ist jedenfalls unzulässig.[193] Das immerhin setzen offenbar auch die her-

---

192 Vgl. z.B. BVerfGE 45, 400, 417 f.; 48, 210, 221; 49, 89, 126; 57, 295, 320 f.; 58, 257, 268. S. auch *Kloepfer* JZ 1984, 685, 689 ff.; *Listl* DVBl 1978, 10, 13 f. jew. m.w.N.

193 *BVerfG* NJW 1996, 3146; *Krey* Studien, S. 35 f., 241 ff. u. 248; *Makrutzki* Ermittlungen, S. 114; *Gropp* JZ 1998, 501, 505; *Martensen* JuS 1999, 433, 435; *Götting* Beweisverwertungsverbote, S. 128 f.; *Maier* Garantiefunktion, S. 12; *Gusy* StV 2002, 153, 156; ausf. *Mertens* Grundrechtseingriffe, der allerdings

kömmlichen Beweisverbotslehren voraus. Soweit sie „unselbständige Beweisverwertungsverbote" diskutieren, beinhaltet dies - wie gesagt - die Feststellung, dass *eindeutig gesetzeswidrig* Beweis erhoben wurde. Auch unter Zugrundelegung ihrer eigenen Prämissen können die herkömmlichen Beweisverbotslehren daher eines nicht bestreiten: Das ansonsten oft schwierige Problem der Abgrenzung von Rechtsfortbildung secundum legem und Rechtsfortbildung praeter legem stellt sich hier insofern nicht, als die vorhandenen gesetzlichen Normen eindeutig keine Rechtsgrundlage abgeben können für die Verwertung der rechtswidrig gewonnenen Beweise. Den Vorwurf, eine unzulässige Analogie zu Lasten des Beschuldigten zu bilden, umgehen sie dadurch, dass sie den Bereich der Beweisverwertung implizit als von Gesetzen und Gesetzlichkeit gänzlich unberührt behandeln, weshalb das Erfordernis einer (sei es im Wege der Analogiebildung gewonnenen) gesetzlichen Ermächtigung für die Verwertung nicht einmal erörtert wird.

Die herkömmlichen Beweisverbotslehren beanspruchen für sich, in zulässiger Weise *Rechtsfortbildung* praeter legem zu betreiben; in ihrer Perspektive existieren Verwertungsermächtigungen für Beweise nicht und sind auch nicht notwendig - gleich ob die Beweise rechtmäßig oder rechtswidrig gewonnen wurden. In ein Dilemma geraten die herkömmlichen Beweisverbotslehren bei den rechtswidrig erhobenen Beweisen also nur deshalb nicht, weil sie unausgesprochen voraussetzen, eine gesetzliche Regelung der Frage der Verwertbarkeit von Beweisen sei nicht nur nicht vorhanden, sondern auch generell nicht notwendig, um Beweise verwerten zu können. Der bislang umfassendste - von *Jürgen Wolter* unternommene - Versuch der literarischen Parallelgesetzgebung im strafprozessualen Beweisrecht geht ganz in diesem Sinne von der These aus, das gegenwärtige Strafprozessrechtssystem befinde sich noch (im Jahre 2001!) „in einem Ur- und Rohzustand".[194] Was kann es für das Schrifttum Schöneres geben, als heute - über 120 Jahre nach Inkrafttreten der StPO - den weiten Lebensbereich der Beweisverwertung als juristische terra incognita zu entdecken und sodann - weithin frei von gesetzlichen Bindungen - auf höchstem juristischem Niveau Pionierarbeit zu leisten?[195]

In einem Bereich, der wie die strafprozessuale Beweisführung dem Gesetzesvorbehalt unterliegt, ist aber Rechtsfortbildung praeter legem unzulässig, denn der Gesetzesvorbehalt beinhalt ein Verbot der Ausweitung des Anwendungsbereichs der gesetzlichen Normen. Der Gesetzgeber hätte ebensogut neben die ausdrücklichen Beweisverwendungsermächtigungen der StPO ausdrückliche Beweisverwendungsverbote stellen können. Nur wäre dies ganz überflüssig, weil sich die entsprechenden Rechtsfolgen bereits aus dem Gebot des Vorhandenseins einer gesetzlichen Ermächtigung für die Beweisverwendung und dem damit einhergehenden Verbot der Rechtsfortbildung praeter legem ergeben. Das Schweigen des Gesetzes zur Frage der Erhebung und Verwertung von Beweisen auf ungesetzlichem Wege kann also nicht etwa als Delega-

---

eine Herleitung des Analogieverbotes aus dem Gesetzesvorbehalt ablehnt (aaO., S. 61 ff.) und stattdessen auf Bestimmtheitsanforderungen rekurriert (aaO., S. 152 ff.). Diff. *Seiler* Parlamentsvorbehalt, S. 131 ff.

194 Kriminalpolitik, S. 1141.

195 Im Einzelnen ist diese Pionierarbeit zu besichtigen bei *Wolter* Kriminalpolitik, S. 1153 ff. und schon *ders.* Beweisverbote, S. 1001 ff.

tion der entsprechenden Frage vom Gesetzgeber an die Praxis verstanden werden: Es beinhaltet vielmehr das Verbot entsprechenden Vorgehens. Für die Methode der Gewinnung von Rechtssätzen, die die Entscheidung des einzelnen Falles ermöglichen, bedeutet dies: Die maßgeblichen Befugnisse lassen sich nur im Wege der Deduktion aus gesetzlichen Vorschriften gewinnen, was gerade nicht möglich ist, wenn solche fehlen oder verletzt wurden. Das herkömmliche Verfahren der - bestenfalls induktiv zu nennenden - Entwicklung von Beweisverwertungsbefugnissen bzw. -verboten entbehrt jedenfalls jeder Legitimation (s. bereits I.2.d.).

Nebenbei bemerkt: Sieht man - wie die herkömmlichen Lehren - die Frage der Beweisverwertung als vom Gesetz nicht geregelt an, so kann es unter der Geltung des Gesetzesvorbehalts nur eine Konsequenz geben: Beweisverwertung darf nicht stattfinden. Und zwar unabhängig davon, ob rechtmäßig oder rechtswidrig Beweis erhoben wurde. Dass dies eine unsinnige Konsequenz ist, liegt auf der Hand. Sie ergibt sich aber nur deshalb nicht, weil die strafprozessualen Beweisnormen auch die Frage der Beweisverwertung regeln: Die Strengbeweisnormen ermächtigen zur Erhebung von Beweisen allein und gerade zum Zwecke ihrer Verwertung im strafprozessualen Beweisverfahren, diese Verwertung ist das Eigentliche (s. ausführlicher im vorherigen Abschnitt). Das Strengbeweisrecht normiert also umfassend die Beweisführung der Strafverfolgungsbehörden. Anders ausgedrückt: Die strafprozessrechtlichen Beweisnormen enthalten (bei Vorliegen der tatbestandlichen Voraussetzungen) Befugnisse zu Beweiserhebung und -verwertung; bei Nichtvorliegen der Voraussetzungen sind (wegen des Gesetzesvorbehalts) Beweiserhebung und -verwertung verboten.[196] Noch einmal anders gewendet: *Die Beweisbefugnis, nicht das Beweisverbot, ist das Entscheidende.*

Nun liegen den vorstehenden Bemerkungen eine ganze Reihe umstrittener verfassungsrechtlicher Erwägungen zugrunde. Man mag etwa über das Recht auf informationelle Selbstbestimmung - das die Grundrechtsrelevanz weiter Teile der Beweisverwertung begründet - streiten. Man mag auch über die Wesentlichkeitslehre des *BVerfG* zum Vorbehalt des Gesetzes - die ihn von den Grundrechtseingriffen löst - streiten. Man mag schließlich über die demokratietheoretische Ausweitung des Vorbehalts des Gesetzes - die ihn auf Bereiche erstreckt, die keine Grundrechtsrelevanz aufweisen - streiten. Der *Verfasser* dieser Zeilen steht den Instituten, wie dem Leser nicht entgangen sein dürfte, bejahend gegenüber und versucht in dieser Arbeit, aus ihrer Geltung die notwendigen Konsequenzen für die strafprozessuale Beweisführung zu ziehen. Das kann man in Teilen auch anders sehen. Eines aber sollte klar sein: Die vorstehenden Erwägungen zur notwendigen gesetzlichen Determinierung der gesamten Beweisführung stehen und fallen nicht mit dem ein oder anderen Institut. Man muss schon die Nichtgeltung *sämtlicher* genannter verfassungsrechtlicher Institute behaupten, will man mit der herkömmlichen Beweisverbotsdogmatik fortfahren. Denn nur dann lässt sich begründen, warum über die Frage der Verwertbarkeit von Beweisen Richter und Universitätsjuristen entscheiden und nicht der Gesetzgeber.

---

[196] In dieser Richtung auch *Götting* (Beweisverwertungsverbote, S. 135 f.), die dies allerdings auf den Bereich von Grundrechtseingriffen bei der Beweiserhebung beschränkt.

Das gilt auch für diejenigen Juristen, die dem Gesetzgeber in den wichtigen Fragen lediglich ein Zugriffsrecht zubilligen möchten, bei dessen Nichtausübung die Exekutive und die Judikative regelnd tätig werden dürfen (s. III.1.a.). Eines werden sie nicht bestreiten können: Sobald über unselbständige Verwertungsverbote diskutiert wird, geht es um gesetzeswidrige Beweisführung, also um Beweisführung auf Wegen, hinsichtlich derer das Gesetz in herkömmlicher Perspektive an sich eine Regelung vorsieht. Anders ausgedrückt: Wenn sie an der These festhalten, dass sich dem Gesetz über Beweisverwertung keine generellen Aussagen entnehmen lassen und dies für die Verwertung von Beweisen auch nicht notwendig ist - so müssten sie dennoch erklären, warum selbst die vorhandenen beweisrechtlichen Normen insofern unverbindlich sein sollen, als Beweisführung eben auch unter Verletzung der Normen stattfinden dürfen soll. Ein weiteres sollte man nicht vergessen: Den Gerichten stehen derartige Fluchtversuche schon deshalb nicht offen, weil sie durch die Wesentlichkeitsrechtsprechung des *BVerfG* ebenso gebunden sind, wie durch seine Rechtsprechung zum Recht auf informationelle Selbstbestimmung (vgl. § 31 I BVerfGG).

e. Der Vorrang des Gesetzes

Das Gebot, die einschlägigen Gesetze anzuwenden und das Verbot, sie zu verletzen, gelten für die Strafverfolgungsbehörden allgemein. Sie binden die Strafverfolger während des gesamten Beweisverfahrens.

Neben dem, was die herkömmliche Beweisverbotsdogmatik als Erhebungs- und unselbständige Verwertungsverbote bezeichnet, beschränken die Beweisführung *selbständige* Verwertungsverbote. Sie können dem einfachen Recht entspringen, sie können auch aus der Verfassung hergeleitet werden. Erstere sind abschließend geregelt (s. den Überblick unter III.2.b.bb.). Letztere sind selten; vor allem zwei Fallgruppen haben hier Bedeutung erlangt.[197] Nachdem angesichts der gesetzgeberischen Billigung des großen Lauschangriffs dem einen klassischen Beispiel, dem Verbot der Verwertung von heimlich aufgezeichneten Tonbandaufnahmen, zunehmend weniger Bedeutung zukommen dürfte, bleibt vor allem noch das Verbot der Verwertung von Tagebuchaufzeichnungen. Beide Verbote sollen allerdings ohnehin nicht absolut gelten, vielmehr verlangt das *BVerfG* eine Abwägung der Individualrechte mit den Strafverfolgungsbelangen.[198] Das wird - vollkommen zu Recht - vor allem deshalb kritisiert, weil eine jede Verwertung von Tagebüchern in den letzten unantastbaren Kernbereich der Persönlichkeit, den auch das *BVerfG* anerkennt, eingreift. Jedoch muss die methodische Kritik schon früher ansetzen: Es geht nicht an, die Zulässigkeit einer Verwertung von personenbezogenen Informationen, die zumindest in das Grundrecht auf informationelle Selbstbestimmung eingreift (s. III.2.c.), freihändig im Wege der Abwägung von Verfassungswerten zu ermitteln.[199] Voraussetzung ist für strafverfahrens-

---

[197] Vgl. *Fezer* Strafprozeßrecht, 16/9 ff.

[198] BVerfGE 34, 238, 246 ff.; 80, 367, 374 ff.; krit. BVerfGE 80, 367, 380 ff. (abw.M.); *Amelung* NJW 1990, 1753 ff.; *M.Jahn* NStZ 2000, 383 ff.; s. auch *Kleinknecht/Meyer-Goßner* StPO, Einl. Rn. 56a (m.w.N.).

[199] Vgl. *Rupp* Beweisverbote, S. 176; *Macht* Verwertungsverbote, S. 42: „In den Entscheidungen zur Informationsverwertung im Strafverfahren hingegen findet die Abwägung gleichsam ohne Bezug auf eine

rechtliche Beweisführung in jedem Falle eine gesetzliche Grundlage.

Bei der Beweisführung haben die Strafverfolgungsbehörden zudem Verfahrensregelungen zu beachten, die den Umgang mit rechtmäßig erhobenen Beweisen beschränken, ohne dass man sie gewöhnlich als selbständige Verwertungsverbote bezeichnet. Hier sind insbesondere Vorschriften zu nennen, die den Grundsätzen der Mündlichkeit, Unmittelbarkeit und Öffentlichkeit der Hauptverhandlung Rechnung tragen, wie die §§ 244 ff. StPO, 169 ff. GVG und z.B. auch Art. 6 EMRK. In den von diesen Normen geregelten Bereichen überschneiden sich oftmals Beweiserhebung und Beweisverwertung. Etwa verbietet § 252 StPO die gerichtliche Verlesung bestimmter Vernehmungsprotokolle, die zugleich eine (unzulässige) Erhebung und (unzulässige) Verwertung der Protokolle darstellen würde. Das muss nicht weiter verwundern, wenn man schon in der Bestimmung des Inhalts der Begriffe „Beweiserhebung" und „Beweisverwertung" weitgehende Überscheidungen berücksichtigt (s. I.3.). Es ist letztlich auch gleichgültig, da nur entscheidend ist, ob eine entsprechende Befugnis vorhanden ist und richtig angewendet wird.

f. Fazit: Die zweite Regel des Strengbeweises

Der gesamte Bereich strafprozessualer Beweisführung (=Beweiserhebung i.w.S., s. I.3.) unterliegt dem Vorbehalt und dem Vorrang des Gesetzes. Auch die Befugnisse der Strafverfolgungsbehörden zur Beweisverwertung sind daher in der Strafprozessordnung abschließend geregelt. Strafverfahrensrechtliche Beweisführung darf nur auf den vom Gesetz eröffneten Wegen voranschreiten:

> „Die ganze Rechtsstaatlichkeit und Justizförmigkeit unseres Beweisrechts ginge zu Bruch, wenn die Gerichte ihre Wahrheitsermittlung auf andere als die von der StPO zugelassenen und bezüglich ihrer Verwendung geregelten Beweismittel stützen dürften. Es ist einer der wichtigsten Grundsätze der StPO, daß die Erforschung der Wahrheit nur auf justizförmigem Wege erfolgen darf."[200]

Die zweite Regel des Strengbeweises lautet demnach: *Die Beweisverwertungsbefugnisse sind in der Strafprozessordnung abschließend geregelt; eine Beweisverwertung jenseits des Gesetzes ist wegen des Vorbehalts und des Vorrangs des Gesetzes unzulässig*. Insoweit bestehen Beweisverwertungsverbote.

3. Strengbeweis III: Die Bedeutung der „schützenden Formen" des Strafverfahrensrechts

Die herkömmliche Beweisverbotsdogmatik arbeitet gewissermaßen an einem beweisrechtlichen Parallelgesetzbuch, welches die für das strafprozessuale Beweisverfahren zentrale Frage beantwortet: Wie nämlich eine Beweisführung auszusehen hat, um ein

---

konkrete Eingriffsermächtigung statt. Sie hängt sozusagen in der Luft ... Die Erwägung, die Verwertung sei im Falle des überwiegenden Allgemeininteresses auch ohne gesetzliche Ermächtigung zulässig, ist dogmatisch nicht haltbar."

200 *Eb.Schmidt* Lehrkomm. Nachtr. I, Vor. §§ 244 ff. Rn. 2; zust. *Prittwitz* Der Mitbeschuldigte, S. 177 f.

Strafurteil tragen zu können. Diese Frage beantwortet nicht das Beweisrecht der Strafprozessordnung. Die Kompetenz, diese Frage zu beantworten, schreibt die herkömmliche Beweisverbotsdogmatik allein sich selbst zu. Die Beweisnormen des von der literarischen und richterlichen Beweisverbotsdogmatik inaugurierten Parallelgesetzbuches enthalten nun aber ersichtlich sehr viel weniger schützende Formen, sehr viel weniger Verfahrensgarantien, als das Beweisrecht der StPO - Blutproben dürfen z.B. auch Medizinalassistenten entnehmen. Angesichts der insofern letztlich auf Entformalisierung hinauslaufenden herkömmlichen Beweisverbotslehren kann auf die Bedeutung der „schützenden Formen" des Strafverfahrensrechts nicht deutlich genug hingewiesen werden. *Eb. Schmidt* schreibt nach seiner Suche nach „Zeitlosem" im Strafprozessrecht:

> „*Von grundsätzlicher Bedeutung ist das Problem der prozessualen Form.* Entformalisierung hat immer prozessuale Entartung, Auslieferung der forensischen Wahrheitsfindung an Ermessen, ja an Willkür bedeutet. Die prozessuale Form ist der Garant der Rechtssicherheit und der Gleichmäßigkeit des Verfahrens; sie schützt die Verfolgungsorgane, vor allem auch den Richter vor Übereilung und vorschnellem Handeln. Der rechtsstaatliche Strafprozeß bedarf daher der Formalisierung durch bindende Prozeßregeln, durch *gesetzliche* Regeln, die das Spannungsverhältnis zwischen dem auf Wahrheitsfeststellung gerichteten Untersuchungsinteresse des Staates und dem Freiheitsinteresse des Einzelnen verbindlich lösen."[201]

Eb. Schmidt folgert an anderer Stelle: „Wird durch die Verwertung eines in fehlerhafter Weise (d.h. unter Verletzung materiellen oder prozessualen Rechts) erlangten Beweismittels das Beweisrecht der StPO verletzt, insbesondere ein von der StPO durch Beweisverbote reprobiertes Beweismittel in das Beweisverfahren eingeführt, so ist die Verwertung unstatthaft".[202]

a. Der Schutz materieller Rechte durch Verfahrensrecht

Der Topos des „bloßen Verfahrensfehlers", der als Denkfigur der herkömmlichen Beweisverbotsdogmatik zugrundeliegt, verkennt die auf *materielle* Rechtspositionen bezogene Schutzdimension von Verfahrensregelungen.

Den Schutz von Grundrechten durch Verfahrensregelungen diskutiert die moderne Verfassungsrechtswissenschaft unter dem Topos des „Grundrechtsschutzes durch Verfahren". Man kann es so sehen, dass der Schutzgehalt der Grundrechte sich nicht in Grundrechten als subjektiven Abwehrrechten erschöpft, dass vielmehr die Grundrechte daneben für Verfahren aller Art zwischen dem Bürger und dem Staat eine sich primär

---

[201] Strafprozeß, S. 291 (Hervorh. im Original). Vgl. auch *ders.* Lehrkomm. Teil I, Rn. 22 ff. *Koriath* (Beweisverbote, S. 61) möchte angesichts der Bedeutung der prozessualen Form und unter Berufung auf diese Passagen *Eb.Schmidts* (nur) eine prima-facie-Vermutung dafür anerkennen, dass der fehlerhaft erlangte Beweis unverwertbar ist. Auf den Zusammenhang zwischen inkonsequenter Handhabung der Justizförmigkeit und der Gefahr von Machtmissbrauch und Willkür verweisen auch *Stamp* Wahrheit, S. 87 f. und *Nagel* Verwertung, S. 16 f. Vgl. zudem *Spendel* NJW 1966, 1108; *Hassemer* Strafrecht, S. 253 ff.

[202] JR 1959, 369, 372. Seine Sichtweise verdeutlicht *Eb.Schmidt* in JZ 1958, 596 ff. am Beispiel der §§ 52, 55 StPO in revisionsrechtlicher Perspektive.

an den Gesetzgeber richtende objektivrechtliche Schutzverpflichtung enthalten. Man kann den prozeduralen Schutz der materiellen Rechte aber auch als konsequente Fortentwicklung der abwehrrechtlichen Bedeutung der Grundrechte ansehen. *Weil* die Grundrechte in erster Linie Abwehrrechte sind, muss der einfache Gesetzgeber den auf einfachem Recht beruhenden Zugriff auf die Rechtssphäre der Bürger begrenzen und zwar in materiellrechtlichen und verfahrensrechtlichen Normen. Wie man auch immer die grundrechtliche Herleitung vornimmt, im Ergebnis steht: Der materiellrechtliche Schutz der materiellen Rechtsposition bedarf der prozeduralen Ergänzung.[203]

Die verfahrensrechtliche Schutzdimension der Grundrechte ruht auf zwei Säulen.[204] Sie dient zum einen der Sicherung der Subjektstellung der Verfahrensbeteiligten. Insofern strahlt die Menschenwürdegarantie in jedes Verfahren und auf jeden Verfahrensbeteiligten aus. Zum anderen verbietet es sich auch im Hinblick auf das Demokratieprinzip, über den Kopf der Verfahrensbeteiligten hinweg zu verfahren. Entsprechende Mitwirkungsrechte, aber auch Mitwirkungspflichten kennt das Strafverfahren in Fülle. Hier zeigt sich besonders deutlich, dass es sich beim Strafverfahrensrecht um „angewandtes Verfassungsrecht“[205] bzw. bei der StPO um ein „Ausführungsgesetz zum Grundgesetz“[206] handelt bzw. man das Strafprozeßrecht als „die ältere Schwester des Verfassungsrechts, namentlich der Grundrechtslehren“[207] bezeichnen kann. Die Verfahrensregelungen des Strafverfahrensrechts sind nicht „bloß formale“, sondern materielle Prinzipien.[208]

Die Erkenntnis der Grundrechtsrelevanz von Verfahrens- und Organisationsregelungen in einem bestimmten Lebensbereich zwingt zur Anwendung des Gesetzesvorbehalts in diesem Bereich.[209] Zwar betreffen einige der Regelungen nicht Maßnahmen, die unmittelbar in Grundrechte eingreifen. Sie bewirken aber dennoch - gewissermaßen im Umfeld des Grundrechtseingriffes - Schutz der Grundrechte der Verfahrensbeteiligten. Sie sind damit von besonderer Bedeutung für die Verwirklichung der Grundrechte im Sinne der Wesentlichkeitsrechtsprechung des *BVerfG*; der Gesetzgeber darf und muss sich der Regelung der Verfahren annehmen (s. III.1.a. u. 2.d.). Den Gesetzgeber trifft insofern - allgemein formuliert - die Verpflichtung, Verfahren fair auszugestalten.[210] Offen ist zwar, ob die prozedurale Schutzrichtung der Grundrechte im Sinne eines Optimierungsgebots oder lediglich im Sinne der Gewährleistung eines Mindeststandards zu verstehen ist oder ob jenseits solch generalisierender Aussagen letztlich nur eine Abwägung im Einzelfall entscheiden kann, inwieweit Verfahrensschutz geboten ist.[211] Diese Offenheit bedeutet aber nicht mehr, als dass *dem Gesetz-*

---

203 *Denninger* Staatliche Hilfe, Rn. 2, 8; s. auch *Hilger* Probleme, S. 322.

204 *Denninger* Staatliche Hilfe, Rn. 27 f.

205 BVerfGE 32, 373, 383; BGHSt 19, 325, 330; *Niemöller/Schuppert* AöR 1982, 387, 408; *K.Peters* Strafprozeß, S. 29; *Hassemer* Sicherheit, S. 257; *Hettinger* Entwicklungen, S. 43; *Kleinknecht/Meyer-Goßner* StPO, Einl. Rn. 218; *Dallmeyer* JA 2001, 926.

206 *Eb.Schmidt* Lehrkomm. Teil I, Rn. 333; *K.Peters* Strafprozeß, S. 29.

207 *Gusy* StV 2002, 153.

208 *Sinner* Vertragsgedanke, S. 113; s. auch *Niemöller/Schuppert* AöR 1982, 387, 402 f.

209 Vgl. *Seiler* Parlamentsvorbehalt, S. 68 (m.w.N.) u. S. 127 f.; vorsichtiger *Kloepfer* JZ 1984, 685, 688; s. auch *Gusy* StV 2002, 153, 158 f.

210 *Denninger* Staatliche Hilfe, Rn. 4; *Hesse* EuGRZ 1978, 427, 435; s. auch *Sobota* Prinzip, S. 145 ff.; *Kunig* Rechtsstaatsprinzip, S. 378 ff.

211 *Denninger* Staatliche Hilfe, Rn. 21 ff.

geber weitgehende Freiheit zukommt bei der Frage, *wie* der verfahrensrechtliche Schutz zu verwirklichen ist. Weder folgt daraus, dass gänzlich auf diesen Schutz verzichtet werden kann, noch darf der Gesetzgeber die Verwirklichung des Schutzes ganz der Verwaltung oder den Gerichten überlassen. An dieser Stelle überschneiden sich das materielle und das formelle Rechtsstaatsprinzip im Vorbehalt des Gesetzes.[212] Das formale Gebot, dass die wesentlichen Fragen nicht dem Ermessen von Verwaltung und Gerichten überlassen werden dürfen, schützt den Bürger im Bereich eben dieser Fragen vor der Unsicherheit und den Gefahren, die naturgemäß mit einzelfallbezogenen Ermessens- und Abwägungsentscheidungen verbunden sind (s. dazu IV.3.b. u.V.2.b.).

Die materiellen Rechtspositionen, die derart prozeduralen Schutz genießen, sind zunächst einmal diejenigen Rechte, deren Beeinträchtigung als *Ergebnis des Verfahrens* möglich erscheint. Prozeduralen Schutzes bedürfen daneben die *während des Verfahrens* betroffenen Rechte der Verfahrensbeteiligten. Das gilt nicht zuletzt für das Recht auf informationelle Selbstbestimmung.[213] Für das Strafverfahren bedeutet dies eine doppelte Schutzrichtung: Einerseits Schutz der Freiheitsrechte, die das am Ende des strafrechtlichen Erkenntnisverfahrens stehende Urteil zu beeinträchtigen vermag; andererseits Schutz der Rechte sämtlicher Verfahrensbeteiligter während des Verfahrens.[214]

Aus dem Gebot, die Grundrechte auch verfahrensrechtlich abzusichern, lassen sich einige Regeln elementarer Verfahrensgerechtigkeit - im Sinne materielle Interessen schützender Verfahrensgestaltungen - ableiten. Sie zielen (1) auf eine Abgrenzung des Kreises der Verfahrensbeteiligten, (2) auf eine Sicherung ihrer Subjektstellung, (3) auf die Ermöglichung eines unverzerrten Informationsflusses und (4) auf eine Gewährleistung der Sachrichtigkeit der Entscheidung.[215]

- Die Abgrenzung des Kreises der Verfahrensbeteiligten, der hier denkbar weit verstanden wird (s. III.3.b.bb.), ist im Strafverfahren deshalb besonders wichtig, weil die Beteiligung am Verfahren regelmäßig mit erheblichen Belastungen - oft mit Grundrechtseingriffen - verbunden ist. Für die Frage, in welchem Umfang in die Rechte einer Person im Verlaufe eines Strafverfahrens eingegriffen werden darf, ist entscheidend, ob und in welcher Rolle sie an diesem beteiligt ist. Etwa kennt das Strafverfahrensrecht strenge Voraussetzungen für Eingriffe gegenüber Nichtverdächtigen.
- Die Gefahren für die Subjektstellung einiger der am Strafverfahren Beteiligten sind evident. Das gilt nicht nur für den Beschuldigten. Es ist insbesondere auch für die so häufigen „Opferzeugen" in den letzten Jahren vermehrt - z.B. auf dem 62. Deut-

---

212 *Denninger* Staatliche Hilfe, Rn. 5; *Hesse* EuGRZ 1978, 427, 435.

213 BVerfGE 65, 1 (LS 2, S. 4); *Riepl* Selbstbestimmung, S. 18 f.; *Weichert* Selbstbestimmung, S. 22; in dieser Richtung auch *Rogall* (Informationseingriff, S. 85 f.), wiewohl er ein eigenständiges Recht auf informationelle Selbstbestimmung ablehnt.

214 *Hassemer* Analogieverbot, S. 17 f.; vgl. auch *Kunig* Rechtsstaatsprinzip, S. 363; *S.Schröder* Beweisverwertungsverbote, S. 103 f.; *Weichert* Selbstbestimmung, S. 44 ff.

215 Vgl. *Denninger* (Staatliche Hilfe, Rn. 29 ff.), der noch den Faktor Zeit bei der Entscheidungsbildung nennt, der insb. die Ausgestaltung vorläufigen Rechtsschutzes betrifft und daher hier außer Betracht bleiben soll.

schen Juristentag 1998 - thematisiert und mehrfach vom Gesetzgeber aufgegriffen worden.[216]

- Hohe Bedeutung kommt im Strafverfahren auch einer fairen Ausgestaltung des Informationsflusses zu: Beweisführung ist Informationsverwendung (s. III.6.b.). Insofern hat die Diskussion um das Recht auf informationelle Selbstbestimmung einiges bewegt (s. III.1.b. u. 2.c.). Die Bedeutung der Verfügung über Informationen wird besonders deutlich im Streit um die Belehrungspflichten.[217] Ins Zentrum einer Beweisverbotslehre gerückt sind die Informationen bei der Lehre von den Informationsbeherrschungsrechten (s. V.1.d.).
- Schließlich braucht die Bedeutung der Sachrichtigkeit des strafrechtlichen Urteils angesichts der mit diesem einhergehenden Belastungen nicht besonders hervorgehoben werden: Materielle Richtigkeit ist Voraussetzung für Gerechtigkeit (s. ausführlicher in den nächsten beiden Abschnitten und IV.3.c.). Entsprechend zielen nicht wenige strafverfahrensrechtliche Regelungen etwa auf die Sicherung der Qualität von Beweisen.

Man kann die vier Gruppen von Regeln auch auf zwei reduzieren: Die Regeln 1-3 betreffen vor allem den überwiegend individualrechtlich fundierten *Schutz der Verfahrensbeteiligten*, die Regel 4 das *Interesse an sachrichtigen Entscheidungen.* Dass überhaupt im Strafverfahren eine Entscheidung ergeht, ist vor allem ein öffentliches Interesse. Hier wird aber deutlich, dass die Erwartung, dass diese Entscheidung richtig ist, zum Teil eine individuell-grundrechtlich fundierte Erwartung ist.[218]

b. Die doppelte Zweckrichtung des Strengbeweises

Die mit der Formalisierung der Strafverfolgung einhergehende Beschränkung ihrer Möglichkeiten ernstzunehmen, ist sicher ebensowenig Selbstzweck, wie das Strafverfahren zum Selbstzweck formalisiert ist.[219]

Vielmehr geht es schlicht um die konsequente Umsetzung der Justizförmigkeit des Strafverfahrensrechts, die dem Schutz materieller Rechte dient.[220] Allerdings wird man die Justizförmigkeit nicht als eigenständigen Zweck des Strafverfahrens ansehen können. In der Tat ist nicht ohne weiteres zu sehen, wie eine Qualität des Verfahrens zugleich dessen Ziel bilden könnte.[221] Vielmehr lässt es sich so beschreiben: *Ziel des Strafverfahrens* ist eine materiell richtige Entscheidung.[222] Das schließt nicht aus, mit der Ausrichtung des Strafverfahrens auf materiell richtige Urteile weitergehende, au-

---

216 S. z.B. die §§ 247a, 255a, 395 ff. (Nebenklage), 403 ff. (Adhäsionsverfahren), 406d ff. StPO; sowie *Ständige Deputation* Verhandlungen des 62. DJT, Bd. 1, (Gutachten), Bd. 2 (Sitzungsberichte). Vgl. außerdem die Debatte um „Das Recht des Opfers auf Bestrafung des Täters“: *Reemtsma* Recht; *Prittwitz* Generalprävention; *Lüderssen* Opfer.

217 Vgl. nur *Bernsmann* (StraFo 1998, 73) der die grundrechtlich fundierte Notwendigkeit der Herstellung fairer Kommunikationsstrukturen hervorhebt.

218 S. auch *Eisenberg* Beweisrecht, Rn. 2.

219 In dieser Richtung aber *Amelung* NStZ 2001, 337, 341.

220 Als „nicht konsequent“ bezeichnet auch *Hassemer* (Einführung, S. 152 f., dort Fn. 204) das herrschende Verfahren bei den Beweisverwertungsverboten.

221 *U.Neumann* ZStW 1989, 52, 61.

222 *Rzepka* Fairneß, S. 236 u. 304; *Kempf* Wahrheitsfindung, S. 27 f.; s. ferner *Kleinknecht/Meyer-Goßner* StPO, Einl. Rn. 2.

ßerprozessuale Ziele zu verfolgen (insbesondere „Rechtsfrieden“[223]). Das Ziel des materiell richtigen Urteils lässt sich nur erreichen, wenn das strafprozessuale Beweisrecht geeignet ist, Beweismittel zu produzieren, die materiell richtige Urteile gewährleisten. Zugleich muss im Rechtsstaat das Beweisrecht geeignet sein, die Rechte der vom Strafverfahren Betroffenen zu schützen. Allein dieser zweite Aspekt unterscheidet die Strafverfolgung im Rechtsstaat von derjenigen in totalitären Systemen.[224] Anders ausgedrückt dienen die „schützenden Formen“ des Strengbeweisverfahrens *zwei Zwecken*: Dem Schutz der vom Strafverfahren Betroffenen einerseits, andererseits dem der Gewährleistung der materiellen Richtigkeit des Urteils (s. ausführlicher in den nächsten beiden Abschnitten).[225]

Beide Zwecke sind elementare Prinzipien von Verfahrensgerechtigkeit, was die moderne Grundrechtsjurisprudenz im Topos des „Grundrechtsschutzes durch Verfahren“ zum Ausdruck bringt (s. im vorherigen Abschnitt). Beide Zwecke sind insofern ineinander verschränkt, als die materielle Richtigkeit des Urteils wiederum nicht zweckfrei gedacht werden kann, sondern unter anderem auch dem Schutz der Verfahrensbeteiligten - am Ende des Verfahrens - dient. Allgemeiner mag man von den Fragen der Wahrheit und Gerechtigkeit sprechen, die das strafprozessuale Beweisrecht beschäftigen.[226] Für den Zusammenhang beider Fragen gilt wiederum: Gerechtigkeit kommt ohne Wahrheit nicht aus (s. im vorherigen u. im nächsten Abschnitt u. unter IV.3.c.).

Damit soll allerdings nicht gesagt sein, dass dem Strafverfahrensrecht, soweit es Grundrechtsschutz durch Verfahren bewirkt, in gleichem Umfange Verfassungsrang zukommt. Zwar stellt die Verletzung einer Vielzahl von strafprozessrechtlichen Normen zugleich eine Verletzung spezifischen Verfassungsrechts dar, denn wenn eine (hinreichende) Eingriffsermächtigung für einen strafprozessualen Grundrechtseingriff fehlt, fehlt es an einer Rechtfertigung eben dieses Eingriffs. Der Alltag der Strafverfolgungsbehörden ist von Grundrechtseingriffen durchzogen. Das verliert man nur allzuleicht aus dem Blick, wodurch die Wirkung der Grundrechte faktisch geschmälert wird. Rechtlich gilt: „Die Grundrechte und die Verfassung wollen aus sich selbst verstanden und ernst genommen werden und zwar nicht nur für den Feiertag oder für die Beantwortung der letzten und höchsten Fragen, sondern für den Alltag.“[227] Jedoch ist - wie gesagt - nicht jedes strafprozessual-beweisrechtliche prozedieren mit Grundrechtseingriffen verbunden. Dennoch muss es, entsprechend der weitergehenden Bedeutung des Gesetzesvorbehalts (s. III.1.a. u. 2.d.), gesetzlichen Regelungen unterwor-

---

223 Vgl. *Rieß* in: LR, StPO, Einl. B, Rn. 4 f.; *Kleinknecht/Meyer-Goßner* StPO, Einl. Rn. 4; *Beulke* Strafprozeßrecht, Rn. 6.

224 Vgl. *Eb.Schmidt* Lehrkomm. Teil I, Rn. 26 ff. u. 363. Die damit einhergehende Beschränkung der Wahrheitsermittlung bezeichnet *Kühne* (Strafprozeßrecht, Rn. 880) deshalb als „größten Wert unserer Strafverfahrensordnung“. S. auch *Hilger* Probleme, S. 324.

225 Vgl. z.B. *G.Walter* Beweiswürdigung, S. 287. Das ist in anderen Rechtssystemen nicht anders. Zur „hybrid nature of the law of evidence“ rechtsvergleichend allg. *Nijboer* Methods, S. 49 f., 52 u. 56; *ders.* Beweisrecht, S. 47; *ders.* Technical opportunities, S. 235; zur Rechtslage in Italien: *Orlandi* Ermittlungsmethoden, S. 69; in Österreich: *Pilnacek* Grundsätze, S. 106; in England und Wales: *B.Huber* England, S. 53 ff.

226 *van der Ven* Beweisrecht; *Weigend* ZStW 2001, 271; *Rieß* in: LR, StPO, Einl. G, Rn. 42; *Eb.Schmidt* Lehrkomm. Teil I, Rn. 20; *K.Peters* Strafprozeß, S. 80 ff.; *Beulke* Strafprozeßrecht, Rn. 3.

227 *Rupp* Beweisverbote, S. 170.

fen sein - die dann oft Grundrechtsschutz bewirken. In diesem Bereich ist eine Missachtung des Gesetzes keine Verletzung von Grundrechten, sondern nur eine Missachtung des Gesetzesvorbehalts (s. bereits III.2.a. u. d.).

Um ein weiteres mit allem Nachdruck klarzustellen: Es wird hier nicht die Ansicht vertreten, rechtswidrig gewonnene Beweise seien unverwertbar, weil nur so der auf materielle Rechte bezogene Schutz des strafprozessualen Beweisrechts verwirklicht werden könne bzw. weil die materiellen Rechte des Schutzes durch Verwertungsverbote bedürften. Das ist zwar in vielen Fällen zutreffend. Wenn es aber *nur darum* ginge, wäre in der Tat schwer einzusehen, warum im Einzelfalle, in dem sich erweist, dass materielle Rechte durch die Verwertung nicht beeinträchtigt werden, dennoch Unverwertbarkeit die Folge der Gesetzesverletzung sein soll.[228] In diesen Abschnitten zum materiellen Wert des Verfahrensrechts soll nur gezeigt werden, dass es im Verfahrensrecht um erheblich mehr geht, als um bloße Formalien. Die Bedeutung der Beweisführung, die sie dem Vorbehalt des Gesetzes unterstellt (s. III.1.a. u. 2.d.), ergibt sich, neben Ihrer Relevanz für das öffentliche Interesse an effektiver Strafverfolgung, aus ihrer Relevanz für den Schutz der Rechte der Verfahrensbeteiligten - eben dies ist angesprochen mit dem Topos des Grundrechtsschutzes durch Verfahren. Der Zweck des Grundrechtsschutzes, der dem Beweisrecht der StPO innewohnt, verlangt nach Verwertungsverboten bei rechtswidriger Ermittlung im Allgemeinen nur mittelbar: Indem er nämlich als eine von zwei Säulen den Vorbehalt trägt, dass Beweisführung nur auf gesetzlichem Wege stattfinden darf. Daraus ergibt sich dann wiederum, was vom Einzelfallargument der herkömmlichen Beweisverbotsdogmatik zu halten ist: Nichts. Die Strafverfolgungsbehörden haben keine Kompetenz, im Einzelfall - unter Berufung auf Schutzzwecküberlegungen o.ä. - über Sinn oder Unsinn der in zwingendem gesetzlichem Recht enthaltenen gesetzgeberischen Schutzzwecküberlegungen zu befinden und daraus Folgerungen für die Verwertbarkeit von Beweismaterial zu ziehen, das unter Verletzung dieses Rechts gewonnen wurde.

Man wird der hier vertretenen Ansicht entgegenhalten, dass es strafverfahrensrechtliche Vorschriften gibt, die nicht dem Schutz materieller Rechte dienen, sondern die etwa bloß den Verfahrensablauf reglementieren sollen. Das ist zweifelhaft. Die Annahme, der Gesetzgeber könne vollkommen zwecklose Normen aufstellen bzw. Normen, die vollkommen zwecklos den Verfahrensablauf reglementieren, wirkt etwas befremdend. Näher liegt die Annahme, dass sich die Schutzzwecke sämtlicher strafprozessual-beweisrechtlicher Normen den beiden Zwecken des Strengbeweisrechts zuordnen lassen.[229] Zwar mag es vorkommen, dass sich bei einzelnen Normen erweist, dass sie faktisch sinnlose Beschränkungen des Strafverfahrens enthalten. Das ändert doch aber nichts an ihrer Bindungswirkung. Sinnlosigkeit ist nicht gleich Verfassungswidrigkeit. Die Aufhebung solcher Normen obliegt prinzipiell allein dem Gesetzgeber.

---

228 Einen Zusammenhang von Justizförmigkeit und Beweisverboten negierend deshalb *Amelung* NStZ 2001, 337, 341.

229 Ein detaillierter Überblick über die den einzelnen Beweisverboten zugrundeliegenden Zwecke findet sich schon bei *Jescheck* Beweisverbote, S. 17 ff.

aa. Die Gewährleistung materiell richtiger Urteile

> „Alle beweisrechtlichen Vorschriften in den Verfahrensordnungen der verschiedenen Gerichtsbarkeiten zielen darauf ab, daß die Gerichte ihren Entscheidungen einen Sachverhalt zugrunde legen, den richterliche Überzeugung als einen der Wahrheit entsprechenden anzusehen vermag.“[230]

In dieser Allgemeinheit wird man *Eb.Schmidt* heute nicht mehr zustimmen wollen. Richtig ist zwar, dass einer der beiden Zwecke des Strengbeweises der Schutz der Wahrheitsfindung ist. Das charakterisiert jedes Beweisrecht und ist Schutzzweck einer Vielzahl beweisrechtlicher Normen, jedoch: Wie manche beweisrechtlichen Normen allein dem Interesse der Wahrheitsfindung dienen, gibt es auch Normen, die allein Individualschutz bewirken sollen.

Wie auch immer allerdings die Schutzzwecke einer Strengbeweisnorm beschaffen sein mögen, das Gesetz verfolgt sie in aller Regel mit zwingenden Anordnungen. „Sollvorschriften“ oder „Kannvorschriften“ oder dispositives Recht gibt es im Beweisrecht der StPO kaum. Nicht überzeugen kann daher die in der herkömmlichen Beweisverbotsdogmatik häufiger - etwa in der Diskussion des „Medizinalassistenten-Falles“ - vorzufindende Erwägung, wenn die gesetzliche Vorschrift die Qualität des Beweisgegenstandes garantieren solle und trotz ihrer Nichtbeachtung kein Zweifel an dessen Qualität bestehe, scheide ein Verwertungsverbot aus.[231] Das wäre nur dann richtig, wenn eine bestimmte Norm *allein* der Gewährleistung materiell richtiger Urteile dient *und* dem Richter die Befugnis zukommt, über die Verwirklichung bzw. Vereitelung dieses Zweckes nach rechtswidriger Beweiserhebung zu befinden. Nun mag es sein, dass die Einhaltung beweisrechtlicher Normen nicht jeder Disposition der Verfahrensbeteiligten entzogen ist. Jedoch: Zum einen gilt dies nur für individualschützende Normen, zum anderen können Verzichte hierauf nur vom jeweils geschützten Individuum erklärt werden (s. ausführlich V.3.b.). Zu entscheiden, in welchen Wegen die Beweisführung zu erfolgen hat, obliegt jedenfalls nicht den Gerichten, *wenn* es der Gesetzgeber bereits mit der Installierung einer bestimmten Norm entschieden hat.

Dass es etwa erforderlich ist, dass ein Arzt (nicht bloß ein Medizinalassistent) Blutproben entnimmt - sei es aus Gründen des Individualschutzes, sei es aus Gründen der Qualitätssicherung der Blutprobe - hat der Gesetzgeber entschieden. Den Gerichten steht es nicht zu, diese generell-abstrakte, zwingende Entscheidung des Gesetzgebers zu korrigieren, auch wenn sich erweisen sollte, dass im Einzelfalle der Beweiswert nicht beeinträchtigt ist oder wenn sich gar die Annahme des Gesetzgebers als für alle Fälle verfehlt erweisen sollte - weil Medizinalassistenten ebenso gut Blutproben entnehmen können, wie Ärzte. Nur so sind die diesbezüglichen Ausführungen *Eb.Schmidts* zu verstehen, die oft dahingehend missverstanden wurden, er halte die Verwertung der von einem Medizinalassistenten entnommenen Blutprobe deshalb für unverwertbar, weil tatsächlich der Beweiswert beeinträchtigt sei: „Die *primäre prozessuale Funktion* des § 81a StPO besteht aber - und das teilt § 81a mit sehr vielen prozessualen Normen - in der *Regulierung der Mittel und Wege der Sachverhaltsaufklä-*

---

230 *Eb.Schmidt* Lehrkomm. Teil I, Rn. 13.

231 Dies ist auch eines der tragenden Argumente des *BGH* (St 24, 124, 130).

rung, um das Gericht vor Fehlern zu bewahren, die sich ohne Befolgung dieser Regulierungsbestimmungen *erfahrungsgemäß* leicht einstellen können ... Der Gesetzgeber sieht offenbar nur in der durch einen Arzt erlangten Blutprobe ein *generell verläßliches* Beweismittel ... die Gerichte müssen das hinnehmen und anerkennen, da sie an die Auffassung des Gesetzgebers, die sich in Vorschriften umsetzt, gebunden sind.“[232]

Stößt somit der Versuch, Gesetze, die dem öffentlichen Interesse an qualitativ hochwertigen Beweismitteln dienen, im Einzelfalle unter Berufung auf Schutzzweckerwägungen außer Kraft zu setzen, auf unüberwindbare rechtliche Hindernisse, verwundert nicht, dass von Seiten der herkömmlichen Beweisverbotsdogmatik der Versuch unternommen wird, diese Schutzrichtung der Beweisnormen zu marginalisieren. So wird etwa der Funktion der Abwehr von Gefahren für die Wahrheitsfindung deshalb jede Relevanz bei den Normen über die Beweisführung abgesprochen, weil sie bereits im Institut der freien richterlichen Beweiswürdigung hinreichend berücksichtigt sei.[233] Das verkennt zum einen die verfassungsrechtlichen Grenzen, die dem Gesetzgeber bei der Gestaltung und den Norminterpreten bei der Auslegung des Beweisrechts gesetzt sind: Die Freiheit der Beweiswürdigung ist nur deshalb erträglich, weil ihr als Korrektiv ein detailliert geregeltes Beweisrecht gegenübersteht (s. ausführlicher IV.2.a.). Die Gestaltung des Beweisverfahrens darf nicht in Gänze den Gerichten in die Hand gegeben werden, sondern bedarf einer gesetzlichen Determinierung, die sich nicht darin erschöpft, den Richtern jede Freiheit einzuräumen. Denn die Fragen des Schutzes der Verfahrensbeteiligten *und* der Sicherung materiell richtiger Urteile sind von solcher Bedeutsamkeit, dass ihre Beantwortung primär dem Gesetz vorbehalten ist (s. III.1.a., 2.d. u. 3.a.). Zum anderen sind die Hoffnungen an die Leistungsfähigkeit der Beweiswürdigung zur Sicherung materiell richtiger Urteile, die sich in der genannten These ausdrücken, auch in tatsächlicher Hinsicht ganz unberechtigt. Die Möglichkeiten der Tatrichter, im Strafverfahren eine *subjektive Gewissheit* zu erlangen, die den Tatsachen entspricht, sind schon in psychologischer Hinsicht vielfältigen Gefahren ausgesetzt (s. auch I.2.b. u. c.).[234] Die Aussagepsychologie hat insbesondere zum statistisch so wichtigen Zeugenbeweis hinlänglich herausgearbeitet, dass die Chancen der Richter, irrtümlich falsche Aussagen zu erkennen, gering und die Chancen, bewusst wahrheitswidrige Aussagen aufzudecken, auch nicht besonders groß sind.[235]

Angesichts dessen muss man es als nicht nur verfassungsrechtlich geboten, sondern auch als zweckmäßig bezeichnen, wenn der Gesetzgeber den Strafgerichten hier gewisse Parameter vorgibt, die dem Schutz der Wahrheitsfindung dienen. Es deutet nichts darauf hin, dass der historische Gesetzgeber mit der Installierung der freien Beweiswürdigung den Schutzzweck der Sicherung zuverlässiger Wahrheitserforschung *vollständig* an die Gerichte delegieren wollte. Im Gegenteil: Der Gesetzgeber unternahm in der zweiten Hälfte des 19. Jahrhunderts erhebliche Anstrengungen, um die

---

232 MDR 1970, 461, 464 (Hervorh. im Original).

233 So z.B. *S.Schröder* Beweisverwertungsverbote, S. 27 f.; *Riepl* Selbstbestimmung, S. 284; in dieser Richtung auch *Widmaier* Wahrheitsfindung, S. 34.

234 Vgl. *Fabricius* Selbst-Gerechtigkeit, insb. S. 171 ff. u. 214 ff.

235 Vgl. *Eisenberg* Beweisrecht, Rn. 1362 ff.; *Einmahl* NJW 2001, 469 ff.; *K.Peters* Strafprozeß, S. 374 ff. Die Einhaltung gewisser Standards bei der „Aussageanalyse“ fordert nunmehr BGHSt 45, 164 ff.; vgl. auch *M.Jahn* Jura 2001, 450 ff.

gesetzlichen Formen der Beweisführung gegenüber von den Gerichten betriebener Entformalisierung zu bewahren - gleich welchen Zwecken sie dienten (s. II.3.). So gesehen bedeutet die Schlussfolgerung, mit der Installierung der freien Beweiswürdigung habe der Gesetzgeber die Fürsorge für zuverlässige Wahrheitserforschung allein den Gerichten überlassen, eine Fortsetzung der „Überzeugungstheorie", deren Überwindung mit dem Erlaß der Strafprozessordnung gerade bezweckt war.

Ohnehin mutet die Annahme ausgesprochen merkwürdig an, der Gesetzgeber befasse sich im Beweisrecht nur mit der Frage, wie die Rechte der Verfahrensbeteiligten während des Verfahrens geschützt werden könnten, nicht aber mit der Frage, wie das eigentliche Ziel des Strafverfahrens: eine materiell richtige Entscheidung (s. III.3.b.), zuverlässig erreicht werden kann. Beweisrecht ist nun einmal *Beweis*recht, handelt also von der Herstellung wahrer Aussagen über die Wirklichkeit:

> „Es enthält die Methoden, die von Rechts wegen als geeignet zur Wirklichkeitserfassung und Wahrheitsaussage angesehen, juristisch kanonisiert werden. Positiv ist die Bedeutung des Beweisrechts als Methodologie für die Erkenntnis der juristisch gültigen Wirklichkeit diese, daß es Wege zum Beweis dieser Wirklichkeit anbahnt. Negativ hat es zugleich die Bedeutung, nicht nur andere Wege auszuschließen, die womöglich auch in bestimmten Fällen Einsicht in die Wirklichkeit hätten erbringen können, sondern auch zur Annahme von über formale Beweismittel erreichten Ergebnissen zu verpflichten, obschon sie sich tatsächlich zur wirklichen Wirklichkeit in Widerstreit befinden."[236]

Um das noch einmal klarzustellen: Es geht nicht darum, aus dem Umstand, dass das strafprozessuale Beweisrecht auch materiell richtige Urteile gewährleisten soll, Verwertungsverbote herzuleiten mit der Begründung, jede Verletzung gefährde (abstrakt) die Wahrheit. In der Tat: „Auf eine so weit verstandene Wahrheitsgefährdung Verwertungsverbote stützen zu wollen, hieße aber letztlich, sie darauf zu Gründen, daß der Strafprozess auf Wahrheitsfindung ausgerichtet ist und würde nur zu einer fruchtlosen terminologischen Ausweitung des Begriffs Verwertungsverbot führen".[237] Vielmehr geht es darum, angesichts zwingender gesetzlicher Vorschriften gerade *nicht in Schutzzwecküberlegungen einzutreten* und das gesetzliche Gebot dadurch nachträglich (nach erfolgter, rechtswidriger Beweiserhebung) zu suspendieren. Freilich ist im Grundsatz nichts dagegen einzuwenden, wenn die Gerichte bei der Auslegung des Strafverfahrensrechts secundum legem das Kriterium der Zuverlässigkeit des Beweises - wie jedes andere gesetzlich geschützte Interesse - bei der Beantwortung der Frage nach der Zulässigkeit einer Verfahrensweise berücksichtigen.[238]

Der Zweck der Sicherung materiell richtiger Urteile changiert zwischen öffentlichen und privaten Interessen. Einerseits handelt es sich um ein individualrechtliches Interesse: Mit der das Verfahren abschließenden Entscheidung der Strafverfolgungsbehörden einhergehende Grundrechtseingriffe sind nur legitim, wenn das Urteil materiell richtig ist (s. bereits in den beiden vorherigen Abschnitten u. IV.3.c.). Andererseits ist die Sicherung materiell richtiger Urteile ein genuin öffentliches Interesse, weil

---

236 *van der Ven* Beweisrecht, S. 465; s. auch *Rieß* in: LR, StPO, Einl. G, Rn. 47.
237 *Dencker* Verwertungsverbote im Strafprozeß, S. 45.
238 Überblick bei *Ziegler* Zweckmäßigkeitstendenzen, S. 42 ff.

das materiell richtige Urteil gleichsam den Höhepunkt der öffentlichen Interessen dienenden effektiven Strafverfolgung darstellt (s. ausf. IV.3.c. u. e.).

bb. Der Schutz der Verfahrensbeteiligten

Unrichtig ist - zumindest seit Inkrafttreten des Grundgesetzes - auch die Betrachtung des Strengbeweises *allein* unter dem Gesichtspunkt der Verhinderung einer Wahrheitsgefährdung.[239] Die Gewährleistung materiell richtiger Urteile ist *ein* wichtiger Aspekt des strengen Beweisrechts, man mag ihn mit *Eb.Schmidt* als den wichtigeren der beiden Zwecke ansehen: „Gewiß sollen alle Zwangsmaßnahmen *auch* die Grenzen abstecken, an denen staatlicher Zwang dem einzelnen gegenüber haltzumachen hat. Aber alle Zwangsmaßnahmen haben als *prozessuale* Vorschriften eben in *erster* Linie die prozessuale Funktion, der gerichtlichen Wahrheitsfindung die rechtsstaatlich zulässigen und auf Grund forensischer Erfahrungen notwendigen Wege bindend vorzuschreiben."[240] Wichtig ist daneben auch der mit der Formalisierung einhergehende Schutz der Verfahrensbeteiligten.[241] Das kann man schon bei *Beling* nachlesen: „Das Interesse an exakter Strafjustiz ist ohne Zweifel ein hochwichtiges. Aber das einzige in der Welt vorhandene ist es nicht, mit ihm stoßen oft unzählige andere wichtige Interessen zusammen, so dass eines von ihnen weichen muß."[242]

Die strenge Formalisierung schützt in erster Linie natürlich den Beschuldigten[243] - der während des Strafverfahrens, das wird allzu oft und allzu leicht übersehen, (noch) als unschuldig gilt. Eine auf den Beschuldigten verengte Schutzperspektive einzunehmen, wäre aber fehl am Platze. Die Formalisierung schützt weitergehend sämtliche Betroffenen - seien es Beschuldigte, seien es nichtbeschuldigte Betroffene. Man braucht nur die §§ 48 ff. (nicht zuletzt § 69 III), 81c, 103 StPO zu lesen, um zu sehen, dass das Strafverfahrensrecht bemüht ist, jedem, der vom Fortgang des Strafverfahrens in seinen Rechten betroffen sein kann, den erforderlichen Schutz zu gewähren. Die vom Strafverfahren „Betroffenen" sind zudem mit entsprechenden Beschwerderechten ausgestattet (§§ 98 II 2, 304 II StPO). Insofern ist jedermann am Strafverfahren „beteiligt", wie er von ihm „betroffen" ist. Vom Vollzug heimlicher Ermittlungsmethoden ist technisch zwangsläufig eine Vielzahl Dritter betroffen.[244] Der Begriff des „Verfahrensbeteiligten" wird in dieser Arbeit daher in denkbar weitem Sinne verstanden:

---

[239] So aber *Dencker* (Verwertungsverbote im Strafprozeß, S. 44 ff.) der aus dieser engen Perspektive die Folgen der Verletzung von Strengbeweisregeln und die Verwertungsverbote unterscheidet; vgl. auch *ders.* Verwertungsverbote und Verwendungsverbote, S. 245. *Peres* (Beweisverbote, S. 63) sieht die „Strengbeweisregeln als rechtsstaatlich gefordertes Gewährleistungssystem für richtige Entscheidungen", folgert aus ihrer Verletzung gerade umgekehrt die strikte Unverwertbarkeit der fehlerhaft erlangten Beweise (aaO, S. 65). Ähnlich *Többens* NStZ 1982, 185 und *Koriath* Beweisverbote, S. 59 ff.

[240] MDR 1970, 461, 464 (Hervorh. im Original). Die Achtung der Formstrenge führte bei *Eb.Schmidt* - allerdings in Kombination mit einer gewissen Geringschätzung der Individualrechte - auch zur Ablehnung des nach seiner Ansicht „in gefährlicher Übertreibung" angewendeten Verhältnismäßigkeitsgrundsatzes (ZStW 1968, 567 ff., insb. 573).

[241] *K.Peters* (Strafprozeß, S. 29) hebt diesen Aspekt in den Vordergrund: „Das sog. »einfache« Strafprozeßrecht sichert in aller Regel die verfassungsmäßig gewährleistete Freiheit des Bürgers."

[242] Beweisverbote, S. 32. S. auch *Rupp* Beweisverbote, S. 199.

[243] *Prittwitz* Der Mitbeschuldigte, S. 185.

[244] *Hassemer* Entwicklungen, S. 18; *ders.* StV 1994, 333.

„Verfahrensbeteiligte" sind alle, die von einem Strafverfahren in ihren Rechten betroffen sind und deren Schutz sich das Strafverfahrensrecht deshalb angelegen sein lässt.

„Grundrechtsschutz durch Verfahren" bedeutet im Strafverfahrensrecht beispielsweise die Installierung von Richtervorbehalten.[245] Der Schutz der Privatsphäre soll nicht allein den ermittelnden Polizeibeamten überlassen bleiben.[246] Vielmehr sieht bei vielen der strafprozessualen Grundrechtseingriffe das Gesetz vor, dass der Ermittlungsrichter als neutrale Instanz eine präventive Rechtmäßigkeitskontrolle durchführt.[247] Was wiederum beispielsweise eine genaue Formulierung des Durchsuchungsbeschlusses voraussetzt.[248] An der Bedeutung, die der Gesetzgeber den Richtervorbehalten und dem durch sie bewirkten Schutz beimisst, kann kein Zweifel bestehen, führt man sich die qualifizierten Richtervorbehalte moderner, umstrittener Ermittlungsmaßnahmen vor Augen (§ 100d II StPO). Wohlgemerkt: Es handelt sich insofern um generell-abstrakte, zwingende Entscheidungen des Gesetzgebers, die die Strafverfolgungsorgane binden. Raum für Erwägungen, ob Beweismittel, die unter Missachtung eines Richtervorbehalts gewonnen wurden, dennoch verwertet werden können, weil ein Richter die Ermittlungsmaßnahme vermutlich genehmigt *hätte* und zumindest die *materiellen* Voraussetzungen vorlagen, bleibt da nicht (s. ausführlich V.1.b.). Damit würde nicht nur die gesetzliche Entscheidung für einen präventiven richterlichen Schutz torpediert, es würde zudem der spezifisch verfahrensrechtliche Schutzcharakter der Richtervorbehalte verkannt[249], es würde vor allem aber die zwingende gesetzliche Entscheidung für eine vorgängige richterliche Kontrolle relativiert bzw. eliminiert.

Die Bedeutung der Richtervorbehalte wird freilich faktisch geschmälert, wenn den Ermittlungsrichtern weder ausreichend Zeit noch die nötigen Mittel zur Verfügung stehen, um einen effektiven Schutz zu bewirken. Hier mag eine Rolle spielen, dass die Justizbehörden als öffentliches Interesse an erster Stelle eine möglichst unbeschränkte ermittlungsbehördliche Tätigkeit ansehen und dazu neigen, kollidierende Interessen zu „bloßen Individualinteressen" herabzuwürdigen (s. IV.3.b.). Das verkennt den *öffentlichen* Charakter des ihnen auch hinsichtlich der betroffenen Individualinteressen obliegenden Schutzauftrages. Der Aspekt des Schutzes der Verfahrensbeteiligten reicht über Individualschutz hinaus. Private Interessen werden zwar noch nicht dadurch, dass sich der Staat ihres Schutzes annimmt, zu öffentlichen Interessen. Wohl aber ist der *Schutz* (auch der privaten Interessen) der vom Strafverfahren Betroffenen deshalb, weil sich der Gesetzgeber seiner im Strafverfahrensrecht annimmt, ein öffentliches Interesse.[250] Im Übrigen schützt das Beweisrecht die berechtigten Interessen *aller* Ver-

---

245 So jetzt ausdrücklich BVerfGE 103, 142, 162: „prozedurale Sicherung des Grundrechts aus Art. 13 Abs. 1 GG". Ausführlich *Rabe v.Kühlewein* Richtervorbehalt, insb. S. 460 u. 466 f. S. auch *S.Schröder* Beweisverwertungsverbote, S. 102 ff., insb. S. 104; *Amelung* JZ 1987, 737, 738.

246 *BVerfG* NJW 1976, 1735; *Fezer* StV 1989, 294; *ders.* NJW 1979, 1053 f.

247 BVerfGE 103, 142, 151; zust. *Amelung* NStZ 2001, 337, 338. Überblick über die Funktionen der Richtervorbehalte bei *Rabe v.Kühlewein* Richtervorbehalt, S. 410 ff., allerdings einschränkend zur Gewährleistung präventiven Rechtsschutzes. Dagegen wiederum *Amelung* aaO., S. 343.

248 *BVerfG* NJW 1976, 1735 f.; *Fezer* NJW 1979, 1054: Die „...Formulierung eines Durchsuchungsbeschlusses ist demnach gerade keine bloße Formfrage, sondern betrifft den Kern des durch die §§ 102-105 StPO bezweckten Individualrechtsschutzes." S. auch *Niemöller/Schuppert* AöR 1982, 387, 483 f.; *Gusy* StV 2002, 153, 156.

249 Vgl. *Fezer* StV 1989, 294.

250 *Hassemer* StV 1982, 275, 278; *Riehle* KJ 1980, 316, 320.

fahrensbeteiligter, auch von Nicht-Bürgern, wie etwa Behörden (vgl. z.B. §§ 54, 96 StPO).[251] Insofern damit genuin öffentliche Interessen betroffen sind, ist der Bereich des Schutzes materieller Rechte durch Verfahren weiter als der Bereich des Grundrechtsschutzes durch Verfahren. Für die Gerichte und die Verwaltung ist die Verwirklichung des Gesetzes und damit des gesetzlichen Schutzauftrages in jedem Fall ein *öffentliches* Interesse, gleich ob spezielle private oder öffentliche Interessen den Gegenstand des Schutzes bilden.

cc. Kollisionslagen

Freilich konfligieren die verschiedenen Interessen nicht selten. Man kann dies „das Dilemma des gesamten Beweisrechts" nennen, das im Zeugen besonders augenscheinlich wird.[252] Als Beweisobjekt ist er in den weitaus meisten Strafverfahren unverzichtbar, als Person bedarf er des Schutzes seiner Rechte. Es ist die vornehmste und zugleich ureigenste Aufgabe des Gesetzgebers, hier praktische Konkordanz herzustellen, also im „zentralen Problem des Strafprozeßrechts ... einen Ausgleich zu finden zwischen dem staatlichen Strafverfolgungsinteresse und dem Freiheitsinteresse des Bürgers, zwischen dem Streben nach dem sachrichtigen Urteil und gleichzeitiger Wahrung der Justizförmigkeit des Verfahrens".[253]

Häufig stehen Individualinteressen dem öffentlichen Interesse an Wahrheitserforschung entgegen.[254] Es ist aber nicht etwa so, dass der Konflikt stets zwischen Individualinteressen und öffentlichen Interessen bestünde. Wie gesagt bezeichnen die beiden Zwecke des Strengbeweises jeweils private *und* öffentliche Interessen: Schutz der Verfahrensbeteiligten ist auch Schutz der vom Strafverfahren betroffenen Behörden bzw. ihrer Mitarbeiter und die materielle Richtigkeit der Entscheidung liegt auch im Interesse des von ihr betroffenen Bürgers. So kann es durchaus vorkommen, dass private Interessen für und öffentliche Interessen gegen die Wahrheitserforschung streiten.[255] Auch widerstreiten oftmals öffentliche Interessen untereinander oder private Interessen untereinander: Behördeninteressen können die Beweisführungsbefugnisse beschränken, dies beeinträchtigt die Chancen, ein materiell richtiges Urteil zu finden und widerstreitet so der Effektivität der Strafverfolgung und dem Individualinteresse an einem materiell richtigen Urteil. Gleiches gilt für private Interessen, die Beweisführungsbefugnisse beschränken.

---

[251] Vgl. z.B. *Rupp* Beweisverbote, S. 184; *Taschke* Zurückhaltung.

[252] So *Höpfel* Einführung, S. 16.

[253] *Roxin* Rechtsprechung, S. 67 - der dies Problem aaO. allerdings bezeichnenderweise im Hinblick auf die Rechtsprechung des *BGH* erörtert. Zust. *Wolter* Beweisverbote, S. 963. Zu diesem Grundkonflikt s. auch *Gusy* StV 2002, 153, 158 ff.; *Hilger* Probleme; *R.Hamm* NJW 2001, 269; *Hettinger* Entwicklungen, S. 45 f.; *Weigend* ZStW 2001, 271, 278; *Kleinknecht/Meyer-Goßner* StPO, Einl. Rn. 18.

[254] S. *Niemöller/Schuppert* AöR 1982, 387, 447 ff.

[255] Vgl. *Niemöller/Schuppert* AöR 1982, 387, 447: „Gelegentlich begegnet auch die atypische Situation, daß mit dem Anspruch des Beschuldigten auf ein faires Verfahren grundrechtlich geschützte Belange des Einzelnen auf der Seite der Wahrheitserforschung in die Waagschale fallen, während sich auf der anderen Seite ein entgegengesetztes, auf Einschränkung der Wahrheitsermittlung gerichtetes öffentliches Interesse geltend macht."

c. Fazit: Die dritte Regel des Strengbeweises

Die dritte Regel des Strengbeweises lautet nach alledem: *Die Bedeutung der „schützenden Formen" des Strafverfahrensrechts liegt im Schutz materieller Rechte durch Verfahrensrecht.* Die Etablierung strengbeweislicher Verfahrensregeln durch den Gesetzgeber bezweckt insofern den Schutz der Verfahrensbeteiligten und die Gewährleistung materiell richtiger Urteile. In beiden Schutzzwecken konfligieren häufig öffentliche und private Interessen. Die Herstellung praktischer Konkordanz obliegt in diesem insbesondere für die Verwirklichung der Grundrechte wesentlichen Bereich allein dem Gesetzgeber.

4. Strengbeweis IV: Der Anwendungsbereich des Strengbeweisrechts

Der *Begriff* des Strengbeweises wurde von seinem Schöpfer *Ditzen* zur Bezeichnung der Beweisführung in der Hauptverhandlung verwendet, weil seiner Einschätzung nach nur sie zum Schuld- und Strafausspruch führte und die Beweiserhebung in der Hauptverhandlung deshalb in den §§ 244 ff. StPO streng formalisiert sei (s. II.4.). Die herkömmlichen Beweisverbotslehren sind im Laufe der Zeit, beweisrechtlich wie revisionsrechtlich, darüber hinausgegangen und dazu übergegangen, zwischen dem Ermittlungs- und dem Hauptverfahren eine auch *inhaltliche* Zäsur zu setzen - mit weitreichenden Folgen: Sie unterstellen zumeist, dass Beweisgegenstände, die im Ermittlungsverfahren fehlerhaft erhoben wurden, gleichwohl dem Urteil zugrunde gelegt werden können, wenn sie „in den Strengbeweiswegen der §§ 244 ff. StPO in die Hauptverhandlung eingeführt werden" - es sei denn, es greift (ausnahmsweise) ein Beweisverwertungsverbot ein.

Dem wird im Folgenden entgegengehalten, dass es weder rechtlich noch empirisch konsequent begründbar ist, aus der Verletzung beweisrechtlicher Normen unterschiedliche Konsequenzen zu ziehen, je nachdem, in welchem Verfahrensstadium die Verletzung stattfand. Angesichts dessen ist nicht zweckmäßig, den Begriff des Strengbeweises auf die Beweisführung in der Hauptverhandlung zu beschränken. Bezeichnet man das strafprozessuale Beweisrecht als „Strengbeweisrecht", so sollte man den Begriff - entsprechend seinem Gegenstand - auf die Beweisführung im gesamten Strafverfahren erstrecken. Richtungweisend auch hier bereits *Beling*: „Die Hauptverhandlung als solche kann es also nicht sein, die unter der Herrschaft des strengen Beweisrechts steht", vielmehr gelte „das strenge Beweisrecht den materiell relevanten Tatsachen".[256]

a. Der Geltungsbereich der beweisrechtlichen Normen

Ein unvoreingenommener Blick in das Gesetz zeigt schnell, dass die StPO in Sachen Formalisierung der Beweisführung eine Kluft zwischen Ermittlungsverfahren und Hauptverfahren *nicht* kennt: *Die Vorschriften, die die Beweisführung normieren, sind in allen Verfahrensstadien überwiegend dieselben.* Erforderlich ist hier mehr als der

[256] Revision, S. 151 f. Für die Anwendung der Strengbeweisregeln im Vor- und Zwischenverfahren *Peres* Beweisverbote, S. 64.

herkömmliche pauschale Hinweis auf den höheren Formalisierungsgrad der Hauptverhandlung. Die Hauptverhandlung ist ohne Zweifel strenger formalisiert. Gewisse Beweisgrundsätze (Mündlichkeit, Unmittelbarkeit, Öffentlichkeit) und manche Norm - insbesondere die §§ 244 ff. StPO - gelten allein im Hauptverfahren. Aber was besagt das schon? Die wichtigsten, ausführlich und streng geregelten Vorschriften über die Beweisaufnahme stehen im Allgemeinen Teil der StPO und binden *jedes* Strafverfolgungsorgan: die Polizei, die Staatsanwaltschaft und das Gericht, in *jedem* Verfahrensstadium: „Mit dem Entstehen des Anfangsverdachts werden Polizei und Staatsanwaltschaft in das prinzipienorientierte machtbegrenzende Programm repressiver Ermittlung eingebunden. Die Bindungen durchwirken den gesamten Strafprozess bis zum Erlaß des rechtskräftigen Urteils.“[257] § 81a StPO etwa fordert die Einschaltung eines Arztes bei Durchführung eines körperlichen Eingriffs in gleicher Weise von der anordnenden Polizei, der Staatsanwaltschaft oder dem Ermittlungsrichter wie vom Gericht in der Hauptverhandlung. Auch Art. 6 EMRK gilt im gesamten Strafverfahren.[258] Die §§ 244 ff. StPO regeln demgegenüber die Beweisaufnahme nicht einmal ansatzweise. Eine Ausnahme stellen lediglich die §§ 249 ff. StPO dar, die Bestimmungen für die Einführung einer Urkunde in die Hauptverhandlung aufstellen und dadurch den - freilich nur für die Hauptverhandlung geltenden - Grundsätzen der Mündlichkeit, Unmittelbarkeit und Öffentlichkeit Rechnung tragen. Sie sind entsprechend nicht im Allgemeinen Teil der StPO geregelt, sondern im Abschnitt über die Hauptverhandlung. Man findet in den §§ 244 ff. StPO allgemeine Vorschriften über das Prozedere der Hauptverhandlung, insbesondere über die Einführung der Beweise in die Hauptverhandlung; die meisten beweisrechtlichen Vorschriften betreffen die Ablehnung von Beweisanträgen. Aber inwieweit Beweis gewonnen wird, welche Grenzen dabei gesetzt sind, das steht doch fast ausnahmslos im Allgemeinen Teil. Es lässt sich daher de lege lata nicht (mehr) sagen, es „hause die Strafrechtspflege in der Beletage, in welcher gepflegte Umgangsformen herrschen, die Kriminalpolizei aber in der Kellerwohnung darunter, in der rauhere Sitten üblich sind.“[259]

Etwas anderes ergibt sich auch nicht daraus, dass die Polizei und die Staatsanwaltschaft - häufiger als das Gericht - im Rahmen der Strafverfolgung gelegentlich *ermitteln, ohne Beweis zu erheben oder in Grundrechte einzugreifen.* Der Begriff der „Ermittlung“ ist einer jener zentralen Begriffe des Strafverfahrensrechts, deren Inhalt im Laufe der Zeit unklar geworden ist und dessen herkömmliche Verwendung Vorgaben des Grundgesetzes nicht hinreichend berücksichtigt. Das gilt vor allem für Assoziationen, die der Begriff im Kontext des Ermittlungsverfahrens hervorruft und die darauf hinauslaufen, die Strafverfolgungstätigkeit von Staatsanwaltschaft und Polizei in diesem Verfahrensabschnitt als von gesetzlichen Vorgaben weithin unbeschränkt anzusehen.[260] „Ermittlung“ wird demgegenüber hier - in Anlehnung an den Wortlaut des § 160 II StPO - schlicht als Oberbegriff verwendet für *jede Informationssammlung* der

---

257 *P.-A.Albrecht* StV 2001, 416, 417.

258 Vgl. *Frowein/Peukert* EMRK, S. 183 f.; *Rzepka* Fairneß, S. 24 f.; *Kleinknecht/Meyer-Goßner* StPO, Art. 6 MRK, Rn. 1 u. 8.

259 *Radbruch* Grenzen, S. 126, der diese Einstellung schon 1949 sittlich und rechtlich ablehnte.

260 Vgl. z.B. *Kleinknecht/Meyer-Goßner* StPO, Einl. Rn. 60: „Grundsatz der freien Gestaltung des Ermittlungsverfahrens“.

Strafverfolgungsbehörden, ohne dass daraus bereits irgendetwas für das notwendige Maß an gesetzlicher Determinierung derselben folgt. Soll die Informationssammlung der strafprozessualen Beweisführung dienen, so ist sie notwendig mit Beweiserhebung verbunden (s. III.6.b.) - sie bedarf dann gesetzlicher Grundlagen. Unter der Geltung des Rechts auf informationelle Selbstbestimmung stellt die strafverfolgungsbehördliche Informationssammlung häufig auch dann einen Grundrechtseingriff dar und bedarf entsprechend gesetzlicher Grundlagen, wenn nicht Beweis erhoben wird - entscheidend ist der Personenbezug der Information (s. III.1.b. u. 2.c.). Der Bereich der Ermittlung, in dem ein Tätigwerden der Strafverfolgungsorgane gesetzliche Grundlagen voraussetzt, ist also weiter als der der Beweiserhebung. Lediglich die nicht Beweise erhebende, nicht in Grundrechte eingreifende Tätigkeit der Strafverfolgungsbehörden kommt weithin ohne Rechtsgrundlagen aus. Sie ist für die Klärung der Schuld- und Straffrage mittels Beweisen allerdings auch kaum bedeutsam und im Übrigen gilt dies für alle Strafverfolgungsorgane in allen Verfahrensstadien. Differenzierungen sollten sich hier nicht an der handelnden Behörde oder dem jeweiligen Verfahrensabschnitt festmachen, sondern schlicht daran, ob im Rahmen der Ermittlung Beweis erhoben und/oder in Grundrechte eingegriffen wird und damit die Frage nach der Rechtsgrundlage relevant wird, oder nicht. Letzterer Fall ist für die Frage der Beweisverbote allemal ohne Bedeutung, denn mangels Beweiserhebung stellt sich die Frage naturgemäß nicht.

b. Der Schwerpunkt des Strafverfahrens

Empirisch unhaltbar ist die unter den herkömmlichen Beweisverbotslehren vielfach anzutreffende Unterstellung, dass die den Urteilsspruch tragenden Beweismittel allein - oder auch nur: vor allem - in der Hauptverhandlung hergestellt werden. Es ist unbestreitbar, dass viele Beweise bereits im Ermittlungsverfahren gewonnen werden und oft ungefiltert in die Hauptverhandlung und das Urteil eingehen.

Insgesamt verlagert sich der Schwerpunkt des Strafverfahrens zunehmend von der Hauptverhandlung zum Ermittlungsverfahren und vom Gericht zur Staatsanwaltschaft und zur Polizei. Es lässt sich im modernen Strafprozessrecht - auch im Ausland - eine Konzentration auf das Ermittlungsverfahren beobachten.[261] Der Polizei wachsen ständig Befugnisse zu, sie ist inzwischen faktisch die Herrin des Ermittlungsverfahrens.[262] Die schlagwortartig als „Verpolizeilichung des Ermittlungsverfahrens" gekennzeichnete Entwicklung wird verstärkt durch zunehmenden Kontrollverlust von Staatsanwaltschaft und insbesondere Gericht über die Beweissammlung im Ermittlungsverfah-

---

261 *Jung* GA 2002, 65, 68 ff.; *Hassemer* FR v. 20.12.2000, S. 16. Vgl. zur Situation in Italien *Orlandi* Ermittlungsmethoden, S. 58; in Österreich *Pilnacek* Grundsätze, S. 103; in den Niederlanden *Nijboer* Beweisrecht, S. 42 f.

262 *Kühne* Strafprozeßrecht, Rn. 135; *Eisenberg/Conen* NJW 1998, 2241, 2245 ff.; *G.Pfeiffer* in: KK, StPO, Einl. Rn. 77; *Rzepka* Fairneß, S. 381; *Kempf* Übermacht; *Fezer* Strafprozeßrecht, 2/4; *Roxin* Strafverfahrensrecht, § 10 Rn. 34. Auch dies ist im Ausland nicht anders, vgl. *Jung* GA 2002, 65, 70; *B.Huber* England und Wales, S. 23 ff. u. 58 ff.; *Löschnig-Gspandl/Puntigam* Österreich, S. 341; *Thaman* USA, S. 498 f. Selbst im historisch stark vom Untersuchungsrichter geprägten französischen Vorverfahren geht die Entwicklung in diese Richtung, vgl. *Barth* Frankreich, S. 101 ff. u. 144.

ren.[263] Die Richtervorbehalte sind in ihrer gegenwärtigen Ausgestaltung zur Kontrolle polizeilicher Ermittlungsmaßnahmen untauglich.[264] Das gilt besonders für heimliche Ermittlungsmethoden. Heimlichkeit bedeutet nicht zuletzt auch: Heimlichkeit gegenüber dem Gericht. Die Richter scheinen darüber nicht einmal immer unglücklich. So schreibt *VorsRiBGH Jähnke* zu den Erkennissen Verdeckter Ermittler: „Die Herrschaft über die von ihm gewonnenen Daten ist deshalb aus Fürsorgegründen insgesamt der Polizei vorzubehalten. Sie entscheidet, ob seine Erkenntnisse, in welcher Form auch immer, Eingang in das Strafverfahren finden."[265]

Die Beweissammlung findet heute zu einem großen Teil im Ermittlungsverfahren statt.[266] Die Beweisgegenstände erleben regelmäßig eine „Zweistufigkeit des Beweisverfahrens"[267], als erstmalige Beweiserhebung im Ermittlungsverfahren und als richterliche Beweiserhebung in Gestalt der Einführung in die Hauptverhandlung, häufig gar eine „Mehrstufigkeit". Das Ermittlungsverfahren hat dadurch prägende Kraft für die Hauptverhandlung, dort werden die Weichen für die Hauptverhandlung gestellt.[268] Die Hauptverhandlung dient demgegenüber tendenziell nur noch der Präsentation der Beweise („gerichtliche Beweisaufnahme"), die in anderen Verfahrensstadien herbeigeschafft wurden. Insbesondere bei Zeugenaussagen geht der Trend unverkennbar dahin, bereits im Ermittlungsverfahren gerichtlich verwertbare Aussagen zu gewinnen. Dabei wird wiederum die Bedeutung der doppelten Zweckrichtung der strafprozessrechtlichen Formalisierung deutlich (s. III.3.b.). Der Schutz der Verfahrensbeteiligten steht bei den gegenwärtigen Reformplänen im Vordergrund. Opferzeugen soll die wiederholte Vernehmung erspart werden: „Vermehrte Verwertungsmöglichkeiten von früheren Beweiserhebungen werden den Opfern oftmals quälende Mehrfachvernehmungen ersparen."[269] Gleichzeitig sollen bei der „vorgezogenen" Vernehmung die schutzwürdigen Belange der übrigen Beteiligten beachtet werden, insbesondere der Verteidigung, mit ihrem Recht, Zeugen zu befragen.[270] Die Vorverlagerung der für Zeugenvernehmungen in der Hauptverhandlung vorgesehenen Formen auf Vernehmungen im Ermittlungsverfahren dient daneben auch der Gewährleistung materiellrechtlich richtiger Urteile. Ohne Verteidigung ist Wahrheitserforschung oft unvollkommen. Nicht zu-

---

263 *P.-A.Albrecht* Kriminologie, S. 151, 155; *Schünemann* ZStW 2002, 1, 18; dieser Zustand ist seit jeher besonders stark ausgeprägt im englischen Strafverfahren, vgl. *B.Huber* Ermittlungsmethoden, S. 76 f.

264 Dazu *Asbrock* ZRP 1998, 17 ff.; *Kühne* Strafprozeßrecht, Rn. 408 ff.; *Kempf* Übermacht, S. 145 ff. Vom Ermittlungsrichter als einer Art „Urkundsbeamten der Staatsanwaltschaft" spricht *Schünemann* (ZStW 2002, 1, 20). Die Schaffung der „Voraussetzungen für eine tatsächlich wirksame präventive richterliche Kontrolle" mahnt jetzt BVerfGE 103, 142, 152 an.

265 *Jähnke* Verwertungsverbote und Richtervorbehalt, S. 432. Es erstaunt, welch außerordentliche Bedeutung *Jähnke* der gerichtlichen Aufklärungsmaxime demgegenüber bei der Frage nach dem Eingreifen von Verwertungsverboten beimißt, vgl. aaO., S. 429.

266 Vgl. *Rieß* in: LR, StPO, Einl. G, Rn. 52 („...ist das Ermittlungsverfahren geradezu idealtypisch auf die Ermittlung von Tatsachen und damit auf Beweisgewinnung gerichtet."); zur entsprechenden Situation im Ausland vgl. *B.Huber* England und Wales, S. 23; *Barth* Frankreich, S. 100 u. 144 f.; *Lenz* Japan, S. 210 f.; *Löschnig-Gspandl/Puntigam* Österreich, S. 334 ff. u. 341 ff.; *Cornils* Schweden, S. 441.

267 *Nagel* Verwertung, S. 197, 293.

268 *Schünemann* ZStW 2002, 1, 20; *Wollweber* StV 1999, 356; *Eisenberg* Beweisrecht, Rn. 502; *Riepl* Selbstbestimmung, S. 2; s. auch *Jung* GA 2002, 65, 69.

269 S. *Regierungskoalition* Eckpunkte, StV 2001, 315 (Nr. 1, 2 u. 7).

270 *Regierungskoalition* Eckpunkte, StV 2001, 315 (Nr. 2); zu einer entsprechenden Rspr. von *EGMR* und *BGH* vgl. III.5.b.aa.

letzt, wenn es um die Glaubwürdigkeit von Zeugen geht. Kurzum: Wenn der Schwerpunkt der Beweisaufnahme, etwa beim Zeugenbeweis, ins Ermittlungsverfahren vorverlagert werden soll, müssen bereits in diesem Verfahrensstadium Vorkehrungen für eine Sicherung der Beweisqualität und der Rechte der Betroffenen getroffen werden.[271]

Die herkömmliche Ansicht berücksichtigt insofern, wiewohl sie ansonsten im Übermaß zur Zweckorientierung neigt (s. insb. IV.1.-3. u. 6.), die Zwecke der strengen Justizförmigkeit nicht hinreichend. Es ist noch einmal zu erinnern, dass die Bedeutung der Formalisierung in der Gewährleistung materiell richtiger Entscheidungen und dem Schutz der Verfahrensbeteiligten liegt. Diese Schutzzwecke der beweisrechtlichen Normen können betroffen sein, *wann immer* ein Beweis gewonnen wird und das Urteil tragen soll - der Zeitpunkt der Beweiserhebung ist vollkommen gleichgültig. In welchem Verfahrensstadium und durch welches Strafverfolgungsorgan auch immer die Beweiserhebung stattfindet: Eine gesetzliche Determinierung der Sicherung materiell richtiger Urteile und des Schutzes der Verfahrensbeteiligten ist unumgänglich und vorhanden, man muss sie nur beachten.

c. Die Fortwirkung von Verfahrensfehlern

Die herkömmliche Beschränkung des Strengbeweises auf die Hauptverhandlung findet ihre revisionsrechtliche Absicherung in einer, vorsichtig ausgedrückt, extensiven Auslegung des § 336 S. 1 StPO. Dessen Wortlaut sagt an sich bloß: „Der Beurteilung des Revisionsgerichts unterliegen auch die Entscheidungen, die dem Urteil vorausgegangen sind, sofern es auf ihnen beruht." Die Norm stellt damit im Grunde nur etwas klar, das schon aus § 337 StPO folgt, dass nämlich Verfahrensfehler, die nicht bis zum Urteil fortwirken, für das Revisionsgericht unbeachtlich sind. Anders ausgedrückt: Sie dient nicht der Beschränkung, sondern der Erläuterung des § 337 StPO.[272] Die Klarstellung durfte man schon im 19. Jahrhundert als notwendig ansehen, denn angesichts der Bedrohungen, denen sich die Überprüfbarkeit von Verfahrensrecht von Seiten der Revisionsgerichte seit jeher ausgesetzt sieht (man erinnere sich an die „Überzeugungstheorie", s. II.3.), musste man davon ausgehen, dass die Revisionsgerichte versuchen würden, die Revision gegenüber allen dem Urteil vorausgehenden Entscheidungen und damit auch Verfahrensfehlern abzuschotten. Der Gesetzgeber setzte sich ausdrücklich mit den diesbezüglichen Fragen auseinander und wählte schließlich einen Wortlaut, der auch die dem Hauptverfahren vorangegangenen Verfahrensstadien umfasst.[273]

Wie berechtigt die Befürchtungen sind und waren, die zur Installierung des § 336 StPO führten, zeigt denn auch die herkömmliche revisionsrechtliche Dogmatik, die mit einem rechtlich wie empirisch gewagten Sprung § 336 S. 1 StPO im Grundsatz auf das unumgängliche Minimum beschränkt, nämlich Entscheidungen des erkennenden Gerichts in der Hauptverhandlung: „Das Urteil beruht auf der Hauptverhandlung und

---

[271] *Schünemann* ZStW 2002, 1, 42 ff.; *Perron* Querschnitt, S. 602; vgl. auch *Weigend* ZStW 2001, 271, 283; *Fezer* JZ 2001, 364; *Jung* GA 2002, 65, 69.

[272] *Vollhardt* Einschränkung, S. 73.

[273] Vgl. *Ziegler* Zweckmäßigkeitstendenzen, S. 40; *Braum* Geschichte, S. 29 f.; *Vollhardt* Einschränkung, S. 69 ff.

nicht auf dem Vorverfahren. Für das Hauptverfahren ist der Eröffnungsbeschluss alleinige Grundlage des weiteren Verfahrens und das Gesetz stellt dem Angeklagten für das Hauptverfahren ausreichende Verteidigungsbehelfe zur Verfügung. Mängel des Vorverfahrens können deshalb mit der Revision nicht gerügt werden. Das ist ständige Rechtsprechung des Reichsgerichts, weil auf Fehlern des Ermittlungsverfahrens, einer gerichtlichen Voruntersuchung oder der Anklage das Urteil nicht beruht ... Auf fehlerhafte Verfahrenshandlungen der Staatsanwaltschaft kann die Revision ebenfalls nicht gestützt werden, weil auch darauf das Urteil nicht beruht ...".[274]

Wenn es tatsächlich so wäre, dass Entscheidungen des Gerichts vor dem Hauptverfahren, sowie Entscheidungen der StA - und der Polizei, die hier gleich ganz unterschlagen wird, im Ermittlungsverfahren - regelmäßig nicht bis zum Urteil fortwirken, hätte es der *absoluten* Herausnahme dieser Entscheidungen aus der revisionsrechtlichen Überprüfung, wie sie in den Sätzen zum Ausdruck kommt, nicht bedurft. Denn dann könnte man schlicht in jedem Falle, in dem ein Verfahrensfehler des Vorverfahrens nicht bis zum Urteil fortwirkt, die Beruhensfrage verneinen. Man darf daher annehmen, dass die markigen Sätze des *BGH* über die Schwäche der ihnen zugrundeliegenden Annahmen hinwegtäuschen sollen - was offenbar auch gelungen ist. Gewollt ist ein anderes: Die Immunisierung der tatrichterlichen Urteile gegen eine revisionsrechtliche Überprüfung dahingehend, ob sie auf Verfahrensfehlern des Ermittlungsverfahrens beruhen.

Die herkömmliche Ansicht läuft auf Folgendes hinaus: Die Früchte des Ermittlungsverfahrens will man ernten, ohne sich mit den Fehlern bei ihrem Anbau auseinanderzusetzen. Es ist aber angesichts der aktuellen Bedeutung der Beweisgewinnung im Ermittlungsverfahren (s. im vorigen Abschnitt) vollkommen unhaltbar anzunehmen, dass im Ermittlungsverfahren ergangene Entscheidungen über Beweiserhebungen nicht auf das Urteil einwirken. Das „Beruhen" des Urteils auf diesen Entscheidungen ließe sich daher allenfalls unter Verwendung genuin rechtlicher Gesichtspunkte verneinen. Welche das sinnvollerweise sein könnten, ist aber nicht recht ersichtlich und im Grundsatz wird die Beruhensfrage auch von Seiten der herkömmlichen Dogmatik nicht auf diesem Wege eingeschränkt (s. ausführlich IV.2.d.).

So bröckelt denn auch der revisionsrechtliche Schutzwall, der hier errichtet wurde. Für einzelne Fragen ist die Fortwirkung von im Ermittlungsverfahren ergangenen Entscheidungen auf das Urteil inzwischen anerkannt. So bestreitet nahezu niemand mehr, dass ein Geständnis, welches ein Beschuldigter mangels Belehrung über seine Aussagefreiheit in Unkenntnis derselben abgegeben hat, grundsätzlich unverwertbar ist - gleich in welchem Verfahrensstadium und von welchem Strafverfolgungsorgan es gewonnen wurde. Die Differenzierung, die der *BGH* zunächst hinsichtlich im Vorverfahren und in der Hauptverhandlung gewonnener Geständnisse vorgenommen hatte, ist überwunden:

> „Denn das im Vorverfahren rechtswidrig erlangte Geständnis kann, wenn es in die Hauptverhandlung eingeführt und dadurch zur Urteilsgrundlage wird, unter teleologischen Gesichtspunkten nicht anders behandelt werden als ein in der Hauptverhandlung durch Nichtbelehrung erlangtes Geständnis. Was für die Hauptverhandlung gilt, müßte

---

[274] BGHSt 6, 326, 328; ebenso *Sarstedt/Hamm* Revision, Rn. 508 ff.; *Grüner* Revisibilität, S. 18.

für das Vorverfahren sogar erst recht gelten: Denn die Gefahr, daß das Aussageverweigerungsrecht durch Nichtbelehrung im Ermittlungsstadium verkürzt wird, ist wesentlich größer als die, daß ein Richter die vorgeschriebene Belehrung unterläßt.“[275]

Der teleologische Gesichtspunkt, der hier angesprochen wird, ist der Umstand, dass es vollkommen gleichgültig ist, in welchem Verfahrensstadium ein Geständnis fehlerhaft gewonnen wurde, sobald es dem Urteil zugrundegelegt wird. Dies gilt nun aber *in gleicher Weise* für *alle* Beweise, die mittels Rechtseingriffen bei Verfahrensbeteiligten gewonnen werden und ein materiell richtiges Urteil tragen sollen. Eine unvoreingenommene Auslegung des § 336 StPO wird daher im Gegensatz zur herkömmlichen Revisionsdogmatik Verfahrensfehler *eines jeden Verfahrensstadiums* zur Überprüfung in der Revision zulassen und die beachtlichen von den unbeachtlichen Verfahrensfehlern danach unterscheiden, ob sie auf das Urteil einwirkten (also in der Beruhensfrage).[276]

Die heutige h.M. ist angesichts der Evidenz mancher Fortwirkungen vorsichtiger geworden und stellt zu § 336 StPO fest, dass Entscheidungen, die vor der Hauptverhandlung ergangen sind, „grundsätzlich“ nicht revisibel seien.[277] Von diesem Grundsatz läßt die Rechtsprechung des *BGH* inzwischen immerhin eine ganze Reihe von Ausnahmen zu. Man kann von einem regelrechten Trend der Revisionsrechtsprechung sprechen, ihre Kontrolle auf Beweisführungsmethoden des Ermittlungsverfahrens zu erstrecken, etwa betreffend heimliche Ermittlungsmethoden oder Beteiligungsrechte der Verteidigung.[278] Eine gesteigerte Bedeutung der Verfahrensrüge, wie von Verfahrensfehlern überhaupt, folgt daraus gleichwohl aus zweierlei Gründen nicht. Zum einen findet der *BGH* in jedem der genannten Fälle eine Möglichkeit, den festgestellten Verfahrensfehler über sog. Beweiswürdigungs- oder Strafzumessungslösungen (s. III.5.b.aa. u. IV.2.b.) oder schlicht im Wege der Abwägung (s. V.2.) in die Folgenlosigkeit zu führen. Zum anderen bleibt es für die große Mehrzahl der Fälle bei dem Grundsatz der Nichtrevisibilität. Ein nunmehr dafür angeführtes Argument ist die angeblich fehlende Notwendigkeit revisionsrechtlicher Kontrolle, weil „der Revision in der Regel mehrere überprüfende Instanzen vorgeschaltet sind.“[279] Man fragt sich: Was nützt es, dass die Gesetzmäßigkeit des Verfahrens bereits an anderer Stelle überprüft wurde, wenn dadurch das Beruhen des Urteils auf einer Gesetzesverletzung nicht verhindert wurde?[280] Haben die vorgängigen Kontrollinstanzen der Gesetzesverletzung abgeholfen - dann gibt es ohnehin keinen Erfolg der Revision. Es bleibt also dabei: Für § 336 StPO kommt es nur auf das Beruhen des Urteils auf einer Gesetzesverletzung

[275] *Roxin* Rechtsprechung, S. 89 f.; vgl. auch *Widmaier* Wahrheitsfindung, S. 33. Grundlegend für die Rechtsprechungswende BGHSt 38, 214 ff.; kürzlich etwa *BGH* NJW 2002, 975 ff.

[276] So noch *Eb.Schmidt* Lehrkomm. Teil II, § 336 Rn. 2 und 4 ff.

[277] *Kuckein* in: KK, StPO, § 336 Rn. 2 u. 5; *Kleinknecht/Meyer-Goßner* § 336 Rn. 2 f. u. § 337 Rn. 38; *Landau/Sander* StraFo 1998, 397.

[278] Auf diese vergleichsweise junge Entwicklung machte mich Rechtsanwalt Dr. *Hans-Joachim Weider* aufmerksam. Vgl. nur BGHSt 42, 139 ff. (Zweithörer-Fall); 40, 211 ff. (Sedlmayr-Fall); 46, 93 ff. (fehlende Mitwirkung eines Verteidigers bei einer Zeugenvernehmung); *BGH* NJW 2002, 975 ff. (Belehrungspflichten und Verteidigerbestellung).

[279] *Landau/Sander* StraFo 1998, 397, 398; in dieser Richtung auch *Grüner* Revisibilität, S. 18 ff.

[280] Zum Leerlaufen des gerichtlichen Rechtsschutzes im Ermittlungsverfahren s. nur *Schünemann* ZStW 2002, 1, 20 u. 36 und die Nachw. im vorigen Abschnitt.

an.

Deutlicher wird all dies, wenn man sich vor Augen führt, dass Beweiserhebung zwar stets mittels körperlicher Gegenstände vonstatten geht, dass sie aber letztlich auf *Informationen* zielt, die regelmäßig auf ganz unterschiedlichen Informationsträgern für die Beweisaufnahme in der Hauptverhandlung konserviert werden können (s. III.6.b.). Für die Zwecke des Strengbeweises - Schutz der Verfahrensbeteiligten und Sicherung materiell richtiger Urteile - ist es gleichgültig, in welchem Verfahrensstadium die Information gewonnen wurde und auf welchem Informationsträger das Gericht mit der Information konfrontiert wird. Von Bedeutung ist allein, *wie* die Information gewonnen wurde.

Der für die Beweisaufnahme in der Hauptverhandlung geltende Unmittelbarkeitsgrundsatz vermag hier regelmäßig keine Schutzwirkung zu entfalten. Er zwingt in herkömmlicher Auslegung bestenfalls zur Verwertung des sachnächsten *verfügbaren* Informationsträgers.[281] Die Art des Zustandekommens der Information wirkt sich darauf allenfalls mittelbar aus. Nur bei oberflächlicher Betrachtung kann sich daher die herkömmliche Auslegung des § 336 StPO auf die §§ 261, 264 I StPO stützen, die als Grundlage der Urteilsfindung allein den „Inbegriff“ bzw. das „Ergebnis“ der Verhandlung, d.h. der Hauptverhandlung zulassen. Niemand bestreitet, dass das Gericht seine Überzeugung nur auf Beweise stützen darf, die in der Hauptverhandlung präsentiert wurden. Das besagt aber bei Beweisen, die vor der Hauptverhandlung gewonnen wurden, nichts darüber, wie die Beweise gewonnen wurden - wie dabei die Rechte der Verfahrensbeteiligten tangiert wurden und wie sich die Art der Beweisgewinnung auf das Urteil auswirken könnte. Anders ausgedrückt: Aus der Beschränkung der tatrichterlichen Beweiswürdigung auf den Inbegriff der Verhandlung lässt sich eine allgemeine Befugnis zur revisionsrichterlichen Ignorierung des Vor- und Zwischenverfahrens nicht herleiten. Würdigt der Tatrichter Beweise, die dem Vor- oder Zwischenverfahren entstammen, ist eine Fortwirkung eventueller Verfahrensfehler des Vor- und Zwischenverfahrens zumindest möglich und deshalb darf sich das Revisionsgericht seiner Kontrollpflicht und -befugnis nicht entziehen.

Soweit die fehlerhaft gewonnene Information für die Urteilsfindung nicht benötigt wird, gibt es kein Problem. Es bleibt den Strafverfolgungsbehörden im Übrigen unbenommen, einen fehlerhaft geführten Beweis noch einmal fehlerfrei zu führen - wenn das möglich ist - oder die entscheidungserhebliche Tatsache mit anderem Beweismaterial zu belegen (s. V.3.a.). Schließlich ist in bestimmten Fällen ein Verzicht Verfahrensbeteiligter auf Verfahrensrechte möglich (s. V.3.b.). Ist aber *die Information, die dem Urteil zugrundegelegt werden soll*, allein fehlerhaft gewonnen, so kann nicht ernsthaft bestritten werden, dass die fehlerhafte Beweiserhebung kausal ist für das Urteil - ganz gleich, wann, wo und von welchem Strafverfolgungsorgan sie gewonnen wurde.

[281] Vgl. *Fezer* Strafprozeßrecht, 14/15 ff.; *Eisenberg* Beweisrecht, Rn. 13.

d. Die Finalität aller Beweiserhebung

Wenn Urteile heute nicht selten auf Beweisen beruhen, die im Ermittlungsverfahren gewonnen wurden, so geschieht das auch nicht etwa jenseits des Gesetzes. Im Gegenteil: *Die Beweiserhebung von Staatsanwaltschaft und Polizei im Strafverfahren ist allezeit final darauf gerichtet, dem Strafrichter Beweismittel zur Verfügung zu stellen.* Diese Finalität ist zwar keine Voraussetzung für eine Bejahung der Beruhensfrage des § 337 StPO; sie verdeutlicht aber, wie wenig nachvollziehbar die herkömmliche Abschottung der Revision gegenüber dem Vorverfahren ist (s. im vorigen Abschnitt). Es ist kein Zufall, dass der Schwerpunkt der Beweisgewinnung im Ermittlungsverfahren liegt und die diesbezüglichen Vorschriften auch im Ermittlungsverfahren gelten. Die Staatsanwaltschaft ist verpflichtet, Beweise, deren Verlust zu besorgen ist, bereits im Vorverfahren zu erheben (§ 160 II StPO) und nicht zuletzt wegen § 229 StPO ist das Strafgericht darauf angewiesen, dass es auf die nötigen Beweise kurzfristig zugreifen kann.

Ausdruck der Finalität der Beweiserhebung sind zudem § 214 IV 1 StPO und § 200 I 2 StPO: In der Anklageschrift teilt die Staatsanwaltschaft die Beweismittel mit, die nach ihrer Einschätzung geeignet sind, eine Verurteilung herbeizuführen. Zwar mag es sein, dass insofern im Ermittlungsverfahren die Sachverhaltsaufklärung *vorläufig* zu anderen Zwecken erfolgt, insbesondere der Entscheidung der Staatsanwaltschaft über die Anklageerhebung (§ 170 I StPO, vgl. auch § 160 I StPO). Hierin liegt jedoch keine Zäsur, die geeignet wäre, einerseits die faktische Perpetuierung der Beweismittel bis zum Urteil und andererseits die rechtliche Finalität der Beweiserhebung zu unterbrechen.[282] Beweisgegenstände, die die Klageerhebung begründen, werden aufgrund der strafprozessualen Normen erhoben und sichern „gleichzeitig auch die gerichtliche Urteilsfindung“[283]. Das ergibt sich nicht zuletzt daraus, dass die Verurteilungswahrscheinlichkeit, die sich im hinreichenden Verdacht als Voraussetzung für die Klageerhebung ausdrückt, nur bestehen kann, wenn das sie begründende Beweismaterial letztlich auch die Verurteilung tragen kann (§ 170 I StPO). In der korrespondierenden Entscheidung des Gerichts über die Eröffnung des Hauptverfahrens muss es sich in gleicher Weise mit der Beweissituation auseinandersetzen (§ 203 StPO).

Man kann es auch anders ausdrücken und dann klingen die beschriebenen Umstände so banal, wie sie sind: Polizei, Staatsanwaltschaft *und* Strafgericht sind dazu berufen, Strafverfolgung zu betreiben (vgl. §§ 160 I, 163 I 1, 244 II StPO). Entsprechend werden hier unter Strafverfolgungsorganen bzw. -behörden Polizei, Staatsanwaltschaft *und* Gericht verstanden.[284] Strafverfolgung ist das gesamte Vorgehen gegen einen Beschuldigten bis zur rechtskräftigen Entscheidung.[285] Das Herz der Strafverfolgung ist die strafprozessuale Beweisführung, die entsprechend das Herz der Tätigkeit aller drei Strafverfolgungsorgane während des gesamten Strafverfahrens bildet.[286]

Das ließe sich möglicherweise auch anders regeln. Im italienischen Recht bei-

---

282 So aber *Schöneborn* GA 1975, 38 f.; wie hier *Koriath* Beweisverbote, S. 76 f.

283 *Fezer* Grundfragen, S. 25.

284 Vgl. *Schroeder* GA 1985, 485, 490 f.

285 *Schroeder* GA 1985, 485 f.

286 Ähnlich *Kleinknecht/Meyer-Goßner* StPO, Einl. Rn. 47.

spielsweise sind die Ergebnisse des Ermittlungsverfahrens dem Gericht der Hauptverhandlung von Gesetzes wegen grundsätzlich nicht zugänglich; Ausnahmen bestehen nur für nicht wiederholbare Beweisaufnahmen oder für solche Beweise, die bereits im Ermittlungsverfahren nach den Regeln der Hauptverhandlung erhoben wurden.[287] Ob eine solche Regelung zweckmäßiger wäre als die deutsche, mag hier dahinstehen. Die Praxis des italienischen Strafprozesses hat sich jedenfalls von diesen strengen Vorschriften entfernt, indem sie die Verlesung von Protokollen des Ermittlungsverfahrens weithin in der Hauptverhandlung gestattet.[288]

Im deutschen Strafverfahren muss jedenfalls grundsätzlich davon ausgegangen werden, dass „ab dem Zeitpunkt der Einleitung des Ermittlungsverfahrens jede Handlung und Entscheidung eines Strafverfolgungsorgans auf dieses Verfahrensziel ausgerichtet ist und damit auf den Nachweis der einem Tatvorwurf zugrundegelegten Tatsachen zielt“.[289] Die faktische und rechtliche Finalität der Tätigkeit der Strafverfolgungsbehörden ist zumindest insoweit unbestreitbar, als Beweis erhoben wird.[290]

e. Beweisverwertungsverbote in den verschiedenen Verfahrensstadien

Immerhin eine zutreffende Konsequenz haben die herkömmlichen Beweisverbotslehren gezogen aus dem Umstand, dass auch im Ermittlungsverfahren in gesetzlich geregelter Form Beweis erhoben wird: Es ist schon länger anerkannt, dass die Beweisverwertungsverbote *alle* Strafverfolgungsorgane in *allen* Verfahrensstadien binden (s. bereits I.3.).[291] Das Beweisverwertungsverbot entzieht den rechtswidrig erhobenen Beweisgegenstand jeder beweisrechtlichen Verwertung in jedem Abschnitt des Strafverfahrens und durch jedes Strafverfolgungsorgan.[292] Insbesondere auf die Art der weiteren Verwendung zu Beweiszwecken kommt es nicht an. Entscheidend ist allein, dass das Beweisverwertungsverbot den Beweis ab dem Moment seiner rechtswidrigen Erhebung für jede Beweisverwertung sperrt.

Schon das *RG* beschränkte die Verwertungsverbote nicht dahingehend, dass die rechtswidrig erhobenen Beweisgegenstände nur der richterlichen Beweiswürdigung entzogen waren. Vielmehr war bereits die richterliche Erhebung des Beweisobjektes

---

287 *Orlandi* Ermittlungsmethoden, S. 64.

288 *Orlandi* Ermittlungsmethoden, S. 64 mit S. 57 f.

289 *Nagel* Verwertung, S. 199, vgl. auch aaO., S. 187 u. 202. Gleichwohl lässt *Nagel* die „Ermittlungen“ des Vorverfahrens, zu denen er auch die dortigen Beweiserhebungen zählt, anderen Grundsätzen folgen, als die Beweisführung im Hauptverfahren. Vgl. auch *Rogall* Beweisverbote, S. 145, dort Fn. 202.

290 Der Sache nach ebenso *Amelung* (JZ 1987, 737, 743), der deshalb die beweissichernden Grundrechtseingriffe als Maßnahmen einstweiligen Rechtsschutzes beschreibt. Zu strafprozessualen Grundrechtseingriffen mit anderen Zielen vgl. *Amelung* aaO., S. 738 ff.

291 Vgl. z.B. *Eisenberg* Beweisrecht, Rn. 334 u. 356; *Gössel* in: LR, StPO, Einl. K, Rn. 107 ff.; *Sarstedt/Hamm* Revision, Rn. 937; *Kleinknecht* NJW 1966, 1537, 1538; diff. *Amelung* Streit, S. 1272. Im Ergebnis ebenso *Nagel* (Verwertung), der allerdings hinsichtlich des Vorverfahrens von „Verwertungsverboten“ statt von „Beweisverwertungsverboten“ spricht, weil er begrifflich zwischen dem „beweisen“ der Hauptverhandlung und dem „ermitteln“ des Vorverfahrens trennt (S. 43 ff., 186 ff.). Die Verwertungsverbote des Ermittlungsverfahrens sind deshalb bei ihm „beweisunabhängige“ Verwertungsverbote, wiewohl er den Beweisbezug der Ermittlungshandlungen durchaus erkennt. Für eine solche Differenzierung besteht jedenfalls insoweit kein Bedürfnis, als tatsächlich Beweis erhoben wird.

292 Vgl. z.B. *Dencker* Verwertungsverbote im Strafprozeß, S. 53 (freilich nur für die Fälle, in denen er ein Verwertungsverbot annimmt).

unzulässig (s. II.2.).[293] Rechtsordnungen, die in der Tradition des common law stehen, sehen seit jeher die Wirkung der „exclusionary rules“ (Beweisverwertungsverbote) im Ausschluß der Beweise aus der „presentation“ (also der Präsentation durch die Parteien) vor Gericht.[294] Mit der Frage, ob Verwertungsverbote bereits im Ermittlungsverfahren wirken, befasste sich das *RG* allerdings nicht. Der Prozess der Verlagerung von Ermittlungsbefugnissen vom Gericht auf Staatsanwaltschaft und Polizei, wie wir ihn seit einigen Jahrzehnten beobachten können, hatte damals noch nicht in dem Ausmaß begonnen. Zudem stellt sich insofern das Problem, dass für die revisionsgerichtliche Rechtsprechung Verfahrensfehler des Vor- und Zwischenverfahrens allenfalls insofern von Interesse sind, als sie auf das tatgerichtliche Urteil einwirken.[295] Die Entwicklung des Beweisverbotsrechts hat davor allerdings keinen Halt gemacht: Entsprechend zur Verlagerung des Schwerpunktes des Beweisverfahrens von der Hauptverhandlung zum Ermittlungsverfahren erweiterte sich die Frage der Beweisverwertungsverbote zunehmend von der Frage nach dem Ausschluss von Beweisgegenständen aus der richterlichen Beweiswürdigung und der richterlichen Beweiserhebung (=Einführung in die Hauptverhandlung) zur Frage nach dem Ausschluss der Verwertung der Beweisgegenstände im Ermittlungsverfahren.[296] Dies spiegelt sich auch in der Rechtsprechung des *BGH* wieder, in der sich - trotz der revisonsrechtlichen Beschränkungen - wiederholt Ausführungen zu Verwertungsverboten im Ermittlungsverfahren finden.[297] Die noch junge Rechtsprechung des *BGH*, die bei einigen Verwertungsverboten als deren Tatbestandsvoraussetzung einen Widerspruch des Beschuldigten ansieht (s. V.3.c.) hat hieran nichts geändert. Der Beschuldigte kann der Verwertung eines fehlerhaft gewonnenen Beweises „sobald wie möglich“ widersprechen und so beispielsweise durch Widerspruch im Vorverfahren ein Verwertungsverbot für das gesamte weitere Verfahren begründen.[298]

Führt man sich vor Augen, dass die Beweisbefugnis, nicht das Beweisverbot, das Entscheidende ist, so bedarf es zur Begründung der Unbeachtlichkeit rechtswidrig gewonnener Informationen *im gesamten Verfahren* keiner exotisch-juristischen Konstruktionen. Beweisführung darf nur auf gesetzlicher Grundlage, nur in den gesetzlich vorgezeichneten Wegen stattfinden. *Beachtet die Beweisführung das Gesetz nicht, so trägt das Gesetz die Beweisführung nicht.* Anders ausgedrückt: Jedwede beweisrechtliche Verwendung gesetzeswidrig gewonnener Informationen ist wegen des Fehlens

---

293 Umfassend dazu *Nagel* Verwertung, S. 61 ff. m. Nachw. Überwiegend entspricht dies auch der Rspr. des *BGH*, vgl. *Nagel* aaO., S. 66 ff., 119 f.

294 *Nijboer* Methods, S. 40, 43, 52 u. 56; *ders.* Technical opportunities, S. 235. S. auch *B.Huber* England und Wales, S. 53 ff. Das hängt nicht zuletzt damit zusammen, dass man im dort häufig vorzufindenden “jury system” der Jury psychologisch weniger zutraut, einmal wahrgenommene Beweise nicht zu verwerten, vgl. *Reamey* Exclusionary Rule, S. 191; *Eser* Zusammenfassung, S. 323; *B.Huber* England und Wales, S. 18 f., 36 u. 41. Entsprechend lockerer sind die Beweisregeln, wenn der Angeklagte auf sein „Recht auf eine Jury“ verzichtet, vgl. *Thaman* USA, S. 503.

295 S. auch *Nagel* Verwertung, S. 57 f.

296 *Nagel* Verwertung, S. 24, 29, 129 f.

297 Umfassend *Nagel* Verwertung, S. 119 f. m. Nachw. Dies gilt insb. für die Rspr. des *1. Senats* (vgl. aaO., S. 71 ff.); des *2. Senats* (vgl. S. 75, 79 u. 82) und des *Großen Senats* (vgl. S. 115, 118); mit Einschränkungen auch für den *3. Senat* (vgl. S. 89 f.) und den *5. Senat* (vgl. S. 106 f., 110 f.); nicht jedoch für den *4. Senat* (vgl. S. 91 ff.).

298 *Vors. RiBGH Meyer-Goßner/Appl* StraFo 1998, 258, 263.

einer Befugnisnorm unzulässig.

f. Fazit: Die vierte Regel des Strengbeweises

Die gesamte die Schuld- und Straffrage betreffende strafprozessuale Beweisführung darf nur auf gesetzlichem Wege erfolgen - gleichgültig, welches Strafverfolgungsorgan in welchem Verfahrensstadium tätig wird. Die Feststellung, dass der „Strengbeweis" auch im Ermittlungsverfahren gilt, bedeutet - wenn man den Strengbeweis als Ausprägung des Vorbehalts und des Vorrangs des Gesetzes sieht - lediglich, dass die Beweisführung auch im Ermittlungsverfahren gesetzlich geregelt sein muss und geregelt ist und dass die vorhandenen Vorschriften grundsätzlich zwingendes Recht darstellen.

5. Strengbeweis V und VI: Die Normen des Strengbeweisrechts

Jenseits des Beweisrechts gibt es keine Befugnis für Beweisführung. Soweit eine Norm das Strengbeweisverfahren reglementiert, begrenzt sie damit notwendig den Bereich der rechtlichen Möglichkeiten, die das Gesetz für beweisrechtliches Prozedieren vorsieht. Das gilt für *jede* Norm, die das Strengbeweisverfahren einhegt. Demgegenüber führt eine Unterscheidung der Strengbeweisnormen in solche, die eine bewusste Selbstbeschränkung des Gesetzgebers enthalten (und deren Verletzung daher zu einem Verwertungsverbot führe) und solche, bei denen das nicht der Fall ist, nicht weiter (s. III.2.b.).[299]

Neben strafprozessrechtlichen Vorschriften, die sich unmittelbar damit befassen, wie ein Beweis zum Beweismittel wird, gibt es Vorschriften, die dies zwar nicht tun, die aber gleichwohl ihre Existenz allein dem Bedürfnis nach Beweismitteln verdanken und die Wege der Beweisgewinnung einhegen.[300] Für sie gilt all das, was bislang zum strafprozessualen Strengbeweisrecht gesagt wurde, in gleicher Weise: Es sind Strengbeweisnormen. Verneinen kann man den strengbeweislichen Charakter nur bei Normen, die in keinem Zusammenhang zur strafprozessualen Beweisführung stehen, weil sie rechtlich und tatsächlich die Beweisgewinnung unberührt lassen. Auf die nicht selten mehr oder weniger zufällige Stellung einer Norm in dem einen oder anderen Gesetzeswerk kann es dabei nicht ankommen. Der Umstand, der die gesetzliche Formalisierung der strafprozessualen Beweisführung erzwingt, ist ihre Bedeutung für die Rechte der Verfahrensbeteiligten und das Interesse an wirksamer Strafverfolgung (s. III.1.a., 2.d. u. 3.b.). Steht eine Norm in diesem Kontext, kann sie sich den Implikationen des Gesetzesvorbehalts nicht entziehen - gleich, welche Paragraphennummer oder Gesetzesbezeichnung sie trägt.

Es ist nicht Aufgabe dieser Arbeit, katalogartig die Normen in Beweisnormen und andere zu sondern. Das ist schon deshalb nicht leistbar, weil auch Normen anderer Gesetze als der StPO, ja sogar anderer Rechtsgebiete strafprozessual-beweisrechtliche Normen bereithalten. Letztlich ist es eine Aufgabe, die mit den gewöhnlichen Auslegungsmethoden geleistet werden kann und muss. Ein Überblick sei aber doch gegeben.

---

299 S. zu einer derartigen Differenzierung *Fezer* Strafprozeßrecht, 16/33 ff.

300 *Amelung* (JZ 1987, 737, 739) spricht insoweit von „echten" strafprozessualen Grundrechtseingriffen.

a. Die gesetzlichen Beweismittel der StPO

aa. Wege der Beweisgewinnung

Im Strengbeweisverfahren darf, das ist allgemeine Ansicht, der Beweis allein mit den gesetzlichen Beweismitteln geführt werden.[301] Die gesetzlichen Beweismittel sind eindeutig geregelt: Zeugen (§§ 48-71 StPO), Sachverständige (§§ 72-85 StPO), Augenschein (§§ 86-93 StPO), Urkunden (§§ 249-256 StPO) und die Einlassung des Beschuldigten.[302] Dies ist der Kernbereich des gesetzlichen Beweisrechts.

Die Normenkomplexe geben Aufschluss darüber, auf welchen *Wegen* ein beweiserhebliches Objekt den Status eines Strengbeweismittels erlangen kann. Demnach meint der Begriff „Beweismittel" *nicht* bestimmte Erkenntnisquellen (Beweisobjekte, -gegenstände, -material, -quellen oder schlicht: Beweise), sondern bezieht sich - wie sich schon bei *Beling* nachlesen lässt (s. II.1.) - unmittelbar auf die zulässigen Wege der Beweiserhebung.[303] Es sind also die Beweisgegenstände von den Beweismitteln zu unterscheiden, allein letztere tragen im Strengbeweisverfahren den Schuld- und Strafbeweis. Die Aussage, der Schuld- und Strafbeweis könne nur mit den gesetzlichen Beweismitteln geführt werden, bedeutet also keine Beschränkung der zur Verfügung stehenden tatsächlichen Erkenntnisquellen.[304] Auf sie darf prinzipiell unbegrenzt zugegriffen werden.[305] Die Aussage beschreibt allein eine Beschränkung der Wege, wie sie Urteilsgrundlage werden können. Erforderlich ist im Rahmen der Beweisführung demnach erstens die exakte Zuordnung eines Gegenstandes zu einer bestimmten gesetzlichen Regelung und zweitens die Einhaltung der gesetzlichen Vorschriften bei der Verwendung des Gegenstandes.[306] *Die Einhaltung der gesetzlichen Form lässt den Beweisgegenstand erst zum Beweismittel werden.*[307]

Insofern wohnt dem Begriff des Beweismittels ein prozedurales und damit auch ein zeitliches Moment inne. Ex ante, vor der Beweiserhebung, lässt sich immer nur sagen, wie ein Beweismittel gewonnen werden kann. Ein Mensch, der einen Mord beobach-

---

[301] BGHSt 45, 354, 357; *Roxin* Strafverfahrensrecht, § 24 Rn. 2; *Fezer* Strafprozeßrecht, 12/3 f.; *Volk* Strafprozeßrecht, § 23 Rn. 7 und § 28 Rn. 6; *Prittwitz* Der Mitbeschuldigte, S. 179; *Stamp* Wahrheit, S. 85; *Rieß* in: LR, StPO, Einl. G, Rn. 53; *Seebode/Sydow* JZ 1980, 506, 511; *Ranft* Jura 2000, 628, 632; *Herdegen* in: KK, StPO, § 244 Rn. 13; *Beulke* Strafprozeßrecht, Rn. 180; *Eisenberg* Beweisrecht, Rn. 35; *Dallmeyer* JAR 1999, 24. Dagegen *Dedes* Beweisverfahren, insb. S. 34 ff., 58 ff. Hier schlägt durch, dass *Dedes* den Gesetzesvorbehalt nicht behandelt.

[302] Eine vergleichbare Struktur gesetzlicher Beweismittel kennt das Beweisrecht der Niederlande, s. *Nijboer* Beweisrecht, S. 37.

[303] Auch die internationale Diskussion über das Beweisrecht verschiebt sich von den Beweisgegenständen zur Art des Zustandekommens der Beweise, vgl. *Höpfel* Einführung, S. 17. Instruktiv zur gegenteiligen Ansicht *Dedes* Beweisverfahren, insb. S. 58 ff.

[304] *Prittwitz* Der Mitbeschuldigte, S. 180, 184 u. 200.

[305] *Kleinknecht/Meyer-Goßner* StPO, Einl. Rn. 49. Insoweit zutr. *Dedes* Beweisverfahren, S. 34. Ähnlich verhält es sich im niederländischen Beweisrecht, s. *Nijboer* Beweisrecht, S. 39.

[306] *Eb.Schmidt* Lehrkomm. Nachtr. I, Vor. §§ 244 ff. Rn. 2 u. 4; *Prittwitz* Der Mitbeschuldigte, S. 186; s. auch *Herdegen* in: KK, StPO, § 244 Rn. 13.

[307] In dieser Richtung auch *Herdegen* in: KK, StPO, § 244 Rn. 13: „Weil das Gesetz nur bestimmte Beweismittel kennt, kann eine Person, ein Gegenstand oder Vorgang ein solches Beweismittel erst sein, wenn die Frage seiner Zuordnung beantwortet ist."

tet, *ist* lediglich umgangssprachlich Zeuge, ein Zeuge im Sinne des Strafprozessrechts kann er *werden*. Ebenso ist „alkoholhaltiges Blut“ kein Beweismittel. Gerichtlich verwertbare Aussagen können darüber aber hergestellt werden, etwa in Gestalt des Beweismittels „Sachverständigengutachten“. *Ob rechtlich ein Beweismittel existiert, lässt sich daher immer nur ex post bestimmen.* Wie sich ja auch der Beweiswert eines Beweisgegenstandes erst nach seiner Erlangung zuverlässig bestimmen lässt.[308]

Angesichts dessen kann Erwägungen aus dem Bereich der herkömmlichen Beweisverbotsdogmatik nicht gefolgt werden, die darauf hinauslaufen, das Gebot gesetzmäßiger Strafverfolgung zwar nicht vor der Beweiserhebung (ex ante), jedoch nach der fehlerhaften Beweiserhebung (ex post) zu relativieren. Insbesondere verbietet es sich anzunehmen, der Verfahrensverstoß ermögliche angesichts der mit ihm eingetretenen „Lageveränderung in der Zeitdimension“ eine Fehlerbewertung.[309] Ebensowenig kann mit Recht behauptet werden, es komme darauf an, ob sich mit dem Verfahrensverstoß „die normplanerische Abwägungslage verschoben“ hat.[310] Beide Ansichten beruhen zwar einerseits auf der zutreffenden Beobachtung, dass gelegentlich der Konflikt der materiellen Interessen vor und nach dem Verfahrensverstoß unterschiedlich ist. Nach der gesetzwidrigen Entnahme einer Blutprobe durch einen Medizinalassistenten etwa steht das materielle Interesse des Beschuldigten an körperlicher Unversehrtheit einer Verwertung der Blutprobe nicht mehr unmittelbar entgegen; seine Verletzung ist gewissermaßen abgeschlossen (s. bereits III.2.a.). Beide Ansichten beruhen aber andererseits auf der unrichtigen weiteren Prämisse, dass die Geltung des Gebots gesetzmäßiger Strafverfolgung nach erfolgtem Verfahrensverstoß einer Relativierung durch Abwägung materieller Interessen zugänglich ist. Eine auf ordnungsgemäßer Strafverfolgung beharrende Ansicht kann dem Vorwurf, sie schenke dem eventuellen Wandel des Interessenwiderstreits mit dem Verfahrensverstoß von vornherein keine Beachtung[311], gelassen entgegnen, dass sie diesen Vorwurf als Kompliment empfinde. Unter dem Blickwinkel einer gesetzmäßigen Strafverfolgung ändert sich durch den Verfahrensverstoß nichts. Das Gebot, den Beweis auf keinem anderen als dem gesetzlichen Wege zu führen, besteht unverändert fort:

> „Die Gebote und Verbote der Beweisgewinnung reichen über den Vorgang der Beweisgewinnung hinaus. Die in einer Abwägung zwischen Strafverfolgungsbelangen und Individualrechtsschutz getroffenen Entscheidungen des Gesetzgebers, den Aufklärungsmöglichkeiten und der Wahrheitsfindung durch die Gestaltung einzelner Beweiserhebungsvorschriften Grenzen zu ziehen, haben sich also mit der Zuwiderhandlung eines Strafverfolgungsorgans gegen solche Beweisgewinnungsnormen gerade nicht erledigt. Wenn eine Beweiserhebung dem Gesetz widersprechend durchgeführt ist, dann läßt sich nicht begründen, warum das nunmehr den Strafverfolgungsorganen faktisch zur Verfügung stehende Beweismittel grundsätzlich nicht mehr der Wahrheitsfindung entzogen

308 *Rupp* Beweisverbote, S. 193.

309 So *Rogall* Grundsatzfragen, S. 142 f.; *ders.* „Abwägungen“, S. 305, wo er ausdrücklich zwischen der Betrachtung ex ante und ex post unterscheidet; ähnlich *Frisch* Bedeutung, S. 197.

310 So *Wichmann* Berufsgeheimnis, S. 236 f., 248 u. 256 ff.

311 *Wichmann* Berufsgeheimnis, S. 237.

sein soll.“[312]

Das gesetzliche Strafverfahrensrecht ist also eindeutig: Wer einen beweiskräftigen Gegenstand im Strafverfahren verwenden will, muss sich hierfür der gesetzlichen Mittel bedienen. Nur dann erlangt und behält der Gegenstand den Status eines Beweismittels. Es gäbe auch keinen Sinn, ein detailliertes Beweismittelsystem zu installieren, wenn es keine Aussage darüber trifft, auf welchen Wegen Beweis geführt werden kann.[313] In der Tat würden so alle Beweisverbote „zu bloßen Soll-Vorschriften hinabgedrückt“.[314] Werden die gesetzlichen Wege nicht eingehalten, so liegt weiterhin ein Objekt vor, das möglicherweise in tatsächlicher Hinsicht Beweiskraft hat. Ein Beweismittel ist es nicht.

Daraus folgt, dass es „rechtswidrig erlangte Beweismittel“ nicht gibt. Nur die rechtmäßig erlangten Beweisgegenstände sind Beweismittel. In der Sache macht es freilich keinen Unterschied, mit dem *RG* von „unstatthaften“ bzw. „unzulässigen“ Beweismitteln zu sprechen (s. II.2.). Die hier verwendete Terminologie anerkennt nur die gesetzlichen Beweismittel als Beweismittel. Das *RG* kannte neben den gesetzlichen Beweismitteln noch die im Gesetz nicht geregelten, eben unstatthafte bzw. unzulässige Beweismittel. In der Sache muss nur klar sein: Allein die gesetzlichen Beweismittel tragen den Schuld- und Strafbeweis.

bb. Ein Katalog von Beweismitteln?

Unerheblich für die Frage der Zulässigkeit einer Beweisführung ist allerdings die Zuordnung der Beweisgegenstände zu einem festen Katalog von Beweismitteln.[315] Die Aussage, es gebe in der StPO vier oder fünf Beweismittel, ist allenfalls als grobe Orientierungshilfe von Wert. Entscheidend ist die gesetzliche Regelung. *Der Sache nach* wird das auch überwiegend so gesehen, etwa wenn der Kreis der Beweismittel als geschlossen („numerus clausus“) angesehen wird.[316] Jedoch leidet die Klarheit oftmals daran, dass kaum *begrifflich* konsequent zwischen den Beweismitteln und dem Beweismaterial (s. im vorherigen Abschnitt) - noch gar den in diesem verkörperten Informationen, um die es letztlich geht (s. III.6.b.) - unterschieden wird.

Für die Frage ihrer Verwendbarkeit für die Beweisführung etwa ist prinzipiell gleichgültig, in welchem Verhältnis die Einlassung des Beschuldigten zu den übrigen Beweismitteln steht.[317] Es kommt nur darauf an, dass das Beweisrecht es gestattet,

312 *Fezer* Strafprozeßrecht, 16/30 (der allerdings den Vorbehalt des Gesetzes nicht hinreichend berücksichtigt, s. III.2.b.); ähnlich *Götting* Beweisverwertungsverbote, S. 118.

313 Ähnlich *Prittwitz* (Der Mitbeschuldigte, S. 185) im Hinblick auf die Unzulässigkeit einer Beweisführung mit „formlosen Beweismitteln“, also jenseits der gesetzlich geregelten Beweismittel.

314 *Beling* JW 1924, 1721.

315 Insoweit zutr. *Dedes* Beweisverfahren, S. 32 ff., 89 ff.

316 So z.B. *Prittwitz* Der Mitbeschuldigte, S. 179, 184 ff. m.w.N. Sehr deutlich auch *Eb.Schmidt* Lehrkomm. Teil II, Vorbem. § 244 Rn. 4 ff.

317 Dazu ausführlich *Prittwitz* Der Mitbeschuldigte, S. 197 ff.; vgl. auch *Amelung* JZ 1987, 737, 739.

darauf das Urteil zu stützen.[318] Streitigkeiten über die rechtliche Natur eines (sei es im Wege des Vorhalts) verlesenen Vernehmungsprotokolls vermögen durchaus systematischen Erkenntnisgewinn zu bringen. Letztlich entscheidend ist für die Frage der Verwertbarkeit aber, ob das Gesetz irgendeine Möglichkeit einräumt, so zu verfahren. Gelegentlich wird dieser enge, prozedurale Charakter der Beweismittel in der Rechtsprechung des *BGH* deutlich, wenn er Urteile wegen Verletzung des § 261 StPO aufhebt, weil darin Umstände zur Urteilsgrundlage gemacht wurden, die nicht „Inbegriff der Hauptverhandlung" geworden sind.[319] Der Begriff „Inbegriff der Hauptverhandlung" korrespondiert mit dem des gesetzlichen Beweismittels, denn in strafprozessrechtlichem Sinne können Beweise nur Inbegriff der Hauptverhandlung werden, wenn sie auf gesetzlichem Wege, eben als Strengbeweismittel in die Hauptverhandlung eingeführt wurden. Mag die beweiskräftige Tatsache auch vor den Schranken des Gerichts verhandelt worden sein. Im zitierten Fall waren Urteilsfeststellungen ausdrücklich auf eidliche Aussagen der Hauptbelastungszeugen gestützt worden. An ihrer Zeugeneigenschaft und dem Inhalt ihrer Aussagen vor Gericht bestand kein Zweifel. Sie waren aber nicht vereidigt worden. Wählt das Tatgericht als gesetzliches Beweismittel „Aussagen vereidigter Zeugen" (weil daraus andere Schlüsse gezogen werden können, als aus den Aussagen nichtvereidigter Zeugen), so muss es auch die entsprechenden gesetzlichen Wege, die Strengbeweiswege, beschreiten.

Die Strengbeweiswege verdienen Beachtung auch außerhalb der Normenkomplexe, die eingangs als „Kernbereich" des gesetzlichen Beweisrechts bezeichnet wurden (s. im vorigen Abschnitt), etwa im Recht der Durchsuchung und Beschlagnahme. Zwar ist zutreffend, dass eine Durchsuchung kein Beweismittel „ist".[320] Auch eine Beschlagnahme „ist" kein Beweismittel. Wenn jedoch gesagt wird, „daß Durchsuchung (§§ 102, 105 StPO) und Beschlagnahme (§§ 94, 98 StPO) getrennte Entscheidungsgegenstände darstellen und das Gesetz kein Beschlagnahmeverbot für Fälle fehlerhafter Durchsuchungen, die zur Sicherstellung von Beweisgegenständen führen, aufstellt, sondern in § 97 StPO nur andere Beschlagnahmeverbote regelt"[321], so liegt dem die übliche Verkehrung von Beweisverbot und Beweisbefugnis zugrunde. Entscheidend ist unter dem Vorbehalt des Gesetzes primär die Frage, ob das Gesetz gestattet, in bestimmter Art und Weise Beweis zu gewinnen - was bei rechtswidrigen Durchsuchungen ersichtlich nicht der Fall ist. Erst wenn diese Frage bejaht ist, mag man sich in einem zweiten Schritt fragen, ob der an sich zulässigen Beweiserhebung eventuell ein Beschlagnahmeverbot entgegensteht. Im Übrigen stehen sowohl die Durchsuchung zum Zwecke der Sicherstellung von Beweismitteln, als auch die beweissichernde Sicherstellung selbst evidentermaßen in einem tatsächlichen und rechtlichen Zusammenhang zur strafprozessualen Beweisführung. Das ergibt sich bereits aus den Tatbestandsvoraussetzungen der einschlägigen Befugnisnormen (§§ 94 I, 102 StPO). Der

---

318 Im Ergebnis ebenso *Prittwitz* (Der Mitbeschuldigte, S. 229), der zeigt, dass die gesetzliche Regelung der Vernehmung des Beschuldigten zwar die Verwertbarkeit seiner Einlassung impliziert, ihn aber nicht zum Beweismittel macht.

319 Vgl. z.B. StV 1999, 137.

320 So *Eb.Schmidt* Nachtragsband I, § 105 Rn. 2: „Durchsuchungen sind keine Beweismittel, sondern Maßnahmen, um an Beweismittel heranzukommen; Beweisverbote müssen sich aber immer auf die Verwertung der Beweismittel als solchen beziehen."

321 *BVerfG* StV 2002, 113.

Zusammenhang von beweissichernder Durchsuchung und Beschlagnahme zeigt sich auch in § 108 StPO: Der Ausnahmevorschrift bedurfte es, um die Beschlagnahme von Gegenständen zu rechtfertigen, die nicht schon im Durchsuchungsbeschluss aufgeführt sind.[322] Alle betreffenden Normen sind Strengbeweisnormen.

Einer im Vergleich zu den übrigen Beweismitteln ungewöhnlichen Regelungstechnik unterliegt der Urkundenbeweis. Die zentralen diesbezüglichen Normen (§§ 249 ff. StPO) gelten nur für die Hauptverhandlung. Dass es sich hierbei um Strengbeweisrecht handelt, kann keinem Zweifel unterliegen und wird sogar von der herkömmlichen Dogmatik so gesehen: Die §§ 244 ff. StPO gelten als der zentrale Normenkomplex des Strengbeweises (s. II.4.). Soweit es in den Normen um die Verlesbarkeit von Vernehmungsprotokollen geht, zeigt sich besonders deutlich der prozedurale Charakter der gesetzlichen Beweisführung. In diesem besonders wichtigen Teil des Beweisrechts normieren gesetzliche Vorschriften die Beweisführung von der Vernehmung bis zur Verlesung. Voraussetzung für die Verlesung der Aussage einer zeugnisverweigerungsberechtigten Person ist demgemäß die Einhaltung der §§ 52 ff. *und* der §§ 249 ff. (insb. § 252) StPO. Dem Urteil kann die Aussage nur zugrundegelegt werden, wenn alle diese Vorschriften eingehalten wurden.[323]

Es zeigt sich, dass die Rede von einem Beweismittelkatalog nicht nur als grobe Orientierungshilfe, sondern auch grob desorientierend wirken kann. Sie täuscht einerseits vor, dass es „an sich“ zulässige Beweismittel gebe (z.B. den Zeugen), dass nur eben fehlerhaft verfahren wurde (z.B. bei der Vereidigung). Aufgrund des engen, prozeduralen Charakters der gesetzlichen Beweismittel liegt aber - wie gesagt - ein Beweismittel überhaupt nur bei prozessordnungsgemäßem Verfahren vor. Andererseits verleitet die Annahme eines Beweismittelkatalogs gelegentlich zu einer Zurückhaltung, die nicht immer begründet ist. Zu beobachten ist dies insbesondere in der Debatte um moderne Beweisführungsmethoden. Erkennt man die Gesetzlichkeit als das maßgebliche, so ist für die Frage ihrer Zulässigkeit einigermaßen gleichgültig, wie sich die Verfahrensweise zu den herkömmlichen Beweiswegen verhält. Es kommt nur auf die gesetzliche - freilich verfassungsgemäße - Regelung an.

cc. Die Terminologie der StPO

In einer Betrachtung der „gesetzlichen Beweismittel“ sollte ein Blick auf die Verwendung des Wortes „Beweismittel“ in der StPO nicht fehlen.

Die StPO unterscheidet in einigen Regelungen ausdrücklich und sachgerecht zwischen *Gegenständen* und ihrer Verwendung als *Beweismittel*. Etwa spricht § 94 I StPO von Gegenständen, die als Beweismittel von Bedeutung sein können und § 214 IV 1 StPO beauftragt zur Herbeischaffung der „als Beweismittel dienenden Gegenstände“.[324]

Einige Regeln der StPO sprechen demgegenüber bloß von Beweismitteln. Etwa kann die Durchsuchung erfolgen zur „Auffindung von Beweismitteln“ (§ 102 StPO)

---

[322] *Fezer* NJW 1979, 1053 f.

[323] Insoweit zutr. BGHSt 45, 207 ff. m. ansonsten abl. Bespr. *Dallmeyer* JA 2000, 275 ff.

[324] Ähnlich §§ 221, 249 I 1, 251 III StPO.

und § 200 I 2 StPO verpflichtet zur Angabe der „Beweismittel".[325] Das mag zwar weniger präzise sein, als die oben genannten Formulierungen. Es erscheint aber insofern als folgerichtig, als ohnehin *nur die Beweismittel die Verurteilung tragen können*. Die StPO bezieht sich hier - wie auch sonst - auf den Normalfall der ordnungsgemäß zu erhebenden bzw. erhobenen Beweisgegenstände.

Mangelnde sprachliche Präzision mag teilweise dafür verantwortlich sein, Tatsachen und Beweismittel unverbunden nebeneinander zu erwähnen (§ 174 II StPO).[326] Beweismittel sind nur wegen ihres Bezuges auf Tatsachen relevant und Tatsachen ohne Beweismittel existieren für das Strafgericht bei der Urteilsfindung nicht. Sachgerecht hingegen ist das gesetzliche Gebot, Tatsachen *und* Beweismittel anzugeben (§ 172 III 1 StPO).[327]

b. Sonstiges Beweisrecht

aa. Die EMRK

Für die herkömmliche Dogmatik eher an der Peripherie des Beweisrechts angesiedelt sind Normen, deren Bedeutung für die Beweisführung im deutschen Strafverfahren im Verlaufe der letzten Jahre erst allmählich in den Blick der Strafgerichte gerückt ist. Das betrifft insbesondere die Vorschriften des Art. 6 EMRK. Die Rezeption der darin enthaltenen Garantien, ebenso wie der daraus vom *Europäischen Gerichtshof für Menschenrechte (EGMR)* hergeleiteten Garantien, durch den *BGH* geschieht bislang nur äußerst zurückhaltend. Wissenschaftliches Aufsehen erregten jüngst gleich mehrere Entscheidungen des *EGMR*, in denen die von ihm Art. 6 EMRK entnommenen Garantien weiterreichen, als die vom *BGH* im deutschen Strafverfahrensrecht anerkannten.

So hatten sich beide Gerichte etwa mit den Folgen der Tatprovokation bislang unverdächtiger Bürger durch Lockspitzel auseinanderzusetzen. Der *EGMR* judizierte im ihm zuletzt vorliegenden Fall, der Angeklagte habe „ab initio und endgültig kein faires Verfahren" gehabt.[328] In Auseinandersetzung mit dieser Entscheidung zitiert der *BGH* den *EGMR* an der entscheidenden Stelle trotz wörtlichen Zitats falsch („ab initio kein faires Verfahren"). Sodann geht er von der von ihm seit langen Jahren vertretenen Strafzumessungslösung nicht ab: Die in der Verletzung des Art. 6 EMRK liegende Beeinträchtigung des Rechts des Angeklagten auf ein faires Verfahren soll diesem gegenüber durch erhebliche Strafrabatte ausgeglichen werden.[329]

In einem anderen dem *BGH* vorliegenden Fall beruhte die Verurteilung des Angeklagten auf Zeugenaussagen, die im Ermittlungsverfahren gewonnen und durch Vernehmung des Ermittlungsrichters in die Hauptverhandlung eingeführt worden waren. Bei der Vernehmung der Zeugen waren der Angeklagte und sein Verteidiger nicht an-

---

325 Ähnlich §§ 111 I 1, 112 II Nr. 3 a), 243 I 2, 244 III 2, 245 I 1, II 1 u. 3, 323 III, 366 I, 368 I, 409 I 1 Nr. 5 StPO.

326 Ähnlich §§ 211, 244 II, 359 Nr. 5, 364b I 1 Nr. 1, 373a I StPO.

327 Ähnlich §§ 219 I 1, 246 I StPO.

328 *EGMR* EuGRZ 1999, 660, 664 („Teixeira de Castro").

329 BGHSt 45, 321 ff.; krit. *Kühne* StV 2001, 73, 77; *R.Hamm* StV 2001, 81, 83. Zur Kompensation von Unfairness durch Strafmilderung in der dt. Rspr. s. den Überblick bei *Rzepka* Fairneß, S. 151 ff.

wesend, so dass sie im Verfahren zu keiner Zeit Fragen an die Zeugen richten konnten. Dies verletzte das Recht des Angeklagten auf ein faires Verfahren, denn Art. 6 EMRK garantiert, dass der Angeklagte zumindest einmal während des Strafverfahrens Gelegenheit hat, Fragen an die Zeugen zu stellen.[330] Reaktion des *BGH*: „Der Senat hält eine Beweiswürdigungs-Lösung für sachgerechter als ein Verwertungsverbot für den Rückgriff auf den Vernehmungsrichter."[331] Der Richter solle also den geminderten Beweiswert der Zeugenaussage berücksichtigen.

In beiden Bereichen - Lockspitzeleinsatz und Zeugenbefragungsrecht der Verteidigung - befindet sich der *BGH* ersichtlich auf dem Rückzug, mag aber den letzten notwendigen Schritt nicht tun. Die Verzögerungstaktik hat System: „Die Verneinung eines Verwertungsverbots erweist sich auch systemkonform mit der Strafzumessungs-Lösung bei einem Konventionsverstoß auf Grund einer unzulässigen Tatprovokation..."[332] Dieses Vorgehen wird dem *BGH* dadurch erleichtert, dass viele der Entscheidungen des *EGMR* Fälle betreffen, die im europäischen Ausland entstanden und deren Entscheidung deshalb streng genommen in Deutschland keine Bindungswirkung entfaltet (vgl. Art. 46 I EMRK). Gleichwohl: Verurteilungen Deutschlands durch den *EGMR* wird der *BGH* auf Dauer nur vermeiden können, wenn er Entscheidungen des *EGMR* in parallelen Fällen so behandelt, als wären sie gegen Deutschland ergangen.[333]

Konsequent ist im Lockspitzel-Fall allein die Annahme von Folgen, die eine Verfolgung wegen der provozierten Tat hindern. Seien es verfahrensrechtliche Folgen[334], sei es, dass man als Grund der Unfairness des Verfahrens die fehlende Bestrafungsbefugnis des Staates erkennt und materiellrechtlich einen Strafausschließungsgrund bejaht.[335] Konsequent ist im Zeugenbefragungs-Fall allein die Annahme, dass die in der Vernehmung gewonnenen Informationen für die Beweisführung keine Verwendung finden dürfen. Es gibt keine Befugnisnorm, auf die man ihre Verwendung stützen könnte - die hierfür allein in Betracht kommenden Vorschriften über Zeugenvernehmungen wurden missachtet.

Statt das Gesetz konsequent anzuwenden, weicht der *BGH* in Normenbereiche aus, die - was Formstrenge angeht - frei sind und alle Macht in die Hände der Richter legen: Die Bereiche der Strafzumessung und der freien Beweiswürdigung. Juristisch stützt der *BGH* dies jeweils auf die Annahme, dass sich auf den genannten Wegen die im Hinblick auf den Verfahrensfehler unstreitige Unfairness des Verfahrens in einer „Gesamtbetrachtung" in Fairness verwandeln lasse.[336] Damit lässt sich der *BGH* oberflächlich betrachtet auf den *EGMR* ein, der ebenso die Unfairness des Verfahrens in

330 Vgl. *Rzepka* Fairneß, S. 74 ff. m. Nachw.

331 BGHSt 46, 93, 103; in Auseinandersetzung mit *EGMR* EuGRZ 1987, 147, 150 („Unterpertinger"). Treffend zu dieser „Begründung" *Fezer* JZ 2001, 364 (es handele sich um bloße undogmatische Praktikabilitätserwägungen) u. *Gleß* NJW 2001, 3606, 3607 (eine solche Lösung öffne der Beliebigkeit im Beweisrecht Tür und Tor).

332 BGHSt 46, 93, 105; vgl. auch *Lüderssen* Ermittlungen, S. 886.

333 *Kühne* Strafprozeßrecht, Rn. 38.

334 S. dazu *Lüderssen* Ermittlungen, S. 889 ff.: „Wie man es auch dreht und wendet, der Schluß von der Unzulässigkeit einer Strafverfolgungsmaßnahme auf die Strafmilderung bleibt rätselhaft." Vgl. auch *Sinner/Kreuzer* StV 2000, 116 f. („Quadratur des Kreises"); *Wolter* Beweisverbote, S. 979 ff.; *Weider* Vom Dealen, S. 66.

335 So *Roxin* JZ 2000, 369 ff.

336 BGHSt 45, 321, 332 ff.; 46, 93, 104.

einer „Gesamtbetrachtung“ ermittelt. Das ist aber nicht mehr als eine spezifische Prüfungsmethode des *EGMR*, die auf dessen „self restraint“ gegenüber den nationalen Fachgerichten beruht![337] Dem *BGH* obliegt schlicht, umzusetzen, dass es sich bei Art. 6 EMRK um bindendes nationales einfaches Recht handelt.[338] Bei einer Verletzung dieser Norm stellt sich die Frage nach den Konsequenzen - für den *BGH* - prinzipiell nicht anders, als bei der Verletzung von Normen der StPO. Insofern verhält sich die Beziehung des *BGH* zum *EGMR* ähnlich wie zum *BVerfG*. Ebensowenig, wie das *BVerfG* prüft, ob im einfachen Recht auf einen Verfahrensfehler ein Verwertungsverbot folgt (s. III.3.a.), prüft der *EGMR* diese Frage. Das überlassen beide Gerichte den nationalen Fachgerichten. Dem *BGH* obliegt also nicht mehr und nicht weniger als die Auslegung des einfachen Rechts - einschließlich der Vorschriften der EMRK - und dabei auch die Klärung der Frage, welche Konsequenzen verfahrensfehlerhaftes Vorgehen der Strafverfolgungsorgane nach sich zieht.

Nebenbei bemerkt hätte der *BGH* im Zeugenbefragungs-Fall auch mit der angestellten Gesamtbetrachtung zwei Gesetzesverletzungen nicht beseitigen können: Es wurden - mit den Worten der herkömmlichen Beweisverbotsdogmatik ausgedrückt - neben dem Fragerecht der Verteidigung auch die (in § 168c II, V StPO garantierten) Anwesenheitsrechte der Verteidigung verletzt.[339] Und: Der Verstoß wiegt so schwer, dass man nicht umhin kommt, eine Verletzung des Rechts auf Verteidigung *als solches* festzustellen - also eines Rechts, bei dessen Verletzung sogar der *BGH* an sich das Eingreifen eines Beweisverwertungsverbots bejaht (s. V.1.c.).[340] Anders ausgedrückt: Die gesetzlichen Wege der Gewinnung von Zeugenaussagen wurden in mehrfacher und schwerwiegender Weise verlassen, so dass die Verwendung der Aussagen für die Beweisführung nicht auf das Gesetz gestützt werden kann.

Der Sache nach überspringt der *BGH* im Zeugenbefragungs-Fall schlicht die Frage nach dem Eingreifen von Beweisverwertungsverboten bzw. - präziser - nach einer gesetzlichen Befugnisnorm, nimmt umstandslos Verwertbarkeit an, und landet so nach Feststellung der Rechtswidrigkeit der Beweiserhebung direkt bei der Frage nach einer eventuellen Minderung des Beweiswerts. Im Lockspitzel-Fall zeigt sich einmal mehr in der Rechtsprechung des *BGH*, wie er gesetzliche Vorschriften, die er für unzweckmäßig hält - weil sie die „effektive Strafverfolgung“ behindern - aushebelt: „Wenn unzulässige Maßnahmen gleichwohl nur zur Strafmilderung führen, so hat das seinen wahren Grund in einer Abwägung, die zugunsten der grundsätzlich für notwendig erachteten verdeckten Ermittlungen vorgenommen wird. Auch zunächst als unzulässig eingestufte Maßnahmen sollen am Ende doch Bestand haben.“[341] Mit anderen Worten: Die aus dem Gesetz abgeleitete Unzulässigkeit entsprechender Vorgehensweisen wird durch richterliche Abwägung in ihr Gegenteil verkehrt. Hiergegen hilft gelegentlich

---

337 Vgl. *Rzepka* Fairneß, S. 102 ff. Zur insofern „offensichtlich vorsätzlich“ mangelhaften Rezeption der Entscheidung „Teixeira de Castro“ durch den *BGH* s. *Kühne* StV 2001, 73, 77. In dieser Richtung auch *Wolter* Beweisverbote, S. 981.

338 Zur Geltung der EMRK vgl. *Kühne* Strafprozeßrecht, Rn. 29 f. u. 35.

339 Dazu *Schlothauer* StV 2001, 127 ff. („Doppelfehler“). Darauf geht der *BGH* nicht ein. *Schlothauer* nennt dies eine „Flucht aus der Justizförmigkeit durch die europäische Hintertür.“ Tatsächlich existiert eine europäische Hintertür nicht, so dass die Flucht des *BGH* eher einem Sprung durchs Fenster gleicht.

340 *Fezer* JZ 2001, 364.

341 *Lüderssen* Ermittlungen, S. 891.

offenbar nur noch ein Eingreifen des *EGMR*: „Es bedurfte wohl erst der Außenperspektive des Straßburger Gerichtshofs, um auch für das bundesdeutsche Recht den Verfahrensprinzipien wieder den Vorrang gegenüber einer Abwägung zugunsten der Strafverfolgung zu geben.“[342] Schon eine oberflächliche Lektüre der EMRK zeigt, dass sie dies Verfahren nicht billigt. Ganz im Sinne einer an Gesetzlichkeit orientierten Beweisführung normiert sie in Art. 6 II, dass der Angeklagte bis zum *gesetzlichen* Nachweis seiner Schuld als unschuldig zu gelten habe.[343] Raum für Kompromisse, wie der *BGH* sie sucht, lässt dies nicht. Es ist daher nicht nur „in zentralen Fragen der Rechtsstaatlichkeit eine kompromißlose Entscheidung die bessere“[344], sondern in *allen* Fragen des Beweisrechts eine konsequent am *Gesetz* orientierte Entscheidung die *allein richtige*.

Art. 6 EMRK unterscheidet sich also prinzipiell nicht von anderem nationalem Strafverfahrensrecht. Seine Regelungen sind in manchem Bereich detaillierter und deutlicher als die der StPO. Eine Rechtfertigung dafür, warum viele Gerichte dennoch nicht darunter subsumieren, gibt es nicht. Eine Rechtfertigung für Inkonsequenz in der Anwendung („Gesamtbetrachtung“) gibt es ebenfalls nicht. Art. 6 EMRK ist vollwertiger Teil des heutigen deutschen Strafverfahrensrechts.

bb. Sonstiges Europarecht

Die Grenze des Strengbeweisrechts dürfte erreicht sein bei den Grenzen des nationalen Rechts - solange der EU keine Rechtsetzungskompetenz im Strafverfahrensrecht zukommt.[345] Genuines Europarecht dient nicht der Einräumung von Beweisbefugnissen für nationale Strafverfolgungsorgane, insofern umgrenzt es nicht die Wege zulässiger Beweisgewinnung. Für die Frage, ob für eine bestimmte Methode der Beweisführung eine Rechtsgrundlage existiert, ist Europarecht, welches nicht in nationales Recht umgesetzt ist, damit von vornherein unbeachtlich. Es bedarf in jedem Falle einer nationalen Befugnisnorm. Jedoch gibt es seltene Fälle, in denen sich aus Europarecht mittelbar zusätzliche Beschränkungen der Strafverfolgung ergeben können, die dann allerdings nicht strengbeweislicher, sondern europarechtlicher Behandlung unterliegen. Dies soll im Folgenden verdeutlicht werden am Beispiel einer Richtlinie.

Vereinfacht dargestellt ein Fall, den kürzlich der *EuGH* zu beurteilen hatte: In den Niederlanden macht sich strafbar, wer betrunken Auto fährt. Auf Aufforderung von Polizeibeamten muss der Fahrer in ein Alkoholteströhrchen blasen. Weitere Vorschriften regeln die Anforderungen an die technische Beschaffenheit des Testgerätes. Letztere müssen aufgrund einer europarechtlichen Richtlinie an die EU übermittelt werden. Bis zum Zeitpunkt der erfolgreichen Testung eines Autofahrers war diese Übermittlung versäumt worden. Der Fahrer machte im Strafverfahren ein aufgrund dieses Ver-

---

342 *Sinner/Kreuzer* StV 2000, 116.

343 Der *EGMR* selbst misst dieser Anordnung von Gesetzlichkeit bei der Strafverfolgung allerdings in seiner Rechtsprechung zur Unschuldsvermutung des Art. 6 II EMRK keine Bedeutung bei, vgl. *Rzepka* Fairneß, S. 49 ff. Das mag nicht zuletzt damit zusammenhängen, dass er Ausgestaltung und Anwendung des nationalen Strafverfahrensrechts - wie gesagt - den Nationalstaaten überlässt.

344 So *Roxin* JZ 2000, 370.

345 S. aber *Beulke* (Strafprozeßrecht, Rn. 11a), der das EU-Recht bereits als eigenständige Rechtsquelle des Strafverfahrensrechts ansieht.

fahrensfehlers bestehendes Verwertungsverbot hinsichtlich der Testergebnisse geltend. Die Frage wurde dem *EuGH* vom Tatgericht im Vorabentscheidungsverfahren vorgelegt. Der *EuGH* entschied kurz und bündig, dass schon deshalb ein Verwertungsverbot nicht in Betracht komme, weil diejenigen Vorschriften, auf denen die Verurteilung des Angeklagten beruht, also die Vorschriften über die Strafbarkeit der Trunkenheitsfahrt und deren Nachweis, nicht hätten an die EU übermittelt werden müssen. Die (verletzte) Übermittlungspflicht habe sich nur auf die Vorschriften über die technische Beschaffenheit des Testgerätes bezogen, denn lediglich diese hätten *Marktrelevanz* - was der Gedanke hinter der Übermittlungspflicht sei.[346]

Die Entscheidung des *EuGH* folgt hier ersichtlich europarechtlichen Argumentationsmustern. Das Kriterium der Marktrelevanz ist ein genuin europarechtliches Kriterium. Wie aber wäre zu entscheiden gewesen, wenn der *EuGH* den Vorschriften über die Verwendung des Testgerätes zum Nachweis der Trunkenheitsfahrt Marktrelevanz zugebilligt hätte? Gerade im vorliegenden Fall liegt dies nicht fern, ist doch die Frage, ob derartige Geräte im Strafverfahren verwendet werden können, angesichts des dafür eher kleinen Marktes für den Hersteller von großer Bedeutung.[347] Dann hätten sich für den *EuGH* folgende Fragen gestellt: (1) Kann sich der Einzelne auf die Richtlinie berufen? (2) Verletzt nationales Recht die Richtlinie? (3) Macht die Verletzung ein Verwertungsverbot erforderlich? Schon bei Frage (1) ist ein Erfolg des Einzelnen fraglich.[348] Eine Bejahung der Fragen (1) und (2) ist aber nicht schlechthin ausgeschlossen und damit rückt die hier interessierende Frage (3) in den Blick. Letztlich geht es dabei - für den *EuGH* wie für die nationalen Gerichte - allein um die Frage, ob die Bedürfnisse einer effektiven Durchsetzung des Europarechts („effet utile“) das Eingreifen eines Verwertungsverbots erfordern.[349] Das ist eine genuin europarechtliche Frage, die sich maßgeblich an den Bedürfnissen der Marktfreiheit bzw. Marktrelevanz orientiert. Ein eventuelles Verwertungsverbot im Strafverfahren würde zwar die Strafverfolgung beschränken, dies wäre aber bloß eine Reflexwirkung des Europarechts. Als beweisrechtliche Norm, als Strengbeweisnorm ließe sich daher auch in diesem Falle eine EU-Richtlinie nicht begreifen.

c. Fazit: Die fünfte und die sechste Regel des Strengbeweises

Beweisführung, die die Schuld- und Straffrage betrifft, darf nur mittels der gesetzlichen „Beweismittel“ vonstatten gehen. *Ein Beweisgegenstand erlangt nur dann den Status eines Strengbeweismittels, wenn die diesbezüglichen gesetzlichen Wege eingehalten werden.*

Zum Strengbeweisrecht gehören sämtliche nationalen Rechtsnormen, die in Zusammenhang mit der strafprozessualen Beweisführung stehen - auch die Regeln der EMRK.

---

346 *EuGH* StV 1999, 132.

347 *Gärditz* wistra 1999, 293, 294; *Abele* EuZW 1998, 572.

348 Dazu *Gärditz* wistra 1999, 293, 295; *Satzger* StV 1999, 133. *Abele* (EuZW 1998, 571) verweist darauf, dass der *EuGH* eine Anspruchsbefugnis des Einzelnen in Fortführung seiner Entscheidung „CIA Security International“ (EuZW 1996, 379) hätte begründen können.

349 Dagegen *Gärditz* wistra 1999, 293, 294 ff.; dafür *Satzger* StV 1999, 133; *Abele* EuZW 1998, 572.

6. Strengbeweis VII: Der Gegenstand der Beweisbefugnisse

a. Das Verhältnis von Beweisbefugnis und Beweisverbot

Die Normen des Strengbeweisrechts sind gleichsam Beweisbefugnisse. Bei Erfüllung der gesetzlichen Voraussetzungen ist als Rechtsfolge die Erhebung *und* Verwertung der Beweisgegenstände gestattet. Bei Nichtvorliegen der Tatbestandsvoraussetzungen besteht aufgrund des Vorbehalts des Gesetzes das Verbot der Erhebung *und* Verwertung der Beweisgegenstände - weil es keine Befugnisnorm gibt, auf die die Erhebung und/oder Verwertung der Beweise gestützt werden könnte. Die Grenzen der Erhebungs- und Verwertungsbefugnisse ergeben sich aus einer Zusammenschau aller jeweils einschlägigen Normen des Strengbeweisrechts. Dieses Ensemble markiert die gesetzlichen Wege der Beweisführung.

Die entscheidende Konsequenz dessen ist, dass Verwertungsverbote - wie schon Erhebungsverbote - nicht als eigenständige Institute angesehen werden können. Ebenso wenig sind sie bloße Funktion der Revisibilität von Gesetzesverletzungen. Sie sind auch nicht Inhalt einer „jeweils einschlägigen, verletzten Norm".[350] Solche Normen sind, wie gesagt, streng genommen nicht vorhanden: Das strafprozessuale Beweisrecht befugt zu gesetzlichem Vorgehen, mit ungesetzlichem Vorgehen befasst es sich regelmäßig nur indirekt (s. III.2.d.). Es folgt das strengbeweisliche Verbot der Erhebung und Verwertung von Beweisen bei fehlender Rechtsgrundlage unmittelbar aus dem *Gebot, dass strafverfahrensrechtliche Beweisführung nur auf gesetzlicher Grundlage stattfinden darf.* Umgekehrt formuliert: „Ein widergesetzlich gewonnenes Beweismittel muss - das gebietet die Justizförmigkeit des Verfahrens - von einer Verwendung im Strafverfahren ausgeschlossen bleiben."[351] Dies ist der wahre Gehalt des unglücklich formulierten Satzes: „Es gibt keine Wahrheitserforschung um jeden Preis".[352] Man kann es auch so sagen: *Die Beweisbefugnis, nicht das Beweisverbot, ist das Entscheidende.* Hieraus erklärt sich der - in Anlehnung an *Ernst Belings* berühmte Schrift (s. II.1.) - entwickelte Untertitel dieser Arbeit: Die Beweisbefugnisse als Voraussetzungen der Wahrheitserforschung im Strafprozess. Während bei *Beling* die Wahrheitserforschung im Strafprozess lediglich durch einzelne gesetzliche Beweisverbote begrenzt war (was nicht ausdrücklich verboten war, war erlaubt), ist heute die Wahrheitserforschung im Strafprozess nur im Rahmen einzelner gesetzlicher Beweisbefugnisse zulässig (was nicht ausdrücklich erlaubt ist, ist verboten).

Parallelität ist damit hergestellt zu den verfassungs- und datenschutzrechtlichen Anforderungen an die Verwendung von personenbezogenen Informationen, wie sie im Strafverfahren ständig vorkommt. Auch dort ist erforderlich - aber auch ausreichend - eine bereichsspezifische Norm, die zur Erhebung und Verwertung (=Verarbeitung und Nutzung) der Informationen ermächtigt. Fehlt eine solche Norm, ist die Erhebung, Verarbeitung und Nutzung der Information verboten. Die so gewonnene Parallelität ist von großem praktischem Nutzen, die theoretische Grundlegung jedoch ist teilweise ei-

---

350 In dieser Richtung aber z.B. *Fezer* Strafprozeßrecht, 16/29 ff.

351 *Strate* JZ 1989, 176 und 179.

352 Auf die beschränkte Bedeutung des Satzes verweist auch *Fezer* Grundfragen, S. 31 und dort Fn. 44.

ne verschiedene. Das Gebot des Vorhandenseins umfassender Verwendungsermächtigungen folgt bei den personenbezogenen Informationen unmittelbar aus der Besonderheit, dass die Verwertung personenbezogener Informationen *stets* in das Grundrecht auf informationelle Selbstbestimmung eingreift: Es „ist ein Verwertungsverbot kein eigenes festumrissenes Rechtsinstitut, sondern das Resultat der mangelnden Eingriffsbefugnis. Aus grundrechtlicher Sicht nämlich ist nicht etwa die Verwertung der Regelfall, so dass die Unverwertbarkeit mittels eines Verbotes eigens festgeschrieben werden müsste, sondern umgekehrt. Aus dem Recht auf informationelle Selbstbestimmung folgt, dass die Verwertung und nicht deren Unterlassen zu rechtfertigen ist. Sie ist ausgeschlossen, soweit keine wirksame Eingriffsgrundlage vorhanden ist."[353]

b. Das Verhältnis von Beweisbefugnis und Informationsbefugnis

Beweisgegenstände dienen dem Nachweis bestimmter Lebenssachverhalte, bestimmter Tatsachen. Sie werden erhoben, weil man ihnen *Informationen* entnehmen kann, die den Schluss auf einen subsumtionsfähigen Lebenssachverhalt gestatten: „Strafverfolgung ist im Wesentlichen Informationserhebung und Informationsverarbeitung durch die zuständigen Strafverfolgungsorgane."[354] Beweisobjekte sind von Wert für die Beweisführung ausschließlich als „Informationsträger".[355] Diese Eigentümlichkeit des Beweisrechts ist zwar nicht neu, vielmehr einem Beweisrecht, das zum Beweise traditionell nur körperliche Gegenstände zulässt, wesensnotwendig - zu ihrer Erkenntnis bedurfte es aber erst eines Paukenschlages, wie ihn das Volkszählungsurteil des *BVerfG* darstellt (s. III.1.b. u. 2.c.).

Naturgemäß können Informationen ohne weiteres auf unterschiedlichen Informationsträgern festgehalten werden. Ein Geständnis lässt sich etwa mühelos in Vernehmungsprotokollen, im Gedächtnis der Verhörspersonen, in Vermerken, auf Tonbändern, Videobändern, in Computerdateien etc. konservieren. Die strafprozessuale Beweisführung im Strengbeweisverfahren geht stets mittels derartiger körperlicher Gegenstände vonstatten. Die Information, anders ausgedrückt: die Bedeutungsstruktur (s. I.2.a.) *an sich* kann zur Beweisführung im Strafverfahren nicht beitragen. Die allein zur Beweisführung zugelassenen „gesetzlichen Beweismittel" (s. III.5.a.) sind vielmehr: *Gegenstände*, die (möglicherweise) *Informationen* enthalten, deren Verwendung das *Beweisrecht* der StPO gestattet. Wer mit Beweisrecht umgeht, muss berücksichtigen, dass es einerseits letztlich um Informationen geht, dass aber andererseits Beweisführung nur mittels körperlicher Gegenstände stattfinden darf. Die herkömmliche Terminologie orientiert sich ganz überwiegend am Körperlichen; auch die StPO folgt einer am Körperlichen verhafteten Sprache (s. bereits III.1.b.). Aus Gründen der Verständlichkeit wird daher auch in dieser Arbeit vorwiegend von Beweisen, Beweisge-

---

353 *Macht* Verwertungsverbote, S. 291, der aaO. zudem völlig richtig anmerkt: „Diese Erkenntnis hat sich im Strafprozeßrecht noch nicht durchgesetzt. Hier wird eher davon ausgegangen, daß alles erlaubt ist, was nicht gesetzlich verboten ist".

354 *Rogall* Informationseingriff, S. 72 (s. auch aaO., S. 87 ff.); ausf. *Wolter* Kriminalpolitik, S. 1143 ff. *Kleinknecht/Meyer-Goßner* (StPO, Einl. Rn. 48) spricht von „Beweisergebnissen".

355 S. *Riepl* Selbstbestimmung, S. 172: „Beweiserhebung bedeutet ... die Sammlung aller zur Tatrekonstruktion erforderlichen Informationsträger ...".

genständen, Beweisobjekten, Beweismaterial, Beweisquellen o.ä. gesprochen. Man darf nur nicht vergessen, dass es letztlich immer um die in den Gegenständen enthaltenen Informationen geht.

Es führt angesichts des Informationsbezuges der Beweisführung nicht weiter, wie es die meisten herkömmlichen Beweisverbotstheorien tun, irgendwo zwischen den Informationsträgern eine Grenze zu ziehen, jenseits davon von „Surrogaten" o.ä. zu sprechen und hinsichtlich der Verwertbarkeit zu differenzieren. Insbesondere geht es fehl (wie in Deutschland üblich) zu erörtern, ob sich ein Verwertungsverbot auch auf „Beweissurrogate erstreckt" oder (wie in Österreich üblich) „Umgehungsverbote" zu diskutieren.[356] Es muss vielmehr der Lehre von den Informationsbeherrschungsrechten (s. V.1.d.) hoch angerechnet werden, herausgearbeitet zu haben, dass - entsprechend zur Zielrichtung der Beweisführung und in herkömmlicher Terminologie ausgedrückt - der Bezugspunkt des Verwertungsverbotes letztlich immer eine bestimmte *Information* ist, mag sie auch in Gegenständen verkörpert sein.[357] Die rechtswidrig erlangte Information darf in keiner Weise, das heißt insbesondere: auf keinem Informationsträger, für die Beweisführung verwendet werden.[358] In einer am Gesetzesvorbehalt orientierten Terminologie ausgedrückt: Die fragliche Information darf für die strafprozessuale Beweisführung nicht verwendet werden, weil eine Beweisnorm, die dies gestattet, fehlt.

Dies sei an zwei Beispielen verdeutlicht, die hier ungeachtet etwaig einschlägiger gesetzlicher oder selbständiger Verwertungsverbote erörtert werden sollen: (1) Die Aussage eines zeugnisverweigerungsberechtigten Angehörigen belastet den Beschuldigten. Der Angehörige war vor seiner Vernehmung nicht belehrt worden. (2) Bei einer Durchsuchung, die zum Zwecke der Auffindung der Tatwaffe beim Beschuldigten durchgeführt wird, wird diese gefunden und beschlagnahmt. Vor der Durchsuchung wurde eine richterliche Anordnung - obwohl ohne weiteres möglich - nicht eingeholt.

Im Fall (1) hat die fehlerhaft durchgeführte Vernehmung nicht primär einen Gegenstand hervorgebracht, sondern eine Aussage. Diese Aussage ist verkörpert in einem Vernehmungsprotokoll und zudem im Gedächtnis der bei der Vernehmung anwesenden Strafverfolgungsbeamten. Entscheidend aber ist die belastende Information. Um *diese* ging es in der Vernehmung, sie ist allein von Interesse für den Tatnachweis und sie wurde nur deshalb erlangt, weil § 52 StPO nicht beachtet wurde. In herkömmlicher Terminologie: Das Verwertungsverbot sperrt die rechtswidrig erlangte Information, gleich in welchem Beweisobjekt sie verkörpert sein mag. Unzulässig ist insbesondere eine Beweisführung mittels des Vernehmungsbeamten als „Zeuge (vom Hörensagen)" und des Vernehmungsprotokolls als „Urkunde". Sollte die Vernehmung auf Tonband aufgezeichnet worden sein, darf auch dieses nicht - als „Augenscheinsbeweismittel" - verwertet werden. In einer am Gesetzesvorbehalt orientierten Terminologie: Das Gesetz gestattet die Verwendung von Informationen, die sich aus Aussagen zeugnisver-

---

356 S. auch *Macht* Verwertungsverbote, S. 292 f. Zu letzterem vgl. *Pilnacek* Grundsätze, S. 108 ff.

357 Vgl. insb. *Amelung* Streit, S. 1276 ff.; *ders.* StV 2001, 131, 132 f.; *ders.* Entwicklung, S. 930. Konsequent umgesetzt ist der Bezug der Verwertungsverbote auf Informationen z.B. bei *Nagel* (Verwertung), wiewohl er nicht zu den Anhängern der Lehre von den Informationsbeherrschungsrechten gezählt werden kann.

358 Ebenso *Macht* Verwertungsverbote, S. 293.

weigerungsberechtigter Zeugen gewinnen lassen, nur dann, wenn diese vor der Vernehmung ordnungsgemäß belehrt wurden.

Im Fall (2) hat die rechtswidrige Durchsuchung primär einen Gegenstand hervorgebracht: Die Tatwaffe. Sie darf nicht verwendet werden, sei es im Wege des Augenscheins oder als Grundlage eines Sachverständigengutachtens. Entscheidend ist aber wiederum die Sperrung sämtlicher die Tatwaffe betreffender Informationen, die bei der rechtswidrigen Durchsuchung gewonnen wurden. *Darüber* darf in keiner Weise Beweis geführt werden - Tabu sind alle aus dieser Information sich erschließenden Tatsachen. Unzulässig wäre etwa auch eine diesbezügliche Vernehmung der durchsuchenden Polizeibeamten. Dem lässt sich nicht entgegenhalten, dass doch lediglich die Durchsuchung rechtswidrig gewesen sei, nicht aber die Beschlagnahme, die die Hilfsbeamten der Staatsanwaltschaft nach der Entdeckung der Waffe aufgrund ihrer Eilbefugnis hätten anordnen dürfen. Die Durchsuchung war eine beweissichernde Durchsuchung. Ihre gesetzliche Voraussetzung „zur Auffindung von Beweismitteln" stellt einen rechtlich relevanten Zusammenhang her zur Beschlagnahme. Die an sich bestehende Fehlerfreiheit der Beschlagnahme ist daher nicht geeignet, den Umstand auszuräumen, dass die beweiskräftigen Informationen rechtswidrig erlangt wurden. Auf den Punkt gebracht: Es gibt keine strafprozessualen Normen, die die Verwendung von Informationen gestatten, die *auf diesem Wege* gewonnen wurden.

c. Fazit: Die siebte Regel des Strengbeweises

Das Strengbeweisrecht ermächtigt - bei Vorliegen der Tatbestandsvoraussetzungen - zur Erhebung und Verwertung von Informationen. Bei Nichtvorliegen der Tatbestandsvoraussetzungen sind (wegen des Vorbehalts des Gesetzes) die Erhebung und Verwertung der Informationen untersagt.

IV. Kritik der Grundlagen der herkömmlichen Beweisverbotsdogmatik

In methodischer Hinsicht ist allen herrschenden Beweisverbotslehren letztlich gemeinsam die Ablehnung einer deduktiv am Gesetz und der Verfassung orientierten Ermittlung der Folgen der Verletzung von Beweisrecht. Stattdessen wird - soweit die Frage nicht gar vollständig ad hoc beantwortet wird - weitgehend beliebig auf bestimmte Prämissen zugegriffen, die dann (deduktiv) eine Antwort liefern sollen, wobei häufig die Deduktion nicht konsequent durchgehalten wird. Die Prämissen, die den herkömmlichen Theorien zugrundeliegen, sind über alle Theoriegrenzen hinweg weithin identisch. Sie sollen daher in diesem vierten Teil separat erörtert werden, während die Analyse der theoriespezifischen Besonderheiten dem fünften Teil vorbehalten bleibt.

1. Strengbeweis und Aufklärungsmaxime

a. Das Gebot möglichst umfassender Wahrheitserforschung

Das Credo der herkömmlichen Beweisverbotsdogmatik ist das Gebot möglichst umfassender Wahrheitserforschung.[359] Man meint, die Aufklärungsmaxime (§ 244 II StPO) gebiete grundsätzlich die Verwertung *aller* zur Verfügung stehenden Beweismittel - *gleich, ob sie rechtmäßig oder rechtswidrig erlangt wurden.*[360] Neuerdings liest man sogar, dass deshalb, weil die *Nicht*verwertung die Pflicht zur Wahrheitserforschung berühre, sie sich „selbstverständlich" auf das Gesetz stützen lassen müsse, insofern genügten aber die richterrechtlich entwickelten Verwertungsverbote.[361]

Auf die fragwürdigen Konsequenzen, die sich aus dieser Sichtweise ergeben, verweist *Gössel*:

> „Jedoch begibt man sich dabei auf einen gefährlich abschüssigen Weg, dessen Benutzung allerdings erst dadurch ermöglicht wird, daß angenommen wird, die Amtsaufklärungspflicht könne zur Verwertung sogar rechtsstaatswidrig gewonnener Erkenntnisse verpflichten: ist aber die *Verwertung* geboten, so wird man sich der Konsequenz nicht verschließen können, daß auch schon die *Ermittlung* (als notwendige Voraussetzung der Verwertung) geboten sei ..." Dies führe letztlich „zu einer neuen, gleichsam zweigliedrigen Bestimmung des Ermittlungsverbots, das einmal durch den Verstoß gegen gesetzliche Regeln (*positives Merkmal*) und zum anderen durch das *negative Merkmal* des *Nicht*vorliegens sowohl staatlichen Gewaltmißbrauchs als auch der Möglichkeit gesetzmäßiger Beweisermittlung zu kennzeichnen wäre"[362] bzw. „zu dem denkwürdigen Ergebnis, daß die gerichtliche Aufklärungspflicht im Rahmen der gebotenen Verwertung zu Gesetzesverstößen bei der Sachverhaltsermittlung zwingt".[363]

---

359 S. zu diesem Topos in der Rspr. des *BVerfG* nur *Gusy* StV 2002, 153, 154 f. m.Nachw.

360 Z.B. ausdrücklich *Wolter* Beweisverbote, S. 985.

361 So *Rogall* Beweisverbote, S. 148. In dieser Richtung auch *Weigend* ZStW 2001, 271, 289. *RiBGH Jähnke* (Verwertungsverbote bei Zeugnis- und Auskunftsverweigerungsrechten, S. 74) fordert sogar eine verfassungsrechtliche Rechtfertigung „für jedes einzelne Verwertungsverbot nach Grund und Umfang".

362 *Gössel* NStZ 1998, 126, 127 und 129 (Hervorh. im Original).

363 *Gössel* in: LR, Einl. K, Rn. 111; *ders.* Unterscheidung, S. 281.

Doch so weit möchte unter den herkömmlichen Beweisverbotsdogmatikern im Grunde niemand gehen. Relativiert wird aus ihrer Sicht nicht das Erhebungsverbot, relativiert werden nur die Folgen seiner Verletzung (s. III.5.a.aa.). Anders ausgedrückt: Relativiert wird das Erhebungsverbot (nur) in der Retrospektive.

b. Aufklärungsmaxime, Gesetzesvorbehalt und Beweisverbote

Beweismittel dürfen im Strengbeweisverfahren nur über die §§ 244 ff. StPO in die richterliche Überzeugungsbildung einfließen. Dies ist auch nach herkömmlicher Ansicht der zentrale Normenkomplex des Strengbeweises (s. II.4.).[364] Dabei sind die §§ 244 III 1, 245 I 1, II 2 StPO zu beachten: Das Gericht darf nicht Beweis erheben, wenn die Erhebung unzulässig wäre. Hier bringt das Beweismittelsystem der StPO wohl am deutlichsten zum Ausdruck, dass es unzulässig *zu gewinnende* Beweisobjekte nicht dem Richter zur Verfügung stellen möchte - gleich, ob sie zur Wahrheitsermittlung beitragen könnten. Beweiserhebung im Sinne der Normen ist die Einführung in die Hauptverhandlung. Sie ist unstreitig dann untersagt, wenn Gesetzesrecht entgegensteht. Sie ist zudem - auch nach herkömmlicher Ansicht - untersagt, wenn aufgrund rechtswidriger Beweiserhebung (im Ermittlungsverfahren) ein Beweisverwertungsverbot besteht.

Man muss aber noch darüber hinaus gehen: Wenn das Gesetz in den §§ 244 III 1, 245 I 1, II 2 StPO gesetzwidrige Beweiserhebungen untersagt - was sich aufgrund ihrer Gesetzwidrigkeit eigentlich von selbst versteht - wäre es merkwürdig, wollte das Gesetz von der Strenge dieses Befehls etwas zurücknehmen, sobald die gesetzwidrige Beweiserhebung geschehen ist. Die Aufklärungsmaxime in herkömmlicher Sichtweise, die sie auch auf rechtswidrig gewonnene Beweise bezieht, ist letztlich eine Aufklärungsmaxime, die den Gesetzesvorbehalt nicht kennt. Sie gleicht der Inquisitionsmaxime der Spätphase des gemeinen Strafprozesses. Schon diese war gekennzeichnet durch Charakteristika, die auch das gegenwärtige Verständnis der Aufklärungsmaxime prägen: Die Tendenz zur Beseitigung gesetzlicher Beschränkungen (der „schützenden Formen"), die Abwertung der vorhandenen Verfahrensgesetze (als bloße „Instruktionen") und die Ansicht, dass es auf Verfahrensfehler nicht ankomme, wenn nur das Ergebnis stimmt.[365]

Den herkömmlichen Lehren ist zu entgegnen: Setzt sich das Gericht mit der Frage auseinander, inwieweit es zur Beweisführung berechtigt und verpflichtet ist, muss es die Rechtmäßigkeit der Beweisgewinnung in jedem Falle prüfen - gleich, ob der Beweis bereits erhoben wurde oder ob noch keine Beweiserhebung stattgefunden hat. Letztlich - bei der Urteilsberatung - ist ohnehin jeder potentiell das Urteil tragende Beweis bereits erhoben und die Perspektive damit notwendig retrospektiv (s. bereits III.5.a.aa.). In diesem entscheidenden Moment gibt es nichts zurückzunehmen vom Gebot gesetzmäßiger Strafverfolgung. In jedem Falle stehen nur die gesetzlichen Wege zur Beweisführung zur Verfügung, nur auf sie bezieht sich die Aufklärungspflicht. Wollte das Gericht sich zur Verwertung des rechtswidrig gewonnenen Beweises ver-

---

[364] Schon bei *Ditzen* Dreierlei Beweis, S. 5; vgl. auch BGHSt 28, 117; *Többens* NStZ 1982, 184.

[365] Vgl. *Zachariae* Gebrechen, S. 84 f.; *ders.* Handbuch, S. 145 f.

pflichtet sehen, würde es einen Rechtssatz annehmen, der ihm gebietet, Unrecht zur Verwirklichung des Rechts zu verwenden. Ein solcher Rechtssatz ist rechtlich widersprüchlich und damit unhaltbar (s. ausführlich IV.5.a.). Es ist also festzuhalten, dass für eine Verwertung der fehlerhaft erhobenen Beweisgegenstände nicht die allgemeine Aufklärungsmaxime des Gerichts angeführt werden kann. Nach der Systematik des Strengbeweisrechts der Strafprozessordnung ist die Aufklärungspflicht des Gerichts - wie auch der übrigen Strafverfolgungsbehörden - von vornherein darauf beschränkt, die Wahrheit in den vom Gesetz zugelassenen Wegen zu suchen.[366]

Dem lässt sich nicht entgegenhalten, dass die §§ 244 III 1, 245 I 1, II 2 StPO nur für die Ablehnung von Beweisanträgen gelten, nicht aber für die allgemeine Aufklärungspflicht des Gerichts.[367] Das verkennt die Systematik der §§ 244 f. StPO. Positiv regelt das Gesetz nur die Aufklärungspflicht - es fehlt die Regelung ihrer Einschränkungen. Umgekehrt verfährt die StPO bei den Beweisanträgen. Deren positive Normierung fehlt, hingegen gibt es eine ausdifferenzierte Regelung der Ablehnungsmöglichkeiten. Man muss nicht die Identität der Ablehnungsmöglichkeiten hinsichtlich Beweisanträgen mit den der Aufklärungspflicht immanenten Beschränkungen behaupten, um festzustellen: Die StPO kennt eine Aufklärungspflicht *und* ihre Einschränkungen und ein Beweisantragsrecht *und* seine Einschränkungen.

Kurzum: Die Annahme, die Aufklärungsmaxime gebiete die Verwertung aller zur Verfügung stehenden Beweise, ist verfehlt. Eine Wahrheitserforschungspflicht in Bezug auf rechtswidrig gewonnene Beweise gibt es nicht. Der Ausschluss rechtswidrig erlangter bzw. zu erlangender Beweisobjekte aus der richterlichen Aufklärungspflicht besteht unabhängig von der Frage, ob der Beweisgegenstand bereits rechtswidrig erhoben wurde, oder noch rechtswidrig erhoben werden soll.[368]

c. Die Aufklärungsmaxime als Befugnisnorm?

Es ist nachdrücklich daran zu erinnern, dass § 244 II StPO keine *Befugnis*norm ist, die zur Ausweitung der gesetzlichen Wege der Beweisführung genutzt werden könnte. § 244 II StPO beschreibt lediglich die *Aufgabe* des Gerichts, die Wahrheit möglichst umfassend zu erforschen, so wie dies die §§ 160 I, 163 I 1 StPO für Staatsanwaltschaft und Polizei tun. Insbesondere ist § 244 II StPO keine Rechtsgrundlage für Eingriffe in materielle Rechte.[369] Das behauptet im Grunde auch niemand.[370] Die StPO kannte bis-

---

366 In dieser Richtung grundsätzlich auch *Niemöller/Schuppert* AöR 1982, 387, 443 f.: Es manifestiert „sich der verfassungsrechtliche Gehalt der Wahrheitsermittlungspflicht vornehmlich in dem Gewicht ..., das ihr in der Abwägung mit widerstreitenden Interessen als Normbestimmungs- oder Fallentscheidungsfaktor zukommt."

367 Auf den Zusammenhang der „der Aufklärungspflicht immanenten Grenzen" und § 244 III 1 StPO verweist auch *Fezer* Grundfragen, S. 27.

368 So auch *Fezer* Grundfragen, S. 24 und 27; s. schon *v.Kries* (Lehrbuch, S. 554), der zu § 244 StPO vorsichtig formulierte: „Die Unzulässigkeit der Benutzung eines Beweismittels kann sodann in der Art wurzeln, wie es erlangt wurde...".

369 Ebenso ausdrücklich *Gössel* Beweisverbote, S. 812.

370 Unklar allerdings *Wolter* Kriminalpolitik, S. 1154: „Im Strafprozessrecht hingegen indiziert der Tatbestand des Eingriffs angesichts der durchgängigen Wahrheitserforschungspflicht der Strafrechtspflegeorgane zunächst einmal die Rechtmäßigkeit der Grundrechtsbeeinträchtigung (oder zumindest die Zuläs-

lang anerkanntermaßen, anders als die Polizeigesetze, keine Ermittlungsgeneralklausel, sondern setzte für einzelne Grundrechtseingriffe immer eine Spezialermächtigung voraus. Eine gewisse Einschränkung dieses „Spezialitätsgrundsatzes" brachte das StVÄG 1999 mit sich (s. III.1.b.). Die §§ 161 I 1 und 2, 163 I 2 StPO wurden zu Ermittlungsgeneralklauseln für „weniger tiefe" Grundrechtseingriffe ausgestaltet. Das betrifft aber zum einen nicht die gerichtliche Wahrheitserforschung. Zum anderen ändert es nichts daran, dass überall dort, wo rechtswidrig ermittelt wurde, das Beweisrecht ersichtlich zur konkreten Beweisführung nicht befugt. Anlaß des Erlasses dieser Normen war ohnehin lediglich die Problematik der Verwertung personenbezogener Informationen im Strafverfahren, die nicht schon mittels der herkömmlichen Ermächtigungsgrundlagen erfasst werden konnten.

Die Anhänger der Lehre von den Informationsbeherrschungsrechten haben mit dem entsprechenden Problem naturgemäß in weitaus größerem Maße zu tun, als die übrigen herkömmlichen Beweisverbotslehren. Für sie stellt die Verwertung der Beweise einen Eingriff in die materiellen Informationsbeherrschungsrechte des Betroffenen dar, so dass eine Ermächtigungsgrundlage für die Verwertung notwendig wird (s. V.1.d.). Da auch diese Lehre nicht davon abgehen kann, in den beweisrechtlichen Normen lediglich die Frage der Beweiserhebung geregelt zu sehen - ansonsten könnte es die Beweisverbotslehre mangels Regelungslücke im Gesetz nicht geben (s. III.2.d.) - versucht sie, § 244 II StPO in eine hinreichende Eingriffsgrundlage (lediglich) für Eingriffe in *Informationsbeherrschungsrechte* durch Verwertung, nicht aber für Eingriffe in sonstige materielle Rechte umzudeuten.[371]

Für die übrigen herkömmlichen Lehren bedarf es, da sich aus ihrer Sicht der Rechtseingriff mit der Beweiserhebung regelmäßig erledigt hat, keiner speziellen Ermächtigungsgrundlage für die Verwertung. Schwierig wird es allerdings, wenn es nicht mehr gelingt, die Beweisverwertung dem Gesetzesvorbehalt völlig zu entziehen. Und so liest man: „Die Verwendung von Informationen zu Entscheidungszwecken ist das Zielprogramm einer jeden Erhebungsnorm ... Die Verwertung eines Beweisergebnisses lässt sich somit regelmäßig auf die Normen stützen, die die Erhebung des Beweises regeln."[372] Dem ist ohne Einschränkungen zuzustimmen (s. III.2.c. u. d.). Sieht man das allerdings so, gibt man implizit zu, dass die einzelnen Normen nicht bloß die Frage der Erhebung, sondern auch die der Verwertung regeln. Wer folgert, eine Norm ermächtige - bei Vorliegen ihrer tatbestandlichen Voraussetzungen - zur Erhebung des Beweisgegenstandes *und* zur Verwertung desselben, sollte konsequent folgern, dass bei Nichtvorliegen ihrer tatbestandlichen Voraussetzungen Erhebung *und* Verwertung des Beweisgegenstandes verboten sind.[373]

---

sigkeit der Beweisverwertung), wenn sich nicht mangels hinreichender Befugnisnorm oder mangels Verhältnismäßigkeit die Rechtswidrigkeit des Vorgehens begründen läßt."

371 Vgl. *Störmer* Grundlagen, S. 75 ff. Ähnlich *Müssig* GA 1999, 119, 124 der § 244 II StPO als allgemeine Rechtsgrundlage für Eingriffe in die materiellen „Informationsrechte" des Betroffenen ansieht, „sofern nicht der Eingriff den qualifizierten Voraussetzungen einer Spezialermächtigung unterliegt". Dagegen *Rogall* StV 1996, 513, 516.

372 *Rogall* Beweisverbote, S. 146 f.; vgl. auch *ders.* StV 1996, 513, 516.

373 Freilich a.A. *Rogall* Beweisverbote, S. 154.

2. Strengbeweis, freie Beweiswürdigung und Revisionsrecht

a. Strenge und Freiheit im Beweisrecht

Strengbeweis und freie Beweiswürdigung sind die beiden beherrschenden Maximen des Beweisrechts der Strafprozessordnung.[374]

Der Strenge des Beweismittelsystems (Beweisführung) entspricht in der StPO die Freiheit der Beweiswürdigung (Beweisverwertung im engeren Sinne). Das deutsche Strafverfahrensrecht hat sich von vornherein und unzweideutig dafür entschieden, die Förmlichkeit im Beweismittelsystem zu verwirklichen. Es kennt streng vorgezeichnete Wege, wie ein Beweisgegenstand zum Beweismittel und zum „Inbegriff der Hauptverhandlung" werden und schließlich im Urteil verwertet werden kann. Es kennt demgegenüber nahezu keine gesetzlichen Beweisregeln als Einschränkungen der freien Beweiswürdigung (§ 261 StPO). Anders ausgedrückt: Die freie Beweiswürdigung gilt von vornherein nur für Beweismittel, die im Strengbeweisverfahren erhoben wurden.[375]

Ein rechtsstaatliches Strafverfahrensrecht ist gehalten, zumindest in einem dieser beiden möglicherweise zum Strafausspruch führenden Komplexe ein förmliches/justizförmiges Verfahren vorzusehen.[376] Der Gesetzesvorbehalt fordert eine gesetzliche Determinierung des Beweisverfahrens (s. III.1.a. u. 2.d.). Der Vertrauensvorschuss, den der Gesetzgeber - im Gegensatz zu Gesetzgebern früherer Zeiten - den Richtern mit einer von Beweisregeln befreiten Beweiswürdigung gewährt, ist im Hinblick auf die notwendige Gesetzesbindung des Richters nur dann hinnehmbar, wenn im Beweismittelrecht strenge, gesetzliche Formalisierung herrscht.[377] Die fehlende gesetzliche Eingrenzung der Beweiswürdigung wird entsprechend kompensiert durch die Strenge der Beweisführung. Mit der Installierung von Strengbeweis und freier Beweiswürdigung hat der Gesetzgeber ein Beweisrechtssystem etabliert, das einerseits den Tatrichtern den nötigen Freiraum lässt. Andererseits hat der Gesetzgeber im Strengbeweisrecht den beiden bedeutsamen Fragen der Sicherung materiell richtiger Urteile und des Schutzes der Verfahrensbeteiligten (s. III.3.b.) die gebotene gesetzliche Einhegung verschafft.

Es könnte der Gesetzgeber daher, auch wenn er wollte, nicht die Beweiserhebung dem Freibeweisverfahren unterwerfen und zugleich an der freien Beweiswürdigung festhalten. Alle Ansichten, nach denen die Verletzung einer Norm des Strengbeweismittelsystems bei der Beweisführung seine weitere beweisrechtliche Verwendung nicht hindert, laufen im Ergebnis aber auf ein *partielles Freibeweisverfahren* hinaus.

---

374 *Arzt* Verhältnis, S. 223. Im Grundsatz verhält es sich ebenso in den Niederlanden (s. *Nijboer* Beweisrecht) und in Österreich (s. *Löschnig-Gspandl/Puntigam* Österreich, S. 352 u. 357 ff.).

375 *Fezer* Strafprozeßrecht, 17/4; *Roxin* Strafverfahrensrecht, § 15 Rn. 21; *Eisenberg* Beweisrecht, Rn. 35 u. 98.

376 Ebenso *Prittwitz* Der Mitbeschuldigte, S. 175 ff.; *Seebode/Sydow* JZ 1980, 506, 511; *Peres* Beweisverbote, S. 62; *Meurer* Beweiserhebung, S. 947 ff., insb. 960; *Kunert* GA 1979, 401, 413; *Herdegen* in: KK, StPO, § 244 Rn. 13; s. auch *Gleß* NJW 2001, 3606, 3607.

377 A.A. offenbar *Amelung* NJW 1991, 2533, 2534: Dem Prinzip der freien Beweiswürdigung entspreche es, grundsätzlich jedes Beweismittel zur Beweisführung zuzulassen. In dieser Richtung auch *G.Pfeiffer* in: KK, StPO, Einl. Rn. 117.

Die Kompensation, die der Strengbeweis im Hinblick auf die Freiheit der Beweiswürdigung bietet, wird so unterlaufen, so dass das Beweisrecht insgesamt nicht mehr den notwendigen Grad an Gesetzlichkeit aufweist.

b. Beweisverwertungsverbote als Beweisregeln - Beweisregeln als Substitute für Verwertungsverbote

Es ist nicht verwunderlich, wenn die Aufweichungen des Beweismittelsystems, wie sie die herkömmlichen Beweisverbotslehren betreiben, auf der anderen Seite von einer zunehmenden Einschränkung der Beweiswürdigung begleitet werden. Die herkömmlichen Beweisverbotslehren entgrenzen die Beweiserhebung derart, dass sich mit den an sich klaren Regelungen der StPO nicht mehr feststellen lässt, welche Ermittlungsmethoden den Strafverfolgungsbehörden zur Verfügung stehen, um Beweismittel zu erlangen, die Urteilsgrundlage werden können. Zugleich beschränken sie die gem. § 261 StPO „freie" Beweiswürdigung durch die Herausbildung von Beweisverwertungsverboten als eigenständigen Instituten, so dass die Würdigung eines Beweisobjektes, das einem Beweisverwertungsverbot unterliegt, einen revisiblen Verstoß gegen § 261 StPO darstellen soll.[378] Damit stellen die Beweisverwertungsverbote der Sache nach Beweisregeln dar, wie es sie - von Ausnahmen abgesehen (etwa § 190 StGB) - nicht mehr geben sollte. Bezeichnend daher die Unsicherheit, ob § 190 StGB als Beweisregel oder als Beweisverwertungsverbot anzusehen ist.[379] Einen Unterschied gibt es - folgt man der herkömmlichen Sicht der Beweisverwertungsverbote - nicht. Dadurch nivelliert die herkömmliche Beweisverbotsdogmatik nicht nur die Konturen des gesetzlichen Beweisrechts - welches durch Strenge des Beweismittelsystems und Freiheit der Beweiswürdigung gekennzeichnet ist; sie stellt die Systematik von den Füßen auf den Kopf.

Noch einen Schritt weiter geht der *BGH*, wenn er bei bestimmten Verfahrensfehlern bei der Beweiserhebung das die Beweiswürdigung einschränkende Verwertungsverbot durch eine Reihe differenzierter Beweiswürdigungsregeln ersetzt. Diese Entwicklung lässt sich bei der Verletzung von Beteiligungsrechten beobachten. Dort hält der *BGH* „eine Beweiswürdigungs-Lösung für sachgerechter als ein Verwertungsverbot" (s. III.5.b.aa.). Das bedeutet, dass zwar die Fehlerhaftigkeit der Beweiserhebung den Beweis nicht der Beweiswürdigung entzieht, es muss aber das Tatgericht (1) sich des geringeren Beweiswerts des Beweises bewusst sein und darf (2) sein Urteil darauf nur stützen, wenn der festzustellende Umstand durch andere wichtige Gesichtspunkte

---

[378] So BGHSt 42, 73 ff.; diff. *Müssig* GA 1999, 119, 135, dort Fn. 61. Krit. *Meurer* Beweiserhebung, S. 947 ff. Als Ausnahmen vom Grundsatz der freien Beweiswürdigung verstehen die Beweisverwertungsverbote *Schmitt* Beweiswürdigung, S. 190 ff.; *Volk* Strafprozeßrecht, § 29 Rn. 9 und § 28 Rn. 6; *Riepl* Selbstbestimmung, S. 173; *Rieß* in: LR, StPO, Einl. H, Rn. 44; *G.Pfeiffer* in: KK, StPO, Einl. Rn. 120; *Engelhardt* in: KK, StPO, § 261 Rn. 34; *Eisenberg* Beweisrecht, Rn. 109; *Kleinknecht/Meyer-Goßner* StPO, Einl. Rn. 55; *Beulke* Strafprozeßrecht, Rn. 22 u. 494; *Schroeder* Strafprozeßrecht, Rn. 282. Detaillierter Überblick über diese - vorherrschende - und andere Sichtweisen der Wirkung von Verwertungsverboten in der Rspr. des *BGH* bei *Nagel* Verwertung, S. 66 ff., 119 f.

[379] Für Beweisregel: *Herdegen* in: LK, StGB, § 190 Rn. 6; *Lenckner* in: Schönke/Schröder, StGB, § 190 Rn. 1 f.; *Tröndle/Fischer* StGB, § 190 Rn. 2; *Schmitt* Beweiswürdigung, S. 197; *Beulke* Strafprozeßrecht, Rn. 22. Für Beweisverwertungsverbot: *Tenckhoff* JuS 1989, 35, 37; *Helle* GA 1961, 166, 167.

außerhalb des Beweises gestützt wird.

Die die Verwertungsverbote substituierende „Beweiswürdigungslösung“ reiht sich ein in die allgemeine Tendenz der Revisionsrechtsprechung, praeter legem „Beweiswürdigungsregeln“ zu entwickeln.[380] Die Beachtung der Beweisregeln möchte das Revisionsgericht freilich kontrollieren, so dass entsprechend auch die Begründungsanforderungen an das tatrichterliche Urteil - weit über das gesetzlich geforderte Maß hinaus (vgl. § 267 StPO) - steigen. Die entsprechende Kontrolle übt das Revisionsgericht über richterrechtliche Mechanismen aus, die allgemein unter den Namen „Darstellungsrüge“ bzw. „erweiterte Revision“ diskutiert werden. Dieses ist ein weiterer Aspekt aktueller Revisionsrechtsprechung, der die materielle Wahrheit zu Lasten der Justizförmigkeit in den Vordergrund rückt und der im Folgenden näherer Betrachtung unterzogen werden soll.

c. Der Niedergang der Verfahrensrüge

Besonders deutlich kann man die Überbetonung des materiellen Rechts und der materiellen Wahrheit beobachten im Bereich der revisionsrechtlichen Kontrolle tatrichterlicher Beweiswürdigungen und - allgemeiner - am höchstrichterlichen Umgang mit der Verfahrensrüge.

Während der Anwendungsbereich der Sachrüge über die sog. Darstellungsrüge kontinuierlich ausgedehnt wurde, erodiert die Verfahrensrüge. Die Missachtung der prozessualen Form wird hier, könnte man sagen, auf die revisionsrechtliche Spitze getrieben: Sieht man ein Urteil im Ergebnis als richtig an, spielt kaum noch eine Rolle, auf welchem Weg es erzielt wurde.[381]

Dies zeigt sich in Folgendem: Die Revisionsgerichte möchten ein Urteil, das sie in der Sache für richtig halten, nicht allein wegen Verfahrensfehlern aufheben. Dies gelingt ihnen, indem sie gesetzeswidrig die Anforderungen an die ausreichende Substantiierung der Verfahrensrüge überhöhen.[382] Die extensive Auslegung des § 344 II 2 StPO lässt viele Verfahrensrügen scheitern. Andererseits möchten sie sachliche Fehler der Tatrichter nicht bloß aus formalen Gründen - diesmal: nicht hinreichend substantiierte Verfahrensrüge - hinnehmen müssen. Dies gelingt ihnen, indem sie einerseits gesetzeswidrig über die sog. Darstellungsrüge den Bereich der Sachrüge auf die Darstellungen des Urteils zur Beweiswürdigung ausdehnen.[383] Und indem sie andererseits in

---

380 Zum gegenwärtigen Stand dieser Entwicklung im Bereich des Zeugenbeweises vgl. *RiBGH Nack* StraFo 2001, 1 ff., der ganz offen von „Beweiswürdigungsregeln“ spricht (aaO., S. 3). Paradigmatisch auch *Kleinknecht/Meyer-Goßner* (StPO, § 261 Rn. 11) wo zunächst kurz behauptet wird, dass es Vorschriften darüber, unter welchen Voraussetzungen der Richter eine Tatsache als bewiesen anzusehen hat, nicht mehr gibt und sodann auf über fünfzig Zeilen allein zum Zeugenbeweis das Gegenteil dargelegt wird.

381 *Schlothauer* StraFo 2000, 289, 294; *Rieß* Gedanken, S. 409; ausf. *Barton* Revisionsrechtsprechung, insb. S. 261 ff.

382 Dazu und zu anderen revisionsrechtlichen Begrenzungen der Verfahrensrüge krit. *Fezer* Pragmatismus, S. 341 ff.; *Schlothauer* StraFo 2000, 289, 290; *Herdegen* Anmerkung, S. 103 ff.: „Instrumentalisierung der Vorschrift des § 344 Abs. 2 StPO zum Zwecke der Aufrechterhaltung des (in der Sache für richtig angesehenen) tatrichterlichen Urteils“ (aaO., S. 105). Vgl. auch *Fezer* Amtsaufklärungsgrundsatz, S. 860 f.; ausf. *Sarstedt/Hamm* Revision, Rn. 222 ff. u. 242 ff.

383 Dazu *Fezer* Pragmatismus, S. 332 ff., insb. 340 und *Rieß* Gedanken, S. 402, die allerdings von Gesetzeswidrigkeit nicht sprechen mögen. Letzterer immerhin sieht aaO. die Ursache in der Betonung der

entsprechenden Fällen bei der Anwendung des § 344 II 2 StPO gegensteuern, indem sie etwa auf Grund einer zulässig parallel erhobenen Sachrüge den Urteilsinhalt ergänzend zum Vorbringen der Revisionsbegründung heranziehen.[384] Ergebnis dieser Revisionsrechtsprechung: Die praeter legem geschaffenen Instrumente des Revisionsrechts geben den Revisionsgerichten die Möglichkeit, jedes beliebige Urteil aufzuheben - oder auch nicht.[385] Nicht verwunderlich, dass angesichts dessen die Rechtsprechung der Revisionsgerichte als undurchschaubar und wenig voraussehbar beschrieben wird, mit der Folge, dass sich der Erfolg einer Revision kaum prognostizieren lässt.[386]

Am wirkungsvollsten lässt sich der Primat des materiellen Rechts aber durchsetzen, indem man nicht jede Verletzung des Verfahrensrechts als revisibel anerkennt. Das Beweisverwertungsverbot ist insofern nur ein Institut unter mehreren, die gemeinsam den Niedergang der Verfahrensrüge bewirken. Es wird als eigenständige Ebene zwischen die Gesetzesverletzung und die Beweiswürdigung geschoben: Nur Beweise, die auf dieser Zwischenebene gesperrt werden, dürfen in der Beweiswürdigung keine Verwendung finden. „Gesetzesverletzung" im Sinne des § 337 StPO soll also nicht der Verfahrensverstoß bei der Beweiserhebung sein, sondern die Verletzung des Verwertungsverbots[387] bzw. - wie im vorigen Abschnitt beschrieben - die entgegen dem Verwertungsverbot vorgenommene Verwertung des Beweises in der Beweiswürdigung. Entsprechend verhalten sich die Rügeanforderungen bei § 344 II 2 StPO. Da der revisible Verfahrensverstoß in der Verwertung liegt, müssen Revisionsführer darlegen, warum eine Verwertung nicht stattfinden durfte. Dazu gehört nicht nur die Darlegung des Verstoßes bei der Beweiserhebung, sondern unter Umständen auch die Darlegung, dass in der Hauptverhandlung der Verwertung widersprochen wurde (s. zum Widerspruchserfordernis V.3.c.).[388]

Angesichts eines solchen Umgangs mit der Verfahrensrüge verwundert nicht, dass ihre Erfolgsquote minimal ist und etwa im Bereich der Aufklärungsrüge in letzter Zeit gegen Null tendiert.[389] Entsprechend sinkt die Bereitschaft von Verteidigern, Verfah-

---

materiellen Wahrheit in „vielleicht überspitztem" Gegensatz zur formellen Wahrheit. Vgl. auch *Sarstedt/Hamm* Revision, Rn. 254 ff.; *Braum* Geschichte, S. 223 f.; *Dallmeyer* JAR 1999, 43.

384 Z.B. BGHSt 45, 203, 204 f. Krit. *Naucke* Revisionsrichter, S. 115: „Die Revisionsgerichte wollen sich allerdings durch eine fehlerhafte Handhabung des § 344 Abs. 2 S. 2 StPO nur dann binden lasen, wenn das sachgerechte Ergebnis nicht verhindert wird." S. auch *Ranft* NJW 2001, 1305 f. („eine Art Notausgang") und *Sarstedt/Hamm* Revision, Rn. 16.

385 Vgl. *Barton* Revisionsrechtsprechung, insb. S. 4 ff.; *Naucke* Revisionsrichter, S. 112 ff.

386 *Sarstedt/Hamm* Revision, Rn. 12; *Barton* Revisionsrechtsprechung, S. 1 ff. *Schünemann* (ZStW 2002, 1, 55) vergleicht die Darstellungsrüge mit einem „Lotteriespiel".

387 So etwa *Dencker* Verwertungsverbote im Strafprozeß, S. 145; *Grünwald* JZ 1966, 489, 501; *Schroth* JuS 1998, 969; *Frisch* Bedeutung, S. 182; s. auch *Wichmann* Berufsgeheimnis, S. 240. Krit. *Schöneborn* GA 1975, 35.

388 BGHSt 38, 214, 225 f.; dazu *Fezer* Pragmatismus, S. 347.

389 Zahlenmaterial für die Jahre 1992-1995 bei *Nack* NStZ 1997, 153 ff.; vgl. auch - mit Zahlen für die letzten Jahre - *Fezer* Pragmatismus, S. 350 f. S. zudem ausf. *Barton* Revisionsrechtsprechung; *Schlothauer* StraFo 2000, 289, 293 f.; *Rieß* Gedanken, S. 408 f. Im vom Verfahrensrecht dominierten adversatorischen Strafverfahren hat umgekehrt die Rüge von Verfahrensfehlern größere Erfolgsaussichten als die Rüge der Verletzung materiellen Rechts, vgl. *B.Huber* England und Wales, S. 78.

rensrügen zu erheben bzw. sich überhaupt noch mit Revisionsrecht zu beschäftigen.[390]

> „Im übrigen sollten sich Verteidiger - gerade zu Beginn ihres Berufslebens oder wenn sie Möglichkeiten zu alternativer Tätigkeit haben - natürlich die Frage stellen, ob sie an einem »Spiel« teilnehmen wollen, dessen Regeln durch die Schiedsrichter flexibel gehandhabt werden."[391]

Revisionsrechtlicher Hintergrund der gegenwärtigen Revisionsrechtsprechung ist eine einseitige Betonung des Zieles der Revision, materiell richtige Urteile herzustellen („Einzelfallgerechtigkeit").[392] Damit suspendieren die Revisionsgerichte in quasi-gesetzgeberischer Manier das ebenso wichtige *Ziel der Verfahrensrüge, die Tatrichter zu strenger Beachtung der prozessualen Form anzuhalten.*[393]

> „Daß ein in Wahrheit Schuldiger eine Prozeßrüge dazu benutzt, die Verurteilung abzuwenden, widerspricht durchaus *nicht* dem Sinn des Verfahrensrechts! Es geht in der Strafrechtspflege nicht nur um die materiellrechtliche Richtigkeit der Urteile, sondern ebensosehr auch *um ihre Gewinnung auf keinem anderen als dem justizförmigen Wege.* Das Verlassen dieses Weges involviert stets enorme Gefahren für die Unschuld und damit für die Gerechtigkeit. Die Regeln der Justizförmigkeit sind hervorgegangen aus den Erfahrungen, die sehr zum Schaden der Gerechtigkeit mit einer sich aus Praktikabilitätsgründen von der Beachtung prozessualer Formen freizeichnenden Verfahrensmethode gemacht worden sind. Die Wahrung der prozessualen Form, auf die jeder Prozessbeteiligte einen hauptsächlich unter dem Schutze der *Revisionsgerichte* stehenden Anspruch hat, ist viel zu wichtig und ist ein zu hoher Wert, als daß es richtig erscheinen könnte, solche Verstöße aus Praktikabilitätsgründen hingehen zu lassen. Das mag manchmal dem Schuldigen die Erlangung unberechtigter Vorteile verbauen. Aber wie oft dem Unschuldigen dadurch sein Recht versagt wird, das sagt uns zwar keine Statistik, lehrt uns aber umso eindringlicher die ganze Geschichte der Strafrechtspflege."[394]

In ihrer ursprünglichen, gesetzlichen Gestalt war die Revision als „Hüterin des Gesetzes" ein Mittel zur Sicherung der Bindung der Tatgerichte an das Gesetz.[395] Es entspricht der allgemein im Strafverfahrensrecht zu beobachtenden Tendenz zur Missachtung der gesetzlichen Formen, die Wahrung dieser Formen nicht mehr als Wert an sich zu akzeptieren, sondern nur noch vor dem Hintergrund materieller Zwecke wie der Herstellung von Einzelfallgerechtigkeit oder Rechtseinheit oder der Gewährleistung

---

390 S. *Barton* Revisionsrechtsprechung, S. 283 f.; *Dahs* Verwertungsverbote, S. 140; nachdrücklich für die Erhebung ausgeführter Verfahrensrügen aber dennoch *Sarstedt/Hamm* Revision, S. VII; *Barton* Revisionsrechtsprechung, S. 283.

391 *Barton* Revisionsrechtsprechung, S. 283.

392 S. nur *Barton* Revisionsrechtsprechung, S. 8 u. 261 ff.

393 Zu diesem Ziel vgl. *Rudolphi* MDR 1970, 93, 97; *Vollhardt* Einschränkung, S. 24 ff.; *Roxin* Strafverfahrensrecht, § 53 Rn. 12; *Sydow* Kritik, S. 68 u. 44 (dem Revisonsgericht ist „letztlich die Wahrung des Gesetzmäßigkeitsprinzips im Strafverfahren anvertraut."); *Sarstedt/Hamm* Revision, Rn. 14 („Garantenstellung der Revisionsgerichte für die Wahrung strenger Formen bei den untergeordneten Instanzen").

394 *Eb.Schmidt* (JZ 1958, 596, 601) wendet sich mit dieser Argumentation gegen den letzten Satz des *BGH* in der für die „Rechtskreistheorie" grundlegenden Entscheidung (GS St 11, 213, 219): „Daß ein Schuldiger auf diese Weise zur Abwendung seiner Verurteilung gelangen kann, widerspricht dem Sinn des Verfahrensrechts." (Hervorh. im Original).

395 *Naucke* Revisionsrichter, S. 107 f.

effektiven Rechtsschutzes.[396] Zwingendes Gesetzesrecht ist in der Revision nur noch insoweit zwingend, als seine Einhaltung die von den Revisionsgerichten praeter legem entwickelten materiellen Zwecke der Revison tatsächlich befördert. So kann man nur verfahren, wenn man die gesetzliche Gestalt der Revision, insbesondere der Verfahrensrüge, aus dem Blick verliert.[397]

> „Insoweit hat sich tatsächlich ein Stück „Herrschaftsmacht" der Revisionsgerichte selbständig gemacht. Diese besteht darin, daß es das Revisionsgericht so weit wie möglich vermeiden will, ein nach inhaltlicher Einschätzung richtiges Urteil „nur" wegen eines Verfahrensfehlers aufheben und eine Neuverhandlung anordnen zu müssen, bei der nach Einschätzung des Revisionsgerichts kein anderes Ergebnis (oder sogar eine Verschlechterung der Wahrheitsfindung) erwartet wird. Die Geltungskraft von Verfahrensvorschriften ist jedoch nicht davon abhängig, ob das Urteil in der Sache letztlich richtig ist oder nicht, ob sozusagen „das Ergebnis stimmt" ... Verfahrensrügen dürfen nicht erst dann erfolgreich sein, d.h. zur Urteilsaufhebung führen, wenn eine inhaltliche Überprüfung des Urteils ergibt, daß erhebliche Bedenken angebracht sind. Die Bedeutung der „schützenden Formen" wird unangemessen reduziert."[398]

Auch bei *Rieß* lässt sich nachlesen, dass eine solche Handhabung der Verfahrensrüge „zu einem Verlust an rechtsstaatlichem Eigenwert der notwendigen Formstrenge des Verfahrens, dessen Vorschriften sich auf diese Weise dem Bewertungsmaßstab des vorwiegend Zweckmäßigen nähern" führt.[399]

Für die praktische Wirksamkeit der Verfahrensregelungen ist die Frage der Revisibilität ihrer Verletzung letztlich entscheidend.[400] Der streng formale Maßstab bei der Zulässigkeitsprüfung der Revisionsgerichte begünstigt so Entformalisierungstendenzen der Tatgerichte. Überdeutlich ist dies im Bereich der Absprachen, in dem sich die Tatgerichte - nicht zuletzt aufgrund der Ineffizienz der Verfahrensrüge - weitgehend der Kontrolle durch den *BGH* entziehen können (s. IV.6.a.). Es entbehrt nicht einer gewissen Ironie, dass ausgerechnet eine überstreng formale Handhabung der Verfahrensrüge der Aufweichung der strengen Formen des Beweisrechts Vorschub leistet. Der Formalismusvorwurf lässt sich hier wenden gegen diejenigen, die ihn gegenüber den Anhängern eines streng formalisierten Beweisrechts erheben.[401]

Welchen Stellenwert der historische Gesetzgeber im Revisionsrecht der Kontrolle der prozessualen Form einräumte, kann man an den absoluten Revisionsgründen unschwer erkennen (§ 338 StPO). Bei einigen muss man es als generell hochgradig unwahrscheinlich ansehen, dass der formelle Fehler Einfluss auf die sachliche Richtigkeit des Urteils genommen hat. Gleichwohl hat der Gesetzgeber die betreffenden *Verfahrens*vorschriften als so wichtig angesehen, dass ihre Verletzung zwingend zur Auf-

---

396 *Naucke* Revisionsrichter, S. 111; paradigmatisch für die Überbetonung der Einzelfallgerechtigkeit *Momsen* Verfahrensfehler, insb. S. 23 ff., 41 u. 323 ff.

397 Deutlich auch bei *Rieß* (Gedanken, S. 399 ff.), wiewohl er die Missstände im Bereich der Verfahrensrüge erkennt, vgl. aaO., S. 409 ff.

398 *Fezer* Pragmatismus, S. 352; krit. auch *Sarstedt/Hamm* Revision, S. VI; *Barton* Revisionsrechtsprechung, S. 282 ff.

399 Gedanken, S. 409.

400 *Höpfel* Einführung, S. 18 f.

401 In dieser Richtung auch *Rieß* StraFo 2000, 364, 368; *ders.* Gedanken, S. 409 u. 418.

hebung des Urteils führt.

Wenn man aus dem Scheitern der Rechtsmittelreform in den siebziger Jahren und dem Aufblühen der sog. Darstellungsrüge folgert: „Hier hat die rechtsschöpferische Kraft der Rechtsprechung eine wenn nicht parlamentarische, so doch juristische Anerkennung gefunden, die sie auf die Dauer legitimieren wird“[402], so muss dies als der unverhohlene Versuch bezeichnet werden, die Quasigesetzgebung des *BGH* in einer Weise zu legitimieren, die den Gesetzesvorbehalt schlicht ignoriert. Wo ist der verfassungsrechtliche Gesichtspunkt, der die Rechtsprechung legitimieren könnte, eine derart weitreichende Revision des Revisionsrechts vorzunehmen? Wie kann in diesem wichtigen strafprozessrechtlichen Bereich eine „juristische“ Anerkennung eine „parlamentarische“ ersetzen? Wie tragfähig ist eine „juristische“ Anerkennung, die von namhaften Revisionsrechtlern nicht anerkannt wird?

d. Beweisverbote in der Revision

„Die Revision ist erfolgreich, wenn das Urteil auf einer Gesetzesverletzung beruht.“ Mit diesem Obersatz - abgeleitet aus der ebenso schnörkellosen Formulierung des § 337 I StPO - pflegen Studenten im Allgemeinen revisionsrechtliche Gutachten einzuleiten. Es ist nicht bekannt, dass Korrektoren etwas dagegen einzuwenden hätten. Gleichwohl weiß jeder, der sich auch nur oberflächlich mit der herrschenden revisionsrechtlichen Dogmatik beschäftigt, dass kaum etwas weniger wahr ist, als dieser Satz. Richterrechtliche Instrumente überwuchern das Revisionsrecht nicht anders als das Beweisrecht, erweitern die Möglichkeiten der Gerichte - in aller Regel zu dem Zweck, Revisionsanträge in die Erfolglosigkeit zu verweisen. So versuchen die Revisionsgerichte, entgegen gesetzlichem Recht auf revisionsrechtlicher Ebene die Folgen von Verfahrensfehlern zu begrenzen (s. in den vorigen beiden Abschnitten u. IV.2.d.aa.), das Vor- und Zwischenverfahren gegenüber der Revisionskontrolle abzuschotten (s. III.4.c.) und das „Beweisverwertungsverbot“ als eigenständiges Institut dazu zu nutzen, Beweisverfahrensfehler auszufiltern (s. im vorigen Abschnitt). Richtigerweise müsste der Obersatz heute heißen: „Die Revision ist erfolgreich, wenn der *Senat* schwerwiegende Bedenken gegen die sachliche Richtigkeit des Urteils hat.“[403]

Die aus dieser Praxis der Revisionsgerichte resultierende Erfahrung, dass auch in einem stabilen Rechtsstaat als Recht verbrämte Macht zwingendem gesetzlichem Recht vorgehen kann, mag mutlos stimmen.[404] Es soll dennoch der Versuch unternommen werden, die Grundzüge darzulegen, wie Fehler des Beweisverfahrens in der Revision zu behandeln wären, wenn man das Revisionsrecht von den genannten richterrechtlichen Machtinstrumenten befreite. Man sollte die praktische Bedeutung dessen nicht zu gering schätzen. Neuverhandlungen, die aufgrund erfolgreicher Verfahrensrügen stattfinden, führen keineswegs zum - diesmal prozessordnungsgemäß gewonnenen - materiell identischen Urteil. Im Gegenteil: Die in der Neuverhandlung ergehenden Urteile weisen zu ca. 2/3 zum Teil erhebliche Verminderungen des Strafma-

402 *Roxin* Rechtsprechung, S. 72.

403 Vgl. *Barton* Revisionsrechtsprechung, insb. S. 283 f.

404 *Barton* (Revisionsrechtsprechung, S. 283 f.) berichtet von Frustration, Irritation, Resignation, Zynismus, Mut- und Kraftlosigkeit unter Revisionsverteidigern.

ßes auf, in ca. 1/3 der Urteile erfolgte Freispruch bzw. eine Aussetzung der Freiheitsstrafe zur Bewährung.[405] Ob die Ergebnisse der Neuverhandlungen näher an (materieller) Wahrheit und (materieller) Gerechtigkeit sind, als die aufgehobenen Urteile, lässt sich freilich kaum sagen. Zweierlei aber steht fest: Erfolgreiche Verfahrensrügen sind alles andere als materiell folgenlos, und: Das neue Urteil ist - im Gegensatz zum vorangegangenen Urteil - immerhin formell richtig zustande gekommen.

aa. Die „Verletzung des Gesetzes"

„Der Begriff der Gesetzesverletzung ist das Herzstück der Revisionsdogmatik."[406] Das Gesetz ist verletzt, wenn eine Rechtsnorm nicht oder nicht richtig angewendet worden ist (§ 337 II StPO, vgl. auch § 7 EGStPO). Es kann *jede* Verletzung von Rechtsnormen die Revision des Angeklagten begründen: „Der Ausdruck »Rechtsnorm« wird hier im weitesten Sinne verstanden. Er umfasst nicht bloß die ausdrücklichen Bestimmungen der Gesetze, sondern auch alle Grundsätze, welche sich aus dem Sinne und dem Zusammenhange der gesetzlichen Vorschriften ergeben. Der Entwurf unterscheidet auch nicht zwischen Normen des materiellen Rechts oder des Prozeßrechts, und grundsätzlich ist keine Prozeßvorschrift von der Begründung der Revision ausgeschlossen."[407] Das bedeutet im Hinblick auf die Beweisführung schlicht und einfach: Soll sie nicht zur Aufhebung des Urteils in der Revision führen, darf sie nur auf gesetzlichem Wege erfolgen. Wegen des Vorbehalts und des Vorrangs des Gesetzes ist jede Beweisführung jenseits gesetzlicher Ermächtigungen eine Gesetzesverletzung. Angesichts dessen, dass heute staatsrechtlich über den Begriff der Rechtsnorm kein Streit mehr besteht, sollte das revisionsrechtliche Schrifttum auf jedes weitere Wort hierüber verzichten: „In der Revision ist eine Gesetzesverletzung eine Gesetzesverletzung, tertium non datur."[408]

Es ist notwendig, an dieser Stelle noch einmal auf jene begriffliche Ungenauigkeit aufmerksam zu machen, die entstanden ist, weil die herkömmlichen Beweisverbotslehren ihre Begrifflichkeit ungeachtet des Inkrafttretens des Grundgesetzes unverändert perpetuieren (s. bereits III.1.a. u. 6.a.). Es wurde als das für die Zulässigkeit der Beweisführung maßgebliche herausgearbeitet, dass sie sich auf gesetzliche Grundlagen stützen kann. Entscheidend ist unter der Geltung des Gesetzesvorbehalts die Beweisbefugnis, nicht das Beweisverbot. Dieser grundlegende Paradigmenwechsel im Beweisrecht schlägt über den Begriff der „Gesetzesverletzung" unmittelbar durch auf das Revisionsrecht. Einstmals war die Beweiserhebung weithin zulässig und wurde nur durch einzelne Verbote begrenzt - eine „Gesetzesverletzung" konnte man mithin in der

---

405 *Vogelsang* Bedeutung, S. 85 ff. (Untersuchung sämtl. vor dem *BGH* erfolgreicher Verfahrensrügen der Jahre 1992/1993); s. auch *Barton* Revisionsrechtsprechung, S. 58 ff.

406 *Braum* Geschichte, S. 59.

407 *Hahn* Materialien, Bd. 3, Abt. 1, S. 251. Vgl. *Strate* JZ 1989, 176, 178; *Schöneborn* GA 1975, 37; *Weber-Petras* Ordnungs- und Sollvorschriften, S. 3; *Braum* Geschichte, S. 59 u. 244; *R.Frank* Strafverfahrensnormen, S. 38 f. Ebenso im Ergebnis *Eb.Schmidt* JZ 1958, 596, 598; *Koriath* Beweisverbote, S. 63 f.; *Sydow* Kritik, S. 47 ff., 61 u. 71; *Gössel* Beweisverbote, S. 813 f.; *Rudolphi* MDR 1970, 93, 96; *Haffke* GA 1973, 65, 79. So schon *Ullmann* Lehrbuch, S. 602. Dagegen *Vollhardt* Einschränkung, S. 121 ff. Einschränkend *Grüner* Revisibilität, S. 10 ff.

408 *Braum* Geschichte, S. 14.

Verletzung des jeweiligen gesetzlichen Verbots lokalisieren. Heute hingegen ist Beweiserhebung nur im Rahmen der gesetzlichen Wege zulässig - die „Gesetzesverletzung“ liegt in erster Linie darin, dass eine Beweiserhebung trotz *Fehlens* eines solchen Weges stattfindet. Man mag zwar z.B. auch heute noch mit der Entnahme von Blutproben durch Medizinalassistenten (wegen der sachlichen Nähe) eine Verletzung des Arztvorbehalts des § 81a StPO assoziieren - streng genommen ist ein Rekurs auf § 81a StPO überflüssig, denn entscheidend ist das gänzliche Fehlen einer gesetzlichen Befugnis für Medizinalassistenten, Blutproben zu entnehmen. Im Ergebnis macht dies immerhin in der Diskussion um unselbständige Beweisverbote keinen Unterschied, denn sie pflegen allgemein erst diskutiert zu werden, wenn rechtswidrig Beweis erhoben wurde, wenn also *an sich* niemand das Vorliegen einer „Gesetzes-verletzung“ bestreitet.

Wo der Gesetzgeber eine Einschränkung des Revisionsrügerechts installieren wollte, hat er dies in Ausnahmevorschriften wie insbesondere § 339 StPO getan. Danach darf die Staatsanwaltschaft die Verletzung von Normen, die lediglich zu Gunsten des Angeklagten gegeben sind, nicht geltend machen, um eine für diesen ungünstigere Verurteilung zu erreichen. Für den Angeklagten fehlt eine entsprechende Norm - für ihn muss die Revisionsrügebefugnis daher im Bereich des § 337 StPO als unbeschränkt angesehen werden.[409] Dem wird entgegengehalten, § 339 StPO stelle gleichsam nur ein Gleichgewicht zwischen den Rügebefugnissen der Staatsanwaltschaft und des Angeklagten insoweit her, als es dem Beschuldigten ohnehin verwehrt sei, die Nichtanwendung einer ihn belastenden Norm zu rügen, um eine für sich günstigere Verurteilung zu erreichen - weil er durch die Nichtanwendung nicht *beschwert* sei; diese Einschränkung der Beschwer gebe es bei der Staatsanwaltschaft nicht.[410] In ähnlicher Weise gab es im Laufe der Zeit wiederholt Versuche, über die Zulässigkeitsvoraussetzung der Beschwer eine Einschränkung des Revisionsrügerechts des Angeklagten zu erreichen (s. auch V.1.a.).[411] Richtig ist an diesen Versuchen lediglich die Feststellung, dass die Rügebefugnis der Staatsanwaltschaft im Hinblick auf die Zulässigkeitsvoraussetzung der Beschwer prinzipiell unbeschwert ist. Denn die Staatsanwaltschaft ist als unparteiische, zur Wahrung des Rechts verpflichtete Behörde durch jede unrichtige Anwendung des Rechts beschwert.[412] Ob die Norm, deren Verletzung der Angeklagte rügt, nur zu seinen Lasten existiert, ist aber für seine Beschwer irrelevant, denn *der Angeklagte ist durch jede für ihn nachteilige Entscheidung beschwert.*[413] Alles weitere mag man im Rahmen der Beruhensfrage klären. § 339 StPO stellt also nicht etwa ein Gleichgewicht her, sondern statuiert ein Ungleichgewicht, indem er die Revision der

---

409 So auch *Dencker* StV 1995, 235; *Schlüchter* Wert, S. 229 f.; *Rudolphi* MDR 1970, 93, 96.

410 *Frisch* Bedeutung, S. 190 f.

411 *Dencker* (StV 1995, 235) verlagert die so verstandene „Beschwer“ in die Beruhensfrage. Noch weiter gehend *Momsen* (Verfahrensfehler, insb. S. 325 ff.) der neben die „Urteilsbeschwer“ als zusätzliche Voraussetzung die von ihm - praeter legem - entwickelte „Verfahrensfehlerbeschwer“ stellt, als deren gesetzlichen Ausdruck er § 339 StPO ansieht.

412 *Roxin* Strafverfahrensrecht, § 51 Rn. 12; *Rautenberg* in: HK, StPO, § 296 Rn. 12; *Volk* Strafprozeßrecht, § 34 Rn. 14.

413 *Sarstedt/Hamm* Revision, Rn. 68; *Volk* Strafprozeßrecht, § 34 Rn. 12; *Beulke* Strafprozeßrecht, Rn. 537; *K.Peters* Strafprozeß, S. 611.

Staatsanwaltschaft einseitig beschränkt.

Abzulehnen sind zudem Ansichten, die bestimmte Strafprozessnormen als Vorschriften niederen Ranges ansehen, deren Verletzung nicht gerügt werden könne.[414] Die Rechtsprechung (schon des *RG*) sprach insoweit von „bloßen Ordnungsvorschriften", hat dies der Terminologie nach seit einiger Zeit aber weitgehend aufgegeben.[415] Grundlage der Abklassifizierung war folgende Erwägung: „Ein Gesetz kann nur verletzt werden, soweit es befolgt werden muss, soweit das Gericht zu seiner Befolgung verpflichtet ist. Die Ordnungsvorschriften sind erlassen, weil der Gesetzgeber dem Umstand Bedeutung beimißt, dass ihnen entsprochen wird. Deshalb ist zu erwarten, dass der Richter sie als Regel beachtet und sich nicht ohne Grund über sie hinwegsetzt. Aber wenn er von der eingeräumten Befugnis zur Abweichung von der Regel Gebrauch macht, verletzt er nicht das Gesetz."[416] Das war schon damals nicht ganz richtig, wie der eingangs dieses Abschnittes vorgenommene Rekurs auf die Motive des historischen Gesetzgebers zeigte, der jede Rechtsnorm als revisibel ansah (s.o.).[417] Allerdings kannte man bei Inkrafttreten der StPO noch sog. instruktionelle Vorschriften, deren Beachtung durch die Strafverfolgungsbehörden gerichtlicher Kontrolle entzogen sein sollte.[418] Es handelte sich dabei um „Soll-Vorschriften", also Vorschriften, die in gewissem Umfange Ermessen einräumen. Nach damaliger Auffassung - auch des Strafprozessgesetzgebers - war Ermessensausübung gerichtlich nicht überprüfbar.

Das ist spätestens seit Inkrafttreten des Grundgesetzes unhaltbar geworden. Unter der Geltung des Grundgesetzes kommt den strafprozessualen Normen - soweit sie Befugnisse des Gerichts regeln - die Funktion begrenzter Eingriffsermächtigungen zu, womit sie dem Vorbehalt des Gesetzes Rechnung tragen. Unverbindlichen Charakter hat keine der Strengbeweisnormen. Das gilt auch für Soll-Vorschriften. Sie zeichnen sich dadurch aus, dass der Richter regelmäßig eine bestimmte Entscheidung zu treffen hat (gebundene Entscheidung), in begründeten Ausnahmefällen aber davon abweichen darf, er hat in diesen Fällen Ermessen.[419] Soweit diese Normen im Sinne des *RG* eine „Befugnis zur Abweichung von der Regel" geben, gilt dies nur für den jeweils begründeten Ausnahmefall. Liegt ein solcher nicht vor, bleibt es bei der Regel und eine Regelabweichung verletzt das Gesetz. Die Revisionsgerichte führen insofern eine gewöhnliche Ermessenskontrolle durch.[420] Die Argumentation mit Ordnungsvorschriften

---

414 Überblick über die entsprechend behandelten Vorschriften bei *Weber-Petras* Ordnungs- und Sollvorschriften, S. 35 ff. u. 201 ff.

415 Vgl. BGHSt 25, 325, 329: „methodisch veraltete Vorstellung". In der Sache setzt der *BGH* allerdings seine Rspr. fort, vgl. *Weber-Petras* Ordnungs- und Sollvorschriften, S. 10 f. Jüngst in dieser Richtung *Wolter* Beweisverbote, S. 986.

416 RGSt 42, 168 ff.; hierzu *Weber-Petras* Ordnungs- und Sollvorschriften, S. 15 ff. In nahezu allen übrigen Gerichtsentscheidungen, die den Terminus „Ordnungsvorschrift" verwenden, fehlt eine Begründung, was man darunter zu verstehen habe, vgl. *Weber-Petras* aaO., S. 9. Zu den unterschiedlichen Begründungsansätzen der Literatur vgl. *Weber-Petras* aaO., S. 11 ff.

417 Abl. auch *Sarstedt/Hamm* Revision, Rn. 242 u. 251; *Momsen* Verfahrensfehler, S. 39 ff.; *Kuckein* in: KK, StPO, § 337 Rn. 13.

418 S. *Ziegler* Zweckmäßigkeitstendenzen, S. 37 u. 39; ausführlich *Weber-Petras* Ordnungs- und Sollvorschriften, S. 87 ff.

419 *Weber-Petras* Ordnungs- und Sollvorschriften, S. 127 ff.

420 *Weber-Petras* Ordnungs- und Sollvorschriften, S. 167 ff.; im Ergebnis ähnlich *Sarstedt/Hamm* Revision, Rn. 247 (allerdings ohne Anbindung an die allg. Ermessenslehre).

ist demnach ebenso unberechtigt wie überflüssig. Sie erweckt bei genauer Betrachtung ohnehin den Eindruck, dass dieser Begriff „das Sammelbecken für eine Reihe höchst heterogener Normen bildet, die im Grunde nur dadurch zu einer Einheit verbunden sind, daß sie eben nicht revisibel sein sollen."[421] Als „Zauberformel"[422] soll er das Gericht von der Notwendigkeit tiefergehender Begründungen entbinden.

Erforderlich ist auch die Aufgabe von Rechtskreiserwägungen (s. bereits II.5.; ausführlicher V.1.a.). Die „Rechtskreistheorie" reiht sich ein in die Mittel zur Einschränkung der Verfahrensrevision.[423] Angesichts des identischen Zieles der herkömmlichen Beweisverwertungsverbotslehren, die Folgen von Verfahrensfehlern einzudämmen, verwundert nicht, dass sich zwischen dem zunehmend seltenen Argumentieren mit Rechtskreisen und dem Aufblühen der herkömmlichen Beweisverbotsdogmatik ein Zusammenhang beobachten lässt.[424] Die „Rechtskreistheorie" beschränkt die Folgen von Verfahrensfehlern gleichsam auf horizontaler, die Lehre von den Ordnungsvorschriften hingegen auf vertikaler Ebene. Während bei der „Rechtskreistheorie" eine Revisionsrügebefugnis hinsichtlich vollwertiger Normen aufgrund inhaltlicher Erwägungen verneint wird, scheitert die Verfahrensrüge bei „Ordnungsvorschriften" aufgrund ihrer herabgesetzten Qualität. In der grundlegenden Entscheidung des *BGH* kombinierte dieser beide Mechanismen. Er fragte in einem ersten Schritt danach, ob die verletzte Norm von großer Bedeutung und Tragweite für die Verfahrensbeteiligten sei und nur wenn das nicht der Fall sei, komme es auf Rechtskreiserwägungen an.[425] Im Rahmen einer abwägenden Beweisverbotslehre lassen sich aufgrund ihrer Offenheit beide Aspekte mühelos unterbringen.

bb. Die Beruhensfrage

Die zweite der beiden Voraussetzungen des Erfolges einer Revision ist das „Beruhen" des Urteils auf der Gesetzesverletzung (§ 337 I StPO). Das Urteil „beruht" auf einer Gesetzesverletzung, wenn es ohne die Verletzung anders ausgefallen wäre.[426] Erforderlich - aber auch ausreichend - ist insofern Kausalität der Verletzung für das Urteil.[427] Angesichts dessen, dass sich derartige Kausalität kaum beweisen lässt - der Richter schöpft seine Überzeugung im Wege *freier* Beweiswürdigung aus dem Inbegriff der *gesamten* Verhandlung (§ 261 StPO) - wird zu Recht allgemein die Einschätzung als ausreichend angesehen, dass das Urteil ohne den Fehler möglicherweise anders ausgefallen wäre.[428]

---

421 *Frisch* Bedeutung, S. 201.

422 *Frisch* Bedeutung, S. 201.

423 *Sydow* Kritik, S. 44; *Momsen* Verfahrensfehler, S. 132 u. 146.

424 Vgl. *Strate* JZ 1989, 176, 178.

425 BGHSt 11, 213 ff.; vgl. *Dencker* StV 1995, 232 f.

426 *Kleinknecht/Meyer-Goßner* StPO, § 337 Rn. 37; *Beulke* Strafprozeßrecht, Rn. 565.

427 *Sarstedt/Hamm* Revision, Rn. 482; *K.Peters* Strafprozeß, S. 648; *Kleinknecht/Meyer-Goßner* StPO, § 337 Rn. 37; *Kuckein* in: KK, StPO, § 337 Rn. 33; *Beulke* Strafprozeßrecht, Rn. 565; *Roxin* Strafverfahrensrecht, § 53 Rn. 30; *Fezer* Strafprozeßrecht, 20/22.

428 Ausf. *Sarstedt/Hamm* Revision, Rn. 482 ff.; s. auch *K.Peters* Strafprozeß, S. 649; *Kleinknecht/Meyer-Goßner* StPO, § 337 Rn. 37; *Kuckein* in: KK, StPO, § 337 Rn. 33; *Beulke* Strafprozeßrecht, Rn. 565; *Roxin* Strafverfahrensrecht, § 53 Rn. 30; *Fezer* Strafprozeßrecht, 20/22.

Allein die Verletzung einer Norm bei der Beweiserhebung kann daher regelmäßig nicht die Revision begründen. Nur wenn der fehlerhaft erworbene Beweisgegenstand zudem vom Richter im Urteil gewürdigt wird, erscheint ein Beruhen des Urteils auf dem Verfahrensfehler überhaupt als möglich.[429] Nicht richtig erscheint es jedoch, bei bloßer Nichtverwertung von einer „Heilung" des Verfahrensverstoßes zu sprechen. Die Verletzung bleibt bestehen (mit möglichen Konsequenzen in Disziplinar-, Straf- und Schadensersatzrecht), allein es fehlt am Beruhen des Urteils auf der Verletzung. Von Heilung kann man lediglich dann sprechen, wenn der Beschuldigte nachträglich den staatlichen Zugriff auf seine Rechtssphäre gestattet und er insofern dispositionsbefugt ist (s. ausführlich V.3.b.). Ein Prozedieren jenseits des Beweisrechts ist dann gerechtfertigt, die Verletzung entfällt - wie es bei vorherigem Verzicht schon nicht zu einer Verletzung gekommen wäre. Mangels Gesetzesverletzung stellt sich in diesen Fällen die Frage des Beruhens nicht.

Wird ein unter Verletzung des Gesetzes gewonnener Beweisgegenstand im Urteil verwertet, so ist in jedem Falle die Beruhensfrage zu prüfen. Der Versuch, die Theorie von den bloßen Ordnungsvorschriften zu retten, indem nun einfach behauptet wird, das Beruhen des Urteils auf der Verletzung von Soll- oder Ordnungsvorschriften sei ausgeschlossen[430], ist offensichtlich untauglich. Bloße Ordnungsvorschriften gibt es nicht und es deutet nichts darauf hin, dass die Verletzung von Sollvorschriften - wenn sie denn vorliegt (s. im vorherigen Abschnitt) - generell qualitativ oder quantitativ andere Auswirkungen auf das Urteil hat, als die Verletzung von Muss-Vorschriften.

3. Strengbeweis und Abwägungen praeter legem

a. Die „Funktionstüchtigkeit der Strafrechtspflege" und das „Recht auf ein faires Verfahren"

Anhänger der herkömmlichen Beweisverbotslehren berufen sich häufig - offen oder verdeckt, in diesen oder in anderen Worten - auf das *Erfordernis einer „funktionstüchtigen" Strafrechtspflege*.[431] Nachdem der Begriff heftige Kritik erfahren hat, spricht man in letzter Zeit - im Ton moderater - von den Bedürfnissen einer „effektiven" bzw. „wirksamen" Strafrechtspflege, ohne dass dies einen Unterschied in der Sache bedeutet.[432] Wenn hier von „Funktionstüchtigkeit" der Strafrechtspflege die Rede ist, betrifft dies daher in gleicher Weise die gleichbedeutend verwendeten anderen Begriffe.

Mustert man die Fälle durch, in denen das *BVerfG* dies Argumentationsmuster verwendet, stellt man fest, dass ihm in der verfassungsgerichtlichen Judikatur keine Bedeutung für die Frage der unselbständigen Verwertungsverbote zukommt. Die Fallgestaltungen sind andere. Das hängt allerdings ersichtlich allein damit zusammen, dass das *BVerfG* bislang die Auseinandersetzung mit den unselbständigen Verwertungsver-

[429] Ebenso *Vollhardt* Einschränkung, S. 65.

[430] So *Kleinknecht/Meyer-Goßner* StPO, § 337 Rn. 4; diff. *Kuckein* in: KK, StPO, § 337 Rn. 13.

[431] Überblicke bei *Rieß* StraFo 2000, 364 ff.; *Hassemer* StV 1982, 275 ff.; *Niemöller/Schuppert* AöR 1982, 387, 394 ff.; *Weichert* Selbstbestimmung, S. 38 ff.

[432] Vgl. *Rieß* StraFo 2000, 364 ff.

boten verweigert (s. III.2.a.).[433]

Auf der Ebene des einfachen Rechts liegt der Topos der Funktionstüchtigkeit der Strafrechtspflege als Denkfigur allen herkömmlichen Beweisverbotslehren zugrunde. Beispiele gibt es unzählige. Der *BGH* etwa spricht in einem jüngeren Urteil gleichbedeutend vom „im Rechtsstaat wichtigen Allgemeininteresse an der Aufklärung und gerechten Ahndung schwerwiegender Taten".[434] Diese Entscheidung ist grundlegend für die neue These vom Ausnahmecharakter der Verwertungsverbote, die auf den *RiBGH Jähnke* zurückgeht, der sich seinerseits zu ihrer Begründung auf die Belange einer „effektiven" Strafrechtspflege berufen hatte (s. ausführlich V.2.b.gg.). Anhänger unterschiedlichster Beweisverbotslehren beklagen gewöhnlich unisono, die Funktionstüchtigkeit der Strafrechtspflege sei nicht mehr gewährleistet, wenn sich gelegentliche „läßliche Sünden"[435], „harmless error"[436], „rein formale Schnitzer"[437], „noch so folgenlose Verfahrensfehler"[438] oder „jede noch so geringfügige Unkorrektheit"[439] der Strafverfolger dahingehend auswirken würden, dass die fehlerhaft erlangten Beweisgegenstände unverwertbar sind. „Verstöße gegen Normen des Strafverfahrensrechts sind erfahrungsgemäß so häufig, daß ein generelles Beweisverwertungsverbot bei allen Rechtsverstößen im Rahmen der Beweisaufnahme die Funktionstüchtigkeit der Rechtspflege zu stark beeinträchtigen würde."[440]

Das Vordringen der Figur der „Funktionstüchtigkeit der Strafrechtspflege" ist eng verknüpft mit dem Vordringen von Abwägungsentscheidungen.[441] Als Abwägungs- und Argumentationsfigur ist sie das Gegenstück zum „Recht auf ein faires Verfahren".[442] Der Begriff des „fairen Verfahrens" ist im Vergleich zur StPO noch vergleichsweise jung. Von „Justizförmigkeit" und „schützenden Formen" mag heute kaum jemand mehr sprechen, en vogue ist vielmehr das „faire Verfahren".[443] Die Begriffe markieren den Anfang und (vorläufigen) Endpunkt einer Entwicklung des modernen Strafverfahrens und des Strafverfahrensrechts.[444] Die ursprünglich strengen Formen des Prozessrechts sind seit Jahrzehnten in Auflösung begriffen. Will man dem etwas neues entgegensetzen, will man nicht immer nur auf der klassischen Justizför-

433 Überblick über die vereinzelten Entscheidungen des *BVerfG* zu Verwertungsverboten bei *Macht* Verwertungsverbote, S. 27 ff.

434 BGHSt 44, 243, 250.

435 *Gössel* GA 1991, 483.

436 Zur Theorie des *Supreme Court* der USA vom unbedeutenden Irrtum („harmless error rule") vgl. *Gauthier* ZStW 1991, 796, 804. Dies rechtsmittelrechtliche Instrument lässt die Wirkung der „exclusionary rules" weithin leerlaufen, vgl. *Thaman* USA, S. 541 ff.

437 *Bradley* GA 1985, 99, 111.

438 In revisionsrechtlicher Perspektive: *Grüner* JuS 1994, 193, 196.

439 *Eisenberg* Beweisrecht, Rn. 365.

440 *Beulke* ZStW 1991, 657, 658. Vgl. auch *Hauf* NStZ 1993, 457, 462.

441 *Hassemer* StV 1990, 328, 330 f.; *Limbach* Funktionstüchtigkeit, S. 37; *Prittwitz* Ermittlungsmethoden, S. 317 f.; *Sinner* Vertragsgedanke, S. 124 u. 132 f.

442 *Rzepka* Fairneß, S. 7, 133 ff., 225 f., 233 ff., 265 f. u. 452; *Sinner* Vertragsgedanke, S. 125; *Niemöller/Schuppert* AöR 1982, 387, 398 f. Zugespitzter spricht man im angloamerikanischen Rechtsraum vom „due process"-Modell im Gegensatz zum „crime control"-Modell, vgl. *B.Huber* England und Wales, S. 25; *Jung* GA 2002, 65, 73.

443 Umfassend *Rzepka* Fairneß; vgl. auch *Hassemer* Entwicklungen, S. 21 („Der strafprozessuale Fundamentalgrundsatz im Rechtsstaat ...").

444 S. *R.Hamm* StV 2001, 81, 82 ff.; *ders.* Entdeckung; s. ausführlicher IV.6.

migkeit beharren, so halten es manche für angezeigt, das „Recht auf ein faires Verfahren“ zu bemühen.

b. Die Konstruktion ungleicher Abwägungslagen

Beide Figuren - die „funktionstüchtige Strafrechtspflege“ und das „faire Verfahren“ - dienen, so wie sie gewöhnlich verwendet werden, der Aufweichung der prozessualen Formen qua Abwägung.[445] Insbesondere im Recht der Beweisverbote wird zunehmend sichtbar, wie sich der „fair-trial-Grundsatz“ in den Händen des *BGH* zu einem Instrument wandelt, mit dem sich die Justizförmigkeit aushebeln lässt: Die Rechtswidrigkeit bestimmter Maßnahmen der Strafverfolgungsbehörden wird nicht mehr festgestellt mitsamt den dazugehörigen Konsequenzen, sondern es werden graduelle Unterschiede nach Art von „halb unfair“ bzw. „weniger oder noch weniger fair“ entwickelt[446], die sich anderweitig (z.B. in der Beweiswürdigung oder der Strafzumessung) kompensieren oder im Wege der Abwägung in die Folgenlosigkeit führen lassen (s. III.5.b.aa. u. IV.2.b.).

Der gewöhnliche dogmatische Dreischritt der herkömmlichen Beweisverbotslehren jedoch ist etwas komplexer. Dabei ist die Abwägung der dritte wichtige Schritt auf dem Weg zum gewünschten Ergebnis: Zur Verwertbarkeit der rechtswidrig gewonnenen Beweise. Der erste Schritt liegt darin, diesen Weg zu öffnen, indem man *unterstellt*, dem Gesetz lasse sich über die Frage der Verwertbarkeit regelmäßig nichts entnehmen. Im zweiten Schritt wird *unterstellt*, nicht jede rechtswidrige Beweiserhebung mache den Beweis unverwertbar. Im dritten Schritt wird dann *scheinbar* abgewogen: „Bei einer solchen »Abwägung« ist über deren Ergebnis bereits entschieden, bevor sie angestellt wird; sie wird nur scheinhaft veranstaltet.“[447] Das Scheinbare der Abwägung liegt in Folgendem: Einerseits misst man die Funktionstüchtigkeit der Strafrechtspflege allein am Verfahrensziel des *materiell* richtigen Urteils und lädt sie mit Gerechtigkeitspostulaten auf, die entsprechend allein auf *materielle* Gerechtigkeit abstellen.[448] Andererseits würdigt man die auf der anderen Waagschale liegenden Interessen zu „bloßen Individualinteressen“ herab. Die meisten herkömmlichen Beweisverbotslehren sehen zunehmend den Zweck der Beweisverwertungsverbote im Schutz subjektiver Rechte - etwa im Schutz der von der Beweisführung tangierten Grundrechte, dem Schutz subjektiver Informationsbeherrschungsrechte, dem Individualrechtsschutz in prospektiver Perspektive, dem Schutz der Rechtskreise Verfahrensbeteiligter usw. (s. ausführlich V.1. u. 2.a.). Auch der Topos des fairen Verfahrens erscheint in der gegenwärtigen Diskussion nicht mehr als „Prinzip“, sondern als subjektives Recht.[449] Deutlich wird hier zum einen, dass die herkömmliche Beweisverbotsdogmatik das Eingreifen von Verwertungsverboten offenbar nur dann zu akzeptieren vermag, wenn

---

[445] *Rzepka* Fairneß, S. 7 f. u. 448.

[446] Vgl. *Wolter* Beweisverbote, S. 979; *R.Hamm* StV 2001, 81, 83.

[447] *Hassemer* StV 1982, 275, 277; zur auch insoweit paradigmatischen Medizinalassistentenentscheidung des *BGH* vgl. *Koriath* Beweisverbote, S. 67 f.

[448] Krit. *Rzepka* Fairneß, S. 135; *Hassemer* StV 1982, 275, 277 u. 279 f.; *M.Jahn* Konfliktverteidigung, S. 197.

[449] Vgl. *Rzepka* Fairneß, S. 116 ff. m. Nachw.; *G.Pfeiffer* in: KK, StPO, Einl. Rn. 28; anders aber *Kleinknecht/Meyer-Goßner* StPO, Einl. Rn. 19 („allgemeiner Grundsatz“).

dadurch konkrete materielle Interessen geschützt werden.[450] Zum anderen sollte es nicht verwundern, dass den Individualinteressen gegenüber einem derart aufgeladenen überindividuellen Prinzip kaum eine Chance verbleibt und sich die Waage zumeist zugunsten der so verstandenen Strafrechtspflege neigt.[451] Mit der Behauptung, eine bestimmte Ermittlungsmethode sei für eine wirksame Verbrechensbekämpfung erforderlich, lassen sich inzwischen beliebige Rechtsverstöße rechtfertigen.[452] Das ist genau die Funktion der herkömmlichen Rede von der funktionstüchtigen Strafrechtspflege. Dem entspricht die neue und ausdrücklich diesem Gedanken entwachsene These des *3. Senats des BGH* vom Ausnahmecharakter der Verwertungsverbote (s. V.2.b.gg.).

c. Effektivität, Gerechtigkeit und die Rechte der Verfahrensbeteiligten

Der herkömmliche Umgang mit der „Funktionstüchtigkeit der Strafrechtspflege", der die mit ihr konfligierenden Interessen in die zweite Reihe verweist, lässt sich nur bewerkstelligen, wenn man einen stark verengten Begriff von Effektivität und Gerechtigkeit zugrunde legt.[453] Gerecht ist danach allein das materiell richtige Urteil, effektiv ist Strafrechtspflege nur, wenn sie möglichst ungehindert nach der materiellen Wahrheit forscht. Die Strafrechtspflege gilt entsprechend als funktionstüchtig, sobald sie materiell richtige Urteile liefert.[454] Damit verhält sich das Effektivitätsdenken der herkömmlichen Dogmatik konform zur gegenwärtigen Kriminalpolitik, die in gleicher Weise Entformalisierung zum Zwecke „effektiver" Verbrechensbekämpfung propagiert (s. IV.6.).

Daran ist eines im Ansatz durchaus zutreffend: Wer Strafverfolgung für notwendig hält, muss auch ihre Effektivität für notwendig halten.[455] Seit der Staat die Verarbeitung schwerer Konflikte monopolisiert, trifft ihn die Pflicht, hierfür wirksame Verfahren bereitzustellen.[456] Früher sprach man von einer „Justizgewährungspflicht" des Staates und schon damals war der Begriff untrennbar verbunden mit dem der „Justizförmigkeit".[457] Ob man dies mit dem Begriff der „Funktionstüchtigkeit der Strafrechtspflege" zutreffend umschreibt, darüber mag man streiten. Ebenso mag man darüber streiten, ob sich die Pflicht des Staates zur Formalisierung sozialer Kontrolle bei schweren sozialen Konflikten aus dem Rechtsstaatsprinzip herleiten lässt.[458] Es ist jedenfalls unabdingbare Voraussetzung der Gerechtigkeit der Entscheidung, dass der Tatbestand, den das Strafgericht dem Urteil zugrundelegt, materiell wahr ist - also der

---

450 Paradigmatisch *Amelung* Streit, S. 1261.

451 *Limbach* Funktionstüchtigkeit, S. 37; *Sinner* Vertragsgedanke, S. 124 f.; *Wolter* Beweisverbote, S. 965, 986 ff.; *M.Jahn* JA 1999, 457. *Dahs* (Verwertungsverbote, S. 123) konstatiert „etatistisch-restaurative Tendenzen"; ähnlich *Niemöller/Schuppert* AöR 1982, 387, 399. S. auch *H.A.Hesse* Schutzstaat, S. 107.

452 *Roxin* Rechtsprechung, S. 96.

453 *Riehle* KJ 1980, 316, 318 f.

454 Krit. *Riehle* KJ 1980, 316; *Hilger* Probleme, S. 324.

455 S. *Kunig* Rechtsstaatsprinzip, S. 441 ff.

456 *Roxin* Strafverfahrensrecht, § 1 Rn. 2; *Schmidt-Jortzig* Grenzen, S. 505 f. u. 512; *G.Pfeiffer* in: KK, StPO, Einl. Rn. 1; *Beulke* Strafprozeßrecht, Rn. 3; s. auch *K.Peters* Strafprozeß, S. 21; *Sobota* Prinzip, S. 188 ff.; *Schünemann* ZStW 2002, 1, 11 f.

457 *Rieß* in: LR, StPO, Einl. G, Rn. 16 ff; *ders.* StraFo 2000, 364, 367.

458 Dagegen *Limbach* Funktionstüchtigkeit, S. 39 ff.; ausf. *Kunig* Rechtsstaatsprinzip, S. 443 ff.; s. auch *Kuhlen* Selbstverständnis, S. 63.

Wirklichkeit entspricht (s. bereits III.3.).[459] Mag auch das Ergebnis des Strafverfahrens naturgemäß immer nur konstruiert, ein Bild sein: Es geht darum, dies Bild möglichst weitgehend der Wirklichkeit anzunähern (s. ausf. I.2.a. u. b.). Und hierfür ist unabdingbare Voraussetzung, dass die Strafverfolgungsbehörden wirksam ermitteln können.

Problematisch ist aber, dass sich die herkömmliche Sichtweise nur durchhalten lässt auf Kosten der Verfahrensgerechtigkeit, die in ihr notwendig als Hindernis für Effektivität erscheint.[460] Jedoch: Es „gibt im Rechtsstaat keine funktionstüchtige Strafrechtspflege an sich, sondern es gibt - soll sie das Prädikat rechtsstaatlich verdienen - nur ein auch inhaltlich an bestimmten Kriterien wie Menschenwürde oder einem allgemeinen Freiheitsrecht orientiertes Strafprozeßrecht.“[461]

Eine Diskussion über die Effektivität und Gerechtigkeit von Strafrechtspflege im Rechtsstaat muss daher die involvierten materiellen Interessen in ihrer Gesamtheit wahrnehmen. Sie darf die Dimension des Schutzes der Verfahrensbeteiligten nicht vernachlässigen. Kurzum: Sie muss von einem alle Zwecke der Strafprozessgesetze umfassenden Effektivitätsbegriff ausgehen.[462] Effektiv und gerecht ist Strafrechtspflege danach nur, wenn sie möglichst erfolgreich nach der materiellen Wahrheit forscht *und zugleich* möglichst wirksam die materiellen Interessen der Verfahrensbeteiligten schützt.[463] Die zwei Seiten dieses Effektivitäts- und Gerechtigkeitsbegriffes stehen sich im Übrigen keineswegs unversöhnlich gegenüber. Wohl gibt es ein Spannungsfeld, doch konfligieren oftmals öffentliche und private Interessen auf verschiedenen Seiten (s. III.3.b.cc.). Die moderne verfassungsrechtliche Jurisprudenz bringt etwa die Ambivalenz der Individualinteressen zum Ausdruck im Topos des Grundrechtsschutzes durch Verfahren, der die in erster Linie an den Gesetzgeber gerichtete Aufforderung beinhaltet, die Rechte der Verfahrensbeteiligten verfahrensrechtlich abzusichern - was die Gewährleistung der Sachrichtigkeit der Entscheidung einschließt (s. III.3.a.).

Im Angesichte der herkömmlichen Abwägungsprozeduren ist nach alledem begrüßenswert, wenn das *BVerfG* klarstellt: „Zur funktionsfähigen Strafrechtspflege gehört auch der Anspruch des Beschuldigten auf ein faires, rechtsstaatliches Strafverfahren.“[464] Zumindest begrifflich stellt das *BVerfG* neuerdings Gleichberechtigung her zwischen den Interessen der von Strafverfolgung betroffenen Bürger und den Strafverfolgungsbelangen und spricht von einer „...rechtsstaatlich geordneten Rechtspflege, die sich, bei nachhaltiger Sicherung der Rechte des Beschuldigten, auch auf eine wirksame Strafverfolgung erstreckt.“[465] Gleichberechtigung zwischen den vom Strengbeweisrecht geschützten Interessen der Verfahrensbeteiligten und den öffentlichen Straf-

---

459 *U.Neumann* ZStW 1989, 52; *Gössel* Ermittlung, S. 18; *ders.* Pflicht, S. 200; *Rzepka* Fairneß, S. 304 u. 236 f.; *Weigend* ZStW 2001, 271, 277 u. 303 f. *Riepl* Selbstbestimmung, S. 1; *Fabricius* Selbst-Gerechtigkeit, S. 165 u. 214; *van der Ven* Beweisrecht, S. 466 f.; *K.Peters* Strafprozeß, S. 80 u. 82; *G.Pfeiffer* in: KK, StPO, Einl. Rn. 7; einschr. *Volk* Wahrheiten, S. 416 ff.

460 S. auch *Niemöller/Schuppert* AöR 1982, 387, 399 f.; *P.-A.Albrecht* StV 2001, 416, 417.

461 *Niemöller/Schuppert* AöR 1982, 387, 401.

462 In dieser Richtung auch *Niemöller/Schuppert* AöR 1982, 387, 401.

463 *Kunig* Rechtsstaatsprinzip, S. 443: „Effektiver Rechtsschutz ist deshalb nach dem Grundgesetz verfahrensgerechter, den Grundrechten differenziert Rechnung tragender Rechtsschutz.“

464 *BVerfG* NJW 2001, 508.

465 BVerfGE 103, 142, 154.

verfolgungsbelangen ist in der Tat unabdingbare Voraussetzung einer methodisch ordnungsgemäßen, im Ausgang offenen und damit materielle Gerechtigkeit verbürgenden Abwägung.[466]

d. Effektivität, Gerechtigkeit und das Verfahrensrecht: Die Unzulässigkeit der herkömmlichen Abwägungspraxis

Die sich damit stellende Frage, wie sich die kollidierenden Belange in ein Verhältnis praktischer Konkordanz bringen lassen, kann und muss für die Strafverfolgungsbehörden aber regelmäßig dahinstehen, denn für Abwägungen im Beweisrecht der Strafprozessordnung gilt: Ein Strengbeweismittelsystem duldet keine *nebengesetzlichen* Abwägungen. *Das Beweismittelsystem der Strafprozessordnung gibt Aufschluß darüber, wann die Abwägung zugunsten der Verfahrensbeteiligten und wann zugunsten der „Funktionstüchtigkeit der Strafrechtspflege" ausgegangen ist, für eine weitergehende Abwägung ist - jedenfalls in einem Strengbeweismittelsystem - kein Raum.*

Wer derart einseitig, wie die herkömmlichen Lehren, dem Dogma der materiellen Wahrheit huldigt, ignoriert also nicht nur, dass Strafrechtspflege im Rechtsstaat auch die materiellen Interessen der Verfahrensbeteiligten zu schützen hat (s. im vorigen Abschnitt). Er ignoriert auch, dass Strafrechtspflege nur im gesetzlich vorgesehenen Rahmen existiert. Seine Rechtfertigung zieht das Strafrecht gerade daraus, dass es die Konfliktverarbeitung, die der Staat den Einzelnen aus der Hand genommen hat, formalisiert.[467] Man muss es in letzter Konsequenz als vorrechtsstaatlich bezeichnen, als Gegensatzpaar die *Rechtssicherheit* - die sich ausdrückt in Positivität und Formalisierung des Rechts - der *Gerechtigkeit* - verstanden als materielle Richtigkeit der Entscheidung - gegenüberzustellen.[468] Stattdessen bedarf der soeben herausgearbeitete zweiseitige Effektivitäts- und Gerechtigkeitsbegriff (s. im vorigen Abschnitt) einer Ergänzung: Effektiv und gerecht ist Strafrechtspflege, wenn sie möglichst erfolgreich nach der materiellen Wahrheit forscht *und zugleich* möglichst wirksam die Interessen der Verfahrensbeteiligten schützt, *indem* sie die Verfahrensgesetze beachtet, in denen der Gesetzgeber die konfligierenden Interessen verbindlich zum Ausgleich gebracht hat. Kurz: Strafrechtspflege ist die *justizförmige* Ermittlung der materiellen Wahrheit.[469]

Selbst dort, wo man der Abwägung der Strafverfolgungsbehörden zugestehen mag, einen materiell angemessenen Ausgleich zwischen Strafverfolgungsbelangen und gegenläufigen Interessen erreicht zu haben, darf also eines nicht verkannt werden: Über derartige Abwägungen maßen die Gerichte sich zunehmend gesetzgeberische Kompetenzen an (s. auch V.2.b.dd.).[470] Funktionstüchtigkeit der Strafrechtspflege und faires Verfahren haben als Argumentationsfiguren ihren legitimen Platz in der Kriminalpolitik bzw. Gesetzgebung. Bei der Rechtsanwendung können sie allenfalls dort Berücksichtigung finden, wo gesetzgeberische Entscheidungen nicht vorhanden und auch

---

466 Ausführlich *Rupp* Beweisverbote, S. 181 f. u. 192 ff.

467 *Hassemer* StV 1982, 275, 278; *Dahs* Verwertungsverbote, S. 140.

468 Vgl. *Pauli* Rechtsprechung, S. 37 f.

469 *U.Neumann* ZStW 1989, 52, 62; *Nagel* Verwertung, S. 17.

470 *Sinner* Vertragsgedanke, S. 132; vgl. auch *Hassemer* Strafrecht, S. 159 f.

nicht notwendig sind - wo also die Gerichte praeter legem tätig werden dürfen.

Hält man es etwa für eine unnötige Beschränkung der Strafverfolgung, dass nur Ärzte Blutproben entnehmen dürfen, mag man sich um eine Änderung des § 81a StPO bemühen. Dann obliegt dem Gesetzgeber die Abwägung, ob eine wirksame Strafverfolgung es erfordert, etwa auch Medizinalassistenten dazu zu ermächtigen, oder ob dem überwiegende Belange - des Beschuldigten oder der Qualitätssicherung - entgegenstehen. Bezeichnend ist es, dass das grundlegende Urteil des *BGH*, in dem er in diesem Fall das Bestehen eines Verwertungsverbots verneinte, sich teilweise auf Argumente stützt, wie sie dem Gesetzgeber vorbehalten sein sollten: „Insgesamt aber stellt sich damit doch der Fehler nicht als so schwer dar, daß das Interesse an der Tataufklärung zurücktreten müßte, dem angesichts Tausender von Todesopfern, die der Alkohol am Steuer jährlich fordert, eine sehr erhebliche Bedeutung zukommt.“[471]

Die Abwägung zwischen den Bedürfnissen der Strafverfolgung und den Grundrechten der Bürger hat wegen des Vorbehalts des Gesetzes der Gesetzgeber zu treffen und er hat dies getan, indem er die Grenze im Strengbeweismittelsystem der StPO markiert hat.[472] Weder kann die Exekutive, noch kann die Judikative sich an die Stelle des Gesetzgebers stellen, wenn dieser die Entscheidungen nicht trifft, oder eben so trifft, wie es sich aus der StPO ergibt. Den „Höhepunkt“ dieser Entwicklung markiert die jüngste Fortentwicklung der sog. Abwägungslehre durch *Rogall* in eine „normative Fehlerfolgenlehre“: Die Fortentwicklung liegt darin, dass die Abwägungsparameter präzisiert und reduziert werden (s. V.2.a.). Dadurch wird zwar zweifelsohne Rechtsunsicherheit reduziert - es treibt aber die Parallelgesetzgebung auf die Spitze. Bedeutet es doch, dass für die Abwägung zukünftig jenseits gesetzlicher Vorschriften abstrakte Obersätze entwickelt werden sollen, unter die sich dann die Einzelfälle subsumieren lassen.

Wenn Richter glauben, die verfassungsrechtliche Gewährleistung richterlicher Unabhängigkeit verwehre es dem Gesetzgeber, „Verwertungsverbote aus beliebigen Gründen und in beliebiger Zahl aufzustellen“[473], weil dadurch die richterliche Wahrheitserforschungspflicht in ihrem Kern betroffen würde, so irren sie sich. Die Richter sind zwar zweifelsohne persönlich (Art. 97 II GG) und sachlich unabhängig, sie sind aber doch auch „dem Gesetze unterworfen“ (Art. 97 I GG, vgl. auch §§ 1 GVG, 25 DRiG) bzw. „an Gesetz und Recht gebunden“ (Art. 20 III GG). Die sachliche richterliche Unabhängigkeit soll bloß gewährleisten, dass die Richter bei der *Anwendung* der vom Gesetzgeber *vorgegebenen* Gesetze keinerlei Pressionen unterliegen. Ja noch mehr: Die richterliche Unabhängigkeit ist komplementär zur Abhängigkeit der Richter vom Gesetz.[474] Zumindest in einem Bereich, der dem Vorbehalt des Gesetzes unterliegt, dürfen die Gerichte das Recht nur innerhalb der gesetzlichen Schranken suchen. Eine Einschränkung des Gesetzgebers bei der Gestaltung des Beweisrechts lässt sich aus der Unabhängigkeit des Richters jedenfalls nicht ableiten:

---

471 BGHSt 24, 125, 131. Auch *Koriath* (Beweisverbote, S. 68) beklagt, diese Begründung sei „nur noch der äußeren Form nach abwägendes Entscheiden, in Wirklichkeit Fortbildung des Rechts contra legem.“

472 *Fezer* Grundfragen, S. 20 u. 30; *ders.* Strafprozeßrecht, 16/28; s. auch *Sydow* Kritik, S. 14.

473 So *RiBGH Jähnke* Verwertungsverbote bei Zeugnis- und Auskunftsverweigerungsrechten, S. 73 f.

474 *Eb.Schmidt* Lehrkomm. Teil I, Rn. 11 u. 457 ff.; *K.Peters* Strafprozeß, S. 111 ff.; *Rabe v.Kühlewein* Richtervorbehalt, S. 203 f.; *v.Dücker* Richter, S. 52.

„Die sachliche Unabhängigkeit, wie sie ihm die Verfassung gewährleistet, bedeutet, daß er seine Entscheidungen frei von Weisungen fällen kann ...; sie läßt aber seine Bindung an das Gesetz unberührt. Diese Bindung besteht auch insoweit, als der Gesetzgeber - aus unterschiedlichen Gründen - bestimmte Tatsachen der richterlichen Aufklärung und Beurteilung entzieht, indem er Beweis- und Verwertungsverbote festlegt. Solche Verbote stecken nur den verfassungsrechtlichen Rahmen ab, innerhalb dessen der Richter - frei von Weisungen - den Sachverhalt zu erforschen, zu würdigen und seinem Spruche zugrunde zu legen hat. Damit dienen sie der näheren Ausgestaltung seines Rechtsprechungsauftrags, ohne indessen seine Unabhängigkeit anzutasten."[475]

Das bedeutet freilich nicht, dass der Gesetzgeber nicht insofern *aus anderen Gründen* gewissen Beschränkungen unterliegen könnte. Ganz allgemein hat der Gesetzgeber die Belange der Sicherung materiell richtiger Urteile und des Schutzes der Verfahrensbeteiligten, so sie kollidieren, angemessen zum Ausgleich zu bringen. Dabei darf er auch die Belange wirksamer Wahrheitsermittlung nicht übermäßig beschränken.[476] Im übrigen verwundert im Zusammenhang der Beweisverbote das Plädoyer für die richterliche Wahrheitserforschungspflicht insofern, als es der Rechtsprechung bislang offenbar nicht nur darum geht, die Wahrheitserforschung von Beschränkungen durch Verwertungsverbote frei zu halten, sondern vielmehr auch darum, *anstelle* des Gesetzgebers „Verwertungsverbote aus beliebigen Gründen und in beliebiger Zahl aufzustellen" (s. zur Rechtsprechung des *BGH* zu den Beweisverwertungsverboten im Einzelnen V.1.a., b., c., 2.a., b.gg., 3.c. u. d.).

Für die Entscheidung von derart wesentlichen Fragen, wie sie mit dem Strengbeweismittelsystem der StPO verbunden sind, bedarf es - wie gesagt - stets eines förmlichen Gesetzes. Dies sehen im Grunde auch die Vertreter der herkömmlichen Lehren so: „Wer für Abstriche von der Verfahrensgerechtigkeit plädiert, muß ... sie in die Form gießen, die der Einschränkung subjektiver Rechte angemessen ist: in ein Gesetz."[477] „Unklar bleibt, woher der zweiten bzw. dritten Gewalt die Befugnis zuwachsen soll, über die Grenzen gesetzlicher Ermächtigungsgrundlagen hinaus in den verfahrensrechtlichen Status der Prozeßbeteiligten einzugreifen."[478] Teilweise finden sich Formulierungen, die angesichts der Ergebnisse der herkömmlichen Lehren nur Erstaunen hervorrufen können: Die Abwägung zwischen dem Interesse an einer wirksamen Strafverfolgung und den Rechten des Bürgers sei den Verwertungsverboten vorgelagert und „die dort getroffenen Wertentscheidungen lassen sich nicht bei den Verwertungsverboten umkehren".[479] Es ist also nicht bloß die „Zeit reif" für eine „klare und Grenzen setzende Entscheidung des Gesetzgebers" und eine solche „einer den Strafverfolgungsbehörden obliegenden Abwägung vorzuziehen".[480] Sondern es sind klare gesetzliche Befugnisnormen erforderlich, wenn man Beweise erheben und verwerten

475 BVerfGE 36, 174, 185; s. auch *Niemöller/Schuppert* AöR 1982, 387, 416.
476 *Gusy* StV 2002, 153, 159 f.; ausf. *G.Walter* Beweiswürdigung, S. 296 ff.
477 So die Kritik von *Amelung* (Rechte, S. 523) an der Abwägungslehre.
478 So die Kritik von *Müssig* (GA 1999, 119, 140) an der Abwägungslehre. Ähnl. *Fezer* Strafprozeßrecht, 16/28.
479 So der letzte Satz in *Denckers* Monographie (Verwertungsverbote im Strafprozeß, S. 148).
480 Dies meint *Gössel* NStZ 1998, 126, 128 und 130; vgl. auch *ders.* Unterscheidung, S. 287.

will - *und vorhanden.*

Es mag sein, dass hier gesetzessystematisch nicht alles zum Besten steht. Wen wollte das verwundern angesichts dessen, dass die StPO vor ungefähr 50 Jahren einen Paradigmenwechsel ersten Ranges zu verkraften hatte. Während vor Inkrafttreten des Grundgesetzes Wahrheitserforschung - von einzelnen Beweisverboten abgesehen - unbeschränkt zulässig war, ist sie seitdem - von einzelnen Beweisbefugnissen abgesehen - unzulässig (s. insb. II.1., III.1.a.). Hinzu kommt der Paukenschlag des Volkszählungsurteils vor rund 20 Jahren, der noch einmal nachdrücklich darauf hinwies, dass Beweisführung gesetzlicher Grundlagen bedarf. Gleichwohl: Mag sich auch die Verfassung fortentwickeln, das Strafprozessrecht hält ihren Anforderungen prinzipiell stand (s. III.1.b. u. 2.c.) - *wenn man die gesetzlichen Vorschriften nur beachtet.*

Das Vorhandensein einer gesetzlichen Lösung ist das stärkste Argument gegen die Ansicht, es wäre „der Gesetzgeber gar nicht in der Lage, alle denkbaren Fälle der Kollision von Allgemein- und Individualinteresse im Bereich der Beweisverbote abschließend zu regeln.“[481] Diese Schlussfolgerung beruht auf der zu den Persönlichkeitsrechten explizierten Prämisse, dass man auf eine einzelfallorientierte Rechtsfindung nicht verzichten könne, gerade weil es auf Abwägungen ankomme.[482] Vertreten lässt sich diese Ansicht nur, wenn man es für unabdingbar hält, für *jeden* Einzelfall eine materiell gerechte Lösung zu finden.[483] Das impliziert dann allerdings die Negierung *jeder* prozeduralen Gesetzlichkeit. Hier trifft stärker als sonstwo das Verdikt zu: „Das Bewußtsein für notwendige Verrechtlichung ist im Strafprozeßrecht traditionell unterentwickelt.“[484] Im Strafverfahrensrecht bereitet der Prozess der Gesetzgebung keine anderen Schwierigkeiten, als in anderen Rechtsgebieten. Die Verteidigung der herkömmlichen richterrechtlichen Beweisverbotsdogmatik erweckt den Anschein, „als unterschätze man die Möglichkeiten abstrakter Gesetzesregeln gar zu sehr und gebe egalitär-demokratische Prinzipien und die Postulate der Rechtssicherheit gar zu leichtfertig auf zu Gunsten autochthoner Fallentscheidungen.“[485] In einem Bereich, in dem der Gesetzgeber offenbar nicht mehr weiter wusste, hat er einen Weg gefunden, der nicht vorbildlos ist, was immer man davon halten mag: Für Eingriffe in das Recht auf informationelle Selbstbestimmung gibt es nunmehr Ermittlungsgeneralklauseln (s. III.1.b.). Abschließend noch einen Satz *Rogalls* zur Rolle des Gesetzgebers: „...das Problem der Abwägung kann letztlich nur er in allgemeinverbindlicher Weise lösen.“[486] Wie wahr.

e. Gesetzeskonforme Reduktion der „Funktionstüchtigkeit der Strafrechtspflege“ und des „Rechts auf ein faires Verfahren“

Nach alledem lässt sich sagen, dass in der Rede von der Funktionstüchtigkeit der

---

481 So *Rogall* ZStW 1979, 1, 32; *ders.* Beweisverbote, S. 140; zust. *Kelnhofer* Ermittlungsverläufe, S. 77 f. In dieser Richtung auch *Wichmann* Berufsgeheimnis, S. 19.

482 *Rogall* Informationseingriff, S. 55.

483 In dieser Richtung ausdrücklich *Kelnhofer* Ermittlungsverläufe, S. 74 ff.

484 So treffend ausgerechnet *Rogall* Informationseingriff, S. 8.

485 *Rupp* Beweisverbote, S. 210.

486 *Rogall* ZStW 1979, 1, 43.

Strafrechtspflege ein wahrer Kern steckt. Das was man damit bezeichnet, ist berechtigt, soweit es um eine Verfolgung des legitimen öffentlichen Interesses an der Gewährleistung materiell richtiger Entscheidungen der Strafverfolgungsbehörden geht, die in angemessener Zeitspanne und mit angemessenem Aufwand erreicht werden können. Die Rede von der Funktionstüchtigkeit der Strafrechtspflege ist der Sache nach nicht mehr, als die *Aufforderung an den Gesetzgeber*, die Verarbeitung schwerer sozialer Konflikte so zu gestalten, dass ein zügiges Arbeiten der Strafverfolger materiell richtige Entscheidungen hervorbringen kann.[487] Daher müssen sich - wie es das *BVerfG* immer wieder betont hat - auch ausdrückliche Einschränkungen der Möglichkeiten der Strafverfolgungsorgane zu umfassender Wahrheitserforschung vor der Verfassung rechtfertigen lassen.[488]

Ebenso steckt in der Rede vom fairen Verfahren ein berechtigter Kern. Das Strafverfahrensrecht muss *vom Gesetzgeber* fair ausgestaltet werden.[489] Es muss die Rechte der Verfahrensbeteiligten vor Beeinträchtigungen durch das Verfahren selbst und durch fehlerhafte Entscheidungen schützen (s. III.3.).

Was die Ebene der Auslegung des Gesetzes angeht, so lässt sich zwar auf den ersten Blick wenig dagegen sagen, einen an Gesetzlichkeit orientierten Fairnessbegriff zu verwenden.[490] Darin lässt sich all das unterbringen, was hier unter dem Gesichtspunkt des Schutzes materieller Rechte durch Verfahren erörtert wird.[491] Insbesondere geht es auch in der Diskussion um das Recht auf ein faires Verfahren nicht nur um Verfahrensrechte, sondern zudem um zuverlässige Wahrheitserforschung.[492] Nur wird erstens der Fairnessbegriff im Allgemeinen nicht so verwendet, es deutet zweitens nichts darauf hin, dass er seine entformalisierende Potenz einbüßen könnte und schließlich wäre es drittens ganz überflüssig, an sich klare und differenzierte gesetzliche Regelungen mit einem so unklaren Begriff wie dem der „Fairness“ zu überdecken. Wer so verfährt, hat „die harte Währung der Justizförmigkeit durch die weiche Währung des Fairneßgebots eingetauscht.“[493] Zudem reduziert die Ablösung der herkömmlichen Justizförmigkeit durch das subjektive Recht auf ein faires Verfahren die Bedeutung der schützenden Formen des Strafverfahrensrechts auf eine individuell-abwehrrechtliche. Dem ist entgegenzuhalten, dass erstens der verfahrensgesetzliche Grundrechtsschutz - weil er auch die Sicherung richtiger Entscheidungen bezweckt - untrennbar verbunden ist mit dem öffentlichen Interesse an effektiver Strafverfolgung (s. III.3.b.aa. u. IV.3.c.), dass zweitens der Schutz der Individualrechte ein öffentliches Anliegen ist (s. III.3.b.bb.) und dass drittens er sich ausdrückt in Normen, die wegen des rechtsstaatlichen und demokratischen Gesetzesvorbehalts streng formalisiert sind. Deshalb kann nur eines mit allem Nachdruck empfohlen werden: Auf den Topos „fair-trial-Prinzip“ sollte man überall dort verzichten, wo sich eine Rechtsfolge bereits aus dem geltenden

487 In dieser Richtung auch *Hilger* Probleme, S. 323 f.

488 Vgl. *Niemöller/Schuppert* AöR 1982, 387, 446 u. 456; *Kleinknecht/Meyer-Goßner* StPO, Einl. Rn. 18; jüngst etwa *BVerfG* NJW 2001, 508 zu den Zeugnisverweigerungsrechten und Beschlagnahmeverboten.

489 *Kleinknecht/Meyer-Goßner* StPO, Einl. Rn. 19.

490 So etwa *Rzepka* Fairneß, S. 322 u. 464 f.

491 Vgl. *Rzepka* Fairneß, S. 313 ff. u. 320 ff.

492 *Rzepka* Fairneß, S. 206 f.

493 *R.Hamm* StV 2001, 81, 84; vgl. auch *ders.* Entdeckung, S. 286; *Weigend* ZStW 2001, 271, 276.

Recht (einschließlich der Verfassung) ableiten lässt.[494]

4. Strengbeweis, die Ursachen von und der Umgang mit Verfahrensfehlern

Sicherlich muss ein jedes Verfahrensrecht das Vorkommen von Verfahrensverstößen in Rechnung stellen. Allerdings überrascht, wie unkritisch die herkömmlichen Beweisverbotslehren das häufige Vorkommen von Verfahrensverstößen unterstellen und hinnehmen. Derart viele Verstöße, dass das Strafprozessrecht überwiegend mit seinem eigenen Versagen beschäftigt wäre, wenn es alle Verstöße unnachgiebig verfolgte, dürfte es jedenfalls nicht geben.[495] Sollte es davon tatsächlich derart viele geben, dass die „Funktionstüchtigkeit der Strafrechtspflege" ernsthaft gefährdet wäre, würde man die fehlerhaft erlangten Beweisgegenstände nicht verwerten, so gäbe es doch im Hinblick auf mögliche Ursachen manches zu erwägen (s. in den folgenden Abschnitten).[496] Beobachtet man, welch immenser juristischer Aufwand getrieben wird, um die *Folgen von Verfahrensfehlern* einzudämmen, während um die Frage, wie man die *Verfahrensfehler selbst* eindämmen könnte, nahezu vollkommenes Stillschweigen herrscht, so kann man sich nur wundern. Denn es spricht nichts für die Annahme, dass Verfahrensverstöße in der Häufigkeit ihres Vorkommens unveränderlich sind. Gelegentlich immerhin durchbricht der eine oder andere Anhänger der herkömmlichen Beweisverbotsdogmatik das allgemeine Schweigen und ermöglicht so Einsichten in die unreflektierte Haltung, die ihr zugrunde liegt: „Wenn ich ... vom Boden der Abwägungslehre aus argumentiere, geht es mir ähnlich wie dem geplagten PC-Benutzer, dem Windows immer wieder Fehlermeldungen über Schutzverletzungen anzeigt, ohne daß der Anwender weiß, warum das passiert und ob dahinter - was ich bezweifle - irgendein sinnvolles Regelwerk steckt (das wohl nicht einmal Bill Gates kennen dürfte). Der PC-Benutzer hat inzwischen gelernt, *einfach weiterzuarbeiten und mit diesen Pannen zu leben.*"[497]

a. Rechtskenntnis

Bei dem Auftreten von Verfahrensfehlern bei der Beweisgewinnung könnte es sich um die Konsequenzen mangelnder Rechtskenntnis derjenigen handeln, die das Recht schützen sollen. Man denke nur an die gleichzeitige Präventivfunktion der faktisch zentralen Ermittlungsbehörde Polizei.

Dann müsste primär an eine verbesserte Ausbildung und Fortbildung gedacht werden. Zumindest soweit es um die Kriminalpolizei geht, scheint jedoch eine recht ge-

---

494 *Roxin* Rechtsprechung, S. 92; in dieser Richtung auch *Kelnhofer* Ermittlungsverläufe, S. 65; *Rieß* in: LR, StPO, Einl. H, Rn. 103; *Kleinknecht/Meyer-Goßner* StPO, Einl. Rn. 19; s. auch *Sinner* Vertragsgedanke, S. 126.

495 In dieser Richtung auch *Lüderssen* Verbrechensprophylaxe, S. 369 ff.; so aber *Rogall* Grundsatzfragen, S. 119. Zur Häufigkeit der Anwendung der exclusionary rule in US-amerikanischen Strafverfahren s. *Reamey* Exclusionary Rule, S. 196; zum Umgang mit Verfahrensfehlern s. aaO., S. 196 ff.

496 Zu den methodischen Schwierigkeiten empirischer Untersuchungen in diesem Bereich vgl. *P.Wulf* Fragen, S. 65 ff.; *Girtler* Polizei-Alltag, S. 13 ff. u. 139 ff.

497 So *RiBGH Nack* StraFo 1998, 366, 367 (Hervorh. vom *Verf.*).

naue Kenntnis des Rechts vorhanden zu sein.[498]

b. Rechtsbewusstsein und Disziplin

Rechtskenntnis ist unabdingbare Voraussetzung für rechtmäßiges Verhalten. Gleichwohl vermag auch profunde Rechtskenntnis bekanntlich unrechtmäßiges Verhalten nicht ohne weiteres zu verhindern. Ebenso wichtig ist Rechtsbewusstsein, denn ohne eine Überzeugung von der Richtigkeit des Rechts und der Legitimität des Gesetzgebungsverfahrens funktioniert Recht nur schlecht.[499] Ursache für häufige Verfahrensfehler könnte insofern ständiger Rechtsungehorsam der Strafverfolgungsbehörden sein.[500] Etwa als Folge der von *Radbruch* beobachteten Erscheinung: „Wie die Art des Angriffs stets bestimmend ist für die Art der Verteidigung, so verstrickt das Verbrechen nur allzu leicht den, der es bekämpft, in die gleiche unsaubere Sphäre."[501] Es gibt Hinweise, dass Polizeibeamten gegenüber Belehrungspflichten überwiegend eine negative Einstellung haben; diese werden in erster Linie als Beeinträchtigung der Ermittlungsmöglichkeiten wahrgenommen.[502] Gleiches gilt für Voraussetzungen von polizeilich angeordneten und durchgeführten Durchsuchungen wie den Verdacht oder die „Gefahr im Verzug".[503] Beeinträchtigungen der Ermittlungsmöglichkeiten stören in einer Institution, deren Mitarbeiter unter starkem Erfolgszwang stehen. So wird denn auch häufig der bei der Polizei herrschende Erfolgszwang als Ursache für Verfahrensfehler genannt.[504] Die polizei-praktische, kriminalistische Literatur beschreibt Überführungsstrategien, die insbesondere die Erlangung von Geständnissen befördern sollen und in der Praxis offenbar auch Anwendung finden.[505] Überhaupt hat die Erlangung von Geständnissen einen besonderen Stellenwert in der Ermittlungstätigkeit.[506] Hier wird bedeutsam, dass sich polizeiliche „Erfolge" ebenso einseitig an materieller Wahrheit orientieren, wie die der Strafjustiz (s. IV.1.a. u. 3.c.).[507] In der Erfolgsbilanz eines Ermittlungsbeamten zählt die Aufklärungsquote, zählen vielleicht Rückgänge in der Kriminalitätsbelastung einzelner Gebiete - nicht jedoch der „Erfolg", diese Ziele auf gesetzmäßigem Wege erreicht zu haben. Die Aufklärung einer Tat, die Überführung des Täters stehen in dem Wertesystem, welches polizeiliches Handeln bestimmt, an erster Stelle.[508] Es entspricht durchaus diesem Wertesystem, bestimmte - die Ermittlungstätigkeit behindernde - Normen zu umgehen, um die erstrangigen Ziele zu er-

---

498 *P. Wulf* Fragen, S. 413.

499 *Fabricius/Dallmeyer* Rechtsverhältnisse, S. 60 u. 65.

500 In dieser Richtung *Prittwitz* Ermittlungsmethoden, S. 322.

501 *Radbruch* Grenzen, S. 125.

502 *P. Wulf* Fragen, S. 225 ff.

503 *Girtler* Polizei-Alltag, S. 92 ff.

504 *P. Wulf* Fragen, S. 410 ff.; *Girtler* Polizei-Alltag, S. 37 ff., 45 u. 96; *Maisch* StV 1990, 314, 315 f. Zur Bedeutung der strukturellen Bedingungen für die Durchsetzung des Rechts s. auch *Fabricius/Dallmeyer* Rechtsverhältnisse, S. 64 ff. (am Beispiel der Psychiatrie).

505 Zu den Strategien vgl. *P. Wulf* Fragen, S. 299 ff., zu ihrer Umsetzung aaO., S. 349 ff.; s. auch *Maisch* StV 1990, 314 ff. Auf im Hinblick auf den bei der Polizei herrschenden Erfolgszwang „mißverständliche Ausbildungsliteratur" verweist *Prittwitz* Ermittlungsmethoden, S. 323.

506 *Girtler* Polizei-Alltag, S. 91 f.; *Maisch* StV 1990, 314, 315.

507 Zur materiellen Wahrheit als Vernehmungsziel vgl. *P. Wulf* Fragen, S. 52 ff.

508 *Girtler* Polizei-Alltag, S. 38 ff. u. 90 ff.; *Maisch* StV 1990, 314, 315.

reichen.[509]

Wenn die These vom Rechtsungehorsam als Ursache häufiger Verfahrensfehler zutrifft, spricht manches dafür, das tatsächliche Phänomen, das die herkömmliche Beweisverbotsdogmatik als „Disziplinierungsfunktion der Verwertungsverbote" bezeichnet, als zusätzliches Argument gegen die Verwertung rechtswidrig gewonnener Beweise anzuführen - um rechtswidrigem Vorgehen der Ermittlungsbehörden vorzubeugen. Denn dann hätte das vorrangige Disziplinarrecht offenbar versagt. Dabei würde es sich der Sache nach um das Ziel der abschreckenden Wirkung erfolgloser Ermittlungstätigkeit handeln, nicht aber um „Beweisverwertungsverbote als Sanktionen", denn die Nichtverwertung eines Beweises trifft die Allgemeinheit, nicht das handelnde Strafverfolgungsorgan (s. ausführlich IV.5.c.). Das setzt allerdings voraus, dass sich die abschreckende Wirkung der Nichtverwertung von rechtswidrig gewonnenen Beweisen mit einiger Plausibilität behaupten, besser: empirisch nachweisen lässt. Dass die Abschreckungswirkung von Strafen im Allgemeinen zweifelhaft ist, muss immerhin noch nicht bedeuten, dass Abschreckung nicht unter den besonderen Umständen des rechtswidrigen Vorgehens von Strafverfolgungsbehörden wirksam werden könnte. Die Theorie der negativen Generalprävention setzt notwendig voraus, dass der jeweilige Täter vor der Tat das Pro und Contra der Tatbegehung abwiegt und bei dieser Abwägung prinzipiell dem Argument zugänglich ist, sein Verhalten könne unangenehme Konsequenzen nach sich ziehen. Letztlich liegt ihr das Bild eines rational handelnden Täters zugrunde, der im Rahmen einer Kosten-Nutzen-Abwägung sich für oder gegen das Recht entscheidet.[510] Dieses Bild mag nun zwar nicht selten an der Realität der Kriminalität vorbeigehen - es spricht aber doch einiges dafür, dass es der Realität des Bereiches rechtswidriger (krimineller) strafverfolgungsbehördlicher Tätigkeit weithin entsprechen könnte. Es lässt sich für diesen Bereich sagen, dass Strafverfolgungsorgane sich mit dem Procedere der Strafverfolgung ersichtlich rational auseinandersetzen, dass bei rechtswidriger Beweisführung das Motiv des Nutzens - im Sinne von „Straftatenaufklärung"/„Überführung des Täters" - von zentraler Bedeutung ist (s. insb. IV.1.a. u. 3.c.) und dass die Nichtverwertung des rechtswidrig erlangten Beweises jeden Nutzen beseitigt und damit die Kosten, die investiert wurden, zunichte macht. Es ergäbe sich insofern - wie gesagt - ein *zusätzliches* Argument *gegen* die Verwertung rechtswidrig erlangter Beweise. Wie es um die empirische Wirksamkeit tatsächlich steht, mag hier allerdings ebenso dahinstehen, wie es sich mit der Vereinbarkeit der Abschreckungstheorie mit der demokratischen Verfasstheit unserer Gesellschaft verhält - folgt die Unverwertbarkeit gesetzwidrig gewonnenen Beweismaterials doch bereits aus anderen Gründen.

Freilich spricht wenig dagegen, auch die Wirksamkeit des Disziplinarrechts zu überprüfen. Dass hier manches im Argen liegt, liegt schon deshalb nahe, weil selbst „Verfahrensfehler" der Strafverfolgungsbehörden, die den Makel der Strafrechtswidrigkeit tragen, kaum Konsequenzen nach sich ziehen.[511]

Vorrangig allerdings sollte man darüber nachdenken, wie sich im Strafverfol-

---

509 *Girtler* Polizei-Alltag, S. 41, 90 ff., 134.

510 Paradigmatisch jüngst *Curti* ZRP 1999, 234, 235.

511 S. etwa die Untersuchungen von *anmesty international* Ausländer; *dies.* Fälle.

gungsapparat die Chancen für die Schaffung und Erhaltung von Rechtsbewusstsein erhöhen lassen, das auch das Verfahrensrecht umfasst. Es kann kein Zweifel bestehen, dass in der Demokratie aus Überzeugung rechtstreue Strafverfolgungsbehörden allemal Strafverfolgungsbehörden vorzuziehen sind, deren Rechtstreue auf der drohenden Disziplinierung - durch was auch immer - beruht. Insofern verhält es sich mit Strafverfolgungsorganen nicht anders, als mit anderen Menschen: Der demokratische Rechtsstaat lebt von der überzeugungsgetragenen Mitwirkung seiner Bürger. Man kann angesichts der Bedeutung des Rechtsbewusstseins der Bürger in der rechtlich verfassten Demokratie dem Effektivitäts- und Gerechtigkeitsbegriff von Strafverfolgung, dem bislang in dieser Arbeit drei Seiten zuerkannt wurden (s. IV.3.d.), eine vierte abgewinnen: Effektiv und gerecht ist Strafverfolgung, wenn sie möglichst erfolgreich nach der materiellen Wahrheit forscht *und zugleich* möglichst wirksam die Interessen der Verfahrensbeteiligten schützt, *indem* sie die Verfahrensgesetze beachtet, *weil* ihr der Wert demokratisch legitimierten Rechts bewusst ist.

c. Die Weite des materiellen Rechts

Des weiteren lässt sich mit einiger Plausibilität vermuten, dass ein durchgehender Zusammenhang besteht zwischen der Ausdehnung des materiellen Strafrechts, der daraus resultierenden Überforderung der Strafverfolgungsbehörden und ihrer hierauf beruhenden Flucht in die Entformalisierung des Strafverfahrensrechts.[512] Die das gesamte Verfahren erfassende Entformalisierung durch Absprache hat ihre größte Bedeutung nicht zufällig in den großen Prozessen über Wirtschaftskriminalität, Umweltkriminalität u.ä.[513] Wenn das Strafrecht in äußerst komplexe gesellschaftliche Bereiche hineinragt (z.B. Wirtschaft, Finanzwirtschaft, Außenhandel, „organisierte Kriminalität", Drogenmissbrauch), wenn es seine Geltung von komplexen Rechtsmaterien abhängig macht (z.B. Umweltrecht, Steuerrecht), wenn es sich mit äußerst komplexen technischen Phänomenen beschäftigt (z.B. Umweltschutz, Atomkraft, Datenverarbeitung, Molekularbiologie und Gentechnologie), so kann strafrechtliche Kontrolle naturgemäß nur aufgrund einer Analyse der jeweiligen komplexen Strukturen funktionieren.[514] Das setzt ausreichendes und speziell geschultes Personal voraus, Ausstattung nach dem jeweiligen Stand der Technik, ausreichend Zeit usw. An alledem ermangelt es den Strafverfolgungsbehörden.

Man darf davon ausgehen, dass der Druck auf die prozessualen Vorschriften solange anhalten wird, wie das Strafverfahrensrecht mit Erwartungen des materiellen Rechts überlastet wird, die die Strafverfolgungsbehörden mit den vorhandenen Ressourcen nicht im Rahmen der Prozessgesetze erfüllen können. Entsprechend wäre mit einer Verringerung des Druckes zu rechnen, wenn das materielle Recht reduziert

---

512 Vgl. *R.Hamm* Entdeckung, S. 287; *ders.* Unmöglichkeit, insb. S. 36; *Hassemer* Strafrecht, S. 223 ff.; *ders.* Das Symbolische, S. 1006 ff.; *Weider* Vom Dealen, S. 145; *Kühne* DRiZ 2002, 18, 21.

513 *Hassemer* Strafrecht, S. 229; *ders.* Das Symbolische, S. 1008; s. auch *Schünemann* ZStW 2002, 1, 26; *Rieß* in: LR, StPO, Einl. E, Rn. 185 u. Einl. G, Rn. 61; *Weigend* ZStW 2001, 271, 272 f.; *F.Herzog* Krise, S. 29 f.; *R.Hamm* Unmöglichkeit, S. 35 ff.; *Weider* Vom Dealen, S. 145; *Kleinknecht/Meyer-Goßner* StPO, Einl. Rn. 119b; *Eisenberg* Beweisrecht, Rn. 43.

514 Vgl. z.B. die Untersuchung von *Wohlers* (Deliktstypen, S. 110 ff.).

und/oder die Ausstattung der Strafverfolgungsbehörden verbessert würde.

d. Der Formalisierungsgrad des Beweisrechts

Es könnte des weiteren so sein, dass das deutsche Strafverfahrensrecht derart formalisiert ist, dass häufige Rechtsverstöße unvermeidlich sind.[515] Sei es, dass den Strafverfolgungsbehörden nicht in ausreichendem Maße Ermittlungsbefugnisse zur Verfügung stehen, sei es, dass die vorhandenen Befugnisse derart enge Voraussetzungen haben, dass sie sich nicht praktikabel anwenden lassen.

Dann allerdings wäre es *allein* Aufgabe des Gesetzgebers, zu entscheiden, ob er die mit geringerer Formalisierung eventuell einhergehende Verringerung des Schutzes der Betroffenen in Kauf nehmen möchte, und ob sich damit etwa eine Steigerung der Aufklärungsrate erreichen lässt. Die Strafverfolgungsbehörden sind beschränkt auf die gesetzlichen Möglichkeiten der Wahrheitserforschung. Erheben sie den Vorwurf, eine gesetzliche Regelung beschränke sie übermäßig bzw. es fehle eine gesetzliche Befugnis für diese oder jene notwendige Ermittlungsmethode, so ist dies eine kriminalpolitische Forderung, die solange für das einzelne Strafverfahren folgenlos zu bleiben hat, wie ihr keine gesetzliche Anerkennung zuteil wird (s. bereits III.1.a.).

In der Allgemeinheit, in der dieser Vorwurf inzwischen schon stereotyp erhoben wird, ist er allerdings unzutreffend. Den Strafverfolgungsbehörden stehen unzählige Eingriffsbefugnisse zu. Die strafprozessualen Möglichkeiten der Wahrheitserforschung sind - entgegen einem immer wieder anzutreffenden Vorurteil - gerade auch im Vergleich mit Wissenschaftsdisziplinen, die nach Wahrheit forschen, enorm.[516] Die Strafprozessreformen sind seit Inkrafttreten der StPO gekennzeichnet durch eine kontinuierliche Ausweitung des Handlungsspielraums der Strafverfolgungsbehörden (s. ausführlich IV.6.). Insbesondere in den letzten 20 Jahren bedeuteten gesetzgeberische Reformen des Strafverfahrensrechts regelmäßig eine Ausweitung der Befugnisse der Strafverfolgungsbehörden.[517] Von einigen neu erworbenen Möglichkeiten wird fast schon inflationär Gebrauch gemacht.[518] Bei anderen, an deren Zweckmäßigkeit man zweifeln kann, wird eine Kontrolle ihres Nutzens nicht ernsthaft versucht.[519]

Im Ganzen lässt sich daher kaum mit Recht sagen, dass die StPO derart hohe Beschränkungen der Möglichkeiten der Wahrheitserforschung bereithält, dass die Tätig-

---

515 *Jähnke* leitet die Begründung seiner These vom Ausnahmecharakter der Verwertungsverbote - die inzwischen den *BGH* erreicht hat (vgl. V.2.b.gg.) - mit einem Überblick über die „Fehlerträchtigkeit der Vorschriften" über den Einsatz Verdeckter Ermittler ein (Verwertungsverbote und Richtervorbehalt, S. 427).

516 Vgl. *Fabricius* Selbst-Gerechtigkeit, S. 164 f.

517 Vgl. *Hassemer* Strafrecht, S. 223 ff.; *Frehsee* Fehlfunktionen, S. 43 ff. *Schünemann* (ZStW 2002, 1, 15) spricht von einer „quantensprungartigen Machtzusammenballung ... wie sie außerhalb von Polizeistaaten bis dahin nicht beobachtet werden konnte."

518 *R.Hamm* NJW 2001, 3100, 3101 („geradezu inflationäre Zunahme von Telefonüberwachungen"). Zum Anstieg der Zahl der Anordnungen von Telefonüberwachungen in Deutschland bis 1996 vgl. *Kiper/Ruhmann* DuD 1998, 155 f.

519 Vgl. *Kiper/Ruhmann* DuD 1998, 155, 156; *Rottleuthner* Effektivität, S. 166 ff.; s. auch *Hassemer* Sicherheit, S. 255 ff., 261 u. 267; *ders.* StV 1994, 333 f. u. *B.Hirsch* Die ZEIT v. 28.2.2002, S. 6 (zum ersten Bericht über den großen Lauschangriff): „der Bericht ist eine Farce."

keit der Strafverfolger gleichsam unzumutbar beschränkt sei. Warum dennoch ein anhaltender kriminalpolitischer Druck zu spüren ist hinsichtlich der Schaffung weiterer Eingriffsbefugnisse - das wird später untersucht (s. IV.6.c.).

Gleichwohl: Dem Gesetzgeber steht es weithin frei, gesetzliche Regelungen zu schaffen, die eine Fehlerfolgenbegrenzung bewirken. In gewissen Grenzen mag dies auch durchaus sinnvoll sein, leuchtet doch unmittelbar ein, dass „es Situationen gibt, in denen ein Beharren auf der Form unbillig ist und niemandem nützt."[520]

Im deutschen Verwaltungsrecht geht man diesen Weg inzwischen mit einiger Leidenschaft - freilich nicht die Verwertbarkeit von Beweismaterial betreffend.[521] So gibt es Regelungen über die Heilung von Verfahrens- und Formfehlern durch Nachholung (§ 45 I, II VwVfG). In ähnlicher Weise heilen gewisse Fehler durch Ergänzung oder in ergänzenden Verfahren (§§ 75 Ia 2 VwVfG, 215a I BauGB, 114 S. 2 VwGO). Es gibt Regelungen über die Unbeachtlichkeit von Verfahrens- und Formfehlern bei offensichtlicher Bedeutungslosigkeit für die Sachentscheidung (§ 46 VwVfG) bzw. es sind einige Fehler nur beachtlich, wenn sie die Sachentscheidung offensichtlich beeinflusst haben (§§ 75 Ia 1 VwVfG, 214 III 2 BauGB). Auch lassen sich Einwendungen mit verschiedener Begründung (z.B. Fristversäumnis) präkludieren (§§ 73 IIa 2, IV 3 VwVfG, 215 I BauGB). Des weiteren lässt sich ennumerativ bestimmen, welche Fehler Konsequenzen nach sich ziehen sollen (§ 214 I 1, Ia, II BauGB). Schließlich sollte man hier nicht das Rechtsmittelrecht aus dem Auge verlieren, welches letztlich darüber entscheidet, ob ein fehlerhaftes Verfahren Bestand hat (s. IV.2.c., d. u. im folgenden Abschnitt). Im arbeitsgerichtlichen Verfahren etwa führen neuerdings Verfahrensfehler für sich genommen nicht mehr zur Zulassung der Revision (vgl. § 72 II ArbGG). In anderen Rechtsordnungen wurde dieser Weg bei den Beweisverboten gewählt.[522] Im englischen Strafverfahrensrecht ist die Verwertung rechtswidrig erlangter Beweise weithin ins Ermessen des Gerichts gestellt.[523] Gesetzgebungstechnisch stehen diverse Lösungsmöglichkeiten zur Verfügung: Generalklauseln, Regelbeispiele usw. Der für diese Arbeit entscheidende Unterschied zum deutschen Strafprozess liegt darin, dass der Gesetzgeber im Strafprozessrecht diesen Weg bislang nicht gewählt hat.

Der Zulässigkeit gesetzgeberischer Lösungsversuche setzt freilich die Verfassung gewisse Schranken. Insbesondere ist Folgendes zu beachten: Wollte der Gesetzgeber Rechtssätze schaffen, die explizit zulassen, Unrecht zum Zwecke der Verwirklichung des Rechts einzusetzen, müsste er sich den Vorwurf gefallen lassen, widersprüchliche und damit verfassungswidrige Rechtssätze zu bilden (s. IV.5.a.). Vor der Verfassung keinen Bestand hätte zudem die Schaffung eines Beweisverfahrens, welches den Freibeweis mit der freien Beweiswürdigung kombiniert (s. insb. IV.2.a.). Gesetzgebungstechnisch zulässig wären allein Vorschriften, die Fehler bei der Beweiserhebung neutralisieren (rechtfertigen, heilen, für unbeachtlich erklären) und so den Weg für eine

---

520 So *Rogall* „Abwägungen", S. 305 unter ausdrücklichem Verweis auf verwaltungsrechtliche Regelungen zur Fehlerfolgenbegrenzung.

521 Überblick bei *Püttner/Guckelberger* JuS 2001, 218 ff.; krit. speziell zu den §§ 45, 46 VwVfG *Niedobitek* DÖV 2000, 761 ff.

522 Vgl. *Herrmann* Aufgaben, S. 1301 zu den US-amerikanischen Bundesstaaten Colorado und Arizona.

523 Vgl. *B.Huber* Ermittlungsmethoden, S. 83 ff.

Verwertung freimachen. Aber auch solchen Vorschriften sind gewisse Grenzen gesetzt. Nimmt man das verfassungsrechtliche Gebot einer ins Detail gehenden gesetzlichen Determinierung der Beweisführung ernst (s. III.1.a. u. 2.d.), so muss diese Determinierung auch praktisch wirksam werden, indem die Beweisnormen angewendet werden. Letztlich kann es keinen Unterschied machen, ob die Determinierung daran scheitert, dass die Strafverfolgungsbehörden die Verfahrensgesetze aus eigenem Antrieb außer Kraft setzen - wie es die herkömmlichen Beweisverbotslehren tun - oder ob der Gesetzgeber ihnen hierzu eine gesetzliche Befugnis einräumt. Die Frage, wo im Einzelnen die Grenzen des Gesetzgebers liegen, stellt sich freilich um so dringlicher, je weiter der Gesetzgeber die Befugnisse der Strafverfolgungsbehörden zieht - je mehr also das Regel-Ausnahme-Verhältnis, das der Vorbehalt des Gesetzes gewährleisten soll, auf gesetzlichem Wege umgekehrt wird.[524] Es ist eine spannende und wichtige Frage, gleichwohl: Es ist nicht die Frage dieser Arbeit, deshalb soll es bei den wenigen Bemerkungen sein Bewenden haben. Diese Arbeit beschäftigt sich lediglich mit Wegen der Beweisführung, die praktiziert werden, obwohl sie vom Gesetz auch nach herkömmlicher Ansicht nicht getragen werden - wie es die herkömmliche Frage nach dem unselbständigen Beweisverwertungsverbot impliziert.

Jedenfalls verbleibt dem Gesetzgeber hinsichtlich der Frage, wie er die Vorgaben der Verfassung im Strafverfahrensrecht umsetzt, ein erheblicher Spielraum: „In Einzelfragen gibt es nicht selten mehrere verfassungskonforme Lösungen, welche aus dem Strafprozeßrecht selbst innerhalb des oft weitmaschigen Rahmens des Grundgesetzes entwickelt werden müssen. Das punktuelle Verfassungsrecht begründet den Auftrag, solche Lösungen zu entwickeln; es enthält sie aber noch nicht selbst."[525] Ob es klug wäre, die angedeuteten verfassungsrechtlich zulässigen Wege gesetzgeberischer Fehlerfolgenneutralisierung im Strafprozessrecht zu beschreiten, kann man bezweifeln. Es bedeutete eine teilweise Abkehr vom Strengbeweisverfahren. Es würde auch der Vermeidung der notwendigen Auseinandersetzungen um gebotene oder übertriebene Formalisierung des Beweisverfahrens Vorschub leisten. Man kann diese Verschiebung bei den herkömmlichen Beweisverbotslehren bereits beobachten: Warum sollte der Gesetzgeber sich mit dem „Arztvorbehalt" in § 81a StPO befassen, wenn für die Gerichte seine Verletzung ohnehin unbeachtlich ist? Seine Streichung wäre überflüssig. Nebenbei bemerkt: Angenommen, der Gesetzgeber würde bei einer Erörterung am Arztvorbehalt festhalten - wie soll er seine Beachtung im Strafverfahren anders sicherstellen, als durch eine eindeutige und zwingende gesetzliche Muss-Vorschrift, was ja bereits geltendes Recht ist!?

Ähnliches erleben wir im materiellen Strafrecht: Die notwendige Debatte um eine Begrenzung strafrechtlicher Normen führt der Gesetzgeber nicht mehr. Flächendeckende Kriminalisierung wird dadurch für die Praxis handhabbar, dass man sie über Entkriminalisierung im Ermittlungsverfahren (insbesondere §§ 153 ff. StPO) ausgleichen kann.[526] Damit einher geht häufig, wie man im Verwaltungsprozessrecht gegenwärtig gut beobachten kann, flächendeckende symbolische Gesetzgebung. Rechtsstaat-

---

[524] Dies konstatiert *Dencker* (Verwertungsverbote und Verwendungsverbote, S. 242) bereits zum geltenden Recht.

[525] *Gusy* StV 2002, 153.

[526] *Naucke* System; *Sinner* Vertragsgedanke, S. 111 f.

lich mustergültige Vorschriften werden wie am Fließband produziert, deren Komplexität tatsächlich zu ständigen Fehlern bei der Anwendung führt. Ein erfolgreiches Vorgehen gegen fehlerhaftes Prozedieren der Behörde ist aber nahezu ausgeschlossen, weil Formfehler, so sie nicht ohnehin unbeachtlich sind, fast unbegrenzt geheilt werden oder Verfahrenshandlungen nachgeholt werden können („Höhepunkt" bisher: §§ 214 ff. BauGB).

Augenfällig wird der geringe Wert solcher Gesetzgebung, wenn die Gerichte die Rolle des formalisierenden und entformalisierenden Gesetzgebers *in einer Person* einnehmen. Kürzlich stellte etwa der *3. Strafsenat des BGH* hohe rechtsstaatliche Maßstäbe auf für die richterliche Kontrolle von Telefonüberwachungen. Trotz einer Verletzung des Richtervorbehalts sah er im konkreten Fall aber nach kurzer Abwägung ein Verwertungsverbot nicht als gegeben an.[527] Wer glaubt, auf diesem Wege die Kommunikationsgrundrechte mit den Strafverfolgungsbelangen in ein Verhältnis praktischer Konkordanz bringen zu können, der irrt. Die hochfliegenden rechtsstaatlichen Erwägungen des ersten Teils der Entscheidung kaschieren nur oberflächlich den Vorrang, der den Strafverfolgungsbelangen letztlich ein weiteres Mal eingeräumt wurde. Gesetzgebung, die entformalisiert bzw. den Strafverfolgungsbehörden Möglichkeiten zur Entformalisierung an die Hand gibt, stellt letztlich - wie die Erfahrungen mit Abwägungen im Bereich der Strafverfolgung zeigen (s. IV.3.b. u. V.2.b.) - nicht sicher, dass Einzelfallgerechtigkeit geübt wird, sondern gibt die Individualinteressen den Strafverfolgungsbelangen preis.

e. Das Rechtsmittelrecht

Welche Wirkung einem Verfahrensfehler tatsächlich zukommt, lässt sich nur beurteilen, wenn man eventuelle Rechtsmittel mit in die Beurteilung einbezieht. Denn das Vorkommen von Verfahrensverstößen wird im Verfahrensrecht sinnvollerweise in erster Linie durch die jeweils mehr oder weniger strenge Ausgestaltung der Rechtsbehelfe berücksichtigt.[528] Die Strenge der Verfahrensnormen in Verbindung mit der Strenge der diesbezüglichen Rechtsbehelfe gibt Auskunft darüber, wie förmlich das Verfahren abzulaufen hat, um materiell richtige Urteile zu liefern, die auch Bestand haben. Beeinflussen Verfahrensfehler das Urteil nicht, so sind sie ohnehin für Rechtsbehelfe gegen das Urteil uninteressant. Sedes materiae des Umgangs mit Verfahrensfehlern im Strafverfahren, die auf das Urteil einwirken, ist daher von Gesetzes wegen nicht etwa eine wie auch immer geartete Beweisverbotsdogmatik, sondern das Revisionsrecht (s. ausführlich IV.2.d.).

---

527 BGHSt 44, 243 ff.; vgl. die Anm. v. *Asbrock* StV 1999, 187, 189 und *Fezer* JZ 1999, 528: „...nimmt er mit der einen Hand, was er mit der anderen gegeben hat."

528 Insoweit zutr. *Rogall* Grundsatzfragen, S. 119.

5. Strengbeweis und gutgläubig-rechtswidriges Handeln der Strafverfolgungsorgane

a. Subjektive Momente im strafprozessualen Beweisrecht

Einen besonderen Stellenwert genießt in der Debatte der herkömmlichen Beweisverbotslehren das gutgläubig-rechtswidrige Handeln der Strafverfolgungsorgane. Ihm kommt unter den Verfahrensfehlern statistisch aus zwei Gründen eine große Bedeutung zu. Zum einen deshalb, weil sich vorsätzlich rechtswidriges Handeln der Strafverfolgungsorgane - wiewohl es tatsächlich einen erheblichen Teil der Verfahrensfehler betreffen dürfte (s. IV.4.b.) - kaum jemals nachweisen lässt. Zum anderen deshalb, weil der Grundsatz in dubio pro reo nach herkömmlicher Ansicht für diese Frage nicht gilt, der Verfahrensfehler also nachgewiesen sein muss.[529]

Paradigmatisch ist etwa die weit verbreitete These, einerseits führten vorsätzliche Verstöße regelmäßig zu Verwertungsverboten, andererseits könne man dies bei (leicht) fahrlässigem Verhalten der Ermittler nicht ohne weiteres annehmen.[530] Oder die Ansicht des *BGH*, es spiele eine Rolle, ob die Strafverfolger „lediglich aufgrund eines Versehens und nicht etwa aufgrund rechtsfehlerhafter Annahme eigener Kompetenz oder gar aus Willkür“ das Verfahrensrecht verletzten.[531] Derartige Unterscheidungen trifft die höchstrichterliche Rechtsprechung seit langem. So formulierte der *BGH* schon im Medizinalassistentenfall: „Hinzu kommt, daß die Polizeibeamten in gutem Glauben gehandelt ... haben“.[532] Diese Erwägung ist vor dem Hintergrund zu sehen, dass die subjektive Schwere des Verstoßes („Handlungsunwert“) im Rahmen einer Interessenabwägung zur Entscheidung über das Verwertungsverbot einen zu berücksichtigen Parameter darstellen soll (s. auch V.2.a.).

Im Hinblick auf die kompetenzrechtliche Dimension des Vorbehalts des Gesetzes (Gewaltenteilung) sind die von der herkömmlichen Beweisverbotsdogmatik zur Relevanz subjektiver Momente angestellten Überlegungen von nicht geringer Bedeutung. Denn zwar bedeutet jede Beweisführung auf ungesetzlichem Wege objektiv eine Kompetenzüberschreitung der Strafverfolgungsbehörden, die auf die gesetzlich geregelten Beweisbefugnisse beschränkt sind. Schließt man aber sämtliche vorsätzlich rechtswidrig ermittelten Beweise von einer Verwertung im Strafverfahren aus, lässt sich immerhin sagen, dass die Ermittler zumindest *subjektiv ex ante* den Bereich der ihnen zustehen Befugnisse nicht ausweiten. Vielmehr sei allein eine interessengerechte Fehlerfolgenbegrenzung *ex post* angestrebt. In diese Richtung gehen Erwägungen *Lüderssens* für Fälle der Beweiserhebung, die von Strafverfolgungsorganen durchgeführt wurden, obwohl ihnen die Unzulässigkeit der Beweiserhebung bewusst war, deren Unzulässigkeit also insofern intendiert wurde. (Nur) diese Fälle sollen bei der Verwer-

---

529 Vgl. BGHSt 16, 164, 167; *G.Pfeiffer* in: KK, StPO, Einl. Rn. 20; krit. *Roxin* Strafverfahrensrecht, § 16 Rn. 40.

530 *Rogall* Grundsatzfragen, S. 141. Eine entsprechende „good faith exception“ von den „exclusionary rules“ kennt seit einiger Zeit das US-amerikanische Strafverfahrensrecht, vgl. *Reamey* Exclusionary Rule, S. 195; *Nijboer* The American adversarial system, S. 182; *Thaman* USA, S. 544; damit sympathisierend *Weigend* ZStW 2001, 271, 290.

531 BGHSt 44, 243, 250.

532 BGHSt 24, 125, 130.

tungsfrage jeder Abwägung entzogen sein.[533] Dies wird folgendermaßen begründet:

> „Man darf Güter und Interessen gegeneinander abwägen und dann zu einer einheitlichen Bewertung gelangen, indem man einem Gut den Vorzug vor dem anderen gibt. Man kann das aber nicht tun mit Recht und Unrecht. Unrecht kann nicht um des Rechts willen in Kauf genommen werden. Die Einheit des Rechts kann, wenn man die Verletzungen, die als Unrecht qualifiziert werden, in Kauf nehmen möchte, nur gewahrt werden, indem man diese Verletzungen rechtfertigt. Bleiben sie aber Unrecht, ist ihre spätere Aufhebung in einer Art höheren Rechtssatz mit dem Prinzip der Einheit des Rechts nicht vereinbar. Es handelt sich um eine Selbstbindung des positiven Rechts, ohne die es ins Bodenlose fiele."[534]

> „Will man aber das Urteil über die Unzulässigkeit der Beweisgewinnung aufrechterhalten, dann kann es später nicht mehr für die Verwertung suspendiert werden, sondern geht in sie ein, und das ist der Widerspruch, den die Rechtsordnung a limine nicht erträgt."[535]

Kurz gesagt: Die „juristische Absegnung" derartiger Fälle mache „Rechtsregeln erforderlich, die in einem unaufhebbaren Selbstwiderspruch untergehen."[536] Grund für die Unverwertbarkeit der rechtswidrig gewonnenen Beweise soll demnach der Widerspruch sein, der entsteht, wenn man unrechtmäßiges Vorgehen zur Verwirklichung des Rechts *intendiere*. Bei bloß fahrlässig-verfahrensfehlerhaftem Verhalten fehle es an einer solchen Intention, mithin sei die Folge absoluter Unverwertbarkeit mangels Widersprüchlichkeit des Verhaltens nicht ohne weiteres angezeigt.

Derartige Differenzierungen setzen allerdings eines voraus: Dass man nämlich dem subjektiv ex ante zu bestimmenden Verschulden der Strafverfolgungsorgane überhaupt irgendeine Bedeutung für die Frage der Beweisführung beimessen kann.

In einem Beweisrecht, das objektiv ausgestaltet ist, kommt es jedoch allein auf Gesetzmäßigkeit an, nicht auf die Motivation der Strafverfolgungsorgane und ob sie sich - ex ante - etwas vorstellten, was man als widersprüchlichen Rechtssatz bezeichnen muss. Die Gesetzmäßigkeit der konkreten Beweisführung lässt sich letztlich nur ex post bestimmen, wie sich auch die Verwertungsfrage immer erst stellt, wenn bereits (zumindest einmal) Beweis erhoben wurde - also insofern retrospektiv (s. auch I-II.5.a.aa., IV.1.a. u. b.). Man lese noch einmal die drei Zitate *Lüderssens*. Nichts rechtfertigt ihre Beschränkung auf Beweiserhebungen, deren Rechtswidrigkeit intendiert wurde.[537] Der Widerspruch besteht in jedem Fall, in dem unrechtmäßig gewonnenes Beweismaterial zum Zwecke der Beweisführung verwendet wird. Wenn *Lüderssen* folgert, derart widersprüchliche Rechtssätze seien verfassungswidrig[538], so müsste man dem zustimmen, wenn es sich um Rechtssätze handelte, die der Gesetzgeber erlassen

---

533 Ermittlungen, S. 901 ff.

534 Ermittlungen, S. 905.

535 *Lüderssen* Ermittlungen, S. 907.

536 *Lüderssen* Ermittlungen, S. 908.

537 Noch weniger überzeugt es, wenn *Amelung* den auch von ihm wahrgenommenen „Selbstwiderspruch" auf Fälle beschränken will, in denen das „ethische Minimum" verletzt wurde (NStZ 2001, 337, 341 f.; *ders.* Streit, S. 1262 f.).

538 Ermittlungen, S. 904 ff.

hätte (s. bereits IV.4.d.).

Zusammengefasst: In einem vom Gesetzgeber objektiv ausgestalteten Beweisrecht führt die Befassung mit dem Verschulden der Strafverfolger nicht weiter. Das strafprozessuale Beweisrecht ist ein ganz überwiegend objektives, das Rechtsmittelrecht ebenso. Wie die objektive Erfüllung der gesetzlichen Merkmale der Ermächtigungsgrundlagen hinreicht, Eingriffe zu rechtfertigen, genügen objektive Gesetzesverletzungen zur Begründung der Revision und anderer Rechtsbehelfe. Es gibt im Strafprozessrecht weder subjektive Rechtfertigungselemente noch subjektive Voraussetzungen von Rechtsmitteln. Gerade in den objektiven Kautelen verwirklicht sich im Übrigen der verfahrensrechtliche Grundrechtsschutz.[539]

b. Gefahrenabwehrrechtliche Kategorien im strafprozessualen Beweisrecht

Die ex ante-Sicht der Polizeibeamten mag man als entscheidend erachten, wenn sie angesichts einer ungewissen Sachlage *präventiv* tätig werden. Stellt die Polizei bei verständiger Würdigung eines Sachverhaltes eine Gefahrenprognose, aufgrund derer sie tätig wird, so wird das polizeiliche Eingreifen nicht dadurch rechtswidrig, dass sich ex post herausstellt, dass keine Gefahr vorlag.[540] Hintergrund ist die Erwägung, dass die Polizei oft in ungewissen Lagen eingreifen muss, wenn sie den Eintritt von Schäden zuverlässig verhindern soll.[541] Ähnlich verhält es sich, wenn den Strafverfolgungsbehörden Prognoseentscheidungen obliegen, wie etwa bei der repressiv-polizeilichen Prognose von „Gefahr im Verzug“[542] oder auch der Begründung eines Tatverdachts. Weder die Annahme einer Gefahr, noch die Annahme eines Tatverdachts lassen sich rückblickend allein deshalb als rechtswidrig ansehen, weil sich herausstellt, dass kein Schaden eintritt bzw. eine Tat nicht vorlag.

Gestattet man jedoch die Verwertung von rechtswidrig gewonnenen Beweisen, weil der Verfahrensfehler nicht vorsätzlich oder gar gänzlich schuldlos herbeigeführt wurde (etwa weil die handelnden Strafverfolgungsorgane nicht wussten, dass nur Ärzte Blutproben entnehmen dürfen), stellt man im Ergebnis präventives und repressives ordnungsbehördliches Handeln gleich: In beiden Fällen neutralisiert letztlich die ex ante-Sicht der Beamten den Verfahrensfehler. Es verbleibt nurmehr ein - im Ergebnis irrelevanter - rechtstechnischer Unterschied. Schlimmer noch: Repressives Polizeihandeln hat so *generell* an dem „Gutgläubigkeitsbonus“ teil, der präventiv-polizeilichem Handeln *nur* im Bereich der Gefahrenprognosen und allein wegen der Notwendigkeit schnellen Eingreifens in möglichen Gefahrensituationen zugestanden wird. Die insofern bestehende Ungleichheit zwischen Strafverfolgung und Gefahrenabwehr wird eingeebnet, was nicht weiter auffällt, da der rechtstechnische Umweg über die Beweisverbotsdogmatik die ungerechtfertigte Gleichbehandlung verschleiert. So findet der ungehemmte Einzug von Präventionserwägungen, wie er vor allem in der Kriminalpolitik zu beobachten ist (s. IV.6.b.), seine unmittelbare Verlängerung in das Be-

539 *L.Schulz* DuD 2001, 12, 16.

540 *Gusy* Polizeirecht, Rn. 118 ff.; *Knemeyer* Polizei- und Ordnungsrecht, Rn. 69; *Di Fabio* Jura 1996, 566, 569.

541 *Gusy* Polizeirecht, Rn. 119.

542 Vgl. BVerfGE 103, 142, 158 f.; *Amelung* NStZ 2001, 337, 340.

weisrecht der Strafprozessordnung.

c. Disziplinar- und materiellstrafrechtliche Kategorien im strafprozessualen Beweisrecht

Subjektive Voraussetzungen von Folgen von Gesetzesverletzungen kennt unsere Rechtsordnung vor allem dort, wo der Schuldgrundsatz gilt - also insbesondere im Strafrecht und Disziplinarrecht. Wer die Beweisverwertungsverbote mit der Sanktionierung bzw. Disziplinierung der Strafverfolgungsorgane assoziiert und in ihren Voraussetzungen zudem gleichsam dem Schuldgrundsatz unterwirft, setzt das Verwertungsverbot gleich mit den Rechtsfolgen des materiellen Strafrechts und Disziplinarrechts, deren Verhängung ja bekanntlich Schuld voraussetzt. Um dies hingehen zu lassen, müsste man doch zuerst einmal begründen, warum im objektiven Beweisrecht, in dem auch sonst subjektive Momente irrelevant sind, das „Verschulden“ der Strafverfolger eine Rolle spielen soll.[543] Selbst wenn man aber prinzipiell keine Einwände gegen eine Berücksichtigung des persönlichen Fehlverhaltens hat, darf man doch nicht ohne weiteres Wertmaßstäbe des materiellen Rechts ins Prozessrecht übernehmen: „Die Frage, ob ein Recht vorsätzlich oder fahrlässig verletzt wurde, zielt auf die Person des jeweiligen Amtsträgers. Sein persönliches Fehlverhalten kann aber im Justizbereich nur nach Maßstäben gemessen werden, die die Justiz an sich selbst anzulegen hat. Im Bereich des Prozeßrechts ist dieser kein an konkreten Personen ausgerichteter, sondern der der Prozeßordnungsmäßigkeit. Dieser verlangt ein richtiges, nicht aber ein nicht vorsätzlich falsches Handeln.“[544] Diesen entscheidenden Unterschied zwischen materiellem Recht und Prozessrecht erkannte auch der *BGH* im Medizinalassistentenfall, wenngleich die Erkenntnis folgenlos blieb: „Aus der Welt geschafft werden kann die prozessuale Fehlerhaftigkeit der Zwangsmaßnahme durch solche irrig-gutgläubige Annahme ... freilich nicht.“[545]

Die „good faith exception“ ist nach alledem eine nachvollziehbare Einschränkung von Beweisverwertungsverboten dort und nur dort, wo diese als eigenständige Rechtsinstitute der Disziplinierung der Strafverfolgungsorgane dienen. Nun betonen aber nicht wenige Vertreter der herkömmlichen Beweisverbotsdogmatik, dass die Übertragung der materiellrechtlichen Kategorien von Sanktionierung und Disziplinierung auf das deutsche Beweisrecht nicht trage, weil die Folgen des Eingreifens von Verwertungsverboten nicht das Strafverfolgungsorgan treffen, das fehlerhaft gehandelt hat, sondern die Verfahrensbeteiligten und letztlich die gesamte Rechtsgemeinschaft, denen Möglichkeiten der Annäherung an materielle Wahrheit und damit materielle Gerechtigkeit genommen werden.[546] Das strafprozessuale Beweisrecht habe nicht die Funktion, schuldhafte Rechtsverstöße von Strafverfolgungsbeamten zu sanktionieren und es komme bei schuldlosen Verstößen eine Disziplinierung ohnehin nicht in Betracht.[547] Erklärtermaßen lehnen also die Anhänger der herkömmlichen Beweisver-

---

543 *Fezer* JZ 1999, 528.
544 *Dencker* Verwertungsverbote im Strafprozeß, S. 94.
545 BGHSt 24, 125, 130.
546 S. nur *Amelung* Streit, S. 1274; *ders.* NStZ 2001, 337, 341.
547 *Rogall* Grundsatzfragen, S. 131 f. m.w.N.

botsdogmatik die Übertragung materiellrechtlicher Kategorien auf das Beweisrecht ab. Unter der Hand wird die Übertragung dann aber doch vorgenommen; auf die Berücksichtigung subjektiver Momente möchte man - wie gesagt (s. in den vorherigen beiden Abschnitten) - nicht verzichten. Und die Parallele zum materiellen Strafrecht geht noch weiter: Es wird den Beweisverwertungsverboten von prominenten Vertretern der herkömmlichen Beweisverbotsdogmatik der Zweck beigelegt, präventiv Normbestätigung zu leisten (s. V.2.a.). Der Sache nach handelt es sich bei dieser Zweckbestimmung um eine Analogie zum Strafzweck der positiven Generalprävention - es wird also den Verwertungsverboten die Funktion beigemessen, psychologisch-disziplinierend zu wirken bzw. normativ-symbolisch den Verfahrensfehler zu „reparieren".[548]

Neben der sachwidrigen Gleichbehandlung von gefahrenabwehrrechtlichem und repressivem Tätigwerden der Polizei liegt in der Berücksichtigung subjektiver Momente im Beweisrecht demnach auch eine sachwidrige Gleichbehandlung von materiellem Strafrecht und Strafverfahrensrecht. Auflösen lässt sich diese gewisse Widersprüchlichkeit in der Heranziehung materiellrechtlicher Kategorien nur, wenn man der eindeutigen Ausgestaltung des Strafprozessrechts, die auf Feststellung bzw. Zuschreibung subjektiver Momente verzichtet, die Gefolgschaft nicht versagt. Dem *RG* war der objektive Charakter des Beweisrechts noch geläufiger:

> „Daß das Strafverfahren ein dem Gesetze gemäßes sein muß, beherrscht die Strafrechtspfege so allgemein, daß weder Verzichte hierauf zulässig sind, noch auch *Unkenntnis von den thatsächlichen Voraussetzungen* für die Rechtsbeständigkeit des Verfahrens *die Gesetzesverletzung beseitigen kann.*"[549]

Lediglich in ihrem Ausgangspunkt kann man der überwiegenden Ansicht in der herkömmlichen Beweisverbotsdogmatik zustimmen: In der Tat hat das Beweisrecht nicht die Aufgabe, persönliches Fehlverhalten zu sanktionieren. Die Sanktionierung von Fehlverhalten ist die Aufgabe des Straf- und Disziplinarrechts, die klar normieren - und normieren müssen (vgl. Art. 103 II GG) - welche Sanktion auf welches Fehlverhalten folgt und die den Schuldgrundsatz berücksichtigen müssen. Der strafprozessrechtliche Begriff des Beweisverwertungsverbots bezeichnet demgegenüber bloß den Bereich, in dem eine gesetzliche Befugnis für die Verwertung fehlt (s. III.2.d.). Insofern gibt es Beweisverwertungsverbote als eigenständige Institute nicht - so dass man sie auch nicht als Sanktionen ansehen und mit subjektiven Voraussetzungen ausstatten kann.

6. Strengbeweis und Kriminalpolitik

a. Entformalisierung des Strafverfahrensrechts

Die mittelbare Entformalisierung des Beweisrechts durch die herkömmlichen Beweis-

---

548 Vgl. *Amelung* Streit, S. 1274. Zum Changieren der Strafzwecklehre der positiven Generalprävention zwischen Normativierung und Psychologisierung s. *Roxin* Strafrecht AT, § 3 Rn. 21 ff., insb. Rn. 27 u. 31 m.w.N.

549 RGSt 32, 157, 158 (Hervorh. vom *Verf.*). Zust. *Schlothauer* Zeugnisverweigerungsrechte, S. 90 f.

verbotslehren fügt sich ein in eine allgemeine Tendenz der Entformalisierung des Strafverfahrensrechts. Die Entformalisierung erfasst im Strafverfahren und im Strafverfahrensrecht inzwischen alle wichtigen Bereiche.[550] Diese Entwicklung ist nicht neu. Im Ganzen ist die Entwicklung des Strafrechts seit der Aufklärung durch Kontinuität gekennzeichnet.[551] War das Strafverfahrensrecht einstmals von Prinzipien beherrscht, so dominiert nunmehr eine Abwägungspraxis, die sich am Einzelfall orientiert.[552] Und während das 19. Jahrhundert noch gekennzeichnet war vom Bemühen um Kodifizierung und die Bindung der Richter an die neuen großen Kodifikationen, geht die Tendenz seit dem Ende des 19. Jahrhunderts hin zur materiellen Ergebnisorientierung.[553] Die Zeit des Nationalsozialismus stellt in dieser Entwicklung keinen Fremdkörper dar, sondern hat gleichsam als „Durchlauferhitzer“ gewirkt.[554]

Während die Beweisverbotslehren der (mittelbaren) punktuellen Entformalisierung in typischerweise gewöhnlichen Strafverfahren dienen, ist in der Praxis ein ungewöhnlicher Verfahrenstyp entstanden, der sich durch Entformalisierung im Ganzen auszeichnet: Die Erledigung des Verfahrens durch Absprache. Diese Praxis hat sich weitgehend praeter legem entwickelt.[555] Sie hat „sich gerade deswegen etabliert ..., um sich von den Zwängen der StPO zu befreien.“[556] Es geht nicht etwa darum, rechtsverbindliche Verträge im Strafverfahrensrecht anstelle der herkömmlichen Prinzipien zu etablieren; gewollt ist schlicht möglichst weitgehende Bindungslosigkeit.[557] Selbst der Versuch des *BGH*, minimale Restriktionen einzubauen durch Anbindung der Absprachenpraxis an die Prinzipien der StPO, ist zum Scheitern verurteilt, weil die Tatgerichte die aufgestellten Regeln schlicht ignorieren.[558] Das gilt insbesondere für die in der Praxis der Tatgerichte nach wie vor überaus häufige - obgleich laut *BGH* unzulässige - Vereinbarung eines Rechtsmittelverzichts vor Erlass des Urteils.[559] Bei den Absprachen leistet die Justiz alltäglich den Offenbarungseid, was ihre eigene Gesetzestreue angeht. Die Rechtswissenschaft hat davor weitgehend kapituliert, so dass man sagen kann, „daß das Versagen der deutschen Dogmatik in dieser fundamentalen Frage besonders blamabel ist und übrigens auch die Hauptverantwortung dafür trägt, daß das in der Absprachenpraxis steckende Skandalon einer contra legem erfolgten Zerstörung der in der RStPO geschaffenen Grundstruktur des deutschen Strafverfahrens, die ja nichts anderes als eine gigantische Rechtsbeugung darstellt, in der Praxis erfolgreich

---

550 Vgl. *Hassemer* Entwicklungen, S. 18 f.

551 Ausführlich *Naucke* Aufhebung; *ders.* NS-Strafrecht; *ders.* KritV 1999, 336. 337 f.; s. auch *P.-A.Albrecht* StV 2001, 416.

552 *Sinner* Vertragsgedanke, insb. S. 78 f. u. 134.

553 *Pauli* Rechtsprechung, S. 38 ff. u. 241 ff.

554 *Pauli* Rechtsprechung, S. 242 f. u. 40 ff.; *Naucke* NS-Strafrecht.

555 *Schünemann* ZStW 2002, 1, 28 („von der Praxis für die Praxis zurechtgeschneiderte Prozessform“); *Weider* Vom Dealen, insb. S. 175; *Rieß* in: LR, StPO, Einl. E, Rn. 185; *Kleinknecht/Meyer-Goßner* StPO, Einl. Rn. 119b; *Sinner* Vertragsgedanke, S. 23 u. 179 ff.; *Eisenberg* Beweisrecht, Rn. 42.

556 *Nestler* Praxis, S. 104.

557 *Sinner* Vertragsgedanke, S. 286 ff.

558 Vgl. *Nestler* Praxis, S. 104 f.; *Weider* Vom Dealen, S. 161 ff.; *R.Hamm* Unmöglichkeit, S. 44 ff.

559 Vgl. *Weider* Vom Dealen, S. 163; *Rieß* Rechtsmittelverzicht, S. 649 ff; *DAV* Stellungnahme, S. 7 f.; *M.Amelung* StraFo 2001, 185, 186 f.; *R.Hamm* Unmöglichkeit, S. 44 f.; *Schünemann* ZStW 2002, 1, 54 und zur Unzulässigkeit BGHSt 43, 195, LS 5 u. S. 204 f.

verdrängt werden konnte."[560]

Eine der Ursachen dafür, dass von Seiten des Schrifttums judikativer Entformalisierung nicht genügend Widerstand entgegengesetzt wird, mag ein gestiegenes Ansehen der Judikative und ein gesunkenes Ansehen der Legislative sein. Ersteres ist ja auch nicht ganz unberechtigt: Anders als noch vor wenigen Jahrzehnten erhebt heute zu Recht niemand mehr die Klage, dass die Richter nicht aufgrund der materiellen Werteordnung des Grundgesetzes judizierten. Schon die Installierung eines Instituts einer (fast vollständig) freien Beweiswürdigung war und ist Ausdruck erheblichen Vertrauens in die Richter.[561] Auch das gesunkene Ansehen der Legislative kann man angesichts mangelhafter Gesetze für nicht ganz unberechtigt halten. Zwar lässt sich schwer sagen, ob die Gesetzgebung fachlich weniger leistet als früher. Wenn man aber vermehrte Klagen über mangelhafte Gesetze als Indikator nehmen darf für vermehrt mangelhafte Gesetze, so scheint etwas daran zu sein.[562]

Mit Ernüchterung sieht man heute zwar die *Möglichkeiten* der Kodifizierung und damit einhergehend der Bindung der Richter an das Gesetz. Die Euphorie, die in beiderlei Hinsicht die Kodifikationswelle des 19. Jahrhunderts trug, ist schnell verflogen.[563] Jedoch: Die Frage, inwieweit eine rechtliche Bindung der Richter durch strenge und zwingende gesetzliche Vorgaben möglich und sinnvoll ist, stellt sich bei den unselbständigen Beweisverwertungsverboten nicht. Wer über unselbständige Verwertungsverbote diskutiert, setzt die Verletzung von Beweisrecht - einer *vorhandenen* Bindung der Strafverfolgungsbehörden - voraus. Vielmehr zeigt die Beweisverbotsdogmatik wie die Absprachenpraxis, dass der unabhängigen richterlichen Tätigkeit in der Institution Strafjustiz die Gefahr der Selbstherrlichkeit bei der Anwendung des Gesetzes immanent ist.[564] Der Richter sieht sich selbst allemal lieber als „Richterkönig" denn als „Subsumtionsautomat".[565] Das mag (heute) regelmäßig zum materiell gerechten Ergebnis führen. Es ist in der Art des Zustandekommens der Entscheidung aber oft letztlich nicht viel mehr als Willkür - wenn man unter Willkür die weithin beliebige Anwendung oder Nichtanwendung an sich zwingenden Beweisrechts versteht. Von Vorhersehbarkeit gerichtlicher Entscheidungen, von Rechtssicherheit kann man in diesem Bereich nicht mehr sprechen. Die Entformalisierung durch die Gerichte ist insofern auch Ausdruck eines - vorsichtig ausgedrückt - gestiegenen Selbstvertrauens der Judikative gegenüber der Legislative. Deutlicher ausgedrückt begegnet allenthalben eine Einstellung, die man als Omnipotenzphantasie bezeichnen könnte.[566] Man meint, es besser zu wissen, als der Gesetzgeber. Vor dem Erfahrungsschatz, der in den Geset-

---

560 *Schünemann* GA 2001, 205, 218 (dort Fn. 27); vgl. auch *ders.* GA 1995, 201, 228 f.; *ders.* ZStW 2002, 1, 56 ff.

561 Vgl. *G.Walter* Beweiswürdigung, S. 85; *Fabricius* Selbst-Gerechtigkeit, S. 177.

562 S. etwa die Beiträge in den Sammelbänden des *Instituts für Kriminalwissenschaften Frankfurt/M.* Zustand; *dass.* Irrwege; sowie *Naucke* Versuch, S. 202 u. 204 f.; *Denninger* KJ 1988, 1, 6 ff.; *Hettinger* Entwicklungen. Zu den Kriterien für die Beurteilung eines Gesetzes als „missglückt" ausf. *Diederichsen/Dreier* Gesetz. Zur Einschätzung der Leistungsfähigkeit des Gesetzgebers im Bereich der Beweisverbote durch einige Vertreter der herkömmlichen Lehren s. IV.3.d.

563 Vgl. hierzu *Pauli* Rechtsprechung, S. 37 ff.

564 Grundlegend *Fabricius* Selbst-Gerechtigkeit, insb. S. 297.

565 Die Antithese „Richterkönig und Subsumtionsautomat?" verwendet *Ogorek* als Titel ihrer umfassenden Untersuchung des Verhältnisses von Gesetz und Richter.

566 Ich greife hier eine Beobachtung von *D.Fabricius* auf.

zen steckt, empfindet man nur wenig Demut. Das Gesetz erscheint nicht als das, was es ist, nämlich eine kulturelle Errungenschaft, in der erprobte und allseits akzeptierte Lösungen von Konflikten oder Lösungswege bei Konflikten aufbewahrt werden, sondern als Hindernis oder Machtressource.[567] Freilich gibt es missglückte Gesetze (s.o.). Doch setzt diese Feststellung eine im Einzelfalle gründliche Evaluation des Gesetzes voraus - das schlichte Gefühl der Lästigkeit einer gesetzlichen Bindung genügt nicht - und eines sollte klar sein: Auch missglückte Gesetze binden die Gerichte, soweit sie nicht ausnahmsweise verfassungswidrig sind. Und auch dann dürfen die Gerichte regelmäßig nicht ohne weiteres das Gesetz übergehen (vgl. Art. 100 I GG).

Besonders aufschlussreich ist in diesem Zusammenhang eine Untersuchung „apokrypher" Entscheidungsgründe in der Entscheidungspraxis der *BGH-Strafrichter* durch *Barton*. Danach spielen folgende Erwägungen häufig eine Rolle: Die Einschätzung, ob das tatrichterliche Urteil materiell richtig ist; Tat- und Täterstereotype/Klischees; Kosten-Nutzen-Kalküle; gerichtsorganisatorische Zusammenhänge; personenspezifische Kalküle; ethisch-moralische Erwägungen; generalpräventive Gesichtspunkte.[568] Die *BGH-Richter* halten „das Anstellen derartiger Erwägungen nicht für anstößig oder unredlich ..., sondern für ihre eigentliche Aufgabe."[569] Die Frage, wie die Richter angesichts der großen Entfernung ihrer Erkenntnisse von der unmittelbaren und mündlichen Hauptverhandlung sich ein zutreffendes Bild von der sachlichen Richtigkeit des Urteils (jenseits materiellrechtlicher Erwägungen) machen wollen, ist schon kaum zu beantworten. Wie sie die übrigen Aspekte zutreffend gewichten, dürfte endgültig unerfindlich sein. Es kann daher nur eine Konsequenz geben: Die Entscheidungskompetenz muss auch in der Praxis dahin zurück, wo sie von Verfassungs wegen ohnehin sich befindet - zum Gesetzgeber: „Auf diese Weise soll sichergestellt werden, daß derartige Entscheidungen aus einem Verfahren hervorgehen, das sich durch Transparenz auszeichnet, die Beteiligung der parlamentarischen Opposition gewährleistet, den Betroffenen und dem Publikum Gelegenheit bietet, ihre Auffassungen auszubilden und zu vertreten, und das Parlament anhält, Notwendigkeit und Ausmaß der Regelung in öffentlicher Debatte zu klären."[570]

Sinnfälliger Ausdruck der Entformalisierung ist die Ablösung von Begriffen wie „Justizförmigkeit" durch den des „fairen Verfahrens" (s. IV.3.a. u. e.). Justizförmigkeit bezeichnet seit jeher Verfahren, die ein hohes Maß an indisponibler Gesetzlichkeit aufweisen. Mit Fairness hingegen wird heute überall dort argumentiert, wo man unmittelbar - ohne Rekurs auf bindende Normen - eine Verfahrensgestaltung durchsetzen möchte, die man für gerecht hält. Da dies eine Interessenabwägung zwangsläufig voraussetzt, tragen die Entscheidungsverfahren all jene Mängel, die Abwägungen im Strafverfahrensrecht regelmäßig kennzeichnen (s. IV.3.b. u. V.2.b.). Es zeigt sich hier, dass Entformalisierung nicht bloß zweckfrei etwas nimmt - die Formstrenge - sondern zweckgerichtet ist auf Materialisierung, genauer: Auf die Verwirklichung materieller Gerechtigkeit bzw. dessen, was man dafür hält. Anders ausgedrückt: Entformalisie-

---

567 Vgl. auch *Fabricius/Dallmeyer* Rechtsverhältnisse, S. 60.

568 Revisionsrechtsprechung, S. 261 ff. *Barton* verweist darauf, dass es sich um die grundsätzlich gleichen Entscheidungskriterien wie bei Tatrichtern handelt (aaO., S. 263).

569 *Barton* Revisionsrechtsprechung, S. 266.

570 *VerfGH NW* JZ 1999, 1109.

rung macht das Recht ideologieanfällig.[571] Vorsichtiger ausgedrückt: Die Interessenverfolgung, die juristischer Tätigkeit inhärent ist (s. I.2.c.aa.), bekommt größeren Spielraum. Das Mittel, die „Methode“, mit der sich die materiellen Postulate berücksichtigen lassen, ist die Abwägung: „Der Argumentationstopos, der die funktionalistische Folgenberücksichtigung realisiert, ist die Güterabwägung.“[572] Welche Postulate in die Abwägung einfließen, ist damit freilich noch nicht gesagt.

b. Materialisierung des Strafverfahrensrechts: Regulation und Prävention

Die materiellen Werte, die die Abwägung als Mittel der Materialisierung bestimmen, entspringen naturgemäß den Wertanschauungen des jeweiligen Rechtsanwenders, die wiederum nicht selten abhängen dürften von den jeweils herrschenden Wertanschauungen.

Als offenkundiges Motiv der herkömmlichen Beweisverbotslehren erweist sich regelmäßig ein übersteigertes Streben nach materiell richtigen Urteilen (s. insb. IV.1.a., 2.c., 3.b. u. c.). Insofern ist die Perspektive primär repressiv weil retrospektiv. Schaut man genauer hin, so vermischt sich aber Repression mit Prävention.[573] Prävention ist das zentrale Anliegen des Strafrechts als eines Rechtsgebietes, das zunehmend die Folgen seines Tuns berücksichtigt.[574] Wenn die Strafrechtspflege den Auftrag hat, Kriminalprävention zu betreiben - „und welchen sollte sie sonst haben?“[575] - so ist an sich wenig dagegen zu sagen, wenn sie ihr Arbeiten vor dem Hintergrund der Verhinderung zukünftigen Unrechts reflektiert. Der Zweck wirksamer Verhinderung zukünftigen Unrechts vermag nachvollziehbarerweise mehr Sympathien zu mobilisieren, als der Zweck der Schaffung von „Rechtsfrieden“ nach geschehener Verletzung („Vorbeugen ist besser als Heilen.“).[576]

Allerdings trägt der Präventionszweck dem Strafrecht im modernen kriminalpolitischen Jargon die Bezeichnung als „Verbrechensbekämpfungsrecht“ ein. Wenn von Verbrechensbekämpfung die Rede ist, zielt dies *letztlich* nicht auf Repression, sondern auf „Prävention im Gewande des Strafprozeßrechts“.[577] Der nationale Trend ist Teil einer internationalen Entwicklung, Globalisierung des Strafrechts ist bislang vor allem

[571] *Pauli* Rechtsprechung, insb. S. 39.

[572] *Hassemer* Unverfügbares, S. 95 f.

[573] Vgl. *Hassemer* Strafrecht, S. 152 f.; *Naucke* KritV 1999, 336 ff.; *G.Kaiser* Kriminalpolitik, S. 994; *Frehsee* Entstrukturierung, insb. S. 61; *Kühne* DRiZ 2002, 18 ff.; paradigmatisch *Wolter* Kriminalpolitik, S. 1143 ff. Zur „vorbeugenden Verbrechensbekämpfung“ am Bsp. des DNA-IFG s. *Dallmeyer* JA 2001, 926 ff.

[574] Zur Folgenberücksichtigung im Strafrecht vgl. *Hassemer* Berücksichtigung; *ders.* Selbstverständnis, S. 39 f.; *ders.* Strafrecht, S. 48 ff. u. 152 ff. S. auch *F.Herzog* Unsicherheit, S. 71; *Denninger* KJ 1988, 1 ff.; *G.Kaiser* Kriminalpolitik, S. 993 ff. und schon *v.Liszt* Einfluss, S. 83.

[575] *Fabricius* Selbst-Gerechtigkeit, S. 17; s. auch *Prittwitz* Alternativen, S. 32.

[576] Vgl. *Grimm* KritV 1986, 38 f.; *M.Walter* Kriminalpolitik, S. 908: „Daß Vorbeugung besser sei als Heilen, ist eine jenseits der Kriminologie angesiedelte Allerwelts-Weisheit.“ Zur kriminalpolitischen Präventionsdebatte in jüngster Zeit s. nur *Kühne* DRiZ 2002, 18 ff.; *Eike v.Hippel* ZRP 2001, 145 ff.; *Ostendorf* ZRP 2001, 151 ff.; *Frommel* ZRP 2001, 287 ff.

[577] So *Wolter* (Beweisverbote, S. 983) zur Rspr. des *BGH* zum Lockspitzeleinsatz. Vgl. auch *Lüderssen* Ermittlungen, S. 902.

Globalisierung der Verbrechensbekämpfung.[578] Dem entspricht ein ubiquitärer, verkürzter Begriff von „effektiver" Strafrechtspflege (s. IV.3.c.). Der „juristische Hebel", mittels dessen die „Umverteilung freiheitlicher Ressourcen vom Rechtsstaat auf den Sicherheitsstaat" über die Abwägung vonstatten geht, ist der Begriff der „Funktionstüchtigkeit der Strafrechtspflege".[579] Das Primat liegt bei der Verbrechensbekämpfung, gerade auch im kriminalpolitischen Diskurs: „Kriminalpolitik ist heute Sicherheitspolitik geworden."[580] Das moderne Sicherheitsdenken akzeptiert prinzipiell keine Grenzen: Schon wird im Verfassungsrecht wieder über die Zulässigkeit von Folter in bestimmten Situationen nachgedacht[581], werden von namhaften Strafjuristen Gedanken geäußert, die darauf hinauslaufen, auf uneinsichtige Straftäter Kriegsrecht anzuwenden[582] und wird bei der Strafverfolgung der Tod des Beschuldigten in Kauf genommen.[583] Dogmatik, die sich auf so etwas einlässt, ist schlicht „Kriegsunterstützungsdogmatik" (*W.Naucke*) im „War on Crime".

Damit wird deutlich, dass die Präventionsforderungen, die von seiten der Kriminalpolitik zunehmend an die Strafjustiz herangetragen werden, über das hinausgehen, was das Strafverfahren charakteristischerweise an Prävention bewirken kann. Die justizförmige Ermittlung vergangenen Unrechts, die an sich das einzige Mittel des Strafrechts zur *mittelbaren* Beförderung von (Spezial- oder General-) Prävention ist, tritt in den Hintergrund und weicht - vor allem im Strafverfahrensrecht - Instituten, die eher gefahrenabwehrrechtliche, polizeirechtliche Charakterzüge tragen, also *unmittelbar* präventiv wirken sollen.

Entsprechend trägt das Strafrecht seit der Aufklärung zunehmend polizeirechtliche Züge, es wird zum Mittel der Innenpolitik.[584] Hand in Hand mit dem Polizeirecht geht die Entwicklung des Straf- und Strafverfahrensrechts hin zu einer *Präventionsorientierung im weitesten Sinne*, die sich auch in anderen öffentlich-rechtlichen Rechtsgebieten beobachten lässt: Es geht um die Bereitstellung flexibler Mittel zur Intervention bei bzw. zur Regulierung von als schwierig empfundenen gesellschaftlichen Zuständen.[585] Auch das Zivilrecht gerät neuerdings in den Sog der Präventionsdebatte: „Eine durchdachte Intervention mit rechtlichen Mitteln kombiniert polizeirechtliche, zivilrechtliche und strafrechtliche Instrumente, ein in der Rechtswirklichkeit schwer umsetzbares Programm, das aber auf dem Papier gut zu beschreiben ist."[586] Das materielle Strafrecht ist schon lange nicht mehr streng formalisiertes, liberal-rechtsstaatliches Kernstrafrecht. Vielmehr ist es in großen Teilen (insb. Umweltstrafrecht, Wirtschafts-

---

578 Vgl. *Prittwitz* Skizzen, S. 163 ff., insb. 164.

579 *Krauß* StV 1989, 315, 317.

580 *Hassemer* StV 1994, 333, 334; *ders.* Strafrecht, S. 148 ff.

581 Vgl. *Brugger* JZ 2000, 165 ff.

582 Vgl. *Jakobs* Selbstverständnis, insb. S. 53: „Feinde sind aktuell Unpersonen. Auf den Begriff gebracht ist Feindstrafrecht also Krieg, dessen Gehegtheit oder Totalität (auch) davon abhängt, was vom Feind alles befürchtet wird." Zur Kritik vgl. *Schünemann* GA 2001, 205, 210 ff.; *L.Schulz* ZStW 2000, 653, 659 ff.

583 Vgl. zu einem Todesfall bei der zwangsweisen Verabreichung von Brechmitteln krit. *Dallmeyer* FR v. 15.12.2001, S. 8.

584 *Naucke* NS-Strafrecht, S. 366 ff., insb. 369; *ders.* Vordringen; *ders.* KritV 1999, 336 ff.

585 *Naucke* (KritV 1999, 336 ff.) spricht bereits von den „Konturen eines nach-präventiven Strafrechts."

586 *Frommel* ZRP 2001, 287 f. (zur Prävention gegen häusliche Gewalt). Ausf. zur Rolle des Zivilrechts im „Schutzstaat" *H.A.Hesse* Schutzstaat, S. 153 ff.

strafrecht usw.) *regulatorisches Recht*; also Recht, das in weiten Bereichen der Gesellschaft Steuerungsaufgaben wahrnehmen soll, das in diesem Sinne präventiv wirken soll.[587] Diese Überlastung des materiellen Strafrechts setzt sich fort im Strafverfahrensrecht, denn allein vermittels des Strafverfahrensrechts können die Strafverfolgungsbehörden Prävention betreiben (s. bereits IV.4.c.). Die überkommene Vorstellung vom Verfahrensrecht als dem Diener des materiellen Rechts erlebt so eine Wiedergeburt: Das materielle Strafrecht ist ein wichtiges Instrument der Innenpolitik, das Strafverfahrensrecht das Instrument der Strafverfolgungsbehörden zur Umsetzung der Vorgaben der Innenpolitik.

Ein starres, formales, unflexibles Recht kann die Präventionsforderungen, die an das Strafrecht von Seiten der Politik gestellt werden, nicht erfüllen.[588] *Deshalb* wird entformalisiert. Es geht nicht mehr, wie seit jeher, um Schutz in rechtlichen Grenzen, sondern es geht um möglichst umfassenden Schutz.[589] Der Zweck der Gewährleistung von Rechts*güter*sicherheit löst den der Gewährleistung von *Rechts*sicherheit ab.[590] Für die schnelle und flexible polizeiliche Reaktion zählt regelmäßig allein die Verhinderung unmittelbar ins Auge fallender, objektiver Verletzungen - gemessen im Rückgang der „Kriminalitätsbelastung" einzelner Gebiete, im Sinken der Kriminalstatistiken, im Steigen der Aufklärungsquote usw. Auch in entformalisiertem Zustand jedoch - das zeigt sich immer deutlicher - können die Strafverfolgungsbehörden mittels des Strafrechts die ihnen angesonnenen Aufgaben gesellschaftlicher Feinsteuerung (mit den ihnen zur Verfügung stehenden beschränkten sächlichen und personellen Mitteln, s. IV.4.c.) nicht einmal ansatzweise verwirklichen. Der Misserfolg derart überforderter Rechtsgebiete ist vorprogrammiert: „Die Rechtsdurchsetzung nimmt Schaden, die Glaubwürdigkeit leidet und an eine anspruchsvolle dogmatische Durcharbeitung ist nicht mehr zu denken."[591] An die Stelle juristischer Methodik tritt die auf Billigkeit im Einzelfall zielende, weithin von subjektiven Momenten geprägte Abwägung.[592] Jeder Misserfolg vergrößert die Krise eines Rechtsgebietes, dessen Wert nur noch daran gemessen wird, wie „effizient" es Prävention betreibt, wobei - wie gesagt - „Effizienz" eindimensional an der Bewirkung materieller Ergebnisse gemessen wird (s. IV.3.c.): „Materiales Recht als politisches Steuerungsinstrument ... ist von seinem Selbstverständnis her auf die Auslösung gesellschaftlicher Wirkungen angelegt. Wenn diese Wirkungen nicht eintreten, betrifft dies unmittelbar seine Legitimität."[593]

---

[587] Vgl. z.B. - krit. - *F.Herzog* Krise, S. 28 f.; *P.-A.Albrecht* KritV 1988, 182, 183 ff. und - weniger krit. - *Wohlers* Deliktstypen, S. 36 ff. u. im Einzelnen S. 110 ff.

[588] Vgl. *F.Herzog* Unsicherheit, S. 63; *Hassemer* Strafrecht, S. 226 ff.; *Grimm* KritV 1986, 38, 39 f.

[589] *H.A.Hesse* Schutzstaat, S. 21 f.

[590] *Denninger* KJ 1988, 1, 3 ff.

[591] So *Teubner* (Verrechtlichung, S. 294; s. auch S. 316) zu den Folgen der Verrechtlichung in der Industrie- und Arbeitswelt. S. auch *Prittwitz* Risiken, S. 62 f.; *H.A.Hesse* Schutzstaat, S. 29 f., 150 f. u. 192; *H.-J.Albrecht* Entwicklungen, S. 55.

[592] *H.A.Hesse* Schutzstaat, S. 21, 29, 107 f., 150 f., 190 ff.

[593] *Teubner* Verrechtlichung, S. 312; vgl. auch *F.Herzog* Unsicherheit, S. 62 f.; *Grimm* KritV 1986, 38, 43; *Wohlers* Deliktstypen, S. 43 ff.; *P.-A.Albrecht* KritV 1988, 182, 187 ff. und *Kühne* DRiZ 2002, 18, 24: „Nichts ist dem Strafrecht in seiner Gesamtheit abträglicher als Strafrechtsteile, die sich als offensichtlich nicht durchsetzungsfähig erweisen."

c. Staatsverfassung und Strafverfahrensrecht

Das Strafverfahrensrecht ist „Seismograph der Staatsverfassung“ (s. II.3.). Es ist politisch abhängig.[594] Daher liegt es nahe, Änderungen des strafverfahrensrechtlichen Klimas als Indikatoren für einen Klimawechsel in der allgemeinen Verfassung des Staates zu begreifen: „Wenn die Regelung der Form des Strafverfahrens als Indikator für die Liberalität des politischen Systems gelten kann, dann müssen andererseits relevante Veränderungen in diesem rechtlichen Regelungsbereich auch Veränderungen des politischen Systems reflektieren.“[595] Bedeutet Entformalisierung Materialisierung und sind die maßgebenden materiellen Werte getragen von den jeweils herrschenden Wertanschauungen, so dürfte ein entformalisiertes Recht stärker noch auf Veränderungen der Staatsverfassung reagieren, als ein formalisiertes und durch die Form der Ideologie widerstehendes Recht.

Die umwälzenden Änderungen des Strafverfahrensrechts Mitte bis Ende des 19. Jahrhunderts stehen in unmittelbarem Zusammenhang mit den umwälzenden Änderungen der Staatsverfassung im Anschluss an die Ereignisse des Jahres 1848 (s. II.3.). Entsprechend kann man die schleichende Entformalisierung des Strafverfahrensrechts und seine schleichende Wandlung unter der Ägide der „Verbrechensbekämpfung“ deuten als schleichende Wandlung der Staatsverfassung.

Die Strafprozessordnung von 1877 ist noch gekennzeichnet von der Achtung prozessualer Formen. Die unmittelbare Steuerung gesellschaftlicher Prozesse war kein Anliegen des streng formalen, liberal-rechtsstaatlichen Rechts jener Zeit: „Die Zählebigkeit des Formalrechts erklärt sich insbesondere daraus, daß es sich von einzelnen Auswirkungen auf die Gesellschaft unabhängig macht und wenn überhaupt etwas, dann nur einen Zustand allgemeiner Freiheit herbeiführen will.“[596] Die Sicherung bürgerlicher Freiheit gegenüber Eingriffen der monarchischen Exekutive war das zentrale Anliegen der Entwicklung von Rechtsstaatlichkeit. Das Grundgesetz griff diese Entwicklung auf und installierte den allgemeinen Vorrang und Vorbehalt des Gesetzes. Ihre Ausrichtung ist einerseits ebenfalls rechtsstaatlich, entsprechend einem Verständnis der Grundrechte als Abwehrrechte gegenüber dem Staat, der tendenziell als Bedrohung für diese Freiheit wahrgenommen wurde.

Hier wird nun aber deutlich, wie sich verschiedene Entwicklungsstränge verschränken. Die allgemeine verfassungsrechtliche Entwicklung des Gesetzesvorbehalts zeichnet sich durch Kontinuität aus. Sie dauert bis heute an und fordert - bei konsequenter Anwendung im Strafverfahrensrecht - die gesetzliche Determinierung der Beweisführung (s. III.). Demgegenüber geht seit Inkrafttreten der StPO der kriminalpolitische Trend in die entgegengesetzte Richtung: In Richtung auf Freistellung der Strafverfolgungsorgane von gesetzlichen Bindungen (s. in den vorherigen beiden Abschnitten). Diese Entwicklungsstränge sind ersichtlich gegenläufiger Natur und man hätte erwarten können, dass sie irgendwann kollidieren. Das „Inkrafttreten“ des allgemeinen

---

594 *Naucke* NS-Strafrecht, insb. S. 374; *ders.* Entwicklungen.

595 *Riehle* KJ 1980, 316, 323 f.

596 *Teubner* Verrechtlichung, S. 311 f.

Gesetzesvorbehalts wäre ein geeigneter Zeitpunkt gewesen, ebenso das „Inkrafttreten" des Rechts auf informationelle Selbstbestimmung. Jedoch: Eine deutlich wahrnehmbare Kollision ist ausgeblieben und nur bei genauem Hinsehen lässt sich ersehen, wie sehr der verfassungsrechtliche und der kriminalpolitische Trend miteinander ringen. Für die Verwerfungen, die dabei entstehen, ist die herkömmliche Beweisverbotsdogmatik - wie auch die Absprachenpraxis, der Umgang mit den heimlichen Ermittlungsmethoden u.v.m. - ein typisches Beispiel. Welcher Trend bei direkter Konfrontation obsiegt hätte, kann angesichts des höheren Ranges der Verfassung keinem Zweifel unterliegen. So aber mogelt sich die strafverfahrensrechtliche Doktrin durch und man kann nur resignativ feststellen, dass es den grundgesetzlichen Prinzipien nicht gelungen ist, im Strafverfahrensrecht wirksam zu werden und die allgemeine Entwicklung des Strafverfahrensrechts aufzuhalten.[597]

Die allgemeine Entwicklung des Strafverfahrensrechts geht also hin zu einer Orientierung an der materiellen Gerechtigkeit des Einzelfalls vor dem Hintergrund einer stetig wachsenden Präventionsorientierung: „Das Strafrecht hat sich seit 1877 in einer ununterbrochenen Linie von einer gerecht gemeinten, statischen, hochprofessionellen Gesetzesanwendungstechnik zu einem dynamischen offenen System der Verbrechensbekämpfung entwickelt."[598] Das gilt auch für die Revisionsgerichte und das Revisionsrecht (s. insb. IV.2.c.):

> „Die Revision muß sich in ihrer täglichen Arbeit legitimieren als Teil der Mittel zur Erhöhung innerer Sicherheit durch Strafrecht. Das Revisionsrecht wird zum kaum noch unterscheidbaren Segment des Gesamtgebiets der aktuellen, sich schnell wandelnden, aber nicht klaren Verbrechensbekämpfung. Dabei wird deutlich, daß die Wirkung des Revisionsrichters auf die innere Sicherheit durch Strafrecht - verglichen mit Polizei und Staatsanwaltschaft - sehr vermittelt und vage ist. Um dem Verdikt weitgehender Nutzlosigkeit in einem System unmittelbar wirkender sozialer Kontrollen zu entgehen, versucht der Revisionsrichter, näher am Tatgeschehen zu bleiben: das ist die Erklärung für den Einbruch des Revisionsrichters in die Zuständigkeit des Tatrichters, und das ist die Erklärung für die Tendenz des Revisionsrichters, sich Instrumente zu schaffen, die die Entscheidung über den Fall insgesamt, d. i. die Entscheidung über Notwendigkeit und Umfang sozialer Kontrollen im Einzelfall, in der Revision möglich macht."[599]

Betrachtungen zur Rolle des Straf- und Strafverfahrensrechts im System sozialer Steuerung wären unvollständig ohne einen kurzen Blick auf die übrigen Rechtsgebiete, die heute soziale Steuerung bewirken sollen. Ein solcher Blick zeigt schnell, dass es die beschriebene Entwicklung vom streng formalen Recht hin zum von materiellen Erwägungen dominierten, regulatorischen Recht mit vielen anderen Rechtsgebieten teilt.[600]

---

597 *Naucke* Entwicklungen, S. 401.

598 *Naucke* Revisionsrichter, S. 118.

599 *Naucke* Revisionsrichter, S. 118.

600 Vgl. ausf. zum Arbeits-, Wirtschafts- und Sozialrecht *Teubner* Verrechtlichung, insb. S. 300 ff.: „Gegenüber dem klassischen Formalrecht gewinnt das materiale Recht in der industriellen Arbeitswelt eine neue gesellschaftliche Funktion. Es ist nicht mehr nur auf die normativen Imperative einer entwickelten Marktgesellschaft zugeschnitten, sondern auf die politischen Interventionsbedürfnisse des modernen Wohlfahrtsstaates. Es ist instrumentalisierbar für die Zwecke des politischen Systems, das nun für gesellschaftliche Prozesse die Verantwortung übernimmt ..." (aaO., S. 306 f.).

Dem rechtsstaatlichen Entwicklungsschub des 19. Jahrhunderts folgte im 20. Jahrhundert ein andauernder sozialstaatlicher Entwicklungsschub.[601] Neben die primär freiheitssichernde Funktion des Rechts - über die das Recht mittelbar seit jeher gesellschaftliche Freiräume zur Entwicklung von Wohlstand gewährleisten sollte - treten Aufgaben der unmittelbaren Verwirklichung materieller Gerechtigkeit, der Daseinsvorsorge.

In der Grundrechtsdogmatik entfernen sich die Grundrechte von der Funktion der Abwehr staatlicher Eingriffe hin zu Schutzverpflichtungen des Staates gegenüber den Bürgern - die nicht zuletzt durch Eingriffe zu verwirklichen sind.[602] Verfassungsrechtsdogmatischer „Höhepunkt" dieser Entwicklung ist die Konstruktion eines „Grundrechts auf Sicherheit" als Summe aller sich an den Gesetzgeber richtenden grundrechtlichen Schutzverpflichtungen.[603] Diese Schutzpflichten werden dem Abwehrzweck der Grundrechte gleichrangig gegenübergestellt, sie berechtigen und verpflichten den Gesetzgeber zum Ausgleich der so in Widerstreit gebrachten Grundrechtspositionen.[604] Das klingt zunächst harmlos, seiner Struktur nach drückt es aber einen grundlegenden verfassungsrechtlichen Paradigmenwechsel aus, nämlich die Verkehrung von Grundrechten als Abwehrrechten in ihr Gegenteil, in Eingriffsermächtigungen: „Denn die Schutzpflichten realisieren sich normalerweise über den Eingriff."[605]

Geändert hat sich auch die Einstellung vieler Bürger zum staatlichen Strafverfolgungsapparat. Bedrohungen der Freiheit erwarten große Teile der Bevölkerung heute nicht mehr von staatlichen, sondern von kriminellen Organisationen. Die Sicherheitsbedürfnisse der Bevölkerung zielen entsprechend nicht mehr auf einen Schutz *vor staatlicher Übermacht*, sondern auf Schutz vor Verbrechen *durch staatliche Übermacht*.[606] Die Hoffnungen richten sich primär auf die „geborene" Präventionsbehörde Polizei, deren Image als „Freund und Helfer" nun endlich Wirklichkeit wird[607] - nachdem es von Plakatwänden schon länger bekannt ist. Staatliche Verbrechensbekämpfung wird nicht mehr tendenziell als Bedrohung der Freiheit wahrgenommen, sondern als Sicherung der Freiheit der Bürger vor dem Verbrechen. Dabei geht es allerdings nicht in erster Linie um „Freiheit vor dem Verbrechen", sondern um „Freiheit *vor Angst* vor dem Verbrechen"; vor dieser Angst soll staatliche Übermacht schützen.[608]

Das Bedürfnis nach Sicherheit durch den Staat ist so stark, wie die Ängste, die Be-

---

601 Vgl. *Teubner* Verrechtlichung, S. 301 ff.; *Grimm* KritV 1986, 38, 40 ff.; *H.A.Hesse* Schutzstaat, S. 17 ff.; *P.-A. Albrecht* KritV 1988, 182, 183 ff.

602 Vgl. krit. *Hassemer* Strafrecht, S. 196 f.; *Frehsee* Fehlfunktionen, S. 14 ff.; *H.A.Hesse* Schutzstaat, S. 19.

603 *J.Isensee* Grundrecht, insb. S. 33. Überblick über die verfassungsrechtliche Diskussion bei *Prittwitz* Strafrecht, S. 135 ff.

604 *J.Isensee* Grundrecht, S. 32 u. 42 ff.

605 *J.Isensee* Grundrecht, S. 38 ff. (Zitat aaO., S. 42 f.). Abl. daher *Denninger* KJ 1988, 1 u. 13. Krit. auch *Weichert* Selbstbestimmung, S. 32 ff. m.w.N.

606 *Fabricius* Aufklärung, S. 406 f.; *Hassemer* Strafrecht, S. 196 u. 268: „Der Staat wird in diesen Erwartungen zum Vater."

607 Vgl. *M.Walter* Kriminalpolitik, S. 912; s. auch *Frehsee* Entstrukturierung, S. 61 ff. und zum entsprechenden Konzept des „community policing" *Kühne* DRiZ 2002, 18, 21.

608 *Fabricius* Aufklärung, S. 406 f.; vgl. auch *F.-X.Kaufmann* Normen, S. 38; *H.A.Hesse* Schutzstaat, S. 18.

drohungsgefühle, die es nähren. Dabei ist zu beachten, dass die subjektive Beunruhigung und die objektive Bedrohung durch Kriminalität sich nicht notwendigerweise parallel entwickeln; sie können divergieren und sogar in gegenläufige Richtungen verlaufen.[609] Die Bedrohungsgefühle sind inzwischen, das ist hinreichend belegt, deutlich stärker als die tatsächliche Bedrohung durch Kriminalität.[610] Das sollte nicht verwundern, wenn man erkennt, dass Ursache der vermehrten Bedrohungsgefühle nicht eine gestiegene Bedrohung durch Kriminalität ist, sondern dass die Ursachen tiefer liegen.[611] Hier sind insbesondere gesellschaftliche Entwicklungen zu nennen, die unter dem Schlagwort von der „Risikogesellschaft" diskutiert werden.[612] Seit Mitte des 20. Jahrhunderts glaubt die Mehrheit der Deutschen, dass das Leben immer komplizierter wird; seit den siebziger Jahren erodiert das Zukunftsvertrauen in der Bevölkerung.[613] Die Unsicherheit der Zukunft bereitet einem erheblichen Teil der Bevölkerung Unbehagen.[614] Zwar ist das Leben seit jeher unablässig mit Risiken behaftet.[615] In manchen Bereichen des Lebens ist zudem die Sicherheit objektiv gestiegen.[616] Hier erweist sich allerdings, dass der Zusammenhang zwischen objektiven Lebensbedingungen und subjektivem Wohlbefinden allgemein - wie schon hinsichtlich der Kriminalität (s.o.) - relativ schwach ausgeprägt ist.[617] Vor allem aber sinkt, ungeachtet etwaiger sozialstaatlicher Errungenschaften, die Vorhersehbarkeit von Lebensläufen. Die zunehmende Globalisierung beschleunigt diesen seit längerem beobachtbaren Prozess. Entsprechend steigt die *Verunsicherung über den Verlauf des eigenen, individuellen Lebenswegs*. Diese subjektive Unsicherheit wird treffend als „Orientierungsunsicherheit" bezeichnet.[618] Als eine bedeutsame Ursache der Angst vor dem Verbrechen lässt sich nun aber gerade die Angst vor Wandlung nennen, die sich für viele Menschen manifestiert in der sinkenden Vorhersehbarkeit der Lebensläufe und der damit einhergehenden Unsi-

---

609 Vgl. *Reuband* Veränderungen; *Kury* Bedeutung; *H.-J.Albrecht* Entwicklungen, S. 51; *F.-X.Kaufmann* Normen, S. 38; *Beck* Risikogesellschaft, insb. S. 35 ff. u. 59 ff. Allg. zum Auseinanderfallen von objektivem Risiko und Risikoangst *Etzold* Angst.

610 Vgl. z.B. die Untersuchung von *Hammerschick* Verunsicherungen, insb. S. 90 ff.; s. auch *H.-J.Albrecht* Entwicklungen, S. 51; *Prittwitz* Strafrecht, S. 68 ff. m.w.N.; *Fabricius* Aufklärung; *Hassemer* Sicherheit, S. 259; *ders.* Strafrecht, S. 192; *Ostendorf* ZRP 2001, 151, 152; *M.Walter* Kriminalpolitik, S. 901 ff. Dagegen *Kuhlen* Selbstverständnis, S. 71.

611 Vgl. *Fabricius* Aufklärung, S. 423 ff.

612 *Hassemer* Sicherheit, S. 258 ff.; *ders.* Strafrecht, S. 48 ff. u. 191 ff.; *ders.* Das Symbolische, S. 1005 ff. Einen Überblick über die entsprechende Diskussion in der Soziologie gibt *Prittwitz* Strafrecht, 1. Kap.; kurz *ders.* Risiken, S. 51 f.; *ders.* StV 1991, 435, 437 ff.; *ders.* Alternativen, S. 26 ff. S. auch den „Klassiker" der soziologischen Literatur von *Ulrich Beck* (Risikogesellschaft); vgl. zudem *F.Herzog* Unsicherheit, S. 50 ff.; *H.A.Hesse* Schutzstaat, insb. S. 18, 187 u. 193; *Wohlers* Deliktstypen, S. 39 ff.

613 Vgl. *Glatzer* Lebensqualität, S. 75 u. 77.

614 *Zimmermann* (Bürger, S. 173) berichtet, dass bei einer repräsentativen Befragung 47 % der Befragten Entsprechendes äußerten. S. zur Bedeutung der Zukunftserwartungen für das subjektive Wohlbefinden auch *Glatzer* Lebensqualität, S. 56 f. u. 74 ff.

615 *Schünemann* GA 1995, 201, 211; s. auch *Beck* Risikogesellschaft, insb. S. 28 f.

616 *F.-X.Kaufmann* Normen, S. 38: „Nach allen uns verfügbaren Informationen ist es plausibel, daß die Menschen im Laufe ihrer Geschichte noch nie so sicher gelebt haben wie in den modernen, industriellen oder post-industriellen Gesellschaften.". In dieser Richtung auch *Schünemann* GA 1995, 201, 211.

617 Vgl. *Glatzer* Lebensqualität, S. 59 ff.

618 *F.-X.Kaufmann* Normen, S. 39 ff. Vgl. auch *Prittwitz* Strafrecht, S. 72 ff.; *F.Herzog* Unsicherheit, S. 52 ff., insb. S. 54 jew. m.w.N. S. außerdem *Beck* Risikogesellschaft, insb. S. 121 ff. (2. Teil).

cherheit.[619]

Daneben sind die Hoffnungen auf ein „Funktionieren“ des Strafrechts - trotz aller juristischen und empirischen Zweifel - ungebrochen: „Die selbstverständliche Unterstellung, daß Strafe sein müsse, ist weit verbreitet und tief verwurzelt.“[620] Vielen gilt das Strafrecht „im aktuellen politischen Diskurs tendenziell nicht mehr als ultima, sondern als *prima* oder gar *sola ratio*.“[621] *Bewusst* wird das Strafrecht in immer mehr gesellschaftlichen Bereichen als Steuerungsmittel eingesetzt. Die Politik reagiert „auf gesellschaftliche Unsicherheit mit strafrechtlicher Daseinsvorsorge“.[622] Die Überforderung des Strafrechts ist zwar offensichtlich, gleichwohl ist die Konsequenz nicht eine Entlastung des materiellen Rechts von überzogenen Aufgabenstellungen, sondern eine „Entlastung“ der Strafverfolgungsbehörden von „störenden“ gesetzlichen Vorschriften.[623] Wo diese Entlastung nicht erfolgt, behelfen sich die Strafverfolgungsbehörden selber - Absprachen und Beweisverbotslehren sind nur Beispiele für diese Selbsthilfe der Strafverfolger. *Unbewusst* aber dient das Strafrecht als Ventil, das den Druck freigibt, den die Bedrohungsgefühle erzeugen. Es wird zum zentralen Mittel der Prävention im vermeintlichen Kampf gegen das Verbrechen, der unbewusst tatsächlich ein Kampf ist gegen die Bedrohungsgefühle, die die Orientierungsunsicherheit in vielen Menschen bewirkt.

---

619 *Fabricius* Aufklärung, S. 422; *M.Walter* Kriminalpolitik, S. 902; *Frehsee* Entstrukturierung, S. 65 f.; *Ostendorf* ZRP 2001, 151, 152 f.; vgl. auch *F.-X.Kaufmann* Normen, S. 39: „Es ist zu vermuten, daß eine wesentliche Quelle für das fortgesetzte Wachsen des Sicherheitsstrebens aus Unsicherheiten der Orientierung und nicht aus einer Zunahme der Gefahren für Ansehen, Wohlstand Leib und Leben resultiert.“

620 *Fabricius* Selbst-Gerechtigkeit, S. 393.

621 *Hassemer* Entwicklungen, S. 19 (Hervorh. im Original); *ders.* Menschenrechte, S. 197 f.; *ders.* Das Symbolische, S. 1007. S. auch *Prittwitz* Strafrecht, insb. S. 38 ff. u. 240 f.; *Rzepka* Fairneß, S. 330; *Kühne* DRiZ 2002, 18, 23; *F.Herzog* Unsicherheit, S. 64 f. u. 69 ff. und die Fundamentalkritik bei *Scheerer* Kriminalstrafe.

622 *F.Herzog* Krise, S. 29 f.; s. auch *Prittwitz* Alternativen, S. 30 ff.

623 *Hassemer* Das Symbolische, S. 1006 ff.

V. Kritik der herkömmlichen Theorien zu den Beweisverboten

Mit der Annahme, dass die Frage der Verwertbarkeit von Beweisen gesetzlich nicht determiniert sei und mit der daraus folgenden Aufgabe der strengen Justizförmigkeit im strafprozessualen Beweisrecht eröffnet die herkömmliche Beweisverbotsdogmatik sich selbst ein weites Feld für rechtsschöpferisches Arbeiten. Die Deduktion gesetzlicher und verfassungsrechtlicher Vorgaben wird nur selten ernsthaft versucht, dafür aber häufig vorgegeben, um den weitgehend freihändigen Verfahrensweisen Legitimität zu verleihen. Über die vergangenen Jahrzehnte wurden denn auch einige Dutzend Theorien vertreten, wie die Verknüpfung von Beweiserhebungs- und Beweisverwertungsverboten auszusehen habe. Ihre gemeinsamen Grundgedanken wurden im vierten Teil dieser Arbeit behandelt. Dabei deuteten sich bereits einige Charakteristika von Beweisverbotslehren an:

Abwägungsentscheidungen liegen allen herrschenden Theorien zugrunde.[624] Und auch Schutzzweckerwägungen finden sich in allen herrschenden Lehren. Sie unterscheiden sich letztlich allein darin, wie offen sie damit umgehen und wie viele Parameter die Abwägung bestimmen. Von daher unterscheidet die vorliegende Darstellung Abwägungslehren im weiteren und im engeren Sinne. Abwägungslehren im weiteren Sinne sind solche, die von vornherein einzelne Abwägungsparameter als maßgeblich vorgeben und dadurch im Einzelfall umfassende Interessenabwägungen vermeiden. Dazu gehören die Schutzzwecklehren ebenso wie die vergleichsweise junge Lehre von den Informationsbeherrschungsrechten. Eine Abwägungslehre im engeren Sinne ist eine solche, die für jeden Einzelfall eine umfassende Interessenabwägung fordert, mag auch in bestimmten Fallgruppen sich ein bestimmter Abwägungsparameter regelmäßig als maßgeblich erweisen.

Letztlich zeichnen sich sämtliche herkömmlichen Beweisverbotslehren durch eine zunehmende Hinwendung zum Einzelfall aus. Die Orientierung der Juristen am Einzelfall, das nachlassende Interesse an rechtlicher Konsistenz sind typische Kennzeichen von Rechtsgebieten, die - wie das Strafrecht - mit Aufgaben gesellschaftlicher Feinsteuerung überladen werden (s. bereits IV.4.c., 6.a. u. b.).[625] Kaum in einem anderen strafrechtlichen Teilbereich passt das Verdikt *Schünemanns* über eklektizistische Judikatur besser: „Dadurch verbindet sich die Gefahr einer interessegeleiteten Dogmatik mit der Gefahr des dogmatischen Eklektizismus, die die Resultate der Strafrechtswissenschaft in eine Art Gemischtwarenladen zu verwandeln droht, in dem sich praktisch für jede beliebige Rechtsauffassung irgendwelche Fundstellen finden lassen und aus dem sich ... die Gerichte gewissermaßen nach Belieben bedienen können, um ein von ihnen aufgrund ganz anderer Erwägungen gewünschtes Ergebnis mit der gerade dazu passenden Doktrin zu verbrämen."[626] Die Kontrollfunktion, die Strafrechtswissenschaft gegenüber den Gerichten ausüben sollte (s. I.2.d.), kann sie angesichts der „überfeinerten" Beweisverbotsdogmatik nicht mehr ausüben.[627]

---

624 Vgl. *Rogall* „Abwägungen"; *ders.* Lehre. Zu *Grünwalds* Schutzzwecklehre schon *Dencker* Verwertungsverbote im Strafprozeß, S. 47 ff.

625 Vgl. *Teubner* Verrechtlichung, S. 294 ff.

626 GA 2001, 205, 216; *ders.* Strafrechtsdogmatik, S. 6.

627 S. zu diesem Phänomen allg. *Schünemann* Strafrechtsdogmatik, S. 8.

Es macht auch nicht den Eindruck, als wollte die literarische Beweisverbotsdogmatik die richterliche Beweisverbotsdogmatik ernsthaft kontrollieren. Vielmehr ist gemeinsames Kennzeichen der herrschenden (literarischen *und* richterlichen) Lehren das Bemühen, die Geltungskraft beweisrechtlicher Normen zu neutralisieren. Man kann sie daher „Neutralisierungstechniken" nennen. Derartige Neutralisierungen können bereits auf der Ebene der Beweiserhebung ansetzen, indem juristische Auslegungskunst die Widergesetzlichkeit von Beweiserhebungen eskamotiert, so dass sich die herkömmliche Frage nach unselbständigen Beweisverwertungsverboten von vornherein nicht stellt (s. III.1.a.). Die juristische Kunstfertigkeit der herkömmlichen Beweisverbotsdogmatik greift demgegenüber einen Schritt später ein, indem sie auf der Ebene der Beweisverwertung - mit identischem Erfolg - die Widergesetzlichkeit der Beweisführung für unbeachtlich erklärt. Führt auch dies nicht zum Erfolg, so stehen schließlich im Revisionsrecht diverse juristische Techniken zur Verfügung, um die Gesetzwidrigkeit der Ermittlung in die Folgenlosigkeit zu verweisen (s. IV.2.b.-d.).

Es wird im Folgenden darauf verzichtet, das Pro und Contra einer jeden Theorie zu erörtern oder auch nur darzustellen. Entsprechende Darstellungen gibt es zuhauf. Erörtert werden lediglich Gesichtspunkte, die im Zusammenhang stehen mit dem spezifischen Anliegen dieser Arbeit: Der Durchsetzung der Gesetzlichkeit im Strengbeweisverfahren. Das setzt freilich eine vorherige kurze Darstellung der jeweiligen Theorie voraus.

Die meisten älteren Theorieansätze - diskutiert auf dem 46. Deutschen Juristentag 1966 in Essen[628] - werden heute selbst von den Anhängern der herkömmlichen Beweisverbotsdogmatik als untauglich angesehen, soweit sie das Verwertungsproblem *umfassend* lösen wollen. Dies gilt namentlich für Ansichten, die als *alleinigen* Zweck der Beweisverwertungsverbote die Disziplinierung der Strafverfolgungsorgane[629], die Spezialprävention[630], die Generalprävention[631], den Schutz der Wahrheitsfindung[632] oder die Erhaltung der sittlichen Überlegenheit des Staates[633] ansehen, oder als *alleinigen* Grund die Schwere des verbotenen Eingriffs bei der Beweiserhebung[634], oder die die Verwertungsverbote *allein* als Vorwirkung des Revisionsrechts ansehen.[635] Jeder dieser Gedanken findet sich aber wieder im Rahmen der Theorien, die heute herr-

---

628 Vgl. *Ständige Deputation* Verhandlungen des 46. DJT, Bd. 1, Teil 3A und Bd. 2 Teil F.

629 Vgl. dazu *Dencker* Verwertungsverbote im Strafprozeß, S. 52 ff.; *Rogall* ZStW 1979, 1, 14 ff.; *Prittwitz* Ermittlungsmethoden, S. 330 f.; *Amelung* Informationsbeherrschungsrechte, S. 17 ff.; *Weigend* ZStW 2001, 271, 290. Dies ist die „prime purpose" der exclusionary rule des US-amerikanischen Strafverfahrensrechts, vgl. *Reamey* Exclusionary Rule, S. 201 u. 193; *Honig* Beweisverbote, S. 44 ff. Zur Genese der exclusionary rule in der Rspr. des US *Supreme Court* s. *Honig* aaO., S. 43 ff.

630 Vgl. *Dencker* Verwertungsverbote im Strafprozeß, S. 57 ff.; *Rogall* ZStW 1979, 1, 13.

631 Dies ist die eigene These *Denckers* Verwertungsverbote im Strafprozeß, S. 59 ff. Vgl. dazu *Fezer* JuS 1978, 325, 329; *Rogall* ZStW 1979, 1, 13 f.

632 Vgl. dazu *Dencker* Verwertungsverbote im Strafprozeß, S. 37 ff.; *Amelung* Informationsbeherrschungsrechte, S. 14 ff.

633 Vgl. dazu *Dencker* Verwertungsverbote im Strafprozeß, S. 55 ff.

634 Vgl. dazu *Rogall* ZStW 1979, 1, 23 f.

635 S. dazu bereits II.5. Noch heute *Grüner* Revisibilität, insb. 31 ff.; *Kühne* Strafprozeßrecht, Rn. 909 ff. (allerdings stark angereichert durch hypothetische Überlegungen im Rahmen der Beruhensfrage). Aus der älteren Literatur etwa *Rudolphi* MDR 1970, 93 ff.; *Sydow* Kritik; *Haffke* GA 1973, 65, 75 ff.; *Schöneborn* GA 1975, 33 ff.; *Vollhardt* Einschränkung, insb. S. 66 f. Dagegen z.B. *Frisch* Bedeutung, S. 180 u. 182; *Dencker* Verwertungsverbote im Strafprozeß, S. 16 ff.; *Wichmann* Berufsgeheimnis, S. 238 ff.

schen.

Eine „Rechtskreistheorie" findet als umfassende Theorie zur Ermittlung von Verwertungsverboten heute ebenfalls kaum mehr Anhänger. Sie wurde vom *BGH* als solche - entgegen mancher Legenden in der Literatur - auch nie vertreten.[636] Ebensowenig hat der *BGH* die in ihr enthaltenen Gedanken, wie häufig zu lesen, „stillschweigend aufgegeben".[637] Gedanken zum Drittschutz strafprozessualer Normen üben mehr denn je erheblichen Einfluss auf die Beweisverbotsdogmatik aus, vielfach stimmen die Ergebnisse der Rechtskreistheorie und der Schutzzwecklehren überein.[638]

Die „Hypothese rechtmäßiger Beweiserlangung" wird von Vertretern aller Lehren erörtert und findet in allen Lagern Befürworter und Gegner. Im Rahmen von Abwägungslehren gilt sie zumeist als ein Abwägungsparameter unter vielen. Im Übrigen kommt ihr regelmäßig die Funktion zu, Beweisverwertungsverbote, die sich mit dem Instrumentarium einer bestimmten Lehre nicht verhindern ließen, in einem gesonderten Schritt zu beseitigen.[639]

Bestimmend sind heute Theorien, die sich grob in zwei Blöcke aufteilen lassen: Auf der einen Seite neuere Schutzzwecklehren, teilweise aufbauend auf den älteren Schutzzwecklehren von *Grünwald* und *Rudolphi*, auf der anderen Seite die sog. Abwägungslehre.[640]

Eine weitere dogmatische Figur gehört in diesen Zusammenhang: Das sog. Widerspruchserfordernis. Es wird hier im Anschluss an die herkömmlichen Lehren diskutiert, wie es auch in der Praxis erst zum Tragen kommt, wenn sich nicht schon anderweit der Verfahrensfehler neutralisieren lässt. Wegen des Sachzusammenhangs wird dabei grundsätzlich erörtert, inwieweit Verfahrensbeteiligte über die Einhaltung der strafverfahrensrechtlichen Normen disponieren können.

1. Abwägungstheorien im weiteren Sinne

a. Kritik der Rechtskreiserwägungen: Wider die Reform des Revisionsrechts praeter legem

Die Gedanken, die hinter dem stehen, was gemeinhin als „Rechtskreistheorie" bezeichnet wird, wurden bereits dargestellt (s. II.5. u. IV.2.d.aa.). Entstanden im Revisionsrecht als Beschränkung der Revisionsrügebefugnis, hat sie sich zu einer *beweisrechtlichen* Argumentationsfigur entwickelt - entsprechend dem allgemeinen Trend, der sich vom Revisionsrecht abgewandt hat und nunmehr dahin geht, die Folgen von Fehlern des Beweisverfahrens primär im Beweisrecht zu diskutieren. Ihre Bedeutung ist sehr viel geringer, als man angesichts der allgemeinen juristischen Faszination über

---

636 *Frisch* Bedeutung, S. 186 f. und 197; *Dencker* StV 1995, 233.

637 Vgl. *RiBGH Nack* StraFo 1998, 366, 372: „Indes, die Rechtskreistheorie lebt - es gibt noch ein Leben nach dem wissenschaftlichen Tod. Der BGH hat diesem Topos in den letzten Jahren immer wieder verwendet."

638 *Frisch* Bedeutung, S. 194 f.; vgl. auch *Grüner* Revisibilität, S. 23 ff.; *ders.* JuS 1994, 193, 195.

639 Vgl. *S.Schröder* Beweisverwertungsverbote, S. 24 u. 72 f. Entsprechend der Unterschiedlichkeit der herkömmlichen Lehren ist auch hier vieles unterschiedlich, s. den Überblick bei *Kelnhofer* Ermittlungsverläufe, S. 81 ff. u. 146 ff.

640 Vgl. *Müssig* GA 1999, 119; *Rogall* Beweisverbote, S. 152; *Fezer* Strafprozeßrecht, 16/22.

den Begriff „Rechtskreis“ denken könnte.[641] Nennenswerte Bedeutung hat die Theorie in der *BGH*-Rechtsprechung hinsichtlich des Rügerechts des Angeklagten lediglich bei *zwei* Normen erlangt, bei denen der Drittschutz im Vordergrund stand: § 55 II StPO und § 136 I 2 StPO bei der Vernehmung von Mitangeklagten.[642] Unverändert dient sie dazu, bei diesen Normen das Rügerecht des Angeklagten zu beschränken: Er könne nur die Verletzung von Normen geltend machen, die zum Schutze seines Rechtskreises existieren.

Schon früh wurde die Konstruktion des Rechtskreises vehement kritisiert. Es habe der Beschuldigte vielmehr ein generelles Interesse an einem justizförmigen Verfahren, welches aus seinem Anspruch auf Justizgewährung folge.[643] Dies sei der „Rechtskreis“ des Beschuldigten, ein anderer Rechtskreis könne nicht klar bestimmt werden. Er sei also durch jeden Verfahrensverstoß in seinem „Rechtskreis“ berührt, eine natürliche Stufung der Verfahrensvorschriften gebe es nicht. „Es ist hierzulande jedermanns gutes, nämlich positiviertes Recht, die Einhaltung von Verfahrensvorschriften einzufordern.“[644] Ähnlich schon das *RG* (s. auch II.2.): „Der Angeklagte hat das Recht zu verlangen, daß gegen ihn prozeßordnungsgemäß verfahren wird.“[645]

Demgegenüber muss man bezweifeln, ob sich im aktuellen Strafverfahrensrecht ein *subjektiver* Justizgewährungsanspruch begründen lässt, aus dem ein allgemeines Interesse des Beschuldigten an justizförmigem Prozedieren ableitbar ist. Es ist nicht recht ersichtlich, aus welcher (Rechts)Quelle ein derartiger Anspruch folgen könnte. Vielmehr ist das Gebot, gesetzmäßig zu verfahren, eine Konsequenz des objektiven Vorbehalts des Gesetzes (s. III.1.a. u. 2.d.). Zuzustimmen ist den Kritikern der Rechtskreistheorie aber jedenfalls insofern, als die Annahme einer „natürlichen Stufung von Verfahrensvorschriften“ in einem Strengbeweismittelsystem unhaltbar ist. Alle Normen, die das Beweisverfahren begrenzen, haben an der strengen Formalisierung dieses Systems teil, bloße Ordnungsvorschriften gibt es nicht (s. III.5. u. IV.2.d.aa.). Es erübrigt sich daher die Suche nach einem „Rechtskreis“ des Angeklagten, der sein Rügerecht einschränken könnte.

Retten lässt sich die Rechtskreistheorie auch nicht, indem man sie der revisionsrechtlichen Zulässigkeitsvoraussetzung der Beschwer zuordnet.[646] Unter den Anhän-

---

641 Das Alpmann/Schmidt-Skriptum zum Strafprozessrecht versteigt sich gar dahin, nahezu die gesamte herrschende Beweisverbotsdogmatik unter den Stichworten „Rechtskreistheorie“ bzw. „(erweiterte) Rechtskreistheorie“ zu erläutern, vgl. *Müller* Alpmann Schmidt StPO, S. 125 ff.

642 BGHSt 1, 39, 40; GS St 11, 213 ff. (§ 55 II StPO); *BGH* StV 1995, 231 f. (§ 136 I 2 StPO bei Mitangeklagten).

643 Grundlegend *Eb.Schmidt* JZ 1958, 596 ff.; *ders.* Lehrkomm. Nachtr. I, Vor. §§ 52 ff. Rn. 12 und § 55 Rn. 2; *Gossrau* MDR 1958, 468 ff. Zust. zum Anspruch auf ein justizförmiges Verfahren *Kühne* Strafprozeßrecht, Rn. 908; *Schlothauer* Zeugnisverweigerungsrechte, S. 99; *Sydow* Kritik, S. 68.

644 *Koriath* Beweisverbote, S. 66; ähnlich *Eisenberg* Beweisrecht, Rn. 365; *Sarstedt/Hamm* Revision, Rn. 253 u. 763.

645 RGSt 57, 63, 64. Das ist vom *RG* recht eindeutig formuliert und so stellt es eine - vorsichtig ausgedrückt - eigenartige Vermischung von Formstrenge und Entformalisierung dar, diesen Satz des *RG* auf Verwertungsverbote umzumünzen: „...der Angeklagte kann als Ausfluß seiner Grundrechte verlangen, daß der Staat sich bei seiner Überführung auf Beweismittel beschränkt, die gerichtlich verwertbar ... sind.“ (so *Frisch* Bedeutung, S. 199 unter ausdrücklichem Verweis auf die genannte *RG*-Entscheidung).

646 So aber *Frisch* Bedeutung, S. 190.

gern der Rechtskreistheorie äußerte zuerst *Kleinknecht*, dass es sich letztlich um eine Frage der Beschwer handele: Wenn die Gesetzesverletzung nicht in seinen Rechtskreis eingreife, sei der Angeklagte nicht beschwert.[647] Das ist, wie gesagt, nicht der Fall: *Der Angeklagte ist durch jede für ihn nachteilige Entscheidung beschwert* (s. IV.2.d.aa.). Alles weitere sind Fragen der Begründetheit der Revision.

b. Kritik der Verlaufshypothesenbildungen: Wider die Gleichstellung rechtmäßiger und rechtswidriger Beweisführung

Anhänger der unterschiedlichsten herkömmlichen Beweisverbotstheorien erwägen, dass zumindest in Fällen, in denen die *Hypothese aufgestellt* werden kann, dass eine rechtmäßige Erlangung des tatsächlich rechtswidrig erlangten Beweismaterials möglich gewesen wäre, eine Verwertung zulässig sei.[648] In solchen Fällen wird die im US-amerikanischen Strafverfahren so genannte „hypothetical clean path doctrine" bzw. „inevitable source exception" oft ergänzend zu anderen Argumenten herangezogen.[649]

Die Rechtsprechung greift bislang nach Belieben auf diese Figur zurück.[650] Dazu gehört auch die - inzwischen allerdings teilweise überholte (s. IV.4.d. u. V. 2.b.gg.) - Idee, ihre Anwendbarkeit auf Fälle, in denen Richtervorbehalte verletzt wurden, kategorisch auszuschließen. Dabei verwies der *BGH* einstmals schlicht darauf, die Anordnung des Richters sei „zwingend vorgeschrieben und damit notwendige Voraussetzung für die Rechtmäßigkeit" und folgerte: „Für eine Betrachtung unter dem Gesichtspunkt eines »hypothetischen Ersatzeingriffs« ... ist in Anbetracht der eindeutigen Gesetzeslage kein Raum."[651]

Bezugsobjekt der Hypothese ist überwiegend ein konkretes - rechtswidrig erlangtes - Beweisobjekt.[652] Wobei allerdings gelegentlich auch auf die Überführungsmöglichkeit als solche abgestellt wird: „Es liegt die Möglichkeit nicht fern, daß weitere Ermittlungen der deutschen Polizei auch ohne die (rechtswidrige, J.D.) Telefonüberwachung auf die Spur der Angeklagten und zur Aufklärung des Sachverhalts geführt hätten."[653]

Zur Begründung wird von einigen wenigen angeführt, es fehle in diesen Fällen an der Kausalität[654] bzw. es handele sich um Fälle überholender Kausalität.[655] Die große Mehrzahl der Autoren hingegen vertritt die Ansicht, zwar liege Kausalität vor, es fehle aber unter Umständen an der Zurechenbarkeit. Die Argumentation lehnt sich dabei oftmals an die Kausalitäts/Zurechnungslehren des materiellen Rechts an.[656] Vergleiche

647 NJW 1966, 1537, 1539. Auch *Kleinknecht* knüpft hierbei an die Rechtsprechung des *RG* an (aaO., S. 1539, Fn. 21).

648 Vgl. zum Ganzen *Kelnhofer* Ermittlungsverläufe; *S.Schröder* Beweisverwertungs-verbote; *Beulke* ZStW 1991, 657 ff.; *Rogall* NStZ 1988, 385 ff. Überblick über das Schrifttum bei *S.Schröder* aaO., S. 96 ff. u. 104 ff.

649 Zu den vielfältigen unterschiedlichen Bezeichnungen, die zumeist keinen Unterschied in der Sache bezeichnen, vgl. *S.Schröder* Beweisverwertungsverbote, S. 17 f.

650 Überblick bei *Rogall* aaO, 389.; *S.Schröder* aaO., S. 84 ff.

651 BGHSt 31, 304, 306; dazu *Fezer* StV 1989, 293 f.

652 Vgl. *S.Schröder* Beweisverwertungsverbote, S. 74 ff.

653 BGHSt 32, 68, 71.

654 *Klug* Referat, S. F 39.

655 *Welp* Überwachung, S. 216.

656 Vgl. dazu *Rogall* in: SK, StPO, § 136a, Rn. 96 ff.

werden etwa gezogen zur materiellrechtlichen Figur des rechtmäßigen Alternativverhaltens.[657]

In der Anwendung bestehen unterschiedliche Ansichten über das zutreffende Beweismaß.[658] Die gesamte Skala wird erörtert, z.B. wird vertreten, dass erforderlich ist, dass die rechtmäßige Beweiserlangung retrospektiv als „möglich"[659], als „überwiegend wahrscheinlich"[660], als „in hohem Maße wahrscheinlich"[661] oder „höchstwahrscheinlich"[662] erscheint, oder aber gar mit „Urteilswahrscheinlichkeit"[663] angenommen werden müsse. Damit verbunden ist die Frage, ob die Möglichkeit/Wahrscheinlichkeit usw. der rechtmäßigen Erlangung bloß abstrakt zu bestimmen ist, oder aber konkret aufgezeigt werden muss.[664]

Man vergegenwärtige sich die Grundaussage der Hypothese rechtmäßiger Beweisgewinnung: Weil die Strafverfolger die Beweisobjekte rechtmäßig hätten erheben können, soll unbeachtlich sein, dass sie unrechtmäßig handelten. Entscheidend ist aber, dass die Justizförmigkeit strikt beachtet wird.[665] Auch dies lässt sich am „Medizinalassistenten-Fall" vorführen, in dem sich der *BGH* auch auf die Erwägung stützte, es hätte der Beweis jederzeit auf gesetzmäßigem Wege gewonnen werden können.[666] Dagegen, die Aufgabe der Justizförmigkeit mit „Unterstellungen" zu rechtfertigen wendet sich wiederum *Eb.Schmidt*: „*Im Augenblick der Blutentnahme* - das ist der Sinn und der Befehl des § 81a! - muß die medizinische Ordnungsmäßigkeit gewährleistet sein; das ist sie aber eben nur bei Durchführung durch einen Arzt!"[667]

Die Kritik an den Verlaufshypothesenbildungen verweist daher zu Recht darauf, dass die Verletzung nun einmal geschehen ist und sich daran nichts dadurch ändert, dass das Unrecht gewissermaßen überflüssig[668] bzw. vermeidbar[669] war: „Die hypothetischen Ermittlungsverläufe haben daher etwas paradoxes."[670] Hypothesen können geschehene Verletzungen nicht ungeschehen machen und auf Kausalität kommt es allein bei der Beruhensfrage im Revisionsrecht an (s. IV.2.d.bb.).

Wo der Gesetzgeber gerichtliche Hypothesenbildungen billigt, ist gegen sie prinzi-

---

657 *Kelnhofer* Ermittlungsverläufe, S. 22 ff.

658 Vgl. *S.Schröder* Beweisverwertungsverbote, S. 115 ff.

659 So BGHSt 32, 71.

660 So die Rechtsprechung des US-amerikanischen *Supreme Court*, vgl. *Beulke* ZStW 1991, 657, 667.

661 *S.Schröder* Beweisverwertungsverbote, S. 121.

662 So *Rogall* NStZ 1988, 385, 392; *Roxin* Strafverfahrensrecht, § 24 Rn. 21.

663 So *Beulke* ZStW 1991, 657, 670 f.

664 Dazu *S.Schröder* Beweisverwertungsverbote, S. 111 ff.; *Beulke* ZStW 1991, 657, 673 ff.

665 *Haffke* GA 1973, 65, 82.

666 BGHSt 24, 125, 130.

667 MDR 1970, 461, 463 (Hervorh. im Original).

668 *Dencker* Verwertungsverbote im Strafprozeß, S. 81, der allerdings der Sache nach ebenso verfährt, wenn er „die Wertentscheidung des Wiederholungsprinzips" dahingehend berücksichtigt wissen möchte, dass man zwar nicht einen hypothetisch rechtmäßigen Kausalverlauf hinzudenkt, aber die „Prüfung der Wiederholbarkeit" vornimmt „unter Hinwegdenken der durch den Beweisverbotsverstoß ausgelösten Kausalketten." (aaO., S. 84).

669 *Rogall* ZStW 1979, 1, 33 f.; *ders.* NStZ 1988, 385, 390. Während *Rogall* im erstgenannten Aufsatz die Verlaufshypothesenbildung noch ablehnte, hält er sie nunmehr für statthaft - freilich im Rahmen einer Gesamtabwägung, s. V.2.a.

670 *Koriath* Beweisverbote, S. 71.

piell nichts einzuwenden.[671] Eine gesetzliche Grundlage für die Einführung von Hypothesenbildungen hinsichtlich der Frage nach der Verwertbarkeit unrechtmäßig erlangten Beweismaterials ist jedoch nicht ersichtlich und das heißt: Die Verlaufshypothesenbildungen geschehen praeter legem. Es liegt zwar aus Gründen struktureller Ähnlichkeit ein Vergleich mit der Figur des rechtmäßigen Alternativverhaltens des materiellen Rechts nahe. Eine Legitimation für die mit der Verlaufshypothesenbildung bezweckte Ausweitung der Wege zulässiger Beweisermittlung ergibt sich daraus aber nicht. Während Überlegungen zur objektiven Zurechnung im materiellen Recht *jenseits des Gesetzes* in gewissen Grenzen legitim sind, weil sie die objektive Zurechnung von Erfolgen zum Verursacher auf ein vertretbares Maß *beschränken*, laufen Verlaufshypothesenbildungen auf eine (unzulässige, s. III.2.d.) Analogie zu Lasten des Beschuldigten hinaus. Während der Verursacher eines straftatbestandlichen Erfolges es mit der Berufung auf hypothetisches rechtmäßiges Alternativverhalten darauf anlegt, dass ihm der Erfolg nicht zugerechnet wird, bezwecken die Strafverfolger mit der Berufung auf hypothetisches rechtmäßiges Ermitteln das Gegenteil: Die „Zurechnung" von Erfolgen, für die es an einer gesetzlichen „Zurechnungsregel" fehlt.

Soweit einstmals der *BGH* die Zulässigkeit der Hypothesenbildung unter Verweis auf den „zwingenden" Charakter der Richtervorbehalte verneinte (s.o.), ist dem uneingeschränkt zuzustimmen. Dies gilt allerdings für *alle* zwingenden Normen des Strengbeweisrechts - eine Konsequenz, die freilich nicht gezogen wird. Ohnehin lässt sich gut spekulieren, dass hier andere Motive die konsequente Rechtsanwendung beflügelten. Offenbar hält es der *BGH* zwar für unbedenklich, sich Hand in Hand mit den übrigen Strafverfolgungsbehörden gesetzgeberische Kompetenzen anzueignen. Wenn aber die Kompetenzen der eigenen Zunft, die richterlichen Kompetenzen, von den übrigen Ermittlungsbehörden usurpiert werden, reagiert er kompromisslos. Inzwischen hat der *BGH* aber auch die klare Aussage zu den Richtervorbehalten stückweise zurückgenommen (s. IV.4.d. u. V. 2.b.gg.).

Die Behauptung, dass der verfahrensmäßige Schutz, den die präventive richterliche Kontrolle bewirkt, leerlaufen würde, wenn nachträgliche Verlaufshypothesen ihn ersetzen könnten[672], ist offensichtlich zutreffend. Es ist aber doch nur ein zusätzliches materielles Argument. Ein Argument, das die materielle Bedeutung der Einhaltung von Verfahrensvorschriften exemplarisch veranschaulicht (s. allgemein III.3.). Zwingendes Recht sollte derartige Materialisierungen nicht nötig haben, wenn es um seine Einhaltung geht. Vielmehr ist vor Materialisierungen die größte Vorsicht geboten, wie sich gerade bei den Verlaufshypothesenbildungen bei der Verletzung von Richtervorbehalten zeigt. Ihre Vereinbarkeit mit den betroffenen Grundrechten wird etwa gerechtfertigt, indem behauptet wird: „wenn die materiellen Voraussetzungen eines solchen Eingriffs vorliegen, bedeutet dies, dass das Gesetz das betroffene Grundrecht gerade nicht mehr für unantastbar hält. Die beweisrechtliche Berücksichtigung des Umstands, dass die unter Missachtung des Richtervorbehalts erhobene Information auch unter Beachtung dieses Vorbehalts hätte erhoben werden können, entzieht dem beeinträchtigenden Grundrecht daher keinen Schutz, sondern verwirklicht gerade den Wil-

---

[671] *Kelnhofer* (Ermittlungsverläufe, S. 142) verweist insofern auf die gesetzlichen Regelungen über Zufallsfunde.

[672] *Fezer* StV 1989, 294; *Kelnhofer* Ermittlungsverläufe, S. 200 ff.

len des Gesetzgebers, es zu Gunsten der Strafverfolgung freizugeben."[673] Welche Art von Materialisierung hier die *Freigabe des Grundrechts zugunsten der Strafverfolgung* bewirken soll, zeigt sich schon in der Rede vom *beeinträchtigenden* (!) Grundrecht. Weh dem, der Böses dabei denkt, aber: Es passt viel besser in den Kontext, als die scheinbare Sorge um *beeinträchtigte* Grundrechte, wie sie die herkömmlichen Beweisverbotslehren häufig - folgenlos - behaupten. In der Sache führt der Materialisierungsversuch deshalb nicht weiter, weil es nicht um die Unantastbarkeit der Grundrechte geht. Es geht schlicht darum, dass Grundrechte - mögen sie auch die Strafverfolgung beeinträchtigen - dann und nur dann beeinträchtigt werden dürfen, wenn die Tatbestandsvoraussetzungen einer Befugnisnorm erfüllt sind. In dieser Hinsicht sind alle materiellen *und* formellen Tatbestandsvoraussetzungen vor dem Gesetze(svorbehalt) gleich.

Ersichtlich dient die Verlaufshypothesenbildung - wie die übrigen herkömmlichen Beweisverbotslehren - der Immunisierung des Beweisverfahrens gegenüber den Folgen von Verfahrensfehlern. Die Eigendynamik von Instituten, die diese Funktion haben, ist in der Beweisverbotsdogmatik allenthalben sichtbar und zeigt sich hier darin, dass die Gerichte zunehmend abstrakte Verlaufshypothesen genügen lassen. Nun liegt aber auf der Hand, dass abstrakte Verlaufshypothesen geeignet sind, nahezu jeden Verfahrensfehler zu überspielen.[674] Ja noch mehr: Im Ergebnis führen abstrakte Verlaufshypothesen zu einer Besserstellung der Ermittlungsbehörden.[675] Während im kriminalistischen Alltag neben rechtlichen oft genug tatsächliche Schwierigkeiten die Ermittlungen beeinträchtigen, genügt bei der abstrakten Verlaufshypothesenbildung naturgemäß, dass im konkreten Fall die rechtswidrige (!) Ermittlung prinzipiell auch rechtmäßig hätte stattfinden können. Wird gar eine abstrakte Verlaufshypothese mit der Überführungsmöglichkeit als solcher als Bezugsobjekt kombiniert (s.o.), so drängt sich für den unvoreingenommenen Beobachter endgültig der Schluss auf, dass hier dogmatische Zaubertricks vorgeschoben werden, um zum gewünschten Ergebnis zu kommen.

c. Kritik der Schutzzweckargumente: Wider die Blickverengung auf die Zwecke eines justizförmigen Verfahrens jenseits der Justizförmigkeit

Diejenigen Lehren, die gemeinhin als Schutzzwecklehren bezeichnet werden, gehen überwiegend auf *Rudolphi* und *Grünwald* zurück. Nach *Grünwald* ist ein Verwertungsverbot anzunehmen, wenn die rechtswidrige Beweiserhebung den Schutzzweck der Norm noch nicht endgültig vereitelt hat, so dass eine Verwertung zur endgültigen Vereitelung des Schutzzwecks bzw. zur Vertiefung der Verletzung desselben führen würde und dass andererseits durch Nichtverwertung der Schutzzweck noch erreicht werden kann.[676] Hingegen kommt es für *Rudolphi* in revisionsrechtlicher Betrachtung

---

673 *Amelung* NStZ 2001, 337, 341.

674 *S.Schröder* Beweisverwertungsverbote, S. 23.

675 *S.Schröder* Beweisverwertungsverbote, S. 113.

676 JZ 1966, 489, 492 unter ergänzender Heranziehung präventiver Kriterien (aaO., S. 499). Bei gleichbleibendem Ausgangspunkt differenzierend nunmehr *ders.* Beweisrecht, S. 143 ff. Ähnlich *Schöneborn* GA 1975, 40 und *Petry* Beweisverbote, S. 29 f. u. 121 ff. für die von ihm angenommene Kategorie der Ver-

entscheidend darauf an, ob Sinn und Zweck der verletzten Norm ist, ein Urteil zu verhindern, welches auf dem fehlerhaft erlangten Beweismittel beruht.[677] Sowohl *Grünwald*, als auch *Rudolphi* ziehen in einzelnen Fällen - in denen sich die Unverwertbarkeit des rechtswidrig gewonnenen Beweises nicht schon aus den genannten Kriterien ergibt - ergänzend andere Aspekte heran.

Unter anderen Vorzeichen stellt auch der *BGH* in vereinzelten Entscheidungen letztlich auf Schutzzweckerwägungen ab, wenn auch zumeist im Rahmen einer Gesamtabwägung. So soll ein Verwertungsverbot eingreifen, wenn die verletzte Norm wesentliche Bedeutung für die rechtlich geschützte Stellung des Beschuldigten hat.[678]

Die Erfolgsgeschichte des Rechts auf ein faires Verfahren (s. IV.3.) beeinflusst inzwischen auch die Theorienbildung der herkömmlichen Beweisverbotsdogmatik. Es gibt Versuche, dieses Recht für die Beweisverbote unmittelbar fruchtbar zu machen: Schutzzweck der Beweisverwertungsverbote sei die Gewährleistung eines fairen Verfahrens.[679]

Wenn man den Schutzzweck der Beweisverwertungsverbote in der Gewährleistung eines fairen Verfahrens sieht, so ist diese Erkenntnis als ebenso richtig wie überflüssig zu bezeichnen. Die gesetzlichen Beweisnormen dienen - allgemein ausgedrückt - einer fairen Ausgestaltung des Beweisverfahrens (s. III.3.a.). Insofern schützt die Beachtung des Beweisrechts in einem abstrakten Sinne stets die vom Gesetzgeber verordnete Fairness, während die Missachtung des Beweisrechts sie beeinträchtigt. Überflüssig sind diese Betrachtungen deshalb, weil man auf den Topos „fair trial" immer dort verzichten kann und sollte, wo sich eine Rechtsfolge bereits aus dem geltenden Recht ableiten lässt (s. IV.3.e.).

Soweit sich Schutzzwecklehren für den Schutzzweck einer Beweisnorm interessieren, um eine endgültige Verletzung desselben oder eine Vertiefung einer bereits geschehenen Verletzung zu verhindern, ist dagegen nichts einzuwenden. Derartige Fälle sind durchaus häufig denkbar. Dies kann durch wiederholte Beweiserhebungen, aber auch durch die Verwertung im Urteil geschehen. Letzteres meinen Feststellungen, es setze die Verwertung des erzwungenen Geständnisses im Urteil überhaupt erst den „Schlußstein in der Kette der Selbstbelastung"[680] oder es werde „der taktische Eingriff von der Polizei nur begonnen und vom Gericht durch prozessuale Verwertung erst

letzung „allgemeiner Beweisverbote". Dem ursprünglichen Ansatz *Grünwalds* zust. *Wichmann* Berufsgeheimnis, S. 247 ff.

677 *Rudolphi* MDR 1970, 93, 97 ff. Ähnlich *Frisch* Bedeutung, S. 182 ff. Eine Verknüpfung der Ansätze von *Grünwald* und *Rudolphi* findet sich jetzt bei *Grüner* Revisibilität - allerdings orientiert an der Revisibilität von Verfahrensnormen.

678 BGHSt 38, 214 (zu § 136 I 2 StPO); BGHSt 38, 372 (zu § 137 I 1 StPO); s. auch *Fezer* Strafprozeßrecht, 16/20 - der in der Rspr. des *BGH* die Schutzzweckerwägungen als vorherrschend ansieht.

679 *Beulke* ZStW 1991, 657, 664 - allgemeiner unter Berufung auf Schutzzweckerwägungen *ders.* Strafprozeßrecht, Rn. 458; in dieser Richtung auch *Weigend* ZStW 2001, 271, 289. Für *Hauf* NStZ 1993, 457, 458 ff. folgt aus dem Gebot des fairen Verfahrens der Grundsatz, dass Verfahrensfehler Verwertungsverbote nach sich ziehen; im Einzelfalle sei aber noch eine Abwägung mit den Belangen einer funktionstüchtigen Strafrechtspflege durchzuführen.

680 *Rogall* Beschuldigte, S. 206; zust. *Dallmeyer* StV 1997, 606, 610. Dagegen *Dencker* Verwertungsverbote im Strafprozeß, S. 51.

vollendet".[681] Es ist eine Selbstverständlichkeit, dass das Gericht sich keiner (rechtswidrig) erlangten Beweisobjekte bedienen darf, wenn dies *erneut* Rechte der Betroffenen verletzen oder Verletzungen vertiefen würde. Das Gericht darf sich schon deshalb keiner Beweisobjekte bedienen, die diese Wirkung haben, weil es für die Beweisführung gesetzlicher Grundlagen bedarf.

Nur: Das faktische Zurverfügungstehen des Beweismaterials nach rechtswidriger Ermittlung ist kein hinreichender Grund, erneut in Schutzzwecküberlegungen einzutreten und zu überlegen, ob man es nicht zu einer Ausweitung der Ermittlungsmöglichkeiten über die gesetzlich normierten Wege hinaus ausnutzen könnte.[682] Vielmehr muss man für die Frage der Verwertbarkeit - „über eine bloße Schutzzweckperspektive hinaus"[683] - den gesamten Norminhalt des Strengbeweisrechts berücksichtigen. Das ist, neben den konkreten Schutzzwecken einzelner Normen, das Gebot der Beweisführung auf gesetzlichem Wege: Die Justizförmigkeit. Die Schutzzwecklehren behaupten gegenüber der Abwägungslehre i.e.S. ein höheres Maß an Gesetzlichkeit, konterkarieren dies aber, indem sie nach Schutzzwecken jenseits der Justizförmigkeit suchen. Nach der hier entworfenen Konzeption von Gesetzlichkeit im Beweisrecht ist die Bestimmung der konkreten Schutzzwecke einer verletzten Norm schon deshalb entbehrlich, weil sich aus dem Strengbeweisrecht die Eröffnung der Möglichkeit der Beweiserhebung und Verwertung allenfalls bei Vorliegen der Tatbestandsvoraussetzungen der Normen ergibt. Wobei sich ebensogut formulieren lässt, dass dieser Norminhalt bei strafverfahrensrechtlichen Normen auch ihr Schutzzweck ist. Strenggenommen ist das gemeinsame Charakteristikum aller rechtswidriger Beweiserhebung das Fehlen einer gesetzlichen Grundlage. Wo aber keine gesetzlichen Grundlagen sind, sind letztlich auch keine Schutzzwecküberlegungen möglich. Die Schutzzwecklehren können sie nur deshalb anstellen, weil sie zunächst Normen suchen, die „an sich" einschlägig sind, aber eben nicht (ordnungsgemäß) angewendet wurden. Damit liegt einer jeden Schutzzweckdiskussion gleichsam eine unausgesprochene und unzulässige Verlaufshypothesenbildung zugrunde, nämlich die Hypothese, dass sich die fragliche Ermittlungsmethode - wäre sie ordnungsgemäß erfolgt - einer bestimmten Beweisbefugnisnorm hätte zuordnen lassen.

Symptomatisch für den herkömmlichen Umgang mit den Verwertungsverboten ist der herkömmliche Einwand gegen die Schutzzwecklehren, es sage der Schutzzweck der Norm nichts über die Verwertbarkeit aus, denn die Beweisverwertungsverbote hätten als eigenständige Rechtssätze eigenständige Schutzzwecke.[684] Ähnlich die Kritik *Gössels*: Wer die „Folge Verwertungsverbot" aus dem Schutzzweck der Norm ableite, könne diese nicht als eigenständige Institute ansehen.[685] Man könne nicht das Wesen der Verwertungsverbote in ihrem Zweck sehen: Es sei zu bedenken, „daß der Zweck

---

681 *Salditt* StV 1999, 62.

682 Das verkennt *Wichmann* (Berufsgeheimnis), wiewohl er im Ansatz zutreffend feststellt: Es „ist nicht einzusehen, warum das strafprozessuale Interesse an der Verwertung eines vorhandenen Beweisergebnisses stärker zu gewichten sein sollte als das Interesse an der vorangehenden Erhebung dieses Beweises ... Die bloße Existenz des Beweisergebnisses kann deshalb die strafprozessualen Belange nicht aufwerten." (aaO., S. 237).

683 *Fezer* Strafprozeßrecht, 16/29.

684 *Dencker* Verwertungsverbote im Strafprozeß, S. 29 u. 47; ähnl. *Amelung* Rechte, S. 518.

685 NJW 1981, 649, 651.

eines Gegenstandes etwas Zukünftiges ist, zu dessen Erreichung dieser Gegenstand eingesetzt ist oder wird: kein Gegenstand, also auch nicht ein Beweisverwertungsverbot, kann folglich seinen Zweck als wesentliches Element seiner selbst in sich tragen."[686] In der Tat: Wer die Verwertungsverbote nicht im Gesetzesrecht sucht, kann sie nur als eigenständige Institute ansehen. Ihnen dann auch eigene Schutzzwecke zuzuerkennen, ist nur konsequent. Dies den Schutzzwecklehren entgegenzuhalten, geht allerdings fehl, weil diese einen eigenständigen Charakter der Verwertungsverbote insofern verneinen, als sie vorgeben, die Verwertungsverbote aus den jeweils verletzten Normen abzuleiten. Im Übrigen zeigt dieser Streit einmal mehr, wohin die herkömmlichen Lehren führen: In eine Parallel-Gesetzgebung im strafprozessualen Beweisrecht. Einer jeden beweisrechtlichen Norm werden als eigenständige Institute Beweisverwertungsverbote zugeordnet, mit eigenständigem Tatbestand, eigenständigen Schutzzwecken, kurzum: Als eigenständige Gesetze, deren Verletzung die Revision begründet.

d. Kritik der Konstruktion von Informationsbeherrschungsrechten: Wider die Umdeutung von Strengbeweisrecht in informationelles Verwaltungsrecht

Zu den Schutzzwecklehren im weiteren Sinne gehört auch die neuere Lehre von den Informationsbeherrschungsrechten.[687] Es gebe subjektive Rechte, die es dem Inhaber erlauben, Informationen zurückzuhalten und ihrer Verarbeitung zu widersprechen. Diese subjektiven Rechte seien Abwehrrechte, zu denen ein entsprechender Abwehranspruch gehöre. Werde unzulässigerweise in diese Rechte eingegriffen, also der Abwehranspruch missachtet, entstünden Sekundäransprüche, die sich auf Ausgleich des dadurch entstandenen informationellen Erfolgsunrechts richteten. Die Sekundäransprüche richteten sich als Unterlassungs-[688] bzw. Folgenbeseitigungsansprüche[689] auf Nichtverwertung der Informationen. Bloßes Handlungsunrecht sei hingegen irrelevant, entscheidend sei allein der Eingriff in materielle Informationsbeherrschungsrechte, so dass die Verletzung bloßer Verfahrensregelungen, die keine Informationsbeherrschungsrechte zuwiesen, kein Verwertungsverbot nach sich ziehe. Denn dann habe der Staat einen Anspruch auf die Erlangung der Information und habe lediglich bei der Durchsetzung dieses Anspruchs das Recht missachtet.

Vorsichtige Kritiker dieser Lehre äußern, es könne jedenfalls auch die Verletzung *anderer* Rechte als Informationsbeherrschungsrechte Beweisverwertungsverbote ergeben.[690] Schärfere Kritiker hingegen behaupten, dass sich subjektive Informationsverfügungsrechte der Strafprozessordnung generell nicht entnehmen ließen.[691] Der Lehre von den Informationsbeherrschungsrechten ist in der Tat entgegenzuhalten, dass es im

[686] *Gössel* GA 1991, 483, 485.
[687] Grundlegend *Amelung* Informationsbeherrschungsrechte, S. 30 ff. S. auch *ders.* Streit, S. 1260 ff.; *ders.* Rechte, S. 505 ff.; *ders.* NJW 1991, 2533 ff.; *ders.* StraFo 1999, 181 ff.; *Störmer* Grundlagen; *Müssig* GA 1999, 119 ff., insb. 131 ff.; *v.Glahn* StraFo 2000, 186, 190. Mit erheblichen Modifikationen auch *R.Hamm* StraFo 1998, 361, 363 ff.; *Riepl* Selbstbestimmung, S. 281 ff.
[688] So *Störmer* Grundlagen, S. 215 ff.
[689] So *Amelung* Informationsbeherrschungsrechte, S. 38 ff.; *Müssig* GA 1999, 119, 133.
[690] *Weßlau* StV 1995, 278, 279.
[691] *Rogall* StV 1996, 513, 514.

Strengbeweisverfahren für die Frage der Beweisführung letztlich weder auf etwaige hinter den Beweisnormen stehende subjektive Informationsbeherrschungsrechte ankommt, noch auf die Frage, inwieweit diesbezügliches informationelles Erfolgsunrecht ausgeglichen werden muss. Es ist zwar durchaus begrüßenswert, dass die Lehre von den Informationsbeherrschungsrechten nachdrücklich auf die Bedeutung der Informationsverteilung im Strafverfahren hinweist (s. III.6.b.), die bislang von der Strafverfahrensrechtswissenschaft eindeutig vernachlässigt wird. Insbesondere die Bedeutung des subjektiven Rechts auf informationelle Selbstbestimmung für die Beweisführung ist bislang nicht hinreichend erkannt worden (s. III.1.b. u. 2.c.). Hinter den Normen der StPO stehen jedoch nicht allein subjektive Rechte, sondern oft genug andere Interessen (s. III.3.).[692] Die Justizförmigkeit ist bestimmendes Merkmal des *objektiven* Beweisrechts, das *öffentliche* Aufgaben erfüllt.[693] Im Übrigen ist der durch Verfahrensregelungen bewirkte mittelbare Schutz materieller Rechte ebenso wichtig, wie der unmittelbare Schutz materieller Rechte der Verfahrensbeteiligten.[694] Dieser Schutzzweck des Strengbeweisrechts ist bezogen auf vielfältige materielle Rechte, es geht keineswegs nur um informationelle Rechte. Das Recht auf informationelle Selbstbestimmung ist *ein* für das Strafverfahrensrecht wichtiges Recht, aber doch nur ein Recht unter mehreren. Zudem ist die andere wichtige Funktion des Strengbeweisrechts die Gewährleistung materiell richtiger Urteile, auch in dieser Hinsicht kommt es nicht allein auf subjektive Rechte an (s. III.3.b.aa.). Die Kritiker der Lehre von den Informationsbeherrschungsrechten beklagen insofern zu Recht die „extreme Subjektivierung“[695], die das Strafverfahrensrecht durch sie erfährt.

Entscheidend ist letztlich die objektive Einhaltung der gesetzlich normierten Wege der Wahrheitserforschung. Die Justizförmigkeit des Verfahrens wird durch ihre konsequente Einhaltung nicht zum Selbstzweck.[696] Sie wird missachtet, wenn man im Sinne der Lehre von den Informationsbeherrschungsrechten die Verletzung gewisser Verfahrensvorschriften - wie etwa von Richtervorbehalten - als „bloßes Handlungsunrecht“ ansieht, das die Verwertung der fehlerhaft gewonnenen Beweise nicht hindere. Aber selbst wenn man die strafverfahrensrechtlichen Prämissen dieser Lehre anerkennen würde, wäre sie ein „überflüssiger Umweg“.[697] Es folgt bereits aus dem Vorbehalt des Gesetzes, dass Beweiserhebung und -verwertung nur in den gesetzlichen Bahnen erfolgen darf. Der Konstruktion von „Sekundäransprüchen“ bedarf es daher nicht.

2. Die Abwägungstheorie im engeren Sinne

a. Die „Theoreme“ einer „Theorie“ der Praxis

Von der von *Klaus Rogall* am nachdrücklichsten propagierten sog. Abwägungstheorie

---

692 *Weßlau* StV 1995, 278, 280; *Fezer* Strafprozeßrecht, 16/29 ff.

693 So auch *Rogall* Grundsatzfragen, S. 139; *ders.* Lehre, S. 543 („zu einem wesentlichen Teil überindividuell“).

694 In dieser Richtung auch *Rogall* Lehre, S. 540 f.

695 *Fezer* Grundfragen, S. 36; *Rogall* Beweisverbote, S. 115; *ders.* StV 1996, 513.

696 So aber *Amelung* Rechte, S. 520; *ders.* GA 1996, 332, 335.

697 *Fezer* Grundfragen, S. 36; vgl. auch *ders.* Strafprozeßrecht, S. 220, Rn. 32.

wird häufig behauptet, sie habe sich im Verlaufe der letzten Jahre als herrschend durchgesetzt. Für das Schrifttum ist das sicher unrichtig. Vielmehr fällt schwer, bekennende Anhänger der Lehre auszumachen.[698]

Eine gewisse Nähe zum Dezisionismus der Abwägungslehre i.e.S. weisen aber die meisten Vertreter der strafprozessrechtlichen Lehrbuch- und Kommentarliteratur auf, wenn sie vor dem Zustand der herkömmlichen Beweisverbotsdogmatik kapitulieren, indem sie erklären, über die Verwertungsfrage könne man immer nur „von Fall zu Fall entscheiden". Naturgemäße Folge dessen ist, dass die Beweisverbotsabschnitte in den entsprechenden Publikationen zunehmend weniger Grundlegendes und zunehmend mehr Einzelfalldogmatik enthalten. Besieht man sich die Einzelfälle näher, lässt sich sagen, dass diese „ganz h.M." des Schrifttums in einer Grauzone zwischen der Abwägungslehre i.e.S. und den Abwägungslehren i.w.S. laviert. Weder bekennt man sich offen zur Notwendigkeit einer Gesamtabwägung in *allen Fällen*, noch hält man von vornherein bestimmte Abwägungsparameter für alle Fälle für maßgeblich. Vielmehr wird je nach *Einzelfall* bzw. *in bestimmten Fallgruppen* ein bestimmter Abwägungsparameter als maßgeblich herausgearbeitet, der dann entscheiden soll.[699]

Vor allem die Gerichte geben vor, das (Nicht)Bestehen von Verwertungsverboten zunehmend offen im Rahmen von Gesamtabwägungen zu ermitteln. Auf den Punkt gebracht hat dies eine Entscheidung des *5. Strafsenats des BGH.*[700] In dieser Entscheidung bekennt sich der *BGH* erstmals *offen und begründet* zur Abwägungslehre. Abgewogen wurde in der Rechtsprechung bei der Frage nach der Verwertbarkeit rechtswidrig gewonnener Beweise früher freilich auch schon. Die dabei angestellten Erwägungen wurden von der höchstrichterlichen Rechtsprechung in der Zwischenzeit zu einem Satzbaustein verdichtet, der sich mit geringen Variationen in der Rechtsprechung der Strafsenate immer wieder findet. Wobei allerdings gelegentlich deutlich wird, dass einzelne Senate eher der Strafverfolgungssicherung (insb. der *1.* und *3. Senat*), andere eher der Freiheitssicherung (insb. bislang der *5. Senat*) zugetan sind.[701] Paradigmatisch ein aktuelles Urteil des *3.Strafsenats*:

> „Der damit festzustellende Verfahrensverstoß begründet indes kein Verwertungsverbot für die ... gewonnenen Beweise. Eine ausdrückliche Regelung, welche die Verwertung der unter Verstoß gegen ... erlangten Beweise ausschlösse, enthält die StPO nicht. Auch ist dem Strafverfahrensrecht ein allgemein geltender Grundsatz, daß jeder Verstoß gegen Beweiserhebungsvorschriften ein strafprozessuales Verwertungsverbot nach sich ziehe, fremd. Vielmehr ist diese Frage nach inzwischen gefestigter Rechstprechung jeweils nach den Umständen des Einzelfalls, insbesondere nach der Art des Verbots und des Gewichts des Verstoßes unter Abwägung der widerstreitenden Interessen zu entscheiden ... Dabei muß beachtet werden, daß die Annahme eines Verwertungsverbots, auch wenn die StPO nicht auf Wahrheitserforschung um jeden Preis gerichtet ist, eines der wesent-

---

698 Z.B. *Benfer* Rechtseingriffe, Rn. 1530 ff.; aus der Kommentarliteratur *Kleinknecht/Meyer-Goßner* StPO, Einl. Rn. 55. Mit erheblichen Modifikationen nun offenbar auch *Gössel* Unterscheidung, S. 277 ff., insb. 285.

699 Vgl. z.B. *Roxin* Strafverfahrensrecht, § 24 Rn. 19 und 23; *Volk* Strafprozeßrecht, § 28 Rn. 13; *Schroth* JuS 1998, 969, 974 ff.; *Wolter* Beweisverbote, S. 985 f. u. 1002 ff.; *Widmaier* Wahrheitsfindung, S. 31 f.; *G.Pfeiffer* in: KK, StPO, Einl. Rn. 120.

700 BGHSt 38, 214, 219 f.

701 Vgl. *Wolter* Beweisverbote, S. 998 f.

lichen Prinzipien des Strafverfahrensrechts einschränkt, nämlich den Grundsatz, daß das Gericht die Wahrheit zu erforschen und dazu die Beweisaufnahme von Amts wegen auf alle Tatsachen und Beweismittel zu erstrecken hat, die von Bedeutung sind."[702]

Rogall meint, es sei das Prinzip der Abwägung bei der Ermittlung von Beweisverboten verfassungstheoretisch und sachlogisch vorgegeben.[703] Zweck der Beweisverwertungsverbote sei der Individualrechtsschutz, in generalpräventiver Perspektive: „...die Verwertungsverbote (sind) nicht retrospektiv auf die Behebung von Schäden, sondern prospektiv auf Normbestätigung gerichtet".[704] Methodisch erfolgt bei der Abwägung eine Anlehnung an Grundsätze, die zu Abwägungen im Bereich kollidierenden Verfassungsrechts[705], des Verhältnismäßigkeitsprinzips, der Wechselwirkung und der selbständigen Verwertungsverbote[706] entwickelt wurden.

Die Abwägungsparameter sind[707]: Die Schwere des Rechtsverstoßes und das Ausmaß der Abweichung vom Gesetz, die Schwere des Tatvorwurfs, die Beeinträchtigung des Beweiswerts, die Hypothese rechtmäßiger Beweiserlangung, das Schutzbedürfnis des Betroffenen, der Schutzzweck der Norm, die Bedeutung der verletzten Norm für die rechtlich geschützte Stellung des Beschuldigten, das Erfordernis einer Disziplinierung der Strafverfolgungsbehörden u.a. Häufig werden auch das konkrete bzw. das abstrakte Erfordernis einer wirksamen Strafverfolgung in die Abwägung eingeführt.

Neuerdings möchte *Rogall* die sog. Abwägungslehre in eine „normative Fehlerfolgenlehre" fortentwickeln.[708] Die Fortentwicklung soll darin liegen, dass die Abwägungsparameter präzisiert und reduziert werden. Bedenken werden nunmehr geäußert gegenüber einer Berücksichtigung des konkreten Strafverfolgungsinteresses in der Abwägung.[709] Außerdem soll die Frage der Beweisverwertung in den „umfassenden normativen Zusammenhang" der Folgen von Verfahrensfehlern im Strafprozess gestellt werden.

b. Kritik der Abwägungtheorie: Wider die Beweisführung im gesetzesfreien Raum

aa. Rechtsunsicherheit

Die mit der Abwägungstheorie i.e.S. einhergehende Rechtsunsicherheit ist ein häufig genannter Kritikpunkt und kulminiert in dem Verdikt: „Sie ist eigentlich keine Theo-

---

702 BGHSt 44, 243, 248 f. Paradigmatisch z.B. auch *BGH* NJW 2002, 975, 976 (*1. Senat*); *OLG Frankfurt/M.* StV 1996, 653 ff. Ablehnend hinsichtlich der Abwägung in letzterem Fall *Dallmeyer* StV 1997, 606, 610.

703 Beweisverbote, S. 141.

704 *Rogall* Beweisverbote, S. 155, vgl. auch S. 150; *ders.* Grundsatzfragen, S. 132 ff.; *ders.* ZStW 1979, 1, 21 f. u. 31; *ders.* NStZ 1988, 385, 391. Insoweit zust. *S.Schröder* Beweisverwertungsverbote, S. 33 ff.

705 *Kelnhofer* Ermittlungsverläufe, S. 73 ff.

706 *Rogall* ZStW 1979, 1, 29 ff.

707 Dazu im Einzelnen *Rogall* JZ 1996, 944, 955.

708 „Abwägungen", S. 294 f.; Grundsatzfragen, S. 138; vgl. auch JZ 1996, 944, 947.

709 *Rogall* „Abwägungen", S. 294.

rie, sondern nur ein Deckname für deren Fehlen."[710]

Diese Kritik ist in der Sache unbestreitbar - insofern gilt für die Abwägungstheorie i.e.S. nichts anderes, als bei anderen Rechtsfragen, bei denen vorbehaltlos abgewogen wird. Die Unsicherheit geht in erster Linie zu Lasten der am erstinstanzlichen Verfahren Beteiligten, also insbesondere des Angeklagten. Es ist kaum vorhersehbar, ob man mit Erfolg Verwertungsverbote geltend machen kann.

Ebensowenig ist vorhersehbar, ob Rechtsmittel, die die Annahme oder Ablehnung eines Verwertungsverbots durch den Tatrichter angreifen, Erfolg haben werden, was zu einer Beeinträchtigung des Rechtsschutzes in einem zentralen und praktisch außerordentlich relevanten Bereich des Strafprozessrechts führt (s. IV.2.c.). Damit setzt sich die Beeinträchtigung, die die Abwägungslehre i.e.S. für den mit dem Strengbeweisrecht bezweckten Schutz der Verfahrensbeteiligten bedeutet, im Rechtsmittelverfahren fort.

Unrichtig wäre es allerdings, den Vertretern der Abwägungstheorie i.e.S. vorzuhalten, sie würden die Rechtsunsicherheit nur gleichsam im Sinne von dolus eventualis billigend in Kauf nehmen, um andere Ziele zu erreichen. Die mit der Abwägungslehre i.e.S. einhergehende Rechtsunsicherheit ist untrennbar verbunden mit ihrem Zweck, den Gerichten größtmögliche Freiheit einzuräumen im Umgang mit Verfahrensverstößen. Insofern muss man davon ausgehen, dass ihre Vertreter die damit verbundene Rechtsunsicherheit als sicher voraussehen, wenn nicht geradezu bezwecken. Sie handeln also mit direktem Vorsatz, wenn nicht gar mit Absicht.

bb. Scheinbare Abwägungen

Darauf, dass Abwägungen allzu oft bloß scheinbar veranstaltet werden, wurde bereits hingewiesen (s. IV.3.b.): Wenn man nur die öffentlichen Interessen, die für die Verwertung sprechen, genügend auflädt, ist ein Überwiegen der auf der anderen Waagschale liegenden angeblich rein individuellen Interessen nicht mehr zu befürchten.

Wer so verfährt, der braucht sich um juristische Methodik nicht mehr zu kümmern. Das *OVG Lüneburg* hatte jüngst - vereinfachend dargestellt - die Frage zu entscheiden, ob in einem Fahrerlaubnisentziehungsverfahren eine Aussage des Betroffenen verwendet werden durfte, die möglicherweise unter Verletzung des § 136a StPO zustandegekommen war.[711] Man hätte erwarten dürfen, dass das *OVG* zunächst die Rechtsfrage entscheidet, ob § 136a StPO im Fahrerlaubnisverfahren überhaupt (analoge) Anwendung findet, sodann wären Feststellungen zu treffen gewesen, ob dessen Voraussetzungen vorliegen und schließlich hätte man die entsprechenden Konsequenzen ziehen müssen (§ 136a III 2 StPO). Stattdessen „unterstellt" das *OVG* das Vorliegen der tatsächlichen Voraussetzungen des § 136a StPO. Das kann es leichten Herzens tun, denn - wie man sehen wird - darauf kommt es ohnehin nicht an. Sodann wird festgestellt, dass die Anwendbarkeit des § 136a StPO im Fahrerlaubnisentziehungsverfahren umstritten ist. *Diese und alle weiteren Fragen* möchte das *OVG* im Wege einer „Inte-

---

710 *Amelung* Rechte, S. 521. Vgl. auch *ders.* Streit, S. 1276; *Müssig* GA 1999, 119, 139 („Schmallippigkeit in den theoretischen Fundamenten"). Krit. aber zum Rechtsunsicherheitsargument, welches die Theorien sich gegenseitig vorhalten *ders.* aaO, S. 120.

711 NJW 2001, 459.

ressenabwägung" klären. Es folgt daher - unter ausdrücklicher Bezugnahme auf die Abwägungslehre *Rogalls* - eine Scheinabwägung nach altbekanntem Muster: Auf der einen Seite die Verkehrssicherheit („große Gefahren, die dem Leben und der Gesundheit der Verkehrsteilnehmer drohen"), auf der anderen das „Interesse des Einzelnen an der Beachtung des § 136a III 2 StPO im Bereich dieses Teils des Ordnungsrechts".

Das *OVG* begnügt sich ersichtlich nicht mit der herkömmlichen Konstruktion einer ungleichen Abwägungslage. Die konkreten Interessen des Einzelnen, etwa an der Einhaltung seiner in § 136a StPO verbürgten fundamentalen Rechte oder an der Teilnahme am Straßenverkehr, werden darüber hinaus ersetzt durch ein ominöses Individualinteresse, das in der Sache nichts anderes ist, als ein angebliches Interesse des Beschwerdeführers an der Beantwortung der Frage der Anwendbarkeit des § 136a StPO, die das *OVG* zu beantworten gehabt hätte - aber nicht beantworten mochte. Es erstaunt weniger, dass Abwägungen, die Strafgerichte bei den Beweisverboten vornehmen, regelmäßig freihändig erfolgen. Von einem Verwaltungsgericht, das mit Abwägungen schon von Gesetzes wegen häufig befasst ist (z.B. bei § 1 VI BauGB, § 17 I 2 FStrG) und in dessen Rechtsgebiet eine elaborierte Abwägungsfehlerlehre existiert, hätte man mehr erwarten dürfen.[712] Die in der öffentlichrechtlichen Abwägungsfehlerlehre als fehlerhaft erkannten Abwägungsvorgänge feiern, sobald es um Beweisverbote geht, fröhliche Urständ, ohne dass jemand daran Anstoß nimmt - oder auch nur auf die Idee kommt, den Abwägungsvorgang auf Fehler zu überprüfen. Die Antwort der herkömmlichen Beweisverbotsdogmatiker auf die Frage, warum sie die verwaltungsrechtliche Abwägungsfehlerlehre nicht rezipieren, ist vorhersehbar: Die dem Strafprozess fremden Prüfungsmaßstäbe des Verwaltungsrechts sollten keine Verwendung finden, weil das Strafverfahren völlig anders strukturiert sei, als das Verwaltungsverfahren.[713]

Im unvermittelten Zugriff des *Oberverwaltungsgerichts* auf die „Abwägungslehre" *Rogalls* zeigt sich, wie auch in der Zurückhaltung der Strafverfahrensrechtler gegenüber der „Abwägungsfehlerlehre" des Verwaltungsrechts, ein weiterer Mechanismus, über den Entformalisierungswünsche - im Strafverfahrensrecht *und* im Verwaltungsrecht - contra legem realisiert werden. Juristische Figuren des einen juristischen Rechtsgebietes, die entformalisierend wirken, werden von den Bewohnern des jeweils anderen gerne rezipiert; demgegenüber vermeidet man tunlichst die Rezeption juristischer Figuren, die das Verfahren formalisieren würden.

cc. Ideologieanfälligkeit

Kritiker der Abwägungstheorie beschreiben sie als „Lizenz für den Richter, in freiem Umgang mit dem Gesetz nach seinen politischen Überzeugungen zu entscheiden, wessen Nutzen und wieviel davon maßgeblich sein soll."[714] Auch *Rupp* verweist auf die Gefahr des „Dezisionismus subjektiver Vorstellungen":

---

712 Zur Abwägungsfehlerlehre des öffentlichen Rechts vgl. *Kopp/Ramsauer* VwVfG, § 74 Rn. 50 ff.; *Badura* in: Erichsen, Verwaltungsrecht, § 39 Rn. 24 ff.

713 So *Landau/Sander* StraFo 1998, 397, 400 zur (Nicht)Anwendung der zu § 114 VwGO entwickelten Ermessensfehlerlehre auf ermittlungsrichterliche Entscheidungen.

714 *Amelung* Rechte, S. 522. Die Gefahr tatrichterlicher Billigkeitserwägungen sehen auch *Grüner* Revisibilität, S. 39 und *Eisenberg* Beweisrecht, Rn. 367.

„Nun mag freilich gerade der Strafrechtler aus verständlichen Gründen für diese Gefahr besonders anfällig sein, ist doch für ihn das Prinzip der Güter- und Interessenabwägung zum liebgewordenen Lösungsschema von Güter- und Interessenkollisionen geworden, von Kollisionen freilich, die tatsächlich oder angenommenermaßen im Gesetz entweder überhaupt nicht, oder zumindest nicht im Sinne einer höheren Fallgerechtigkeit gelöst sind. Gerade derjenige, der, aus bekannten, wenn oftmals auch unbewussten Quellen schöpfend, die Fallgerechtigkeit in den Vordergrund rückt und sie mit Hilfe der Güterabwägung zu lösen versucht, verliert nicht nur gar zu schnell das Gesetz und seine Funktion aus den Augen, sondern fordert geradezu vom Gesetz Schweigen oder Blankette, damit im Einzelfall unbehelligt von abstrakten Gesetzesregeln eine fallbillige Regel für den konkreten Einzelfall gefunden werden kann."[715]

Diese Kritik wendet sich offenbar gegen zweierlei: Gegen die mit der Abwägungstheorie einhergehende Freiheit der Richter und ihren mutmaßlichen Umgang damit. Zum ersten Aspekt ist schon einiges gesagt worden (s. außerdem im nächsten Abschnitt). Zum zweiten Aspekt ist anzumerken, dass man in der Tat nicht ernsthaft wird bestreiten können, dass die (kriminal)politischen Überzeugungen der Richter bei Abwägungsentscheidungen eine Rolle spielen. Sie sind dabei nicht vollkommen unabhängig, wie sie ja auch sonst bei Entscheidungen sich an herrschenden Rechtsanschauungen zu orientieren pflegen bzw. - wenn es sich um Tatrichter handelt - an der Auffassung der Rechtsmittelgerichte. Sie haben aber doch weitgehende Freiheit, wenn sie sich an den allgemein in der Strafrechtspflege und in der Kriminalpolitik herrschenden Tendenzen orientieren. Es ist eher die allgemeine Kriminalpolitik, die über Abwägungen Einzug in das Recht hält, als die politische Anschauung des einzelnen Richters. Wobei erstere und letztere freilich oft übereinstimmen, schließlich gibt es an den juristischen Fakultäten und in der Institution Strafjustiz eine konsequente Juristensozialisation.[716] Dominiert - wie gegenwärtig (s. IV.6.b. u. c.) - in der Kriminalpolitik die Ideologie der „Verbrechensbekämpfung", so dominiert sie auch die Abwägungen im Recht der Beweisverbote.

Nun ist „Wertfreiheit" in der Jurisprudenz nicht zu erreichen (s. I.2.c.aa.). Jurisprudenz ist interessengeleitet, wenn sie ihre Aufgabe erfüllen will. Das Problem ist demgemäß nicht die Implementation von Interessen im Recht an sich, auch nicht - im Hinblick auf das Thema dieser Arbeit - die Frage, welche Interessen jeweils implementiert werden, sondern die Frage, wem die Kompetenz zur Implementation von Interessen im Recht zukommt. Das ist im Beweisrecht der StPO zunächst einmal der Gesetzgeber (s. III.1.a. u. 2.d.) - jedenfalls sind es nicht die Gerichte, wenn ein Sachbereich bereits durch Gesetz normiert wurde.

dd. Gesetzlichkeit und Abwägung

Gegen die „Abwägungstheorie" ist also einzuwenden - wie bereits mehrfach dargelegt - dass es Sache des Gesetzgebers ist, die Wege der Beweisführung in einer Abwägung

---

715 Beweisverbote, S. 192 f.

716 Grundlegende Kritik bei *Fabricius* Selbst-Gerechtigkeit.

von Strafverfolgungsbelangen und Grundrechten herzustellen und er hat es getan. „Nach Mißachtung dieser Vorschriften bei der Beweiserhebung die Verwertbarkeit des Ergebnisses von einer nochmaligen Abwägung abhängig zu machen, ist strukturell ganz unzulässig.“[717] Es bedeutet, das Ergebnis der gesetzgeberischen Abwägung durch eine zweite - nachgeschobene - Abwägung praeter legem zunichte zu machen.[718]

> „Eine einzelfallorientierte Ableitung unselbständiger Verwertungsverbote verkennt die Bedeutung der Normen für die Beweisgewinnung durch die Strafverfolgungsorgane. In ihnen hat der Gesetzgeber - unter Abwägung der Strafverfolgungsbelange und der Individualinteressen - die staatlichen Befugnisse und deren Grenzen und die Rechte der betroffenen Bürger abschließend geregelt. Die Strafverfolgungsorgane sind nicht befugt, ihre gesetzlich definierten Eingriffsbefugnisse allein im Hinblick auf Verhältnismäßigkeitserwägungen auszuweiten bzw. eine gesetzliche Regelung nur dann gesetzeskonform anzuwenden, wenn ihnen dies im Einzelfall auch geboten erscheint.“[719]

Die Meinungsverschiedenheit besteht an dieser Stelle freilich nicht über den Vorrang gesetzgeberischer Entscheidungen. Auch *Rogall* schreibt: „Die Abwägung beginnt - und muß beginnen -, wo es um die Aufgabe der Konkretisierung von Normen und Rechten sowie um die Auflösung von Normkollisionen geht, *für die das Gesetz keine Vorgabe erkennen läßt.*“[720] Die Anhänger der Abwägungslehre i.e.S. vermissen solche Vorgaben hinsichtlich der Verwertungsfrage im gesamten Beweisrecht. Die Anhänger der Abwägungslehren i.w.S. suchen nach solchen Vorgaben in den einzelnen Vorschriften, finden sie aber nur selten. Im Allgemeinen ist zwischen den herkömmlichen Lehren die Ansicht unumstritten, dass der Gesetzgeber die Frage der unselbständigen Beweisverwertungsverbote nicht umfassend geregelt habe (s. III.2.d. u. IV.3.d.).

Nun gibt es aber ein ausdifferenziertes Beweisrecht und so liegt in dem Verfahren, die Beweisverwertungsverbote im Wege der Güterabwägung zu bestimmen, freundlich gesprochen, „eine verhältnismäßige Gleichgültigkeit gegenüber der Gesetzmäßigkeit der ersten Suche nach Beweismitteln“.[721] Weniger freundlich gesprochen birgt die Abwägungslehre die „Gefahr ..., daß aufgrund allgemeiner Verhältnismäßigkeitserwägungen die Geltung zwingender Verfahrensvorschriften relativiert wird.“[722] Deutlich gesprochen ist die Abwägungstheorie der natürliche Feind der strengen Justizförmigkeit des Strafverfahrens. Letztlich beinhaltet das Credo der „ganz h.L.“, man könne über Beweisverwertungsverbote nur „von Fall zu Fall“ entscheiden, nicht nur die Negierung der vorhandenen Beweisgesetze, sondern von Rechtlichkeit überhaupt. Wenn sich gesetzliches Recht durch Abstraktheit und Generalität auszeichnet und so Gleichheit verbürgt, dann indiziert die konkret-individuelle Verfahrensweise der herkömmlichen Beweisverbotsdogmatik die Preisgabe des Rechts, mit all den daranhängenden

---

717 *Fezer* Grundfragen, S. 30. In dieser Richtung auch *Rupp* Beweisverbote, S. 180 f.; *Grüner* Revisibilität, S. 40; *Schöneborn* GA 1975, 34; *Beulke* Strafprozeßrecht, Rn. 458; *Amelung* Streit, S. 1275; *Koriath* Beweisverbote, S. 68; *Eisenberg* Beweisrecht, Rn. 370; *Götting* Beweisverwertungsverbote, S. 307.

718 So im Ansatz zutr. *S.Schröder* Beweisverwertungsverbote, S. 52, die dies dann aber auf individualschützende Normen und auch bei diesen erheblich einschränkt.

719 *Fezer* Strafprozeßrecht, 16/28.

720 „Abwägungen“, S. 297 (Hervorh. vom *Verf.*).

721 *Bradley* GA 1985, 99, 112.

722 *Fezer* JR 1992, 386; vgl. auch *Hassemer* Strafrecht, S. 159 f.

Konsequenzen insbesondere für die Frage der Gleichheit staatlicher Machtausübung (s. auch VI.2.).

Aus Anlass des fünfzigjährigen Jubiläums des *BGH* vernahm man häufiger, unsere Rechtsordnung entwickele sich hin zu einem „case law nach angloamerikanischem Vorbild“.[723] Die Beobachtungen, die dieser Einschätzung zugrunde liegen, lassen sich geradezu mustergültig auch in der herkömmlichen Beweisverbotsdogmatik machen. Sie entfernt sich zunehmend von der im kontinentaleuropäischen Recht gewöhnlichen Ableitung der Entscheidungsparameter aus abstrakten, gesetzlichen Obersätzen - also der Deduktion - und nähert sich in gewisser Weise der case law-Methodik des common law an. Allerdings gibt es bedeutsame Unterschiede: Konsequent zu ihrem Ziel, möglichst weitgehende Bindungslosigkeit zu erzeugen, wählt die herkömmliche Beweisverbotsdogmatik eine zwar kasuistische Herangehensweise, versucht aber nicht einmal im Ansatz die Anwendung der Methodik der klassischen case law-Systeme. Während Tradition - insbesondere die herausragende Bedeutung der Präzedenzfälle - und Methode im angloamerikanischen Rechtsraum ein ähnliches Maß an Rechtssicherheit verbürgen, wie hier die Gesetze, meidet die herkömmliche Beweisverbotsdogmatik *jede* Bindungen erzeugende Festlegung. Vor allem aber ist jedweder Orientierung am case law entgegenzuhalten, dass hierzulande das System des einfachen Rechts unter der Geltung des Gesetzesvorbehalts primär vom Gesetzgeber geprägt werden muss - und geprägt wird. Im Strengbeweisrecht der Strafprozessordnung hat der Gesetzgeber detailliert Entscheidungen getroffen, die in ihrem Geltungsbereich keinen Raum für „case law“ lassen.

ee. Zwei-Klassen-Recht

Der „Abwägungstheorie“ wird weiter zu Recht entgegengehalten, sie führe zu einem „Zwei-Klassen-Recht“.[724] Solange die Schwere des Tatvorwurfs zentrales Abwägungskriterium sei, könne in Fällen schwerster Kriminalität (prozessual) nahezu folgenlos rechtswidrig ermittelt werden[725], hingegen würden die Verwertungsverbote in Fällen leichtester Kriminalität zu einer Art Gnadenakt des Gerichts.[726] Mit einem justizförmigen Beweisrecht verträgt es sich in der Tat nicht, nach dem Motto zu verfahren: „Je ernster die Norm zu nehmen ist, um deren Schutz willen die Justiz handelt, um so weniger ernst braucht sie ihre eigene Normtreue zu nehmen ...“.[727]

Offenbar nimmt *Rogall* diese Kritik auf, wenn er neuerdings Vorbehalte äußert gegenüber der Berücksichtigung des konkreten Strafverfolgungsbedürfnisses im Rahmen der Abwägung. Immerhin: Wenn dieses Kriterium keine Berücksichtigung mehr finden würde, könnte man hoffen, dass auch im Bereich der Schwerkriminalität die Abwägung nicht von vornherein auf ein bestimmtes Ergebnis festgelegt ist. So ließe sich

---

723 So z.B. *Heldrich* ZRP 2000, 497 ff.

724 *Müssig* GA 1999, 119, 142; *Beulke* ZStW 1991, 657, 672; *M.Jahn* JA 1999, 457; *S.Schröder* Beweisverwertungsverbote, S. 52; vgl. auch *Fezer* Strafprozeßrecht, 16/28; *ders.* StV 1989, 294.

725 *Müssig* GA 1999, 119, 142 („...dann wären Beweiserhebungsverbote für diesen Bereich von vornherein obsolet“). Vgl. aber *Rogall* ZStW 1979, 1, 34: „Selbstverständlich sind auch bei schwersten Straftaten die Beweiserhebungsverbote, ja das Gesetz aufs Ganze, peinlichst einzuhalten.“

726 *Amelung* Informationsbeherrschungsrechte, S. 9, dort Fn. 3.

727 *Dencker* Verwertungsverbote im Strafprozeß, S. 97.

zumindest der Vorwurf einer „Zwei-Klassen"-Justiz ausräumen. Der Vorwurf der unzulässigen Rechtsfindung contra legem, der im genannten Vorwurf latent mitschwingt, wird damit allerdings nicht ausgeräumt.

ff. Unvergleichbarkeit anderer Abwägungsvorgänge

Zu Recht wird der Abwägungstheorie entgegengehalten, die Abwägungsvorgänge, an denen sie sich orientiere, seien strukturell nicht vergleichbar.[728] Das gilt zunächst für Abwägungen nach den Grundsätzen des kollidierenden Verfassungsrechts. Eingriffe sind auch dabei nur aufgrund *gesetzlicher Normen* zulässig (s. III.1.a.). Ebenso gehen Abwägungen im Rahmen der Verhältnismäßigkeit immer von *bestimmten Eingriffsgrundlagen* aus, deren Voraussetzungen vorliegen müssen, bevor das Verhältnismäßigkeitsprinzip Anwendung findet. Zunächst prüft man die Tatbestandsvoraussetzungen der Befugnisnorm, dann kommt man vielleicht zu einer Verhältnismäßigkeitsprüfung und erst gegen Ende der Verhältnismäßigkeitsprüfung kann es sich als notwendig erweisen, die Angemessenheit bzw. Zumutbarkeit im Wege einer Gesamtabwägung zu bestimmen. Das Verhältnismäßigkeitsprinzip ist also „in erster Linie *Kontrollmaßstab* zur Prüfung der Verfassungsmäßigkeit vorhandener Gesetze, nicht aber unmittelbare Rechtsgewinnungsmaxime, um nicht vorhandene Gesetze zu ersetzen."[729] Diese Kontrolle bewirkt zudem eine *Einschränkung der Eingriffsbefugnisse* des Staates und damit eine Ausweitung der Rechte der Betroffenen, also nicht deren Beschränkung, wie sie mit der Abwägungslehre i.e.S. regelmäßig verbunden sind.[730]

gg. Verwertung oder Nichtverwertung als Ultima Ratio

Wie schlecht es um die angebliche Offenheit von Abwägungen im Beweisrecht bestellt ist, ist im Grunde allgemeinkundig, muss zumindest als gerichtskundig angesehen werden (s. bereits IV.3.b. u. V.2.b.bb.). *Rogalls* ursprüngliche Postulierung der Verwertung eines rechtswidrig gewonnenen Beweises als Ultima Ratio ist in der Praxis niemals als Handlungsmaxime zum Tragen gekommen.[731] Vielmehr war es nur eine Frage der Zeit, bis sich Anhänger der Abwägungslehre finden, die das Verwertungsverbot von vornherein nur als Ausnahme in Betracht ziehen möchten. Dieser Trend lässt sich neuerdings in der Rechtsprechung des *BGH* - jedenfalls des *3. Strafsenats* - ausmachen. So schließt der *3. Senat* an den oben (s. V.2.a.) zitierten Satzbaustein nahtlos an:

> „Daran gemessen bedeutet ein Verwertungsverbot eine Ausnahme, die nur nach ausdrücklicher gesetzlicher Vorschrift oder aus übergeordneten wichtigen Gründen im Einzelfall anzuerkennen ist ..."[732]

---

[728] *Müssig* GA 1999, 119, 140 ff.
[729] *Rupp* Beweisverbote, S. 176 (Hervorh. im Original); s. auch *Hassemer* Strafrecht, S. 160; *Fabricius/Dallmeyer* Rechtsverhältnisse, S. 71; *Götting* Beweisverwertungsverbote, S. 129.
[730] *Müssig* GA 1999, 119, 140; *Wolter* Beweisverbote, S. 988; *Wichmann* Berufsgeheimnis, S. 253.
[731] ZStW 1979, 1, 35.
[732] BGHSt 44, 243, 249.

Das ist neu. Der *3. Senat* beruft sich hierfür einerseits auf eine eigene jüngere Entscheidung, andererseits auf ältere Rechtsprechung des *BGH.* In der anderen jüngeren Entscheidung beruft sich der *3. Senat* auf den *VorsRiBGH Jähnke (2. Senat).*[733] Dieser hatte formuliert: „Sie (die Rechtsprechung, J.D.) betont, daß im Hinblick auf das in der Verfassung niedergelegte Gebot einer effektiven Strafrechtspflege Verwertungsverbote - die stets einen Eingriff in die richterliche Wahrheitsfindung darstellen - auf Ausnahmefälle beschränkt bleiben müssen.“ Soweit sich aber der *3. Senat* und *Jähnke* auf *BGH*-Rechtsprechung berufen, wurde dort der Ausdruck „Ausnahme“ im Hinblick auf das Verwertungsverbot allein in *deskriptivem* Sinne verwendet, insofern als jedes Verwertungsverbot naturgemäß eine Ausnahme von einer als umfassend verstandenen Ermittlungspflicht darstellt.[734] Ein - gewolltes oder ungewolltes - Missverständnis *Jähnkes* ist also Ausgangspunkt der jüngsten Entwicklung der Rechtsprechung des *BGH* zu den Beweisverwertungsverboten. Aus dem Wesen der Abwägungslehre lässt sich diese Einschränkung zwar nicht herleiten.[735] Wiewohl schon die Struktur der herkömmlichen Beweisverbotslehren den Verwertungsverboten einen gewissen Ausnahmecharakter insofern zuweist, als sie eben nicht die Regel sind.[736] Die Einschränkung ergibt sich aber freilich zwanglos - um nicht zu sagen mit einer gewissen Zwangsläufigkeit - aus dem übersteigerten, die prozessuale Form vernachlässigenden Streben nach materieller Wahrheit, welches die herkömmliche Beweisverbotsdogmatik allenthalben kennzeichnet (s. insb. IV.1.a., 2.c., 3.c. u. 6.). So verwundert nicht, bei *Jähnke* zu lesen: „Es bleiben allgemeine rechtspolitische Erwägungen. Daß die richterliche Prüfung nach § 110b StPO eine *schützende Form* darstellt, welche dem Vorbehalt gegenüber heimlichen Ermittlungen Rechnung tragen soll, kann für sich genommen *nichts* besagen. In die Abwägung kann insoweit nur das Gewicht des Vorbehalts selbst einfließen.“[737] Mit der Berufung auf die „effektive Strafrechtspflege“ im die These vom Ausnahmecharakter der Verwertungsverbote initiierenden Satz (s.o.) sind sämtliche Klischees erfüllt, die der sog. Abwägungslehre anhaften (s. auch IV.3.a. u. c.). Angesichts des herkömmlichen Umgangs mit den so determinierten Abwägungen darf nicht verwundern, dass „solche übergeordneten Gründe als nicht vorhanden angesehen werden.“[738]

Im Ergebnis - *über den Umweg der Beweisverwertungsverbotsdogmatik* - nähert sich die Rechtsprechung mit der These vom Ausnahmecharakter der Verwertungsverbote dem Zustand an, der vor Inkrafttreten des Grundgesetzes bestand. Zu Zeiten, in denen man einen Vorbehalt des Gesetzes nicht kannte, waren Beschränkungen der

---

733 BGHSt 42, 372, 377; *Jähnke* Verwertungsverbote und Richtervorbehalt, S. 429.

734 Vgl. *Fezer* JZ 1999, 527, der die Genese der These vom Ausnahmecharakter der Verwertungsverbote aufdeckt.

735 Vgl. *Rogall* „Abwägungen“, S. 301 („...hier wird ein Grundsatz unterstellt, der erst noch zu beweisen wäre.“); *Asbrock* StV 1999, 189 („Hier zeigt sich, wohin die Abwägungslehre des BGH führen kann. Sie läßt sich im Einzelfall zur Heilung jedweden Verfahrensfehlers einsetzen.“); *Wolter* Beweisverbote, S. 989 („Hier werden Verhältnismäßigkeitsprinzip, Abwägungstheorie und Gesetzesvorbehalt in ein und derselben Entscheidung verabschiedet.“).

736 So *Koriath* Beweisverbote, S. 40.

737 *Jähnke* Verwertungsverbote und Richtervorbehalt, S. 437 (Hervorh. vom *Verf.*).

738 *Wolter* Beweisverbote, S. 968.

Beweisführung die Ausnahme (s. II.1.): Was nicht ausdrücklich verboten war, war erlaubt. Der Gesetzesvorbehalt kehrt dieses Verhältnis um: Was nicht ausdrücklich erlaubt ist, ist verboten (s. III.1.a.). Bezieht man diese Verbotssätze auf das Ziel eines jeden Strafverfahrens: Die Beweisverwertung i.e.S. hinsichtlich der Schuldfrage, so gilt nunmehr wieder der Satz: Was nicht ausdrücklich verboten ist, ist erlaubt. Denn verboten ist der gerichtlichen Urteilsfindung nur, was einem Verwertungsverbot unterliegt. Und das ist eben die Ausnahme. Zumal es nach der These vom Ausnahmecharakter der Verwertungsverbote zukünftig - wenn man berücksichtigt, dass der Alternative „aus übergeordneten wichtigen Gründen im Einzelfall" angesichts des herkömmlichen „Abwägens" kaum praktische Bedeutung zukommt - zumeist einer „ausdrücklichen gesetzlichen Vorschrift" bedarf, um die Verwertungsbefugnisse zu beschränken.[739] Das ist bereits angedeutet in der Äußerung *Rogalls*, die *Nicht*verwertung müsse man „selbstverständlich" auf das Gesetz stützen können, weil sie die gerichtliche Wahrheitserforschungspflicht berühre (s. bereits IV.1.a.).[740]

3. Dispositionsbefugnisse der Verfahrensbeteiligten

a. „Wiederholung" der Beweisführung

Eine gewisse Dispositionmöglichkeit hinsichtlich der Folgen einer rechtswidrigen Beweiserhebung kommt den Verfahrensbeteiligten zu, wenn es möglich ist, den Beweis noch einmal - diesmal prozessordnungsgemäß - zu führen. Dies kann stattfinden im Hinblick auf dasselbe Beweisobjekt (z.B. nochmalige Vernehmung des - diesmal ordnungsgemäß belehrten - Zeugen) oder im Hinblick auf dasselbe Beweisthema/dieselbe Information mittels eines anderen Beweisobjekts (z.B. Feststellung der Alkoholisierung mittels Zeugenaussagen bei Unverwertbarkeit der Blutprobe bzw. des Befundes darüber). Zu solch einer weiteren Beweiserhebung ist das Gericht regelmäßig verpflichtet (§ 244 II StPO). In Betracht kommt eine „Wiederholung" der Beweiserhebung freilich nur dann, wenn sie tatsächlich und rechtlich (!) möglich ist.[741] Nicht richtig ist es, insofern von einer „Heilung" des Verfahrensverstoßes zu sprechen. Die Verletzung bleibt bestehen - mit möglichen disziplinar-, straf- und schadensersatzrechtlichen Konsequenzen.[742]

b. Verzicht auf ein gesetzmäßiges Verfahren?

Es stellt sich die Frage, ob jenseits der im vorigen Abschnitt genannten „Wiederholungsfälle" die Gesetzmäßigkeit des Verfahrens einer Disposition durch die Verfahrensbeteiligten vollständig entzogen ist.

---

739 Letzteres entspricht der Judikatur in Österreich, vgl. *Pilnacek* Grundsätze, S. 104 f.

740 Beweisverbote, S. 148, der als „Gesetz" dann aber bezeichnenderweise die im Wege der Abwägung ermittelten Verwertungsverbote genügen lässt.

741 Anders *Dencker* (Verwertungsverbote im Strafprozeß, S. 84), der über die „Wertentscheidung des Wiederholungsprinzips" eine Wiederholung fingiert, wo sie real nicht möglich ist.

742 Zu möglichen straf- oder schadensersatzrechtlichen Folgen rechtswidriger Ermittlungen vgl. *Benfer* Rechtseingriffe, Rn. 1520 ff. u. 1526 ff.

Dass dies nicht der Fall ist, ergibt sich bereits aus dem insoweit eindeutigen Wortlaut verschiedener gesetzlicher Vorschriften. Handelt es sich bei ihnen um Kann-Vorschriften, ist dem Normadressaten Ermessen eingeräumt. Handelt es sich um Soll-Vorschriften, so darf der Normadressat im begründeten Ausnahmefall nach pflichtgemäßer Ermessensausübung von der Regel abweichen (s. IV.2.d.aa.).

Die weitaus meisten Strafprozessnormen jedoch sind Muss-Vorschriften. Bei ihnen kommt es - wie in jedem anderen Rechtsgebiet auch - darauf an, ob sie dispositiver oder zwingender Natur sind. Die weitaus meisten Strafprozessnormen sind, wie üblich in Verfahrensrechten, zwingendes Recht. Das Verfahren soll einen bestimmten gleichförmigen Ablauf nehmen, eine Abweichung davon ist regelmäßig niemandem gestattet. Jedoch ist bei einigen Vorschriften die Zulässigkeit des Verzichts ausdrücklich geregelt. Dazu gehören Vorschriften, bei denen der Gedanke an den Verzicht - wäre er nicht gesetzlich geregelt - eher fernliegen dürfte, z.B. §§ 61 Nr. 5, 324 I 2 StPO. Dazu gehören aber auch Vorschriften, bei denen ihr individualschützender Charakter eine Verzichtbarkeit nahelegt, z.B. §§ 217 III, 218 S. 2 StPO.

Bei den übrigen Normen spricht wenig dafür, ihre Verzichtbarkeit generell zu verneinen. Wohl *kann es einen Verzicht der Strafverfolgungsorgane auf die Einhaltung gesetzlicher Normen jenseits gesetzlich geregelter Fälle nicht geben.* Sie sind nicht Träger subjektiver Rechte, auf die sie verzichten könnten. Vor allem aber würde die Disposition der Strafverfolger über das gesetzliche Beweisrecht jene Ausweitung der Ermittlungsbefugnisse bedeuten, die die Strafverfolgungsbehörden wegen des Grundsatzes der Gesetzlichkeit nicht vornehmen dürfen (s. III.1.a. u. 2.d.). Diese Erwägungen betreffen die übrigen Verfahrensbeteiligten aber nicht. Deren individuelle Rechte werden nicht selten vom Verfahrensrecht geschützt, es bewirkt „Grundrechtsschutz durch Verfahrensrecht" (s. III.3.). Die geschützten Rechte stehen nun aber regelmäßig zur Disposition des Betroffenen. Kaum ein subjektives Recht ist indisponibel. Dann aber wäre es seltsam, sämtlichen strafverfahrensrechtlichen Normen, die dem Schutz dieser Rechte dienen, a priori unnachgiebigen Charakter zuzuerkennen. Die Frage kann letztlich nur im Hinblick auf jede einzelne Norm und mit den üblichen juristischen Auslegungsmethoden beantwortet werden. *Dabei* bedarf der Schutzzweck der Norm besonderer Beachtung. Dient eine bestimmte Norm *ausschließlich* dem Interesse eines Einzelnen, liegt die Annahme nahe, dass dieser Einzelne auf den Schutz der Norm verzichten kann.[743] Werden von ihr hingegen auch oder allein öffentliche Interessen geschützt, allen voran dasjenige der Sicherung materiell richtiger Urteile, so fehlt es an einem Träger des Interesses, der den Verzicht wirksam aussprechen könnte.

Durch seine Zustimmung öffnet der Betroffene den Strafverfolgungsbehörden den Schutzbereich eines ihn schützenden Grundrechtes, in den sie ansonsten nur aufgrund gesetzlicher Befugnis eingreifen könnten. Gestattet ein Beschuldigter etwa Strafverfolgungsorganen Zutritt zu seiner Wohnung, so verzichtet er nicht nur (in strafverfahrensrechtlicher Perspektive) auf den Schutz der §§ 102 ff. StPO, er erteilt auch (in materiell-strafrechtlicher Perspektive) sein tatbestandsausschließendes Einverständnis in das Betreten seiner Wohnung (§ 123 StGB) und verzichtet (in verfassungsrechtlicher

[743] *Bohnert* NStZ 1983, 344, 346; *Weigend* ZStW 2001, 271, 299 f.; in dieser Richtung auch *B.Heinrich* ZStW 2000, 398, 417.

Perspektive) mit rechtfertigender Wirkung auf den Schutz des Wohnungsgrundrechts (Art. 13 GG). Dass das einfachgesetzliche Strafverfahrensrecht an sich einen abschließenden Katalog von Beweisbefugnissen enthält, steht dem nicht entgegen. Denn dass der nicht von Befugnisnormen erfasste Bereich staatlichen Eingriffen verschlossen ist, ergibt sich aus dem verfassungsrechtlichen Vorbehalt des Gesetzes, nicht aus einfachem Gesetzesrecht. Handelt es sich aber um einen grundrechtlichen Schutzbereich, der die Geltung des Gesetzesvorbehalts begründet, so kann der Grundrechtsträger über diesen Schutz verfügen - indem er auf die Grundrechtsausübung verzichtet, z.B. indem er staatliche Zugriffe gestattet.

Der Sache nach handelt es sich bei einer derartigen Disposition eines Verfahrensbeteiligten um einen Verzicht.[744] Unzweifelhaft dürfte sein, dass der Verzicht in diesen Fällen *vor* der Beweiserhebung ausgeübt werden kann. Die Frage ist nur, ob seine Ausübung auch noch *nach* erfolgter - rechtswidriger - Beweiserhebung Wirksamkeit entfalten kann.[745] Hier ist an den prozeduralen Charakter der Beweisführung zu erinnern (s. III.5.a.aa., IV.5.a. u. b.): Es ist unerheblich, zu welchem Zeitpunkt die Strafverfolgungsbehörden sich mit der Gesetzmäßigkeit des Verfahrens auseinandersetzen - entscheidend ist allein seine Gesetzmäßigkeit. Ebenso sollte in den Fällen, in denen eine Abweichung vom Gesetz durch Verzicht zulässig ist, der Zeitpunkt des Verzichts unmaßgeblich sein. § 217 III StPO, der die Zulässigkeit des Verzichts auf die Einhaltung der Ladungsfrist ausdrücklich normiert, betrifft regelmäßig Fälle, in denen die Frist nicht eingehalten wurde und der Angeklagte dagegen keine Einwände erhebt. Dafür spricht auch der Gedanke des „volenti non fit iniuria“, der hinter der Dispositionsbefugnis des Einzelnen steht. Es spricht wenig dafür, seine Geltung im Zeitpunkt der Beweiserhebung abzuschneiden. Das, was in herkömmlicher Terminologie wie ein „Verzicht auf das Verwertungsverbot“ erscheint, ist nichts anderes als die Anwendung des Grundsatzes „volenti non fit iniuria“ im Verwertungsstadium. Ein Beispiel: Wer Polizeibeamten freiwillig Zutritt zu seiner Wohnung gewährt und die Sicherstellung von Beweismaterial gestattet, verzichtet insofern auf den verfahrensmäßigen Schutz der §§ 102 ff., 94 ff. StPO. Wenn die Polizeibeamten rechtswidrig die Wohnung betraten und das Beweismaterial beschlagnahmten, kann der Betroffene auf den Schutz verzichten, indem er in die Verwertung des beschlagnahmten Materials einwilligt.[746]

Die Frage, wie der Verzicht ausgeübt werden muss, ist im Grunde einfach zu beantworten: Er muss freiwillig und eindeutig ausgeübt werden. Wo sich nicht eindeutig ein freiwilliger Verzicht feststellen lässt, ist keiner vorhanden. Herkömmlich geht der Streit eher um die Frage, ob er ausdrücklich erfolgen muss oder auch stillschweigend erfolgen kann. Hintergrund des Streits dürfte sein, dass die Rechtsprechung dazu neigt, auch in Fällen, in denen nichts auf einen Verzicht deutet, in denen er zumindest unklar

---

744 Vgl. *Bohnert* NStZ 1983, 344 ff., insb. 346: „Dieser echte Verzicht, wie er in vielen Rechtsgebieten vorkommt, setzt voraus, daß ein Berechtigter über sein Recht verfügt, indem er es aufgibt und aufgeben will.“ Allg. zur Verzichtbarkeit von Strafverfahrensnormen *Momsen* Verfahrensfehler, S. 84 ff. (m.w.N.).

745 Allg. zum Verzicht äußert *Kleinknecht/Meyer-Goßner* (StPO, § 337 Rn. 46) die seltsame Ansicht, dass nur nachträglich verzichtet werden könne.

746 S. auch *Amelung* (StraFo 1999, 181, 182): „Der Verfasser eines verschlossenen Briefes hat sowohl das Recht, einer Öffnung des Verschlusses zuzustimmen, als auch die Befugnis, die Verlesung eines Schreibens zu erlauben, das unberechtigterweise dem verschlossenen Umschlag entnommen wurde.“

ist - insbesondere weil im tatrichterlichen Verfahren keinerlei entsprechende Erörterungen stattfanden - einen Verzicht zu bejahen (dazu ausf. im nächsten Abschnitt). Gegenüber derartigen Fiktionen hilft naturgemäß wenig, auf den schlichten Umstand zu verweisen, dass ein Verzicht nicht existiert, wo er nicht eindeutig erklärt wurde.[747] Denn das Interesse an möglichst schrankenloser Wahrheitserforschung und das damit zusammenhängende Bedürfnis nach der Eindämmung der Folgen von Verfahrensfehlern sind zu stark, um auf solche juristischen Feinheiten zu reagieren.

Die Entscheidung, welche Strafprozessnormen dispositiver Natur sind, ist ebenso schwierig, wie die damit zusammenhängende Entscheidung, welche Normen allein individuelle Interessen schützen. Die Frage kann - wie gesagt - nur in Ansehung der jeweiligen Norm entschieden werden und daher hier nicht im Einzelnen geleistet werden.[748] Jedoch ein paar Beispiele: Angenommen, § 55 StPO schützt allein das Interesse des Zeugen, sich nicht unfreiwillig selbst zu belasten[749] - er allein könnte auf diesen Schutz verzichten. Sei es durch Aussage, sei es durch Zustimmung zur Einführung einer Aussage in die Hauptverhandlung, die er mangels Belehrung als Zeuge in der irrigen Auffassung abgab, er müsse aussagen. Angenommen, § 52 StPO schützt neben den Interessen des Zeugen auch die „Familienbande" zum Angeklagten[750] - sie könnten nur zusammen auf diesen Schutz verzichten.[751] Sollte die Auslegung der Normen aber ergeben, dass sie dazu dienen, unwahre Aussagen zu verhindern, so wären öffentliche Interessen berührt.[752] Eine Zustimmung zur Verwertung der prozessordnungwidrig gewonnenen Beweise wäre dann wirkungslos. Beide könnten freilich erneut aussagen. Gleiches gilt für das (selbständige) Verwertungsverbot des § 252 StPO. Schützt die Norm allein - gewissermaßen als Verlängerung des § 52 StPO - die Entscheidungsfreiheit des Zeugen, liegt nahe, ihm (und nur ihm) die Möglichkeit des Verzichts auf die Verwertungssperre zuzubilligen.[753] Schützt die Norm hingegen auch das öffentliche Interesse an einer materiell richtigen Zeugenaussage, so scheidet ein Verzicht aus.[754]

c. Kritik des Widerspruchserfordernisses

Die Rechtsprechung argumentiert mit der Dispositionsbefugnis der Verfahrensbeteiligten - wie gesagt - nicht nur dort, wo eindeutig verzichtet wurde. Vielmehr ist in dieser

---

747 Die Grenze dürfte zutreffend *Kleinknecht/Meyer-Goßner* (StPO, Einl. Rn. 126) benennen, wonach Prozesserklärungen wie der Verzicht auch durch „deutliche schlüssige Handlungen" abgegeben werden können.

748 Vgl. etwa die Untersuchung einzelner Normen bei *Momsen* Verfahrensfehler, S. 155 u. 160 ff.

749 So der *BGH* in der für die „Rechtskreistheorie" grundlegenden Entscheidung BGHSt 11, 213, 216.

750 So BGHSt 11, 213, 216.

751 Diese Konsequenz zieht der *BGH* allerdings nicht. Er sieht in § 52 StPO nur den Zeugen geschützt (zuletzt BGHSt 45, 207). Den „Familienbanden" kommt nur die Bedeutung zu, dem Angeklagten - trotz Rechtskreiserwägungen - die Revisionsrüge der Verletzung des § 52 StPO einzuräumen. Das ist widersprüchlich, s. *Gössel* Unterscheidung, S. 279. Vgl. auch *Ranft* Jura 2000, 628, 630.

752 So *Schlothauer* Zeugnisverweigerungsrechte, S. 100 f.; *Rudolphi* MDR 1970, 93, 98 *Bernsmann* StraFo 1998, 73, 74 und *Roxin* Strafverfahrensrecht, § 24 Rn. 36 (zu § 55 StPO); *Fezer* Strafprozeßrecht, 15/3 und *Eb.Schmidt* Lehrkomm. Teil II, § 52 Rn. 1 (zu § 52 StPO).

753 So BGHSt 45, 208; zust. *Ranft* NJW 2001, 1305, 1306 f.; *ders.* Jura 2000, 628, 632.

754 *Dallmeyer* JA 2000, 278.

Hinsicht über die letzten Jahrzehnte ein Sammelsurium äußerst heterogener dogmatischer Ansätze entstanden, die heute unter dem Stichwort „Widerspruchserfordernis“ kontrovers diskutiert werden.[755]

Der jüngste Stand lässt sich wie folgt beschreiben: Hinsichtlich bestimmter Gesetzesverletzungen bei der Beweiserhebung kann der Angeklagte in der Revision nicht geltend machen, dass der rechtswidrig gewonnene Beweis zu Unrecht verwertet wurde, wenn er oder sein Verteidiger - bzw. der unverteidigte Angeklagte nach entsprechendem Hinweis durch den Vorsitzenden - der Verwertung nicht spätestens bis zum in § 257 StPO genannten Zeitpunkt widersprochen haben.[756] Die Normen, bei deren Verletzung ein Widerspruch für erforderlich gehalten wird, sind bislang ausschließlich Normen, hinsichtlich deren Einhaltung die Rechtsprechung den Angeklagten für dispositionsbefugt hält.[757]

Dies Widerspruchserfordernis hat eine wechselhafte Entwicklung genommen. Assoziiert wurde es mit einem stillschweigenden Verzicht des Angeklagten, mit einer Verwirkung seines Rügerechts, mit einer Obliegenheitsverletzung seinerseits, mit dem Fehlen der Geltendmachung einer prozessualen Einrede und mit dem Fehlen des Kausalzusammenhangs bei § 337 StPO. Neuerdings geht der Trend dahin, den Widerspruch als *Tatbestandsvoraussetzung für das Beweisverwertungsverbot* anzusehen.[758]

Mit all diesen Begründungsansätzen (mehr als Ansätze sind es nie gewesen) kann man sich gründlich auseinandersetzen. Man kann sich aber auch die Frage stellen, ob man ihnen damit nicht zuviel Ehre antut. Es ist überdeutlich, dass es der Rechtsprechung - wie auch sonst bei der Neutralisierung von Verfahrensfehlern - allein darum geht, das gewünschte Ergebnis - die Folgenlosigkeit der Verfahrensfehler - nicht einfach nur zu verkünden, sondern - wie man es von ihr erwartet und erwarten darf - zu begründen. Es geht, anders ausgedrückt, darum, den Anschein seriöser juristischer Entscheidungsfindung zu wahren.

Führt man sich dies vor Augen, so verwundert nicht im geringsten, dass vor kurzer Zeit ein *BGH-Senat* erwog, ob man nicht das Widerspruchserfordernis auf Verletzungen des § 136a I StPO ausdehnen solle - also auf eine Norm, die *ausdrücklich* sowohl Erhebung als auch Verwertung der Disposition des Beschuldigten entzieht (§ 136a III StPO).[759]

Überhaupt wohnt der Rechtsprechung zum Widerspruchserfordernis eine Ausweitungstendenz inne.[760] Man kennt dies von vielen Instituten, die der Eindämmung der

---

755 Zur Entwicklung der Rechtsprechung vgl. *Dudel* Widerspruchserfordernis, 2. Teil; *F.Ufer* Verwertungswiderspruch, S. 86 ff.; *Heinrich* ZStW 2000, 398, 409 ff.

756 Paradigmatisch BGHSt 38, 214 ff.; 42, 15 ff.

757 Vgl. *RiBGH Nack* StraFo 1998, 366, 367: Es mache „ein Widerspruch nur Sinn ..., wenn das Verwertungsverbot zur Disposition des betroffenen Angeklagten steht.“ Ausführlich *Dudel* Widerspruchserfordernis, S. 50 ff.

758 So z.B. BGHSt 38, 214, 225; 42, 15, 22; s. *RiBGH Meyer-Goßner/Appl* StraFo 1998, 258, 260 f.

759 *BGH* NStZ 1996, 291 (*5. Senat*) m. abl. Anm. *Fezer* StV 1997, 57 ff.; in dieser Richtung auch *Nack* StraFo 1998, 366, 368; dagegen *Meyer-Goßner/Appl* StraFo 1998, 258, 263.

760 *F.Ufer* Verwertungswiderspruch, S. 68 ff.; *B.Heinrich* ZStW 2000, 398, 406. Vgl. auch *Meyer-Goßner/Appl* StraFo 1998, 258, 263 und die kürzliche Ankündigung der Erstreckung des Widerspruchserfordernisses auf Verletzungen des § 100a StPO in *BGH* StV 2001, 545 (*5. Senat*).

Folgen von Verfahrensfehlern dienen.

Die Begründungsansätze der Rechtsprechung mögen geeignet sein, dem Rechtsuchenden die Seriosität der Rechtsfindung vorzuspiegeln.[761] In der Sache indes sind sie untauglich:[762]

An einem Verzicht fehlt es in den entschiedenen Fällen in aller Regel.[763] Der Kausalzusammenhang bei § 337 StPO ist offensichtlich gegeben. Und was die Argumentation mit Verwirkung, Obliegenheitsverletzung und fehlender Einrede angeht, so fehlt es im Gesetz an jedem Anhalt, der zu einer entsprechenden Einschränkung der Rechtsposition des Angeklagten ermächtigen könnte. Seine wahre Natur zeigt das Widerspruchserfordernis erst im aktuellen Begründungsansatz, nach dem der Widerspruch Tatbestandsvoraussetzung ist für das Beweisverwertungsverbot: Es handelt sich um Richterrecht.[764] Die Behauptung, Beweisverwertungsverbote seien eigenständige richterrechtliche Institute, ist nicht neu. Nun erfindet man (nachträglich) die dazugehörigen Tatbestandsvoraussetzungen: „Kann der BGH aber zur Stärkung der Beschuldigtenstellung neue Beweisverwertungsverbote richterrechtlich begründen, so muß er auch deren tatbestandliche Voraussetzungen festlegen können."[765]

Die Frage, ob sich die Rechtsprechung hier Kompetenzen anmaßt, die an sich nur dem Gesetzgeber zustehen, wird nur selten gestellt und dann nicht konsequent weiterverfolgt.[766] Die Unzulässigkeit der Rechtsfindung „praeter legem" im Bereich der Beweisführung wurde bereits dargelegt (s. III.1.a. u. 2.d.). Sie liegt für den Bereich der Rügepräklusion, wie er Konsequenz des fehlenden Widerspruchs sein soll, auf der Hand, hat der Strafprozessgesetzgeber doch eine Handvoll entsprechender Ausnahmeregelungen geschaffen: Die §§ 6a, 16, 222a II, 222b I StPO.[767] Eine allgemeine Norm über die Präklusion von Verfahrensrügen, wie etwa § 295 ZPO, ist dem Strafverfahrensrecht unbekannt.[768]

Gegen die „Widerspruchslösung" wurde insbesondere von Verteidigerseite Widerspruch erhoben. Darauf soll hier nicht im Einzelnen eingegangen werden, betrifft es doch vorwiegend spezifische Probleme der Strafverteidigung, die das hier interessierende Phänomen der richterlichen Entformalisierung des Beweisrechts allenfalls mittelbar berühren. Interessant ist aber der Gesichtspunkt, dass die Lösung der Rechtsprechung - zumindest beim verteidigten Angeklagten - darauf hinaus läuft, ein Versäumnis der Strafverfolgungsorgane durch ein Versäumnis des Verteidigers auszuglei-

---

761 Bei *Fezer* (StV 1997, 58) immerhin entsteht der Eindruck eines „bloßen ergebnisorientierten Machtspruches."

762 Ausführlich *Dudel* Widerspruchserfordernis, 3. Teil.

763 *Bohnert* NStZ 1983, 344: „Der im strafprozessualen Revisionsrecht erörterte »Verzicht« ist kein Verzicht."

764 *Meyer-Goßner/Appl* StraFo 1998, 258, 261; *Dudel* Widerspruchserfordernis, S. 29; *Bernsmann* StraFo 1998, 73, 76; *Bohnert* NStZ 1983, 344 u. 347 f.; krit. *Fezer* StV 1997, 58: „Ein solches Verfahren ist außerordentlich bedenklich. Im Wege einer völlig freischwebenden richterlichen Rechtsfortbildung werden immerhin wesentliche Verfahrensrechte des Beschuldigten eingeschränkt."

765 *Meyer-Goßner/Appl* StraFo 1998, 258, 261; ausf. Kritik bei *F.Ufer* Verwertungswiderspruch, S. 79 ff.

766 So z.B. bei *Dahs* StraFo 1998, 253, 257 f.

767 Vgl. *Dahs* StraFo 1998, 253, 258; *B.Heinrich* ZStW 2000, 398, 419.

768 *B.Heinrich* ZStW 2000, 398, 401; *Bohnert* NStZ 1983, 344; *Bernsmann* StraFo 1998, 73, 76; *Fezer* StV 1997, 58.

chen.[769] Der metaphysische Gedanke der „Negation der Negation" ist offenbar immer noch lebendig, wiewohl *Ulrich Klug* bereits vor über 30 Jahren alles Erforderliche dazu gesagt hat.[770]

d. Beweisverwertungsverbote als Belastungs- und Entlastungsverbote

In der herkömmlichen Beweisverbotsdogmatik diskutiert man die Frage, ob Verwertungsverbote bloße Belastungsverbote seien, ob also Verwertungsverbote die Entlastung des Beschuldigten nicht sperrten.[771] Sie ist im Grundsatz eindeutig zu verneinen: Wie die Beweiserhebungsverbote sich gegenüber dem be- bzw. entlastenden Ergebnis einer Beweiserhebung indifferent verhalten, gilt dies auch für die Verwertungsverbote. Anders ausgedrückt: Die Beweisführung bedarf gesetzlicher Grundlagen - gleich, ob das Ergebnis der Beweisführung den Beschuldigten entlastet oder belastet.

Erwägungen materieller Gerechtigkeit lassen sich hier nur um den Preis der Erosion des strafprozessualen Beweisrechts verwirklichen. Es mag - in der herkömmlichen Terminologie ausgedrückt - ebenso schwer sein, „einen Verbrecher sehenden Auges laufen zu lassen", wie einem unschuldigen Beschuldigten sehenden Auges eine Entlastungsmöglichkeit zu verwehren. Will man die Justizförmigkeit des Strengbeweisrechts nicht torpedieren, ist beides gelegentlich unumgänglich. Die mit Gesetzlichkeit zwingend verbundene Abstrahierung vom Einzelfall macht es unmöglich, jedem Einzelfall das exakte Mass an materieller Gerechtigkeit zukommen zu lassen, das ihm gebührt. Wer damit nicht leben kann, sollte nicht die Gesetze manipulieren, bis am Ende doch in jeder beliebigen Situation jede beliebige Entscheidung möglich ist. Er sollte konsequenterweise die kriminal*politische* Forderung erheben, dass wir ein Strafjustizsystem errichten, welches den Gerichten nur eine einzige an materieller Gerechtigkeit orientierte Maxime an die Hand gibt: „Wer sich unangemessen verhält, wird angemessen bestraft." Wenn die herkömmliche Beweisverbotsdogmatik einem bestimmten Zweck dient, dann dem, möglichst weitgehend zu gewährleisten, dass dieses Ziel - welches bei Gericht denn auch gelegentlich zu hören ist - erreicht wird. Demgegenüber beharrt diese Arbeit auf der Anschauung, dass es seinen guten Sinn hat, Strafverfahren zu formalisieren und diese Formalisierung nicht zur Disposition der Strafverfolgungsbehörden zu stellen, denn „die Verpflichtung auf die Herstellung von Gerechtigkeit, schlicht und pauschal adressiert an einen Rechtsanwender, würde der Willkür Vorschub leisten, jedenfalls das Risiko der Willkür heraufbeschwören."[772]

Im Übrigen gibt es auch bei einer konsequenten Anwendung des gesetzlichen Beweisrechts eine ganze Reihe von Mechanismen, die Fehlverurteilungen aufgrund unverwertbarer Entlastungsbeweise verhindern können: In gewissen Grenzen können und müssen Ermittlungshandlungen wiederholt werden (s. V.3.a.), bestimmte Verfah-

---

769 *Bernsmann* StraFo 1998, 73, 76; ausf. *F. Ufer* Verwertungswiderspruch, S. 95 ff.

770 Abschied, insb. S. 40.

771 Das wird teilweise so gesehen, vgl. etwa BGHSt 42, 191, 194 f.; *Dencker* Verwertungsverbote im Strafprozeß, S. 73 ff.; *Eisenberg* Beweisrecht, Rn. 371; zum finnischen Recht vgl. *Välimaa* Evidence, S. 97. A.A. aber *Macht* Verwertungsverbote, S. 301; *Kleinknecht* NJW 1966, 1537, 1543; *Jähnke* Verwertungsverbote bei Zeugnis- und Auskunftsverweigerungsrechten, S. 69 f. u. 79; *Momsen* Verfahrensfehler, S. 130; *Kleinknecht/Meyer-Goßner* StPO, Einl. Rn. 55.

772 *Kunig* Rechtsstaat, S. 433.

rensrechte sind verzichtbar (s. im vorigen Abschnitt), die Beweiswürdigung geht nach allgemeinem Verständnis dahin, dass man sich Überzeugung von der Schuld - nicht von der Unschuld - verschaffen muss (§ 261 StPO) und schließlich braucht es nur eines Zweifels an der Schuld, um zum Freispruch zu gelangen (in dubio pro reo).

VI. Schlussbetrachtung

1. Wesentliches Ergebnis der Ermittlungen

Das Beweisrecht der Strafprozessordnung ist gekennzeichnet durch eine strenge gesetzliche Bindung der Beweisführung einerseits und Freiheit bei der Beweiswürdigung andererseits. Während das Institut der freien Beweiswürdigung den Gerichten die nötige Freiheit gibt, um angesichts nicht selten komplexer Beweislagen zu einer abschließenden Entscheidung gelangen zu können, gewährleistet der Strengbeweis, dass der zentral wichtige Lebensbereich der Beweisführung im Strafverfahren durch den Gesetzgeber - und nicht durch naturgemäß ad hoc reagierende Strafverfolgungsorgane - gestaltet wird. Aufgrund des verfassungsrechtlichen Vorbehalts des Gesetzes bedarf es einer gesetzlichen Regelung dieses weiten Feldes, insbesondere einer ins Einzelne gehenden Normierung, wie ein bestimmter Gegenstand ein (gesetzliches) Beweismittel werden und so eine in ihm verkörperte Information das Strafurteil tragen kann. Kurz gesagt: Für eine bestimmte Methode der Beweisführung bedarf es einer Befugnisnorm, einer *Beweisbefugnis*. Derartige Ermächtigungsgrundlagen gibt es unzählige, die meisten davon findet man in der StPO. Fehlt jedoch eine solche, so ist die dennoch erfolgende Beweisführung rechtswidrig. Beruht das Urteil auf der rechtswidrigen Beweisführung, ist eine dies rügende Verfahrensrüge begründet. Dies ist das gesetzliche Beweisrecht.

Demgegenüber gibt es ein weiteres Beweisrecht, das richterrechtliche und literarische. Auf welchem Wege im deutschen Strafverfahren Beweis geführt wird, darüber entscheidet faktisch allein dies letztere Beweisrecht, das man die herkömmliche Beweisverbotsdogmatik nennen kann. Ausgehend vom Gebot möglichst umfassender Wahrheitserforschung kennt es erheblich weniger Grenzen für Beweisführung als das gesetzliche Beweisrecht. Vor dem Hintergrund des Wunsches, mittels Strafrecht in gesellschaftlichen Strukturen prävenierend und regulierend zu wirken, zielt die herkömmliche Beweisverbotsdogmatik auf die Neutralisierung von Gesetzesverletzungen, um so jenseits des Gesetzes Möglichkeiten der Annäherung an die materielle Wahrheit zu schaffen, um schließlich eine Entscheidung treffen zu können, die möglichst weitgehend dem entspricht, was man für materiell gerecht hält. Dementsprechend ist die Vorstellung, „einen Schuldigen sehenden Auges laufen zu lassen“ ihr Alptraum. Die Frage, mittels welcher juristischen Mechanismen sich die Leitbilder der herkömmlichen Beweisverbotsdogmatik verwirklichen lassen, ist in diesem Kontext zweitrangig und wird - trotz immensen literarischen Aufwandes - letztlich auch von der herkömmlichen beweisrechtlichen Literatur so behandelt. Entscheidend ist das Ergebnis und so entscheidet man im Ergebnis „von Fall zu Fall“. Es wird dann lediglich noch auf den ein oder anderen Topos zugegriffen, der das Ergebnis - oft mehr schlecht als recht - absichert.

2. Chancen der Gesetzlichkeit im Bereich strafprozessualer Beweisführung

Der Ausblick ist düster. Die Erkenntnis der kriminalpolitischen Zusammenhänge (s. IV.6.) unterminiert die Hoffnung auf eine praktische Bedeutsamkeit dieser Arbeit: Wie schon die Erwartung eines Umdenkens in der Beweisverbotsdogmatik als illusionär bezeichnet werden muss, muss die Erwartung einer Umkehr des gesamten kriminalpolitischen Umfeldes als utopisch bezeichnet werden. Ein Umdenken in der Entwicklung des Beweisverbotsrechts ist nicht zu erwarten, weil sie Teil einer Entwicklung ist, die alle Bereiche der Strafjustiz erfasst. Ein Umdenken in der Strafjustiz ist wiederum nicht zu erwarten, weil die Entwicklung des Strafverfahrensrechts Teil einer umfassenden epochalen - politischen, sozialen und eben auch rechtlichen - Entwicklung ist. Es deutet nichts darauf hin, dass sich die Situation grundlegend ändern wird. Derartige Entwicklungen kann man nicht aufhalten, gar rückgängigmachen, man kann sie allenfalls kanalisieren.[773]

Das damit drohende Schicksal „folgenloser Dogmatik“[774] wird hier bewusst - wenn auch missbilligend - in Kauf genommen. Was aber ist die Rechtfertigung und was die treibende Kraft hinter dem Bestreben, eine juristische Systematik zu entwerfen, die gleichsam gegen den Strom schwimmt und daher kaum Aussicht hat auf praktische Realisierung? Nun, wie auch immer man die Frage nach dem Charakter wissenschaftlichen Arbeitens beantwortet (s. I.2.): Die Aussicht auf praktische Wirksamkeit dürfte nicht dazugehören. Im Gegenteil: Welche Disziplin, wenn nicht die Wissenschaft kann es sich leisten, ungeachtet unüberwindbarer Widerstände nach der Wahrheit zu forschen.

Stellt sich also insofern die Frage der Rechtfertigung nicht, rückt die Frage nach der Motivation in den Mittelpunkt. Für den Verfasser dieser Zeilen ist es das *Leiden an der Gesetzlosigkeit der herkömmlichen Beweisverbotsdogmatik angesichts des Wertes der Gesetze im demokratischen Rechtsstaat*. Im Zentrum der Idee des Rechtsstaates steht seit jeher die Bindung staatlicher Macht durch Recht (Primat des Rechts vor der Macht).[775] Schon die Bedeutung dieses Gedankens der rechtlichen Bindung einer zumeist als vorgegeben wahrgenommenen staatlichen Machtinstanz kann kaum überschätzt werden. Den entscheidenden Schritt hin zu einer Ordnung, die den Staat nicht mehr als etwas vorgegebenes nimmt, sondern als den Menschen nachgeordnet sieht, ging aber erst das Grundgesetz und so lässt sich seit 1949 endlich sagen: Die Menschen sind nicht um des Staates willen da, sondern der Staat um der Menschen willen. Das Grundgesetz kennt keine staatliche Macht an sich - staatliche Macht existiert allein als rechtlich, durch Gesetze geformte Gewalt.[776] Recht ist konstitutiv für Staatlichkeit überhaupt und es verbürgt in der nur ihm eigenen distanzierten Allgemeinheit Gleichmäßigkeit, Kontinuität, Willkürfreiheit.[777] Die Gesetzesbindung staatlicher Gewaltausübung ist insofern das Herz der Rechtsstaatsidee und der Mittelpunkt der verfassungsmäßigen Ordnung.[778] Mechanismen, die auf Angemessenheit im Einzelfalle

---

773 *Teubner* Verrechtlichung, insb. S. 303; *Grimm* KritV 1986, 38, 46; *G.Müller* Rechtssetzung, S. 229 ff.

774 S. hierzu *Schünemann* GA 1995, 201, 221 ff.; *Burkhardt* Strafrechtsdogmatik, S. 127 f.; *Schünemann* GA 2001, 205, 213 ff.

775 Vgl. *Sobota* Prinzip, S. 21 ff., 77 ff., 461 ff. und den umfassenden geschichtlichen Überblick auf S. 263 ff.

776 *Sobota* Prinzip, S. 473 ff.

777 *Sobota* Prinzip, insb. S. 463 f., 474 f.

778 *Sobota* Prinzip, S. 490.

zielen, akzeptiert das Grundgesetz nur gleichsam subsidiär.[779] *Wenn nun die herkömmliche Beweisverbotsdogmatik abwägend bzw. von Fall zu Fall entscheidet, ob ein strafgerichtliches Urteil auch auf der Grundlage einer Beweisführung stattfinden darf, für die es im Gesetz keine Stütze gibt, so eliminiert sie damit die Idee der Gesetzesbindung und des Rechtsstaates überhaupt aus demjenigen Lebensbereich, in dem über die Verhängung der schwersten staatlichen Grundrechtseingriffe, die Strafen verhandelt wird.*

Macht sich das Recht ausschließlich von den materiellen Erfolgen im Einzelfall abhängig, erodiert aber nicht nur seine Legitimationsbasis, vielmehr geht das verloren, was die Eigenständigkeit des Rechts und der Jurisprudenz ausmacht:

> „Seit der Rechtsstaat durch den Wohlfahrtsstaat überformt wurde, will der Jurist vor allem einzelfallgerechte, also billige Ergebnisse. Erst kommt das Ergebnis, dann die Suche nach seiner Begründung. Diese Tendenz ist im Schutzstaat den Juristen längst selbstverständlich geworden. Das Recht ist Mittel zum Zweck von Fall zu Fall; wie die Zwecke wechseln, wie die Erwartungen wechseln, wechselt das Recht. In diesem von Juristen gesteuerten und gewollten Prozeß ist die Summe geltenden und im Einzelfall praktisch gemachten Rechts nicht mehr auf einen gemeinsamen Nenner zu bringen, es sei denn, man begnügt sich damit, Recht allein durch Ableitung von staatlicher Satzung oder vom Durchsetzungsmonopol zu definieren. Inhaltlich sagt man damit über das Recht nichts mehr; es heißt nur noch so. In ihrem Eifer zu helfen, Erwartungen im Einzelfall zu befriedigen, Krisenmanagement auf eigene Faust zu betreiben, machen die Juristen das Recht beliebig verfügbar, machen sie es als Medium beliebig. Worauf wollen sie dann gegenüber der Umwelt und gegenüber konkurrierenden Berufen ihre spezifische Funktion, ihre professionelle Identität stützen? Auf ihren Helfer-Willen und auf die Beliebtheit, die ihnen in Umfragen attestiert wird, in Sonderheit den Richtern am Bundesverfassungsgericht? Das hieße lediglich, sich der Ergebnis-Orientierung und dem Erwartungsdruck noch stärker auszuliefern, das hieße, den Anspruch auf einen professions-spezifischen Beitrag noch weiter zu reduzieren.“[780]

Was der professions-spezifische Beitrag der Jurisprudenz sein könnte, hängt nun ersichtlich untrennbar mit dem genuinen Bezugspunkt juristischen Arbeitens zusammen: Dem Recht. Recht beinhaltet Muster der Konfliktlösung, die sich über Jahre, Jahrzehnte, Jahrhunderte entwickeln konnten, die entsprechend die Erfahrung unzähliger Generationen enthalten (s. bereits IV.6.a.). Im repräsentativ-demokratischen Rechtsstaat bietet das Gesetzgebungsverfahren die Chance, einerseits die Basis für die Fortentwicklung des Rechts zu verbreitern, indem Öffentlichkeit hergestellt wird und andererseits diesen Prozess der Beratung von Experten zu öffnen. *Recht abstrahiert vom Einzelfall, es setzt gewissermaßen gebündelte Erfahrung an die Stelle spontaner Affekte.* Woran orientiert sich der Richter, wenn er den fallentscheidenden Rechtssatz nicht dem Gesetz entnimmt? An einem Bündel ganz unterschiedlicher Kriterien, die vorwiegend seiner individuellen Erfahrung entspringen, von denen einige recht fragwürdig sind und die sich jeder Kontrolle entziehen (s. für die BGH-Strafrichter IV.6.a.).

---

[779] *Sobota* Prinzip, S. 464 f., 468. S. auch *Leisner* NJW 1997, 636, 638: „Im Rechtsstaat herrschen die Gesetze, nicht Menschen. Die Abwägung führt zu einer Rechtsentscheidung ohne Normbefehl, auf breitester Front.“

[780] *H.A.Hesse* Schutzstaat, S. 192.

Demgegenüber kann das Strafverfahren einen Ort bilden, an dem *im gesetzlichen Rahmen* die Ressourcen zur Verfügung stehen, aus Anlass einer bereits geschehenen Verletzung einen besonders gründlichen, erfahrungsgeleiteten und distanzierten Blick auf die Bedingungen zu werfen, die ein Individuum zum Verletzer werden ließen und entsprechend differenziert zu reagieren. Das spezifische an der strafjuristischen Tätigkeit ist demnach: Konfliktbearbeitung mittels des Rechts, also *erfahrungsgesättigte, distanzierte* Aufklärung des Konflikts (Verfahrens*recht*), Bewertung des Konflikts (materielles *Recht*) und Verarbeitung des Konflikts (Sanktionen*recht* und zunehmend auch: Opferberücksichtigung im *Recht*). Recht ist insofern notwendiger und integraler Bestandteil der juristischen Tätigkeit. Vermögen die Juristen die ihnen eigentümliche Leistung der verallgemeinernden Konfliktbearbeitung nicht mehr zu erbringen, blicken sie nur noch auf den Einzelfall, so bleiben die Chancen, die in der Idee des Rechts stecken, ungenutzt. Insbesondere die Möglichkeiten der Schaffung von *Rechts*bewusstsein - im Individuum und in der Gesellschaft - gehen verloren.

Deshalb muss mit allem Nachdruck daran festgehalten werden, dass die Entwicklung der herkömmlichen Beweisverbotsdogmatik eine Fehlentwicklung ist. Diese Arbeit wird freilich mit ihren Thesen auf wenig Gegenliebe stoßen. Das versteht sich für den Bereich der Strafjustiz - nicht zuletzt angesichts ihrer Arbeitsüberlastung (s. IV.4.c.) - fast von selbst. Es gilt aber auch für weite Teile des juristischen Schrifttums. Die herkömmliche Beweisverbotsdogmatik ist ein schier unerschöpfliches Reservoir für juristisches Arbeiten.[781] Wer dem Fundamentalpragmatismus der herkömmlichen, kriminalpolitisch inspirierten Beweisverbotsdogmatik das Gesetz als „unübersteigbare Schranke"[782] entgegenhält, läuft zudem Gefahr, der „doktrinären Überspitzung"[783] bzw. der „kompromißlosen Radikalität"[784] geziehen zu werden. Ein „Alles-oder-Nichts-Prinzip" hat heute kaum Chancen auf Anerkennung - wenn das Ergebnis im konkreten Falle „Nichts" hieße.[785]

Gleichwohl: Die Schäden, die die Abwägungspraxis und der Einzelfalldezisionismus in der Rechtsstaatlichkeit der Strafrechtspflege anrichten, sind derart fundamental, dass der Verfasser dieser Zeilen einen Rest Hoffnung auf den Beginn eines Umdenkungsprozesses nicht gänzlich aufgeben mag. Wiewohl sich überall im Recht Abwägungsprozesse durchsetzen, ist doch bei ihrer Praktizierung allenthalben ein gewisses Unbehagen spürbar. Das schlechte Gewissen, das sich hier geltend macht - und von dem *Gustav Radbruch* behauptete, es müsse die Tätigkeit des Strafjuristen notwendig begleiten - kann man auch als Anlass nehmen, auf Veränderungen hinzuwirken, die es erlauben, guten Gewissens Kriminaljurist zu sein.

---

781 Vgl. auch *Burkhardt* Strafrechtsdogmatik, S. 131: „Dogmatica se ipsam alet." (Hervorh. im Original).

782 Das Bild vom Strafgesetz als unübersteigbarer Schranke der Kriminalpolitk geht zurück auf *Franz v.Liszt* Einfluss, S. 80.

783 So der *BGH* im „Medizinalassistentenfall" (St 24, 125, 131) zu der Ansicht, auf jeden Verfahrensfehler ein Verwertungsverbot folgen zu lassen.

784 So die Einschätzung *Schünemanns* (GA 2001, 205, 207) über die (nicht nur) von ihm sog. „Frankfurter Schule des Strafrechts".

785 Paradigmatisch *Ranft* NJW 2001, 1305, 1308.

3. Voraussetzungen eines konsistenten Umgangs mit dem Gesetz

Voraussetzung für einen konsistenteren Umgang mit dem Gesetz ist - allgemein gesprochen - eine Emanzipation des Gesetzes gegenüber dem Präventionsdenken. Gegen eine Materialisierung des Rechts *durch den Gesetzgeber* ist an sich wenig zu sagen. Im Gegenteil: Nach einer Vernachlässigung der sozialen Frage, wie sie im 19. Jahrhundert die Jurisprudenz kennzeichnete, ist von einer Materialisierung zunächst einmal zu erwarten, dass sie eine gewisse Ausgewogenheit herstellt im Sinne einer praktischen Konkordanz von Rechtssicherheit verbürgender *und* materielle Gerechtigkeit befördernder Gesetzlichkeit.[786] Leider nur hat die herkömmliche Beweisverbotsdogmatik dabei nicht halt gemacht, sondern droht das gesetzliche Beweisrecht durch ein unmittelbar auf materielle Werte rekurrierendes beweisrechtliches Paralleluniversum zu verdrängen.

Da es Politiker sind, die die Gesetze beschließen, wäre ein entsprechendes Umdenken in erster Linie dort erforderlich. Das ist freilich in Beweisverbotsfragen nicht so einfach, hat doch der Gesetzgeber, indem er ein zwingendes Gesetz erlassen hat, an sich alles notwendige getan. Im Falle des Beweisverbotsrechts verletzt der Gesetzgeber also keine Handlungspflicht, sondern gleichsam eine Garantenpflicht, indem er den Strafverfolgungsbehörden das Beweisrecht durch Unterlassen preisgibt, anstatt in irgendeiner Weise gegenüber der Judikative darauf zu beharren, dass zwingend formulierte Gesetze für die Strafverfolgungsbehörden zwingend gemeint sind. Voraussetzung für eine die Justizförmigkeit - also eine gegenwärtig *unpopuläre* Forderung - gewährleistende Kriminalpolitik wäre allerdings die Einsicht, dass Demokratie nicht bedeutet, dass sich Kriminalpolitiker wider besseren, empirisch gesättigten Wissens automatisch bestimmten Stimmungen des Wahlvolkes unterwerfen.[787] Wer sich auf derartige Stimmungen beruft, sollte die Frage beantworten können, was sein Anteil ist an der jeweiligen Stimmung vieler Wähler.[788] Er sollte überlegen, ob es nicht redlicher wäre - jedenfalls im Parlament - Aufklärung statt Wahlkampf zu betreiben. Er sollte sich erinnern, dass unsere Demokratie nicht eine unmittelbare sondern eine repräsentative und damit mehr ist, als die „prompte Erfüllung gesellschaftlicher Erwartungen."[789] Wenn der rechtsstaatliche Wert der Gesetze darin liegt, Möglichkeiten der Konfliktverarbeitung bereitzustellen, die von spontanen Impulsen, natürlichen Affekten, intuitiven Reaktionen wie etwa dem Rachebedürfnis absehen und stattdessen auf reflektierten, generalisierten Erfahrungen beruhen, so ist die Hoffnung, dass das Gesetzgebungsverfahren in der Lage ist, solche Gesetze hervorzubringen - und nötigenfalls auch gegenüber einer maßlos gewordenen Praxis zu verteidigen.[790] Kurz: Der Gesetzgeber muss die Stellung zurückerobern, die ihm von Verfassungs wegen ohnehin zukommt.

---

786 Zur mangelnden Berücksichtigung sozialer Ungleichheit durch die RStPO vgl. *F.Herzog* Krise, S. 26.

787 Dagegen - den Populismus der Kriminalpolitik demokratietheoretisch legitimierend - *Kuhlen* Selbstverständnis, S. 66 f.

788 Vgl. hierzu *Frehsee* Fehlfunktionen, S. 29 ff.; *H.-J.Albrecht* Entwicklungen, S. 55; *Fabricius* Aufklärung; *v.Hirsch* Law. Demgegenüber - Feststellungen zur Unvernunft mancher Vorstellung in der Bevölkerung als „überheblich" diskreditierend - *Kuhlen* Selbstverständnis, S. 67 f.

789 So krit. *H.-J.Albrecht* Entwicklungen, S. 55.

790 Vgl. zur Distanziertheit der Gesetze nur *Sobota* Prinzip, S. 9 ff. u. 77 ff.

Eine aufgeklärte Kriminalpolitik kann immerhin vermeiden, den Zustand zu verschlimmern. Manch eine sicherheitspolitische Maßnahme hat sich schon als kontraproduktiv erwiesen.[791] Soweit die Ursachen der Verbrechensangst in Unwissenheit liegen, sollte aufgeklärte Kriminalpolitik der Unkenntnis abhelfen. Sie wird freilich zunächst danach trachten müssen, eigene Unkenntnis zu beseitigen. Von letzterem ist im gegenwärtigen kriminalpolitischen „Diskurs" allgemein wenig zu spüren. Das Problemfeld Kriminalität teilt hier das Schicksal des Problemfeldes Fußball: Jeder glaubt, von Natur aus über eine ausreichende Kenntnis des Gegenstandes zu verfügen, um mitreden zu können.[792] Von den Naturwissenschaften ist derartiges kaum bekannt, etwa erhebt kaum ein Laie den Anspruch, Endgültiges zur Atomphysik äußern zu können. Nun ist Kriminalität aber ein erheblich komplexerer Gegenstand als Fußball und auch insofern komplexer als Atomphysik, als die Möglichkeiten zur Verifizierung und Falsifizierung kriminologischer Erkenntnis weitaus geringer sind. Es besteht hier ein Bereich, den letztlich nur Kriminalwissenschaft aufzuklären vermag: Die Wirklichkeit der Kriminalität. Da ein vernünftiger Umgang mit Kriminalität vor allem anderen die Erkenntnis ihrer Wirklichkeit voraussetzt (s. I.2.c.bb.), kann letztlich nur eine wissenschaftliche Beratung der Kriminalpolitik einen vernünftigen Umgang mit Kriminalität gewährleisten.

Aufklärung durch wissenschaftliche Beratung allein hilft dann nicht weiter, wenn die Ursachen tiefer liegen.[793] Auch eine aufgeklärte Kriminalpolitik kann nicht wirksam werden, wenn sie nur an den Symptomen - etwa der Verbrechensangst (s. IV.6.c.) - kuriert; sie muss sich mit den Ursachen der Angst befassen.[794] Da freilich wird es schwierig, vielleicht zu schwierig für moderne - ebenso kurzatmige wie kurzlebige - Politik.

---

[791] Vgl. *M.Walter* Kriminalpolitik, S. 914 f.; *F.-X.Kaufmann* Normen, S. 46: „So generieren unsere Bemühungen um mehr Schutz und Sicherheit mit einer gewissen Zwangsläufigkeit gleichzeitig mehr Komplexität, größere Orientierungsschwierigkeiten und damit neue Verunsicherung." S. auch *Prittwitz* Risiken, S. 62 f.; *ders.* StV 1991, 435, 441. *H.A.Hesse* Schutzstaat, S. 23 u. 28; *F.Herzog* Krise, S. 30; *Kühne* DRiZ 2002, 18, 24.

[792] *Hassemer* (Selbstverständnis, S. 42) spricht von „Heerscharen unangefochtener Experten im Lande".

[793] *Fabricius* Aufklärung, S. 432 f.; vgl. auch *F.-X.Kaufmann* Normen, S. 47.

[794] Hierzu *Fabricius* Aufklärung, S. 421 ff., insb. S. 433; *Hassemer* Sicherheit, S. 260 ff.; *F.Herzog* Unsicherheit, S. 158; *Krauß* StV 1989, 315, 325; *P.-A.Albrecht* KritV 1988, 182, 205 ff.

Literaturverzeichnis

Abele, Roland: Anmerkung zu EuGH, Urt. v. 16.6.1998 - Rs. C-226/97. EuZW 1998, 571 f.

Albrecht, Hans Jörg: Entwicklungen der Kriminalität, Ursachen und die Rolle der Kriminalpolitik. Aus: Hirsch, Hans Joachim (Hg.): Krise des Strafrechts und der Kriminalwissenschaften? Berlin 2001. S. 17 ff.

Albrecht, Peter-Alexis: Kriminologie. München 1999.

Albrecht, Peter-Alexis: Das Strafrecht auf dem Weg vom liberalen Rechtsstaat zum sozialen Interventionsstaat. KritV 1988, S. 182 ff.

Albrecht, Peter-Alexis: Vom Unheil der Reformbemühungen im Strafverfahren. StV 2001, S. 416 ff.

Alexy, Robert: Theorie der juristischen Argumentation. 2. Aufl. Frankfurt am Main 1991.

Amelung, Knut: Zur dogmatischen Einordnung strafprozessualer Grundrechtseingriffe. JZ 1987, S. 737 ff.

Amelung, Knut: Informationsbeherrschungsrechte im Strafprozeß. Berlin 1990.

Amelung, Knut: Die zweite Tagebuchentscheidung des BVerfG. NJW 1990, S. 1753 ff.

Amelung, Knut: Grundfragen der Verwertungsverbote bei beweissichernden Haussuchungen im Strafverfahren. NJW 1991, S. 2533 ff.

Amelung, Knut: Subjektive Rechte in der Lehre von den strafprozessualen Beweisverboten. Aus: Schulz, Joachim; Vormbaum, Thomas (Hg.): Festschrift für Günter Bemmann. Baden-Baden 1997. S. 505 ff.

Amelung, Knut: Die Verwertbarkeit rechtswidrig gewonnener Beweismittel zugunsten des Angeklagten und deren Grenzen. StraFo 1999, S. 181 ff.

Amelung, Knut: Entwicklung, gegenwärtiger Stand und zukunftsweisende Tendenzen der Rechtsprechung zum Rechtsschutz gegen strafprozessuale Grundrechtseingriffe. Aus: Canaris, Claus-Wilhelm u.a. (Hg.): 50 Jahre Bundesgerichtshof. Festgabe aus der Wissenschaft. Bd. 4. München 2000. S. 911 ff.

Amelung, Knut: Der Rechtsschutz gegen strafprozessuale Grundrechtseingriffe und die neue Rechtsprechung zur Ausweitung des Eingriffsbegriffs bei staatlichen Ermittlungsmaßnahmen. StV 2001, S. 131 ff.

Amelung, Knut: Die Entscheidung des BVerfG zur "Gefahr im Verzug" i.S. des Art. 13 II GG. NStZ 2001, S. 337 ff.

Amelung, Knut: Zum Streit über die Grundlagen der Lehre von den Beweisverwertungsverboten. Aus: Schünemann, Bernd u.a. (Hg.): Festschrift für Claus Roxin. Berlin/New York 2001. S. 1259 ff.

Amelung, Martin: Die Rechtswirklichkeit der Verständigung im Strafprozeß. StraFo 2001, S. 185 ff.

amnesty international (Hg.): Ausländer als Opfer. Polizeiliche Mißhandlungen in der Bundesrepublik Deutschland. London 1995.

amnesty international (Hg.): Neue Fälle - altes Muster. Polizeiliche Mißhandlungen in der Bundesrepublik Deutschland. London 1997.

Arzt, Gunther: Zum Verhältnis von Strengbeweis und freier Beweiswürdigung. Aus: Baumann, Jürgen; Tiedemann, Klaus (Hg.): Einheit und Vielfalt des Strafrechts. Festschrift für Karl Peters. Tübingen 1974. S. 223 ff.

Asbrock, Bernd: Der Richtervorbehalt - prozedurale Grundrechtssicherung oder rechtsstaatliches Trostpflaster? ZRP 1998, S. 17 ff.

Asbrock, Bernd: Anmerkung zu BGH, Urt. v. 11.11.1998 - 3 StR 181/98. StV 1999, 187 ff.

Barth, Holger: Frankreich. Aus: Perron, Walter (Hg.): Die Beweisaufnahme im Strafverfahrensrecht des Auslands. Freiburg i. Br. 1995. S. 89 ff.

Barton, Stephan: Die Revisionsrechtsprechung des BGH in Strafsachen. Neuwied, Kriftel 1999.

Beck, Ulrich: Risikogesellschaft. Auf dem Weg in eine andere Moderne. Frankfurt am Main 1986.

Beling, Ernst: Rechtsprechung des Reichsmilitärgerichts vom 1. Oktober 1900 bis 6. Oktober 1902. ZStW 1904, S. 245 ff.

Beling, Ernst: Revision wegen "Verletzung einer Rechtsnorm über das Verfahren" im Strafprozeß. Aus: Festschrift für Karl Binding, Bd. II. Leipzig 1911. S. 87 ff.

Beling, Ernst: Grenzlinien zwischen Recht und Unrecht in der Strafrechtspflege. Tübingen 1913.

Beling, Ernst: Deutsches Reichsstrafprozeßrecht. Berlin 1928.

Beling, Ernst: Besprechung von Ditzen, Dreierlei Beweis im Strafverfahren. KritV 1929, S. 118 ff.

Beling, Ernst: Rechtsprechungsübersicht. JW 1924, S. 1721.

Benfer, Jost: Rechtseingriffe von Polizei und Staatsanwaltschaft. 2. Aufl. München 2001.

Bernsmann, Klaus: Verwertungsverbot bei fehlender und mangelhafter Belehrung. StraFo 1998, S. 73 ff.

Beulke, Werner: Hypothetische Kausalverläufe im Strafverfahren bei rechtswidrigem Vorgehen von Ermittlungsorganen. ZStW 1991, S. 657 ff.

Beulke, Werner: Strafprozeßrecht. 5. Aufl. Heidelberg 2001.

Böckenförde, Ernst-Wolfgang: Organisationsgewalt und Gesetzesvorbehalt. NJW 1999, S. 1235 f.

Bohnert, Joachim: Die Behandlung des Verzichts im Strafprozeß. NStZ 1983, S. 344 ff.

Bradley, Craig M.: Beweisverbote in den USA und Deutschland. GA 1985, S. 99 ff.

Braum, Stefan: Geschichte der Revision im Strafverfahren von 1877 bis zur Gegenwart. Frankfurt am Main 1996.

Brinktrine, Ralf: Organisationsgewalt der Regierung und der Vorbehalt des Gesetzes - zur Reichweite der "Wesentlichkeitstheorie" am Beispiel der Zusammenlegung von Justiz- und Innenministerium in Nordrhein-Westfalen. Jura 2000, S. 123 ff.

Brugger, Winfried: Vom unbedingten Verbot der Folter zum bedingten Recht auf Folter? JZ 2000, S. 165 ff.

Burkhardt, Björn: Geglückte und folgenlose Strafrechtsdogmatik. Aus: Burkhardt, Björn; Eser, Albin; Hassemer, Winfried (Hg.): Die Strafrechtswissenschaft vor der Jahrtausendwende. München 2000. S. 111 ff.

Cornils, Karin: Schweden. Aus: Perron, Walter (Hg.): Die Beweisaufnahme im Strafverfahrensrecht des Auslands. Freiburg i. Br. 1995. S. 435 ff.

Curti, Henning: Strafe und Generalprävention. ZRP 1999, S. 234 ff.

Dahs, Hans: Verwertungsverbote bei unzulässiger Beschlagnahme von Tagebuchaufzeichnungen, Verteidigungsunterlagen sowie bei unzulässiger Gesprächsaufzeichnung und Blutprobe. Aus: Arbeitsgemeinschaft Strafrecht des DAV (Hg.): Wahrheitsfindung und ihre Schranken. Essen 1989. S. 122 ff.

Dahs, Hans: Die Ausweitung des Widerspruchserfordernisses. StraFo 1998, S. 253 ff.

Dallmeyer, Jens: Verletzt der zwangsweise Brechmitteleinsatz gegen Beschuldigte deren Persönlichkeitsrechte? StV 1997, S. 606 ff.

Dallmeyer, Jens: Urkundenbeweis (Besprechung von BGH, Beschl. v. 13.4.1999 - 1 StR 107/99). JAR 1999, S. 24 ff.

Dallmeyer, Jens: Rücktritt vom Versuch (Besprechung von BGH, Beschl. v. 24.3.1999 - 1 StR 97/99). JAR 1999, S. 42 f.

Dallmeyer, Jens: Die neuen strafrechtlichen Vermögenssanktionen - zur strafrechtsgestaltenden Kraft des Beweisrechts. Aus: Institut für Kriminalwissenschaften und Rechtsphilosophie Frankfurt am Main (Hg.): Irrwege der Strafgesetzgebung. Frankfurt am Main 1999. S. 299 ff.

Dallmeyer, Jens: Erniedrigende Behandlung. FAZ v. 19.10.1999, S. 60.

Dallmeyer, Jens: Verzicht des Zeugen auf das Verwertungsverbot des § 252 StPO trotz Zeugnisverweigerung in der Hauptverhandlung (Besprechung von BGH, Urt. v. 23.9.1999 - 4 StR 189/99). JA 2000, S. 275 ff.

Dallmeyer, Jens: Die Integrität des Beschuldigten im reformierten Strafprozess. Zur zwangsweisen Verabreichung von Brechmitteln bei mutmaßlichen Drogendealern. KritV 2000, S. 252 ff.

Dallmeyer, Jens: Beweisgewinnung unter Verwendung des "Global Positioning System" (Bespr. v. BGH, Urt. v. 24.1.2001 - 3 StR 324/00). JA 2001, S. 635 ff.

Dallmeyer, Jens: Zwangsweise Zuführung des Betreuten zur ambulanten Behandlung (Bespr. v. BGH, Beschl. v. 11.10.2000 - XII ZB 69/00). JAR 2001, S. 135 ff.

Dallmeyer, Jens: DNA-Untersuchung zum Zwecke der Identitätsfeststellung in zukünftigen Strafverfahren (Bespr. v. BVerfG, Beschl. v. 14.12.2000 - 2 BvR 1741/99 u.a. und Beschl. v. 15.3.2001 - 2 BvR 1841/00 u.a.). JA 2001, S. 926 ff.

Dallmeyer, Jens: Tod nicht in Kauf nehmen. FR v. 15.12.2001, S. 8 (wieder abgedruckt in: Die ZEIT v. 27.12.2001, S. 18).

DAV (Hg.): Stellungnahme zu den Eckpunkten einer Reform des Strafverfahrens. Berlin 2001.

Dedes, Christos: Beweisverfahren und Beweisrecht. Berlin 1992.

Dencker, Friedrich: Verwertungsverbote im Strafprozeß. Köln u.a. 1977.

Dencker, Friedrich: Anmerkung zu BGH, Urt. v. 10.8.1994 - 3 StR 53/94. StV 1995, 232 ff.

Dencker, Friedrich: Verwertungsverbote und Verwendungsverbote im Strafprozeß. Aus: Eser, Albin u.a. (Hg.): Strafverfahrensrecht in Theorie und Praxis. Festschrift für Lutz Meyer-Goßner. München 2001. S. 237 ff.

Denninger, Erhard: Der Präventions-Staat. KJ 1988, S. 1 ff.

Denninger, Erhard: Staatliche Hilfen zur Grundrechtsausübung durch Verfahren, Organisation und Finanzierung. Aus: Isensee, Josef; Kirchhof, Paul (Hg.): Handbuch des Staatsrechts der Bundesrepublik Deutschland. 2. Aufl. Heidelberg 1995 ff. Bd. 5, S. 291 ff.

Devereux, Georges: Angst und Methode in den Verhaltenswissenschaften. 4. Aufl. Frankfurt am Main 1998.

Di Fabio, Udo: Gefahr, Vorsorge, Risiko: Die Gefahrenabwehr unter dem Einfluß des Vorsorgeprinzips. Jura 1996, S. 566 ff.

Diederichsen, Uwe; Dreier, Ralf (Hg.): Das mißglückte Gesetz. Göttingen 1997.

Ditzen, Wilhelm: Dreierlei Beweis im Strafverfahren. Leipzig 1926.

Dohna, Alexander Graf zu: Das Strafverfahren. Berlin 1913.

Dreier, Horst (Hg.): Grundgesetz. Bd. II. Tübingen 1998.

Dudel, Bernd: Das Widerspruchserfordernis bei Beweisverwertungsverboten. Baden-Baden 1999.

Dücker, Hans-Gerd von: Der Richter als Ersatzgesetzgeber. Aus: Geis, Max-Emanuel; Lorenz, Dieter (Hg.): Staat. Kirche. Verwaltung. Festschrift für Hartmut Maurer zum 70. Geburtstag. S. 49 ff.

Duttge, Gunnar: Strafprozessualer Einsatz von V-Personen und Vorbehalt des Gesetzes. JZ 1996, S. 556 ff.

Einmahl, Matthias: Zeugenirrtum und Beweismaß im Zivilprozess. NJW 2001, S. 469 ff.

Eisenberg, Ulrich: Beweisrecht der Strafprozeßordnung. 3. Aufl. München 1999.

Eisenberg, Ulrich; Conen, Stefan: § 152 II StPO: Legalitätsprinzip im gerichtsfreien Raum? NJW 1998, S. 2241 ff.

Erbguth, Wilfried: Die Ressortierung der Justiz und der Gesetzesvorbehalt. NWVBl 1999, S. 365 ff.

Erichsen, Hans-Uwe (Hg.): Allgemeines Verwaltungsrecht. 11. Aufl. Berlin/New York 1998.

Eser, Albin: Zusammenfassung. Aus: Höpfel, Frank; Huber, Barbara (Hg.): Beweisverbote in Ländern der EU und vergleichbaren Rechtsordnungen. Freiburg i.Br. 1999. S. 321 ff.

Etzold, Sabine: Die Angst des Rauchers... Die ZEIT v. 25.10.2001, S. 40.

Fabricius, Dirk: Selbst-Gerechtigkeit. Baden-Baden 1996.

Fabricius, Dirk: Was ein Lehrbuch lehrt ... Frankfurt am Main 1998.

Fabricius, Dirk: Kriminologische Aufklärung und sozialdemokratische Rechtspolitik. Aus: Kreuzer, Arthur u.a. (Hg.): Fühlende und denkende Kriminalwissenschaften. Ehrengabe für Anne-Eva Brauneck. Mönchengladbach 1999. S. 405 ff.

Fabricius, Dirk; Dallmeyer, Jens: Rechtsverhältnisse in der Psychiatrie. Aus: Wollschläger, Martin (Hg.): Sozialpsychiatrie - Entwicklungen, Kontroversen, Perspektiven. Tübingen 2001. S. 59 ff.

Fezer, Gerhard: Grundfälle zum Verlesungs- und Verwertungsverbot im Strafprozeß. JuS 1978, S. 325 ff.

Fezer, Gerhard: Anmerkung zu LG Wiesbaden, Beschl. v. 3.3.1978 - 14 Qs 143/77 B. NJW 1979, S. 1053 ff.

Fezer, Gerhard: Anmerkung zu BGH, Urt. v. 17.2.1989 - 2 StR 402/88. StV 1989, S. 290 ff.

Fezer, Gerhard: Anmerkung zu BGHSt 38, 214. JR 1992, S. 385 ff.

Fezer, Gerhard: Grundfragen der Beweisverwertungsverbote. Heidelberg 1995.

Fezer, Gerhard: Strafprozeßrecht. 2. Aufl. München 1995.

Fezer, Gerhard: Anmerkung zu BGH, Beschl. v. 20.12.1995 - 5 StR 445/95. StV 1997, 57 ff.

Fezer, Gerhard: Anmerkung zu BGH, Urt. v. 11.11.1998 - 3 StR 181/98. JZ 1999, S. 526 ff.

Fezer, Gerhard: Pragmatismus und Formalismus in der revisionsgerichtlichen Rechtsprechung. Aus: Ebert, Udo u.a. (Hg.): Festschrift für Ernst-Walter Hanack. Berlin/New York 1999. S. 331 ff.

Fezer, Gerhard: Amtsaufklärungsgrundsatz und Beweisantragsrecht. Aus: Canaris, Claus-Wilhelm u.a. (Hg.): 50 Jahre Bundesgerichtshof. Festgabe aus der Wissenschaft. Bd. 4. München 2000. S. 848 ff.

Fezer, Gerhard: Anmerkung zu BGH, Urt. v. 25.7.2000 - 1 StR 169/00. JZ 2001, S. 363 f.

Frank, Reiner: Revisible und irrevisible Strafverfahrensnormen. Göttingen 1972.

Frehsee, Detlev: Fehlfunktionen des Strafrechts und der Verfall rechtsstaatlichen Freiheitsschutzes. Aus: Frehsee, Detlev (Hg.): Konstruktion der Wirklichkeit durch Kriminalität und Strafe. Baden-Baden 1997. S. 14 ff.

Frehsee, Detlev: Entstrukturierung und Extensivierung kriminalistischer Verhaltenskontrolle. Aus: Rottleuthner, Hubert (Hg.): Armer Rechtsstaat. Baden-Baden 2000. S. 53 ff.

Frisch, Wolfgang: Zur Bedeutung des Beweisrechts und des Rechtsmittelrechts für die Revisibilität von Verfahrensmängeln. Aus: Wolter, Jürgen (Hg.): Zur Theorie und Systematik des Strafprozeßrechts. Neuwied 1995. S. 173 ff.

Frommel, Monika: Fußangeln auf dem Weg zu einer verbesserten Prävention gegen häusliche Gewalt. ZRP 2001, S. 287 ff.

Frowein, Jochen Abr.; Peukert, Wolfgang: Europäische Menschenrechtskonvention. 2. Aufl. Kehl u.a. 1996.

Gärditz, Klaus Ferdinand: Der Strafprozeß unter dem Einfluß europäischer Richtlinien. wistra 1999, S. 293 ff.

Gauthier, Jean: Die Beweisverbote. ZStW 1991, S. 796 ff.

Girtler, Roland: Polizei-Alltag. Opladen 1980.

Glahn, Michael von: Der Schutz der Aussagefreiheit durch außerstrafrechtliche Normen und das Verbot der Beweisverwertung im Strafverfahren. StraFo 2000, S. 186 ff.

Glaser, Julius: Handbuch des Strafprozesses. Leipzig 1883.

Glatzer, Wolfgang: Lebensqualität und subjektives Wohlbefinden. Ergebnisse sozialwissenschaftlicher Untersuchungen. Aus: Bellebaum, Alfred (Hg.): Glück und Zufriedenheit. Opladen 1992. S. 49 ff.

Gleß, Sabine: Das Verhältnis von Beweiserhebungs- und Beweisverwertungsverboten und das Prinzip "locus regit actum". Aus: Samson, Erich u.a. (Hg.): Festschrift für Gerald Grünwald. Baden-Baden 1999. S. 197 ff.

Gleß, Sabine: Zur „Beweiswürdigungs-Lösung“ des BGH. NJW 2001, S. 3606 f.

Gössel, Karl Heinz: Die Beweisverbote im Strafverfahren. Aus: Arthur Kaufmann u.a. (Hg.): Festschrift für Paul Bockelmann. München 1979. S. 801 ff.

Gössel, Karl Heinz: Überlegungen zu einer neuen Beweisverbotslehre. NJW 1981, 2217 ff.

Gössel, Karl Heinz: Die Beweisverbote im Strafverfahrensrecht der Bundesrepublik Deutschland. GA 1991, S. 483 ff.

Gössel, Karl Heinz: Über das Verhältnis von Beweisermittlungsverbot und Beweisverwertungsverbot unter besonderer Berücksichtigung der Amtsaufklärungsmaxime der §§ 160, 244 II StPO. NStZ 1998, S. 126 ff.

Gössel, Karl Heinz: Die Unterscheidung zwischen absoluten und relativen Beweisverwertungsverboten als neuer Ausgangspunkt einer Lehre von den Beweisverboten im Strafprozeß. Aus: Ebert, Udo u.a. (Hg.): Festschrift für Ernst-Walter Hanack. Berlin/New York 1999. S. 277 ff.

Gössel, Karl Heinz: Ermittlung oder Herstellung von Wahrheit im Strafprozeß? Berlin/New York 2000.

Gössel, Karl-Heinz: Über die Pflicht zur Ermittlung der materiell-objektiven Wahrheit und die Zuständigkeiten zur Eröffnung eines Strafverfahrens und zu dessen Durchführung. Aus: Eser, Albin u.a. (Hg.): Strafverfahrensrecht in Theorie und Praxis. Festschrift für Lutz Meyer-Goßner. München 2001. S. 187 ff.

Gossrau, Eberhard: Unterlassen der Zeugenbelehrung als Revisionsgrund. MDR 1958, S. 468 ff.

Götting, Susanne: Beweisverwertungsverbote in Fällen gesetzlich nicht geregelter Ermittlungstätigkeit. Frankfurt am Main 2001.

Grimm, Dieter: Verfassungsrechtliche Anmerkungen zum Thema Prävention. KritV 1986, S. 38 ff.

Gropp, Walter: Lauschangriff im Pkw: der Ermittlungsrichter als Hoffnungsträger? JZ 1998, S. 501 ff.

Grüner, Gerhard: Zur Rechtskreistheorie des BGH im Revisionsverfahren - BGHSt 38, 302. JuS 1994, S. 193 ff.

Grüner, Gerhard: Revisibilität und Beweisverwertungsverbote im Strafprozess. Leipzig 1997.

Grünwald, Gerald: Beweisverbote und Verwertungsverbote im Strafverfahren. JZ 1966, S. 489 ff.

Grünwald, Gerald: Das Beweisrecht der Strafprozessordnung. Baden-Baden 1993.

Gusy, Christoph: Anmerkung zu BGH, Urt. v. 14.5.1991 - 1 StR 699/90. StV 1991, S. 499 f.

Gusy, Christoph: Polizeirecht. 4. Aufl. Tübingen 2000.

Gusy, Christoph: Verwaltung durch Information. NJW 2000, S. 977 ff.

Gusy, Christoph: Verfassungsfragen des Strafprozeßrechts. StV 2002, S. 153 ff.

Habermas, Jürgen: Wahrheit und Rechtfertigung. Frankfurt am Main 1999.

Haffke, Bernhard: Schweigerecht, Verfahrensrevision und Beweisverbot. GA 1973, S. 65 ff.

Hahn, Carl; Mugdan, Benno (Hg.): Die gesamten Materialien zu den Reichs-Justizgesetzen. Bd. 3: Materialien zur Strafprozeßordnung. Abt. 1. 2. Aufl. Berlin 1885.

Hamm, Rainer: Vom Grundrecht der Medien auf das Fischen im Trüben. NJW 2001, 269 ff.

Hamm, Rainer: Der Einsatz heimlicher Ermittlungsmethoden und der Anspruch auf ein faires Verfahren. StV 2001, S. 81 ff.

Hamm, Rainer: Von der Unmöglichkeit, Informelles zu formalisieren - das Dilemma der Urteilsabsprachen. Aus: Eser, Albin u.a. (Hg.): Strafverfahrensrecht in Theorie und Praxis. Festschrift für Lutz Meyer-Goßner. München 2001. S. 33 ff.

Hamm, Rainer: Die Entdeckung des "fair trial" im deutschen Strafprozeß - ein Fortschritt mit ambivalenten Ursachen. Aus: Eser, Albin (Hg.): Festschrift für Hannskarl Salger. Köln 1995. S. 273 ff.

Hamm, Rainer: Verwertung rechtswidriger Ermittlungen - nur zugunsten des Beschuldigten? StraFo 1998, S. 361 ff.

Hamm, Rainer: "Überwachungssicherheit" - wer soll sicher vor wem oder was sein? NJW 2001, S. 3100 f.

Hammerschick, Walter: Verunsicherungen des Alltags. Unsicherheitserfahrungen und Reaktionen - alters- und geschlechtsspezifische Unterschiede. Aus: Hammerschick, Walter; Karazman-Morawetz, Inge; Stangl, Wolfgang (Hg.): Die sichere Stadt. Baden-Baden 1996. S. 79 ff.

Hassemer, Winfried: Die "Funktionstüchtigkeit der Strafrechtspflege" - ein neuer Rechtsbegriff? StV 1982, S. 275 ff.

Hassemer, Winfried: Über die Berücksichtigung von Folgen bei der Auslegung der Strafgesetze. Aus: Hassemer, Winfried (Hg.): Strafen im Rechtsstaat. Baden-Baden 2000. 34 ff.

Hassemer, Winfried: Thesen zu informationeller Selbstbestimmung und Strafverfahren. StV 1988, S. 267 ff.

Hassemer, Winfried: Unverfügbares im Strafprozeß. Aus: Hassemer, Winfried (Hg.): Strafen im Rechtsstaat. Baden-Baden 2000. S. 87 ff.

Hassemer, Winfried: Menschenrechte im Strafprozeß. Aus: Hassemer, Winfried (Hg.): Strafen im Rechtsstaat. Baden-Baden 2000. S. 189 ff.

Hassemer, Winfried: Das Schicksal der Bürgerrechte im "effizienten" Strafrecht. StV 1990, S. 328 ff.

Hassemer, Winfried: Einführung in die Grundlagen des Strafrechts. 2. Aufl. München 1990.

Hassemer, Winfried: Zum Analogieverbot im Strafrecht. Aus: Hassemer, Winfried (Hg.): Strafen im Rechtsstaat. Baden-Baden 2000. S. 13 ff.

Hassemer, Winfried: Innere Sicherheit im Rechtsstaat. Aus: Hassemer, Winfried (Hg.): Strafen im Rechtsstaat. Baden-Baden 2000. S. 248 ff.

Hassemer, Winfried: Aktuelle Perspektiven der Kriminalpolitik. StV 1994, S. 333 ff.

Hassemer, Winfried: Die neue Lust auf Strafe. FR v. 20.12.2000, S. 16.

Hassemer, Winfried: Absehbare Entwicklungen in Strafrecht und Kriminalpolitik. Aus: Prittwitz, Cornelius; Manoledakis, Ioannis (Hg.): Strafrechtsprobleme an der Jahrtausendwende. Baden-Baden 2000. S. 17 ff.

Hassemer, Winfried: Das Selbstverständnis der Strafrechtswissenschaft gegenüber den Herausforderungen ihrer Zeit. Aus: Burkhardt, Björn; Eser, Albin; Hassemer, Winfried (Hg.): Die Strafrechtswissenschaft vor der Jahrtausendwende. München 2000. S. 21 ff.

Hassemer, Winfried: Freiheitliches Strafrecht. Berlin 2001.

Hassemer, Winfried: Das Symbolische am symbolischen Strafrecht. Aus: Schünemann, Bernd u.a. (Hg.): Festschrift für Claus Roxin. Berlin/New York 2001. S. 1001 ff.

Hauf, Claus-Jürgen: Ist die Rechtskreistheorie noch zu retten? NStZ 1993, S. 457 ff.

Hefendehl, Roland: Die neue Ermittlungsgeneralklausel der §§ 161, 163 StPO: Segen oder Fluch? StV 2001, S. 700 ff.

Heinrich, Bernd: Rügepflichten in der Hauptverhandlung und Disponibilität strafverfahrensrechtlicher Vorschriften. ZStW 2000, S. 398 ff.

Heldrich, Andreas: 50 Jahre Rechtsprechung des BGH - Auf dem Weg zu einem Präjudizienrecht? ZRP 2000, S. 497 ff.

Helle, Ernst: Der Ehrenschutz des Freigesprochenen. GA 1961, S. 166 ff.

Herdegen, Gerhard: Bemerkungen zur Lehre von den Beweisverboten. Aus: Arbeitsgemeinschaft Strafrecht des DAV (Hg.): Wahrheitsfindung und ihre Schranken. Essen 1989. S. 103 ff.

Herdegen, Gerhard: Anmerkung zu KG, Urt. v. 28.9.1999 - (5) 1 Ss 166/99. Aus: Lagodny, Otto (Hg.): Der Strafprozess vor neuen Herausforderungen? Baden-Baden 2000. 103 ff.

Herrmann, Joachim: Aufgaben und Grenzen der Beweisverwertungsverbote. Aus: Vogler, Theo (Hg.): Festschrift für Hans-Heinrich Jescheck. Berlin 1985. S. 1291 ff.

Herzog, Felix: Gesellschaftliche Unsicherheit und strafrechtliche Daseinsvorsorge. Heidelberg 1991.

Herzog, Felix: Die Krise der geistigen und sozialen Grundlagen des reformierten Strafprozesses. Aus: Herzog, Felix (Hg.): Quo vadis, Strafprozeß? Baden-Baden 1998. S. 21 ff.

Hesse, Konrad: Bestand und Bedeutung der Grundrechte in der Bundesrepublik Deutschland. EuGRZ 1978, S. 427 ff.

Hesse, Hans Albrecht: Der Schutzstaat. Baden-Baden 1994.

Hettinger, Michael: Entwicklungen im Strafrecht und Strafverfahrensrecht der Gegenwart. Heidelberg 1997.

Hilgendorf, Eric: Das Problem der Wertfreiheit in der Jurisprudenz. Aus: Hilgendorf, Eric; Kuhlen, Lothar (Hg.): Die Wertfreiheit in der Jurisprudenz. Heidelberg 2000. S. 1 ff.

Hilger, Hans: Über verfassungs- und strafverfahrensrechtliche Probleme bei gesetzlichen Regelungen grundrechtsrelevanter strafprozessualer Ermittlungsmaßnahmen. Aus: Eser, Albin (Hg.): Festschrift für Hannskarl Salger. Köln 1995. S. 319 ff.

Hilger, Hans: Zum Strafverfahrensrechtsänderungsgesetz 1999 (StVÄG 1999) - 1. Teil. NStZ 2000, S. 561 ff.

Hippel, Eike von: Zur Notwendigkeit einer "Präventiven Jurisprudenz": Vorbeugen ist besser als heilen. ZRP 2001, S. 145 ff.

Hirsch, Andrew von: Law and Order: Die Politik der Ressentiments. Aus: Lüderssen, Klaus (Hg.): Aufgeklärte Kriminalpolitik oder Kampf gegen das Böse? Bd. V: Lernprozesse im Vergleich der Kulturen. Baden-Baden 1998. S. 31 ff.

Hirsch, Burkhard: Kammerjäger erwünscht! Die ZEIT v. 28.2.2002, S. 6.

Hölscheidt, Sven: Der Grundsatz der Gesetzmäßigkeit der Verwaltung. JA 2001, S. 409 ff.

Honig, Richard M.: Beweisverbote und Grundrechte im amerikanischen Strafprozeß. Tübingen 1967.

Höpfel, Frank: Einführung in die Tagungsthematik. Aus: Höpfel, Frank; Huber, Barbara (Hg.): Beweisverbote in Ländern der EU und vergleichbaren Rechtsordnungen. Freiburg i.Br. 1999. S. 15 ff.

Huber, Barbara: England und Wales. Aus: Perron, Walter (Hg.): Die Beweisaufnahme im Strafverfahrensrecht des Auslands. Freiburg i.Br. 1995. S. 11 ff.

Huber, Barbara: Ermittlungsmethoden und Beweisverbote im englischen Strafprozeßrecht. Aus: Höpfel, Frank; Huber, Barbara (Hg.): Beweisverbote in Ländern der EU und vergleichbaren Rechtsordnungen. Freiburg i.Br. 1999. S. 75 ff.

Ibler, Martin: Grundrechtseingriff und Gesetzesvorbehalt bei Warnungen durch Bundesorgane. Aus: Geis, Max-Emanuel; Lorenz, Dieter (Hg.): Staat. Kirche. Verwaltung. Festschrift für Hartmut Maurer zum 70. Geburtstag. S. 145 ff.

Institut für Kriminalwissenschaften und Rechtsphilosophie Frankfurt am Main (Hg.): Irrwege der Strafgesetzgebung. Frankfurt am Main 1999.

Institut für Kriminalwissenschaften Frankfurt am Main (Hg.): Vom unmöglichen Zustand des Strafrechts. Frankfurt/M. 1995.

Isensee, Josef: Das Grundrecht auf Sicherheit. Berlin/New York 1983.

Isensee, Josef: Anmerkung zu VerfGH NW, Urt. v. 9.2.1999 - VerfGH 11/98. JZ 1999, S. 1113 ff.

Jahn, Matthias: Konfliktverteidigung und Inquisitionsmaxime. Baden-Baden 1998.

Jahn, Matthias: Kein Verwertungsverbot bei Überschreitung der Höchstdauer einer Abhörmaßnahme (Bespr. v. BGH, Urt. v. 11.11.1998 - 3 StR 181/98). JA 1999, S. 455 ff.

Jahn, Matthias: Anmerkung zu BGH, Beschl. v. 13.10.1999 - 2 BJs 112/97-2 - StB 10 u. 11/99. NStZ 2000, S. 383 ff.

Jahn, Matthias: Grundlagen der Beweiswürdigung und Glaubhaftigkeitsbeurteilung im Strafverfahren. Jura 2001, S. 450 ff.

Jähnke, Burkhard: Verwertungsverbote bei Zeugnis- und Auskunftsverweigerungsrechten. Aus: Arbeitsgemeinschaft Strafrecht des DAV (Hg.): Wahrheitsfindung und ihre Schranken. Essen 1989. S. 69 ff.

Jähnke, Burkhard: Verwertungsverbote und Richtervorbehalt beim Einsatz Verdeckter Ermittler. Aus: Böttcher, Reinhard (Hg.): Festschrift für Walter Odersky. Berlin/New York 1996. S. 427 ff.

Jakobs, Günther: Das Selbstverständnis der Strafrechtswissenschft vor den Herausforderungen der Gegenwart (Kommentar). Aus: Burkhardt, Björn; Eser, Albin; Hassemer, Winfried (Hg.): Die Strafrechtswissenschaft vor der Jahrtausendwende. München 2000. S. 47 ff.

Jakobs, Günther: Strafrechtliche Zurechnung und die Bedingungen der Normgeltung. Aus: Neumann, Ulfrid; Schulz, Lorenz (Hg.): Verantwortung in Recht und Moral. Stuttgart 2000. S. 57 ff.

Jarass, Hans D.: Bausteine einer umfassenden Grundrechtsdogmatik. AöR 1995, S. 345 ff.

Jarass, Hans D.; Pieroth, Bodo: Grundgesetz. 4. Aufl. München 1997.

Jescheck, Hans-Heinrich: Beweisverbote im Strafprozeß. Generalgutachten für den 46. DJT. Aus: Ständige Deputation des deutschen Juristentages (Hg.): Verhandlungen des 46. deutschen Juristentages. Beweisverbote im Strafprozeß. München 1966. Bd. I (Gutachten), Teil 3 B.

Jescheck, Hans-Heinrich (Hg.): Strafgesetzbuch. Leipziger Kommentar. Bd. 5 (§§ 185-262). 10. Aufl. Berlin u.a. 1989.

Jung, Heike: Einheit und Vielfalt der Reformen des Strafprozessrechts in Europa. GA 2002, S. 65 ff.

Kaiser, Günther: Kriminalpolitik in der Zeitenwende. Aus: Schünemann, Bernd u.a. (Hg.): Festschrift für Claus Roxin. Berlin/New York 2001. S. 989 ff.

Kaufmann, Arthur: Rechtsphilosophie in der Nach-Neuzeit. 2. Aufl. Heidelberg 1992.

Kaufmann, Arthur: Einige Bemerkungen zur Frage der Wissenschaftlichkeit der Rechtswissenschaft. Aus: Arthur Kaufmann u.a. (Hg.): Festschrift für Paul Bockelmann. München 1979. S. 67 ff.

Kaufmann, Franz-Xaver: Normen und Institutionen als Mittel der Bewältigung von Unsicherheit: Die Sicht der Soziologie. Aus: Bayerische Rückversicherung AG (Hg.): Gesellschaft und Unsicherheit. München 1987. S. 37 ff.

Keller, Rainer: Der Verlust von orientierungskräftiger Gegenständlichkeit im Strafrecht und der Normativismus. ZStW 1995, S. 457 ff.

Kelnhofer, Evelyn: Hypothetische Ermittlungsverläufe im System der Beweisverbote. Berlin 1994.

Kempf, Eberhard: Wahrheitsfindung und ihre Schranken. Aus: Arbeitsgemeinschaft Strafrecht des DAV (Hg.): Wahrheitsfindung und ihre Schranken. Essen 1989. S. 21 ff.

Kempf, Eberhard: Die (nicht nur technische) Übermacht der Polizei im staatsanwaltschaftlichen Ermittlungsverfahren. Aus: Lagodny, Otto (Hg.): Der Strafprozess vor neuen Herausforderungen? Baden-Baden 2000. S. 143 ff.

Kiper, Manuel; Ruhmann, Ingo: Überwachung der Telekommunikation. DuD 1998, 155 ff.

Kirchmann, Julius Hermann von: Die Wertlosigkeit der Jurisprudenz als Wissenschaft. Berlin 1848.

Kleinknecht, Theodor: Die Beweisverbote im Strafprozeß. NJW 1966, S. 1537 ff.

Kleinknecht, Theodor; Meyer-Goßner, Lutz: Strafprozeßordnung. 45. Aufl. München 2001.

Kloepfer, Michael: Der Vorbehalt des Gesetzes im Wandel. JZ 1984, S. 685 ff.

Klug, Ulrich: Referat. Aus: Ständige Deputation des deutschen Juristentages (Hg.): Verhandlungen des 46. deutschen Juristentages. Beweisverbote im Strafprozeß. München 1966. Bd. II (Sitzungsberichte), S. F 30 ff.

Klug, Ulrich: Abschied von Kant und Hegel. Aus: Baumann, Jürgen (Hg.): Programm für ein neues Strafgesetzbuch. Frankfurt am Main 1968. S. 36 ff.

Knemeyer, Franz-Ludwig: Polizei- und Ordnungsrecht. 7. Aufl. München 1998.

Kopp, Ferdinand O.; Ramsauer, Ulrich: Verwaltungsverfahrensgesetz. 7. Aufl. München 2000.

Koriath, Heinz: Über Beweisverbote im Strafprozeß. Frankfurt/M. 1994.

Krauß, Detlef: Sicherheitsstaat und Strafverteidigung. StV 1989, S. 315 ff.

Krey, Volker: Studien zum Gesetzesvorbehalt im Strafrecht. Berlin 1977.

Kries, August von: Lehrbuch des deutschen Strafprozeßrechts Freiburg i.Br. 1892.

Kuhlen, Lothar: Das Selbstverständnis der Strafrechtswissenschaft gegenüber den Herausforderungen ihrer Zeit (Kommentar). Aus: Burkhardt, Björn; Eser, Albin; Hassemer, Winfried (Hg.): Die Strafrechtswissenschaft vor der Jahrtausendwende. München 2000. S. 57 ff.

Kühne, Hans-Heiner: Strafprozeßrecht. 5. Auflage. Heidelberg 1999.

Kühne, Hans-Heiner: Die Rechtsprechung des EGMR als Motor für eine Verbesserung des Schutzes von Beschuldigtenrechten in den nationalen Strafverfahrensrechten der Mitgliedstaaten. StV 2001, S. 73 ff.

Kühne, Hans-Heiner: Gegenstand und Reichweite von Präventionskonzepten. DRiZ 2002, S. 18 ff.

Kunert, Karl Heinz: Strafprozessuale Beweisprinzipien im Wechselspiel. GA 1979, 401 ff.

Kunig, Philip: Das Rechtsstaatsprinzip. Tübingen 1986.

Kunig, Philip: Der Rechtsstaat. Aus: Badura, Peter; Dreier, Horst (Hg.): Festschrift 50 Jahre Bundesverfassungsgericht, Bd. 2. Tübingen 2001. S. 421 ff.

Küper, Wilfried: Die Richteridee der Strafprozessordnung und ihre geschichtlichen Grundlagen. Berlin 1967.

Kury, Helmut: Zur Bedeutung von Kriminalitätsentwicklung und Viktimisierung für die Verbrechensfurcht. Aus: Kaiser, Günther; Jehle, Jörg-Martin (Hg.): Kriminologische Opferforschung. Teilband II: Verbrechensfurcht und Opferwerdung. Individualopfer und Verarbeitung von Opfererfahrungen. Heidelberg 1995. S. 127 ff.

Landau, Herbert; Sander, Günther M.: Ermittlungsrichterliche Entscheidungen und ihre Revisibilität. StraFo 1998, S. 397 ff.

Leisner, Walter: "Abwägung überall" - Gefahr für den Rechtsstaat. NJW 1997, S. 636 ff.

Lenz, Karl-Friedrich: Japan. Aus: Perron, Walter (Hg.): Die Beweisaufnahme im Strafverfahrensrecht des Auslands. Freiburg i.Br. 1995. S. 195 ff.

Lesch, Heiko Hartmut: Zu den Rechtsquellen des V-Mann-Einsatzes und der Observation im Strafverfahren. JA 2000, S. 725 ff.

Liszt, Franz von: Ueber den Einfluss der soziologischen und anthropologischen Forschungen auf die Grundbegriffe des Strafrechts. Aus: Liszt, Franz von (Hg.): Strafrechtliche Vorträge und Aufsätze. 2. Band. Berlin 1905. S. 75 ff.

Limbach, Jutta: Die Funktionstüchtigkeit der Strafrechtspflege im Rechtsstaat. Aus: Strafverteidigervereinigungen (Hg.): 20. Strafverteidigertag 1996: Aktuelles Verfahrensrecht und Strafverteidigung. Köln 1996. S. 35 ff.

Listl, Joseph: Die Entscheidungsprärogative des Parlaments für die Errichtung von Kernkraftwerken. DVBl 1978, S. 10 ff.

Löschnig-Gspandl, Mariann; Puntigam, Doris: Österreich. Aus: Perron, Walter (Hg.): Die Beweisaufnahme im Strafverfahrensrecht des Auslands. Freiburg i. Br. 1995. S. 319 ff.

Lüderssen, Klaus: Verbrechensprophylaxe durch Verbrechensprovokation? Aus: Baumann, Jürgen; Tiedemann, Klaus (Hg.): Einheit und Vielfalt des Strafrechts. Festschrift für Karl Peters. Tübingen 1974. S. 349 ff.

Lüderssen, Klaus: Opfer im Zwielicht. Aus: Weigend, Thomas; Küpper, Georg (Hg.): Festschrift für Hans Joachim Hirsch. Berlin/New York 1999. S. 879 ff.

Lüderssen, Klaus: Verdeckte Ermittlungen im Strafprozeß. Aus: Canaris, Claus-Wilhelm u.a. (Hg.): 50 Jahre Bundesgerichtshof. Festgabe aus der Wissenschaft. Bd. 4. München 2000. S. 883 ff.

Macht, Klaus: Verwertungsverbote bei rechtswidriger Informationserlangung im Verwaltungsverfahren. Berlin 1999.

Maier, Hans Christian: Die Garantiefunktion des Gesetzes im Strafprozeß. Pfaffenweiler 1991.

Maisch, Herbert: Forensisch-psychologische Aspekte von Verstößen gegen § 136a StPO im Ermittlungsverfahren. Ein empirischer Beitrag. StV 1990, S. 314 ff.

Makrutzki, Patric: Verdeckte Ermittlungen im Strafprozeß. Berlin 2000.

Martensen, Jürgen: Strafprozessuale Ermittlungen im Lichte des Vorbehalts des Gesetzes. JuS 1999, S. 433 ff.

Maultzsch, Felix: Hegels Rechtsphilosophie als Grundlage systemtheoretischer Strafbegründung. Jura 2001, S. 85 ff.

Mertens, Oliver: Strafprozessuale Grundrechtseingriffe und Bindung an den Wortsinn der ermächtigenden Norm. Frankfurt am Main 1996.

Meurer, Dieter: Beweis und Beweisregel im deutschen Strafprozeß. Aus: Herzberg, Rolf-Dietrich (Hg.): Festschrift für Dietrich Oehler. Köln 1985. S. 357 ff.

Meurer, Dieter: Beweiserhebung und Beweiswürdigung. Aus: Hirsch, Hans Joachim (Hg.): Gedächtnisschrift für Hilde Kaufmann. Berlin/New York 1986. S. 947 ff.

Meurer, Dieter: Dogmatik und Pragmatismus - Marksteine der Rechtsprechung des BGH in Strafsachen. NJW 2000, S. 2936 ff.

Meyer-Goßner, Lutz; Appl, Ekkehard: Die Ausweitung des Widerspruchserfordernisses. StraFo 1998, S. 258 ff.

Momsen, Carsten: Verfahrensfehler und Rügeberechtigung im Strafprozeß. Frankfurt am Main 1997.

Müller, Frank: Alpmann Schmidt StPO. 10. Aufl. Münster 2000.

Müller, Georg: Rechtssetzung im Gewährleistungsstaat. Aus: Geis, Max-Emanuel; Lorenz, Dieter (Hg.): Staat. Kirche. Verwaltung. Festschrift für Hartmut Maurer zum 70. Geburtstag. S. 227 ff.

Müller, Ingo: Furchtbare Juristen. München 1989.

Müller-Tuckfeld, Jens-Christian: Wahrheitspolitik. Anmerkungen zum Verhältnis von Kontingenz und Kritik in der kritischen Kriminologie. Aus: Frehsee, Detlev (Hg.): Konstruktion der Wirklichkeit durch Kriminalität und Strafe. Baden-Baden 1997. S. 458 ff.

Müssig, Bernd: Beweisverbote im Legitimationszusammenhang von Strafrechtsthorie und Strafverfahren. GA 1999, S. 119 ff.

Nack, Armin: Aufhebungspraxis der Strafsenate des BGH. NStZ 1997, S. 153 ff.

Nack, Armin: Verwertung rechtswidriger Ermittlungen nur zugunsten des Beschuldigten? StraFo 1998, S. 366 ff.

Nack, Armin: Der Zeugenbeweis aus aussagepsychologischer und juristischer Sicht. StraFo 2001, S. 1 ff.

Nagel, Michael: Verwertung und Verwertungsverbote im Strafverfahren. Leipzig 1998.

Naucke, Wolfgang: Die Aufhebung des strafrechtlichen Analogieverbots 1935. Aus: Naucke, Wolfgang (Hg.): Über die Zerbrechlichkeit des rechtsstaatlichen Strafrechts. Baden-Baden 2000. S. 301 ff.

Naucke, Wolfgang: Vom Vordringen des Polizeigedankens im Recht, d.i.: vom Ende der Metaphysik im Recht. Aus: Naucke, Wolfgang (Hg.): Über die Zerbrechlichkeit des rechtsstaatlichen Strafrechts. Baden-Baden 2000. S. 379 ff.

Naucke, Wolfgang: Versuch über den aktuellen Stil des Rechts. Aus: Naucke, Wolfgang (Hg.): Gesetzlichkeit und Kriminalpolitik. Frankfurt am Main 1999. S. 196 ff.

Naucke, Wolfgang: Entwicklungen der allgemeinen Politik und der Zusammenhang dieser Politik mit der Reform des Strafrechts in der Bundesrepublik Deutschland. Aus: Naucke, Wolfgang (Hg.): Über die Zerbrechlichkeit des rechtsstaatlichen Strafrechts. Baden-Baden 2000. S. 393 ff.

Naucke, Wolfgang: Der Revisionsrichter in Strafsachen. Aus: Bemmann, Günter; Manoledakis, Ioannis (Hg.): Der Richter in Strafsachen. Baden-Baden 1992. S. 107 ff.

Naucke, Wolfgang: NS-Strafrecht: Perversion oder Anwendungsfall moderner Kriminalpolitik? Aus: Naucke, Wolfgang (Hg.): Über die Zerbrechlichkeit des rechtsstaatlichen Strafrechts. Baden-Baden 2000. S. 361 ff.

Naucke, Wolfgang: Konturen eines nach-präventiven Strafrechts. KritV 1999, S. 336 ff.

Naucke, Wolfgang: Das System der prozessualen Entkriminalisierung. Aus: Samson, Erich u.a. (Hg.): Festschrift für Gerald Grünwald. Baden-Baden 1999. S. 403 ff.

Nestler, Cornelius: Die Praxis der Absprachen und die Zukunft des deutschen Strafprozesses. Aus: Prittwitz, Cornelius; Manoledakis, Ioannis (Hg.): Strafrechtsprobleme an der Jahrtausendwende. Baden-Baden 2000. S. 99 ff.

Neumann, Ulfrid: Materiale und prozedurale Gerechtigkeit im Strafverfahren. ZStW 1989, S. 52 ff.

Neumann, Ulfrid: Hat die Strafrechtsdogmatik eine Zukunft? Aus: Prittwitz, Cornelius; Manoledakis, Ioannis (Hg.): Strafrechtsprobleme an der Jahrtausendwende. Baden-Baden 2000. S. 119 ff.

Niedobitek, Matthias: Rechtsbindung der Verwaltung und Effizienz des Verwaltungsverfahrens. DÖV 2000, S. 761 ff.

Niemöller, Martin; Schuppert, Gunnar Folke: Die Rechtsprechung des Bundesverfassungsgerichts zum Strafverfahrensrecht. AöR 1982, S. 387 ff.

Nijboer, Johannes Fredrikus: Das "negativ-gesetzliche" Beweisrecht in den Niederlanden. Aus: Nijboer, Johannes Fredrikus (Hg.): Beweisprobleme und Strafrechtssysteme. 2. Aufl. Frankfurt am Main 1997. S. 37 ff.

Nijboer, Johannes Fredrikus: Technical opportunities and the law of evidence. Aus: Nijboer, Johannes Fredrikus (Hg.): Beweisprobleme und Strafrechtssysteme. 2. Aufl. Frankfurt am Main 1997. S. 233 ff.

Nijboer, Johannes Fredrikus: The American adversarial system in criminal cases: the backside of L.A. Law. Aus: Nijboer, Johannes Fredrikus (Hg.): Beweisprobleme und Strafrechtssysteme. 2. Aufl. Frankfurt am Main 1997. S. 169 ff.

Nijboer, Johannes Fredrikus: Methods of Investigation and Exclusion of Evidence - a Comparative and Interdisciplinary Perspective. Aus: Höpfel, Frank; Huber, Barbara (Hg.): Beweisverbote in Ländern der EU und vergleichbaren Rechtsordnungen. Freiburg i.Br. 1999. S. 39 ff.

Ogorek, Regina: Richterkönig oder Subsumtionsautomat? Frankfurt am Main 1986.

Orlandi, Renzo: Ermittlungsmethoden und Beweisverbote nach der italienischen Strafprozeßordnung. Aus: Höpfel, Frank; Huber, Barbara (Hg.): Beweisverbote in Ländern der EU und vergleichbaren Rechtsordnungen. Freiburg i.Br. 1999. S. 57 ff.

Ossenbühl, Fritz: Vorrang und Vorbehalt des Gesetzes. Aus: Isensee, Josef; Kirchhof, Paul (Hg.): Handbuch des Staatsrechts der Bundesrepublik Deutschland. 2. Aufl. Heidelberg 1995 ff. Bd. 3. S. 315 ff.

Ossenbühl, Fritz: Der Grundsatz der Verhältnismäßigkeit (Übermaßverbot) in der Rechtsprechung der Verwaltungsgerichte. Jura 1997, S. 617 ff.

Ostendorf, Heribert: Chancen und Risiken von Kriminalprävention. ZRP 2001, S. 151 ff.

Pauli, Gerhard: Die Rechtsprechung des Reichsgerichts in Strafsachen zwischen 1933 und 1945 und ihre Fortwirkung in der Rechtsprechung des Bundesgerichtshofes. Berlin/New York 1992.

Peres, Holger: Strafprozessuale Beweisverbote und Beweisverwertungsverbote. München 1991.

Perron, Walter: Rechtsvergleichender Querschnitt und rechtspolitische Bewertung. Aus: Perron, Walter (Hg.): Die Beweisaufnahme im Strafverfahrensrecht des Auslands. Freiburg i.Br. 1995. S. 549 ff.

Peters, Karl: Strafprozeß. 4. Aufl. Heidelberg 1985.

Petry, Horst: Beweisverbote im Strafprozess. Darmstadt 1971.

Pfeiffer, Gerd (Hg.): Karlsruher Kommentar zur Strafprozeßordnung. 4. Aufl. München 1999.

Pilnacek, Christian: Überblick über die Grundsätze der Beweisermittlung und der Beweisverbote im österreichischen Strafverfahren. Aus: Höpfel, Frank; Huber, Barbara (Hg.): Beweisverbote in Ländern der EU und vergleichbaren Rechtsordnungen. Freiburg i.Br. 1999. S. 99 ff.

Prittwitz, Cornelius: Der Mitbeschuldigte im Strafprozeß. Frankfurt am Main 1984.

Prittwitz, Cornelius: Rechtswidrige Ermittlungsmethoden. Aus: Strafverteidigervereinigungen (Hg.): 11. Strafverteidigertag 1987: Dokumentation. Landsberg 1988. S. 308 ff.

Prittwitz, Cornelius: Funktionalisierung des Strafrechts. StV 1991, S. 435 ff.

Prittwitz, Cornelius: Strafrecht und Risiko. Frankfurt am Main 1993.

Prittwitz, Cornelius: Alternativen der Kriminalpolitik in der Risikogesellschaft: Weniger Rechtsstaat im Strafrecht oder weniger Strafrecht im Rechtsstaat? Aus: Strafverteidigervereinigungen (Hg.): 17. Strafverteidigertag 1993: Rechtsstaatliche Antworten auf neue Kriminalitätsformen. Köln 1993. S. 19 ff.

Prittwitz, Cornelius: Risiken des Risikostrafrechts. Aus: Frehsee, Detlev (Hg.): Konstruktion der Wirklichkeit durch Kriminalität und Strafe. Baden-Baden 1997. S. 47 ff.

Prittwitz, Cornelius: Skizzen zu Strafrecht und Kriminalpolitik in Zeiten der Globalisierung. Aus: Prittwitz, Cornelius; Manoledakis, Ioannis (Hg.): Strafrechtsprobleme an der Jahrtausendwende. Baden-Baden 2000. S. 163 ff.

Prittwitz, Cornelius: Positive Generalprävention und "Recht des Opfers auf Bestrafung des Täters"? KritV-Sonderheft 2000, S. 162 ff.

Püttner, Günter; Guckelberger Annette: Beschleunigung von Verwaltungsverfahren. JuS 2001, S. 218 ff.

Quine, Willard Van Orman (Hg.): Von einem logischen Standpunkt. Frankfurt am Main 1979.

Rabe von Kühlewein, Malte: Der Richtervorbehalt im Polizei- und Strafprozeßrecht. Frankfurt am Main 2001.

Radbruch, Gustav: Grenzen der Kriminalpolizei. Aus: Wegner, Arthur (Hg.): Festschrift für Wilhem Sauer. Berlin 1949. S. 121 ff.

Ranft, Otfried: Die auf Verletzung des § 252 StPO gestützte Verfahrensrüge bei Verzicht des Zeugen auf das Verwertungsverbot. Jura 2000, S. 628 ff.

Ranft, Otfried: Ausübung des Zeugnisverweigerungsrechts in der Hauptverhandlung bei gleichzeitigem Verzicht auf das Verwertungsverbot des § 252 StPO. NJW 2001, S. 1305 ff.

Reamey, Gerald S.: The American Exclusionary Rule Experience. Aus: Höpfel, Frank; Huber, Barbara (Hg.): Beweisverbote in Ländern der EU und vergleichbaren Rechtsordnungen. Freiburg i.Br. 1999. S. 191 ff.

Reemtsma, Jan Philipp: Das Recht des Opfers auf die Bestrafung des Täters - als Problem. München 1999.

Regierungskoalition: Eckpunkte einer Reform des Strafverfahrens - Diskussionspapier. StV 2001, S. 314 ff.

Reuband, Karl-Heinz: Veränderungen in der Kriminalitätsfurcht der Bundesbürger 1963-1993. Aus: Kaiser, Günther; Jehle, Jörg-Martin (Hg.): Kriminologische Opferforschung. Teilband II: Verbrechensfurcht und Opferwerdung. Individualopfer und Verarbeitung von Opfererfahrungen. Heidelberg 1995. S. 37 ff.

Riehle, Eckart: Funktionstüchtige Strafrechtspflege contra strafprozessuale Garantien. KJ 1980, S. 316 ff.

Riepl, Frank: Informationelle Selbstbestimmung im Strafverfahren. Tübingen 1998.

Rieß, Peter (Hg.): Löwe-Rosenberg. Die Strafprozeßordnung und das Gerichtsverfassungsgesetz. 1. Bd. (Einleitung; §§ 1-71). 25. Aufl. Berlin/New York 1999.

Rieß, Peter: Gedanken zum gegenwärtigen Zustand und zur Zukunft der Revision in Strafsachen. Aus: Ebert, Udo u.a. (Hg.): Festschrift für Ernst-Walter Hanack. Berlin/New York 1999. S. 397 ff.

Rieß, Peter: Sicherung einer effektiven Strafrechtspflege - ein Verfassungsgebot? StraFo 2000, S. 364 ff.

Rieß, Peter: Der vereinbarte Rechtsmittelverzicht. Aus: Eser, Albin u.a. (Hg.): Strafverfahrensrecht in Theorie und Praxis. Festschrift für Lutz Meyer-Goßner. München 2001. S. 645 ff.

Rogall, Klaus: Der Beschuldigte als Beweismittel gegen sich selbst. Berlin 1977.

Rogall, Klaus: Gegenwärtiger Stand und Entwicklungstendenzen der Lehre von den strafprozessualen Beweisverboten. ZStW 1979, S. 1 ff.

Rogall, Klaus: Hypothetische Ermittlungsverläufe im Strafprozeß. NStZ 1988, S. 385 ff.

Rogall, Klaus: Informationseingriff und Gesetzesvorbehalt im Strafprozeßrecht. Tübingen 1992.

Rogall, Klaus: Beweisverbote im System des deutschen und des amerikanischen Strafverfahrensrechts. Aus: Wolter, Jürgen (Hg.): Zur Theorie und Systematik des Strafprozeßrechts. Neuwied 1995. S. 113 ff.

Rogall, Klaus: Über die Folgen der rechtswidrigen Beschaffung des Zeugenbeweises im Strafprozeß. JZ 1996, S. 944 ff.

Rogall, Klaus: Besprechung von Störmer, Dogmatische Grundlagen der Verwertungsverbote. StV 1996, S. 513 ff.

Rogall, Klaus: Zur Lehre von den Beweisverboten. Aus: Samson, Erich u.a. (Hg.): Festschrift für Gerald Grünwald. Baden-Baden 1999. S. 523 ff.

Rogall, Klaus: "Abwägungen" im Recht der Beweisverbote. Aus: Ebert, Udo u.a. (Hg.): Festschrift für Ernst-Walter Hanack. Berlin/New York 1999. S. 293 ff.

Rogall, Klaus: Grundsatzfragen der Beweisverbote. Aus: Höpfel, Frank; Huber, Barbara (Hg.): Beweisverbote in Ländern der EU und vergleichbaren Rechtsordnungen. Freiburg i.Br. 1999. S. 119 ff.

Rosenfeld, Ernst Heinrich: Der Reichs-Strafprozeß. Berlin 1912.

Rottleuthner, Hubert: Effektivität und Rechtsstaatlichkeit. Aus: Rottleuthner, Hubert (Hg.): Armer Rechtsstaat. Baden-Baden 2000. S. 165 ff.

Roxin, Claus: Die Rechtsprechung des Bundesgerichtshofs zum Strafverfahrensrecht - Ein Rückblick auf 40 Jahre. Aus: Jauernig, Othmar; Roxin, Claus (Hg.): Vierzig Jahre BGH. Heidelberg 1991. S. 66 ff.

Roxin, Claus: Strafrecht: Allgemeiner Teil. 3. Aufl. München 1997.

Roxin, Claus: Strafverfahrensrecht. München 1998.

Roxin, Claus: Anmerkung zu BGH, Urt. v. 18.11.1999 - 1 StR 221/99. JZ 2000, S. 369 ff.

Rudolf, Walter: Datenschutz - Ein Grundrecht. Aus: Geis, Max-Emanuel; Lorenz, Dieter (Hg.): Staat. Kirche. Verwaltung. Festschrift für Hartmut Maurer zum 70. Geburtstag. S. 269 ff.

Rudolphi, Hans-Joachim (Hg.): Systematischer Kommentar zur Strafprozeßordnung und zum Gerichtsverfassungsgesetz. Stand: 24. Lfg. September 2001. Frankfurt am Main 1986 ff.

Rudolphi, Hans-Joachim: Die Revisibilität von Verfahrensmängeln im Strafprozeß. MDR, 1970, S. 93 ff.

Rupp, Hans Heinrich: Beweisverbote im Strafprozeß in verfassungsrechtlicher Sicht. Aus: Ständige Deputation des deutschen Juristentages (Hg.): Verhandlungen des 46. deutschen Juristentages. Beweisverbote im Strafprozeß. München 1966. Bd. I (Gutachten), Teil 3 A.

Russell, Bertrand: Philosophie des Abendlandes. 10. Aufl. Wien 2001.

Rzepka, Dorothea: Zur Fairness im deutschen Strafverfahren. Frankfurt am Main 2000.

Salditt, Franz: Das Interesse an der Lüge. StV 1999, S. 61 ff.

Sarstedt, Werner; Hamm, Rainer: Die Revision in Strafsachen. 6. Aufl. Berlin/New York 1998.

Satzger, Helmut: Anmerkung zu EuGH, Urt. v. 16.6.1998 - Rs. C-226/97. StV 1999, 132 ff.

Savigny, Friedrich Carl von: Ueber Schwurgerichte und Beweistheorie im Strafprozesse. ArchfPrStR 1858, S. 469 ff.

Scheerer, Sebastian: Die Kriminalstrafe als Kulturerbe der Menschheit? (Kommentar). Aus: Burkhardt, Björn; Eser, Albin; Hassemer, Winfried (Hg.): Die Strafrechtswissenschaft vor der Jahrtausendwende. München 2000. S. 345 ff.

Schlothauer, Reinhold: Zeugnisverweigerungsrechte, Auskunftsverweigerungsrecht und Rechtskreistheorie. Aus: Arbeitsgemeinschaft Strafrecht des DAV (Hg.): Wahrheitsfindung und ihre Schranken. Essen 1989. S. 80 ff.

Schlothauer, Reinhold: Das Revisionsrecht in der Krise. StraFo 2000, S. 289 ff.

Schlothauer, Reinhold: Die Flucht aus der Justizförmigkeit durch die europäische Hintertür. StV 2001, S. 127 ff.

Schlüchter, Ellen: Der Wert der Form im Strafprozeß. Aus: Wolter, Jürgen (Hg.): Zur Theorie und Systematik des Strafprozeßrechts. Neuwied 1995. S. 205 ff.

Schmidt, Eberhard: Lehrkommentar zur Strafprozeßordnung und zum Gerichtsverfassungsgesetz. Göttingen 1952 ff.

Schmidt, Eberhard: Die Verletzung der Belehrungspflicht gem. § 55 II StPO als Revisionsgrund. JZ 1958, S. 596 ff.

Schmidt, Eberhard: Kritische Bemerkungen zu dem Beschluß des Großen Senats für Strafsachen vom 8.12.1958, betreffend das Untersuchungsverweigerungsrecht nach StPO § 81c. JR 1959, S. 369 ff.

Schmidt, Eberhard: Strafrechtspflege in Gefahr. ZStW 1968, S. 567 ff.

Schmidt, Eberhard: Der Strafprozeß - Aktuelles und Zeitloses. Aus: Schmidt, Eberhard (Hg.): Strafprozeß und Rechtsstaat. Göttingen 1970. S. 284 ff.

Schmidt-Jortzig, Edzard: Grenzen der staatlichen Strafgewalt. Aus: Badura, Peter; Dreier, Horst (Hg.): Festschrift 50 Jahre Bundesverfassungsgericht, Bd. 2. Tübingen 2001. S. 505 ff.

Schmitt, Bertram: Die richterliche Beweiswürdigung im Strafprozeß. Lübeck 1992.

Schöneborn, Christian: Die strafprozessuale Beweisverwertungsproblematik aus revisionsrechtlicher Sicht. GA 1975, S. 33 ff.

Schönke, Adolf; Schröder, Horst (Begr.): Strafgesetzbuch. 25. Aufl. München 1997.

Schröder, Svenja: Beweisverwertungsverbote und die Hypothese rechtmäßiger Beweiserlangung im Strafprozeß. Berlin 1992.

Schroeder, Friedrich-Christian: Der Begriff der Strafverfolgung. GA 1985, S. 485 ff.

Schroeder, Friedrich-Christian: Strafprozeßrecht. 3. Aufl. München 2001.

Schroth, Ulrich: Beweisverwertungsverbote im Strafverfahren - Überblick, Strukturen und Thesen zu einem umstrittenen Thema. JuS 1998, S. 969 ff.

Schubert, Werner; Glöckner, Hans Peter: Vom Reichsgericht zum Bundesgerichtshof. NJW 2000, S. 2971 ff.

Schulz, Lorenz: "Die deutsche Strafrechtswissenschaft vor der Jahrtausendwende" (Tagungsbericht). ZStW 2000, S. 653 ff.

Schulz, Lorenz: Genetische Datenbanken und Selbstbestimmung: Das Beispiel Island. DuD 2001, S. 12 ff.

Schünemann, Bernd: Kritische Anmerkungen zur geistigen Situation der deutschen Strafrechtswissenschaft. GA 1995, S. 201 ff.

Schünemann, Bernd: Die deutsche Strafrechtswissenschaft nach der Jahrtausendwende. GA 2001, S. 205 ff.

Schünemann, Bernd: Strafrechtsdogmatik als Wissenschaft. Aus: Schünemann, Bernd u.a. (Hg.): Festschrift für Claus Roxin. Berlin/New York 2001. S. 1 ff.

Schünemann, Bernd: Wohin treibt der deutsche Strafprozess? ZStW 2002, S. 1 ff.

Seebode, Manfred; Sydow, Fritz: "Hörensagen ist halb gelogen". Das Zeugnis vom Hörensagen im Strafprozeß. JZ 1980, S. 506 ff.

Seiler, Christian: Der einheitliche Parlamentsvorbehalt. Berlin 2000.

Sinner, Stefan: Der Vertragsgedanke im Strafprozeßrecht. Frankfurt am Main 1999.

Sinner, Stefan; Kreuzer, Arthur: Anmerkung zu BGH, Urt. v. 18.11.1999 - 1 StR 221/99. StV 2000, S. 114 ff.

Sobota, Katharina: Das Prinzip Rechtsstaat. Tübingen 1997.

Spendel, Günter: Beweisverbote im Strafprozeß. NJW 1966, S. 1102 ff.

Stächelin, Gregor: Strafgesetzgebung im Verfassungsstaat. Berlin 1998.

Stamp, Frauke: Die Wahrheit im Strafverfahren. Kiel 1998.

Ständige Deputation des Deutschen Juristentages (Hg.): Verhandlungen des 46. Deutschen Juristentages. Beweisverbote im Strafprozeß. München 1966.

Ständige Deputation des Deutschen Juristentages (Hg.): Verhandlungen des 62. Deutschen Juristentages. München 1998.

Starck, Christian: Verfassungsgerichtsbarkeit und Fachgerichte. JZ 1996, S. 1033 ff.

Steiner, Udo: Der Richter als Ersatzgesetzgeber. NJW 2001, S. 2919 ff.

Stolleis, Michael: Rechtsordnung und Justizpolitik 1945-1949. Aus: Horn, Norbert u.a. (Hg.): Europäisches Rechtsdenken in Geschichte und Gegenwart. Festschrift für Helmut Coing. München 1982. S. 383 ff.

Störmer, Rainer: Dogmatische Grundlagen der Verwertungsverbote. Marburg 1992.

Strate, Gerhard: Rechtshistorische Fragen der Beweisverbote. JZ 1989, S. 176 ff.

Sydow, Fritz: Kritik der Lehre von den Beweisverboten. Würzburg 1976.

Taschke, Jürgen: Die behördliche Zurückhaltung von Beweismitteln im Strafprozeß. Frankfurt am Main 1989.

Tenckhoff, Jörg: Grundfälle zum Beleidigungsrecht. JuS 1989, S. 35 ff.

Teubner, Gunther: Verrechtlichung - Begriffe, Merkmale, Grenzen, Auswege. Aus: Kübler, Friedrich (Hg.): Verrechtlichung von Wirtschaft, Arbeit und sozialer Solidarität. Baden-Baden 1984. S. 289 ff.

Thaman, Stephen C.: USA. Aus: Perron, Walter (Hg.): Die Beweisaufnahme im Strafverfahrensrecht des Auslands. Freiburg i.Br. 1995. S. 489 ff.

Többens, Hans Werner: Der Freibeweis und die Prozeßvoraussetzungen im Strafprozeß. NStZ 1982, S. 184 ff.

Tröndle, Herbert; Fischer, Thomas: Strafgesetzbuch. 49. Aufl. München 1999.

Ufer, Florian: Der Verwertungswiderspruch in Theorie und Praxis. Frankfurt am Main 2002.

Ullmann, Emanuel: Lehrbuch des deutschen Strafprozessrechts. München 1893.

Välimaa, Asko: Methods of Gathering Evidence and Prohibition of Its Admissibility in Finland. Aus: Höpfel, Frank; Huber, Barbara (Hg.): Beweisverbote in Ländern der EU und vergleichbaren Rechtsordnungen. Freiburg i.Br. 1999. S. 93 ff.

Ven, Joseph J. M. van der: Beweisrecht als Frage nach Wahrheit und nach Gerechtigkeit. Aus: Baumann, Jürgen; Tiedemann, Klaus (Hg.): Einheit und Vielfalt des Strafrechts. Festschrift für Karl Peters. Tübingen 1974. S. 463 ff.

Vogelsang, Stefan: Die Bedeutung erfolgreicher Verfahrensrügen für das nachfolgende tatrichterliche Urteil. Frankfurt am Main 2001.

Volk, Klaus: Diverse Wahrheiten. Aus: Eser, Albin (Hg.): Festschrift für Hannskarl Salger. Köln 1995. S. 411 ff.

Volk, Klaus: Strafprozeßrecht. 2. Aufl. München 2001.

Vollhardt, Jürgen: Die Einschränkung der Revision bei Verfahrensfehlern im Zusammenhang mit den Begriffen "Ordnungsvorschrift", "Verwertungsverbot" und "Rechtskreisberührung". Erlangen-Nürnberg 1970.

Walter, Gerhard: Freie Beweiswürdigung. Tübingen 1979.

Walter, Michael: Kriminalpolitik im Zeichen der Verbrechensfurcht: von der Spezial- über die General- zur "Ubiquitäts"prävention? Aus: Weigend, Thomas; Küpper, Georg (Hg.): Festschrift für Hans Joachim Hirsch. Berlin/New York 1999. S. 897 ff.

Weber-Petras, Doris: Ordnungs- und Sollvorschriften im Strafprozeßrecht. Frankfurt am Main 1992.

Weichert, Thilo: Informationelle Selbstbestimmung und strafrechtliche Ermittlung. Pfaffenweiler 1990.

Weider, Hans-Joachim: Vom Dealen mit Drogen und Gerechtigkeit. Mönchengladbach 2000.

Weigend, Thomas: Unverzichtbares im Strafverfahrensrecht. ZStW 2001, S. 271 ff.

Welp, Jürgen: Die strafprozessuale Überwachung des Post- und Fernmeldeverkehrs. Heidelberg 1974.

Weßlau, Edda: Besprechung von Amelung, Informationsbeherrschungsrechte im Strafprozeß. StV 1995, S. 278 ff.

Weßlau, Edda: Anmerkung zu BVerfG, Beschl. v. 1.3.2000 - 2 BvR 2017 u. 2039 (Sedlmayr) und v. 27.4.2000 - 2 BvR 1990/96 (Zweithörer). StV 2000, S. 468 ff.

Wichmann, Hermann: Das Berufsgeheimnis als Grenze des Zeugenbeweises. Frankfurt am Main 2000.

Widmaier, Gunter: Wahrheitsfindung zwischen Aufklärungspflicht und Beweisverboten. Aus: Arbeitsgemeinschaft Strafrecht des DAV (Hg.): Wahrheitsfindung und ihre Schranken. Essen 1989. S. 29 ff.

Wieland, Joachim: Anmerkung zu VerfGH NW, Urt. v. 9.2.1999 - VerfGH 11/98. DVBl 1999, S. 719 ff.

Winkler, Markus: Kollisionen verfassungsrechtlicher Schutznormen. Berlin 2000.

Wohlers, Wolfgang: Deliktstypen des Präventionsstrafrechts - zur Dogmatik "moderner" Gefährdungsdelikte. Berlin 2000.

Wollweber, Harald: Anm. zu BGH, Urt. v. 20.6.1997 - 2 StR 130/97. StV 1999, S. 355 ff.

Wolter, Jürgen: Beweisverbote und Informationsübermittlung der Polizei bei präventiver Videoüberwachung eines Tatverdächtigen. Jura 1992, S. 520 ff.

Wolter, Jürgen: Beweisverbote und Umgehungsverbote zwischen Wahrheitserforschung und Ausforschung. Aus: Canaris, Claus-Wilhelm u.a. (Hg.): 50 Jahre Bundesgerichtshof. Festgabe aus der Wissenschaft. Bd. 4. München 2000. S. 963 ff.

Wolter, Jürgen: Kriminalpolitik und Strafprozessrechtssystem. Aus: Schünemann, Bernd u.a. (Hg.): Festschrift für Claus Roxin. Berlin/New York 2001. S. 1141 ff.

Wulf, Peter: Strafprozessuale und kriminalpraktische Fragen der polizeilichen Beschuldig-tenvernehmung auf der Grundlage empirischer Untersuchungen. Heidelberg 1984.

Zachariae, Heinrich Albert: Die Gebrechen und die Reform des deutschen Strafverfahrens. Göttingen 1846.

Zachariae, Heinrich Albert: Handbuch des deutschen Strafprocesses. Göttingen 1861.

Ziegler, Wolfgang: Zweckmäßigkeitstendenzen in der höchstrichterlichen Auslegung des Beweisrechts im Strafverfahren. Tübingen 1969.

Zimmermann, Monika: Der Bürger: Neue Selbständigkeit und ein neues Verhältnis zum Staat? Einstellungen und Erwartungen in der Bevölkerung. Aus: Hilterhaus, Friedhelm; Scholz, Rupert (Hg.): Rechtsstaat - Finanzverfassung - Globalisierung. Neue Balance zwischen Staat und Bürger. Köln 1998. S. 171 ff.